FISCH
IN DER KÜCHE

Erna Horn   Hedwig M. Stuber

FISCH
IN DER KÜCHE

Süßwasserfische
Meeresfische
Schal- und Krustentiere

Weltbild

Zu diesem Buch

FISCH IN DER KÜCHE präsentiert sich als modernes Kochbuch, obwohl der Titel bereits seit mehr als 30 Jahren existiert. Die Erfolgsautorin Erna Horn wandte sich mit ihrem Fischkochbuch vor allem an die wahren Feinschmecker unter den Fischköchen, sie setzte aber einen deutlichen Schwerpunkt für die Fischer und Sportangler. Rezepte für Süßwasserfische waren denn auch in ihrem Buch vorherrschend.

Auch in der vorliegenden Auflage nehmen die Rezepte für Süßwasserfische einen breiten Raum ein. Gleichwertig wurden jedoch die Rezepte für Meeresfische sowie für Schal- und Krustentiere ausgearbeitet. Somit können wir Ihnen ein wirklich umfassendes, modernes Fischkochbuch präsentieren, das großzügig mit zahlreichen Farbbildern ausgestattet ist.

Bewährte Fischzubereitungen und regionale Spezialitäten aus der deutschen Küche wurden besonders berücksichtigt. Doch auch wer auf Reisen oder in Restaurants Fischspezialitäten kennengelernt hat und ein ähnliches Gericht zubereiten will, wird fündig werden; Rezepte der europäischen und internationalen Küche bekamen sehr wohl ihren Platz.

FISCH IN DER KÜCHE richtet sich sowohl an diejenigen, die noch wenig Erfahrung mit der Zubereitung von Fischen haben, als auch an die Profis. Die Rezepte sind sorgfältig ausgearbeitet und die Zutaten exakt angegeben, so daß auch anspruchsvollere Rezepte zum Nachkochen reizen können.

Das Angebot an und die Nachfrage nach Fisch haben in den letzten Jahren ständig zugenommen. Neben den Fängen aus unseren Flüssen und Seen, den Produkten aus Teichwirtschaften und den Anlandungen der Hochseefischerei können wir Meeresfrüchte aus weit entfernten Fanggebieten kaufen und dies in einer Qualität und Frische, wie sie nur mit modernsten Transportmitteln und dank hochentwickelter Kühl- und Tiefkühltechnik möglich sind. Heute sind es Spezialisten aus dem Bereich der Logistik, die nach dem System der kürzesten Wege und optimaler Tourenplanung dafür garantieren, daß auch im Binnenland frischer Fisch angeboten wird.

Mit diesem Fischkochbuch möchten wir Sie ermuntern, auch einmal einen ungewohnten Fisch zuzubereiten und vor allem neue Rezepte auszuprobieren. Der Fischeinkauf ist immer spannend. Das Angebot wechselt täglich, und nicht selten bringt man einen anderen Fisch nach Hause, als man eigentlich wollte. Das A und O beim Einkauf ist: Fisch muß frisch sein, denn Fisch ist leicht verderblich. Sie können Fisch, der üblicherweise auf abtauendem Wassereis bei einer Temperatur von + 2 °C gelagert wird, jedoch gleich beim Einkauf selbst auf Frische prüfen: Der beginnende Verderb kündigt sich durch intensiven fischigen Geruch an; achten Sie auf Farbabweichungen wie Gelbfärbung des Schleims, eingefallene, trübe Augen sowie verklebte und lehmfarbene Kiemenblätter.

Zum Gebrauch des Buches

»Seefisch« oder »Meeresfisch«? Wir haben uns für den Begriff Meeresfisch entschieden, um einer Verwechslung mit Fischen aus Binnenseen vorzubeugen, die ja zu den Fluß- beziehungsweise Süßwasserfischen zählen.
Um Wiederholungen zu vermeiden, haben wir bei gewissen Grundzubereitungen alternativ verwendbare Fischarten häufig zu einem Rezept zusammengefaßt. Das erleichtert die Übersicht. Im Register werden die alternativ angebotenen Fische selbstverständlich aufgeführt.
Im Kapitel »Küchenpraxis« ist alles Wissenswerte über Fisch in der Ernährung, den Einkauf und die Lagerung, das Vorbereiten der Fische, die Garmethoden, das Servieren und Essen von Fisch beschrieben. Zahlreiche erklärende Zeichnungen erläutern den Text.
Der Rezeptteil ist gegliedert in »Standardrezepte« wie Sude, Fonds und Farcen, in »Suppen« und nach den Garmethoden wie Pochierter Fisch, Gedünsteter Fisch, Gebratener Fisch usw. Im Kapitel »Schal- und Krustentiere, Tintenfische« ist die Küchenpraxis in den Rezeptteil integriert. Im Kapitel »Kalte Fischküche« finden Sie Rezepte für Sülzen, Terrinen, Mousse und andere pikante Fischgerichte sowie für Salate. Die Rezepte aus diesem Kapitel sollen Ihnen auch Anregungen für Vorspeisen geben. Ein wesentlicher Bestandteil der Fischküche sind Saucen; wir haben sie, zusammen mit typischen Beilagen zu Fischgerichten, im Kapitel »Saucen und Beilagen« am Ende des Rezeptteils zusammengefaßt.
Ein Lexikon über Süßwasserfische, Meeresfische, Schaltiere, Krustentiere und Tintenfische mit ausführlicher Beschreibung der Arten finden Sie am Ende des Buches.

Danken möchte ich meinem Fischhändler am Münchner Viktualienmarkt. Er hat mir zum Ausprobieren der Rezepte nicht nur die Fische verkauft, ich verdanke ihm auch viele Anregungen und manch wertvollen Tip. Er mag sich wohl hin und wieder gewundert haben über meine speziellen Ansprüche, einen Fisch so und nicht anders auszunehmen und vorzubereiten, doch stets hat er meine Anliegen freundlich erfüllt.
Wir wünschen ein gutes Gelingen und viel Freude mit FISCH IN DER KÜCHE.

Autorin und Verlag

Zu den Rezepten

Die Abkürzungen, die bei der Angabe der Zutaten verwendet wurden:

TL	Teelöffel
EL	Eßlöffel
g	Gramm
kg	Kilogramm
ml	Milliliter
cl	Zentiliter
l	Liter

1 l = 100 cl = 1000 ml

- Die Rezepte sind, wenn nicht anders angegeben, für 4 Personen berechnet.
- Pfeffer sollte immer frisch gemahlen verwendet werden. Spezielle Pfeffersorten sind angegeben, ansonsten wird weißer Pfeffer genommen.

Inhalt

KÜCHENPRAXIS 9

FISCH IN DER ERNÄHRUNG 9

EINKAUF UND LAGERUNG 12
Frische- und Qualitätsmerkmale 12
Flußfische lebend einkaufen 13
Fisch aufbewahren und einfrieren 13

FISCH KÜCHENFERTIG VORBEREITEN 13
Rundfische 13
Plattfische 17
Fischabgänge verwerten 19

DIE GARMETHODEN 19
Zum Garen vorbereiten 19
Pochieren oder Garziehen im Sud 20
Pochieren in wenig Flüssigkeit 21
Dämpfen 21
Dünsten und Schmoren 22
In Folie garen 22
Grillen 22
Braten im Ofen 23
Braten in der Pfanne 23
Fritieren 24

FISCH SERVIEREN UND ESSEN 25
Fisch tranchieren 25
Fisch muß schwimmen 25
Portionsfisch essen 26

REZEPTE

STANDARDREZEPTE 28
Fischsude, Fischfond 28
Füllungen, Farcen 32
Backteig 35

SUPPEN & SUPPENTÖPFE 36

Fisch aus dem Sud & gedämpfter Fisch 46

Gedünsteter & geschmorter Fisch 58

Auf dem Herd gedünstet und geschmort 60

Im Ofen gedünstet und geschmort 73

Fisch aus der Folie & gegrillter Fisch 88

Im Ofen gebratener Fisch 95

Fisch aus der Pfanne & fritierter Fisch 113

In der Pfanne gebraten 113

Fischpfannen 120

Ausgebackener und fritierter Fisch 126

Schal- und Krustentiere, Tintenfische 133

Schaltiere (Muscheln) 133

Krustentiere (Hummer, Languste, Garnelen, Krebse) 139

Tintenfische 150

Kalte Fischküche 152

Sülzen, Terrinen, Mousse 152

Lachs, Hering, Aal und Makrele 157

Salate 163

Fisch-Snacks 170

Saucen & Beilagen 172

Saucen und Buttermischungen 172

Beilagen 181

LEXIKON

Süßwasserfische 187

Meeresfische 195

Schal- und Krustentiere, Tintenfische 204

REGISTER

Lexikon 210

Küchenpraxis 210

Rezepte 211

Küchenpraxis

Fisch in der Ernährung

FISCH IN DER KÜCHE, das bedeutet für die menschliche Ernährung eiweißreiche, aber gleichzeitig kalorienarme Kost. Das Fleisch unserer meisten Speisefische ist nämlich arm an Fett, dagegen enthält es reichlich biologisch wertvolles, leicht verdauliches Eiweiß, wichtige Mineralstoffe und Vitamine. Meeresfische sind die bedeutendsten Lieferanten für das gegen Kropferkrankung wichtige Spurenelement Jod. Verschiedene Fischarten mit besonders magerem Fleisch, zum Beispiel Kabeljau, Seelachs, Schellfisch, speichern ihr Fett in der Leber, die daher besonders reich an essentiellen Fettsäuren und fettlöslichen Vitaminen, vor allem Retinol und Vitamin D, ist und zu Lebertran verarbeitet wird.

Der *Eiweißgehalt* liegt je nach Fischart bei 16 bis 20 Prozent und darüber. Fischeiweiß zählt zu den biologisch besonders hochwertigen Proteinen. Aus 100 g Fischeiweiß kann der Mensch 94 g körpereigenes Eiweiß aufbauen. Der mittlere Gehalt an *Mineralstoffen* beträgt 1 bis 1,5 Prozent. Ernährungsphysiologisch von hohem Wert ist der Jodgehalt von Meeresfischen. Zwei Fischmahlzeiten pro Woche reichen aus, um den Jodbedarf zu decken (insbesondere in Gebirgsgegenden) und damit Jodmangel vorzubeugen.

Der *Fettgehalt* von Fischfleisch ist – je nach Jahreszeit – Schwankungen unterworfen. Er ist am höchsten bei Jungfischen und bei fortpflanzungsfähigen Fischen zwischen den Laichzeiten. Sogenannte »Magerfische« mit einem durchschnittlichen Fettanteil von unter 1 Prozent sind Schleie, Hecht, Barsch und Zander, Flunder, Scholle, Seehecht, Seelachs, Seeteufel, Kabeljau (Dorsch), Schellfisch. Einen mittleren Fettgehalt unter 5 Prozent haben Forelle (2,7 Prozent), Karpfen, Renke (Felchen), Heilbutt, Rotbarsch. Zu den »Fettfischen« mit einem Fettanteil von über 10 Prozent zählen Hering, Makrele, Thunfisch, Lachs und Waller (Wels). Einer der fettreichsten Fische ist der Aal mit einem durchschnittlichen Fettanteil von 24,5 Prozent (frisch) beziehungsweise 28,6 Prozent (geräuchert).

Der *Energiegehalt* von Fischfleisch ist abhängig vom Fettanteil. Magerfische haben im Durchschnitt 80 kcal (336 kJ) je 100 g eßbarem Anteil und liefern nur etwa halb soviel Kalorien wie mageres Rind- oder Schweinefleisch (zum Beispiel Schulter). Dagegen enthalten Fettfische pro 100 g eßbarem Anteil im Durchschnitt 200 bis 250 kcal (840 bis 1050 kJ), frischer Aal sogar 299 kcal (1256 kJ).

Nähr- und Energiewerte der wichtigsten Fische und Fischprodukte

In 100 g eßbarem Anteil sind enthalten:		Wasser g	Eiweiß g	Fett g	Kohlenhydrate g	Jod mg	Kilo-Joule	Kilo-Kalorien
Süßwasserfische								
Aal	frisch	59,3	15,0	24,5	0,0	4,00	1256	299
	geräuchert	51,1	17,9	28.6	0,0	4,50*	1466	350
Barsch	frisch	79,5	18,4	0,8	0,0	4,00	371	89
Brachsen/Blei	frisch	76,7	16,6	5,5	0,0	•	524	125
Forelle	frisch	76,3	19,5	2,7	0,0	3,20*	468	112
Hecht	frisch	79,6	18,4	0,9	0,0	•	373	89
Karpfen	frisch	75,8	18,0	4,8	0,0	1,70*	522	125
Lachs/Salm	frisch	65,5	19,9	13,6	0,0	0,03	907	217
	in Öl	49,4	16,4	22,8	0,0	0,58	1208	289
Renke/Felchen	frisch	77,7	17,8	3,2	0,0	•	455	109
Schleie	frisch	76,5	17,7	0,7	0,0	•	355	85
Wels/Waller	frisch	72,1	15,3	11,3	0,0	•	731	175
Zander	frisch	78,4	19,2	0,7	0,45	•	390	93
Meeresfische								
Flunder	frisch	81,4	16,5	0,7	0,0	0,03	332	79
	geräuchert	71,9	23,3	1,9	0,0	•	505	121
Gestreifter Seewolf/ Katfisch	frisch	80,3	15,8	2,8	0,0	•	402	96
	geräuchert	71,2	23,0	3,6	0,0	•	566	135
Heilbutt	frisch	76,1	20,1	2,3	0,0	0,05	461	110
	geräuchert	63,8	17,3	17,1	0,0	•	998	239
Hering	frisch	65,3	18,2	14,9	0,0	0,05	927	222
	Bismarckhering	62,2	16,5	16,0	0,0	0,08	938	225
	Brathering	62,0	16,8	15,2	3,8	0,13	980	234
	Bückling	62,0	21,2	15,5	0,0	0,05	1006	241
	Matjeshering	54,4	16,0	22,6	0,0	•	1193	285
	Salzhering	48,8	19,8	15,4	0,0	•	977	233
Kabeljau/Dorsch	frisch	80,8	17,7	0,4	0,0	0,12	342	82
Lengfisch	frisch	79,4	19,0	0,6	0,0	•	372	89
Makrele	frisch	68,0	18,7	11,9	0,0	0,05	817	195
	geräuchert	62,3	20,7	15,5	0,0	•	997	238
Rotbarsch	frisch	76,9	18,2	3,6	0,0	0,07	479	114
	geräuchert	68,4	23,8	5,5	0,0	•	657	157
Roter Knurrhahn	frisch	74,2	17,5	6,3	0,8	•	416	99
Rotzunge	frisch	82,1	15,5	1,1	0,0	•	330	79
Sardine	frisch	73,8	19,4	5,2	0,0	0,01	563	135
	in Öl	55,6	24,1	13,9	0,0	•	996	238

In 100 g eßbarem Anteil sind enthalten:		Wasser g	Eiweiß g	Fett g	Kohlenhydrate g	Jod mg	Kilo-Joule	Kilo-Kalorien
Schellfisch	frisch	80,8	17,9	0,1	0,0	0,42	334	80
	geräuchert	75,3	22,1	0,5	0,0	•	426	102
Scholle	frisch	80,7	17,1	0,8	0,0	0,19	347	83
Schwertfisch	frisch	○	19,4	4,4	0,0	○	533	127
Seeaal/Dornhai	frisch	68,3	23,0	8,5	0,0	•	762	183
	geräuchert	64,4	26,1	7,0	0,0	•	760	182
	Schillerlocken	52,5	21,3	24,1	0,0	•	1350	323
Seehecht	frisch	80,8	17,2	0,9	0,0	•	350	84
Seelachs	frisch	80,2	18,3	0,8	0,0	0,26	368	88
	geräuchert	73,6	22,8	0,8	0,0	•	452	108
	in Öl	62,8	19,5	8,0	0,0	0,08	677	162
Seeteufel	frisch	83,5	14,9	0,7	0,0	•	301	72
Seezunge	frisch	80,0	17,5	1,4	0,0	0,02	377	90
Steinbutt	frisch	80,4	16,7	1,7	0,0	•	376	90
Thunfisch	frisch	61,5	21,5	15,5	0,0	0,05	1012	242
	in Öl	52,5	23,8	20,9	0,0	0,05	1269	303
Wittling/Merlan	frisch	76,8	20,0	0,6	0,0	•	368	88
Wolfsbarsch	frisch	○	18,2	1,4	0,0	○	373	89
Schal- und Krustentiere								
Auster		83,0	9,0	1,2	4,8	0,06	298	71
Fluß-/Edelkrebs		83,1	15,0	0,5	0,0	•	295	70
Garnele		78,4	18,6	1,4	0,0	0,13	400	96
Hummer		79,8	15,9	1,9	0,3	0,10	373	89
Jakobs-/Pilgermuschel		80,0	15,6	0,1	2,9	•	342	82
Mies-/Pfahlmuschel		83,2	9,8	1,3	3,9	0,13	303	72
Tintenfisch		81,0	16,1	0,9	1,0	•	322	79
Fischprodukte								
Kaviar, echter		47,1	26,1	15,5	4,6	•	1177	281
Kaviar-Ersatz		71,2	14,0	6,5	2,8	•	563	135
Klippfisch		34,1	44,7	0,7	0,0	•	852	204
Sprotten		60,7	19,4	18,4	0,0	•	1089	260
Stockfisch		15,2	79,2	2,5	0,0	•	1557	372
Lebertran		0,0	0,0	99,8	0,0	0,86	3967	948

* Mikrogramm

• gar nicht oder nur in Spuren vorhanden

○ keine Angaben

nach: Souci/Fachmann/Kraut und Documenta Geigy

Im Rahmen einer gesundheitsbewußten Ernährung nimmt die Bedeutung bestimmter *Fischöle* zu. Nach medizinischen Forschungen gibt es Hinweise darauf, daß Fischöle mit ihrem hohen Gehalt an mehrfach ungesättigten Fettsäuren überhöhte Blutcholesterinwerte senken und damit Erkrankungen wie Arteriosklerose, Schlaganfall und Herzinfarkt günstig beeinflussen können. Eskimos und Nordjapaner zum Beispiel, die sich vorwiegend von Fisch ernähren, verfügen bis ins hohe Alter über ein gesundes Herz-Kreislauf-System. Fischöle sind darüber hinaus reich an *Vitamin A* und *Vitamin D*. Aber auch die Vitamine der *B-Gruppe* sind im Fisch in nennenswerten Mengen vorhanden.

Im Vergleich zu den Landtieren enthält Fischfleisch nur wenig Bindegewebe. Die Funktion des Bindegewebes übernimmt beim Fisch weitgehend der Wasserdruck, der ihn in seinem Element von allen Seiten umgibt. Fischfleisch ist deshalb besonders zart und leicht verdaulich. Der geringe Gehalt an Bindegewebe ist allerdings auch die Ursache dafür, daß Fischfleisch beim Kochen leicht zerfällt. Man darf Fisch deshalb nie in sprudelnd kochendem Wasser garen, sondern läßt ihn bei geringer Hitze vorsichtig garziehen.

Durch seine leichte Verdaulichkeit und seinen niedrigen Energiewert kann Fischfleisch – mit Ausnahme der ausgesprochenen Fettfische – bei fettarmer Zubereitung als ideale Diät- und Schlankheitskost angesehen werden.

Einkauf und Lagerung

Fischfleisch ist durch seinen hohen Wassergehalt sehr leicht verderblich. Achten Sie deshalb beim Einkauf vor allem darauf, daß die Ware absolut frisch ist und nicht die Spur von unangenehmem Fischgeruch aufweist. Wählen Sie lieber tiefgefrorenen Fisch als zweifelhaften Frischfisch.

Frische- und Qualitätsmerkmale

- Angenehmer Geruch; aufdringlicher Fischgeruch weist auf eine längere Lagerzeit hin.
- Natürlich glänzende Haut und Farbe; die Schleimhaut ist klar und durchsichtig, sie darf nicht schmierig sein.
- Festsitzende, glänzende Schuppen.
- Hellrote, fest anliegende Kiemen.
- Die Augen sind prall, klar und glänzend, nicht eingesunken.
- Das Fleisch fühlt sich fest, aber elastisch an; auf Fingerdruck darf keine Delle bleiben.
- *Fischfilet* sieht glasig aus und hat elastisch-festes Fleisch; zu lange gelagertes Fischfilet ist an den Rändern trocken und weist Spuren von Verfärbung auf.

Dank einer gut funktionierenden Kühlkette kommt Meeresfisch heute auch im Binnenland – in den Fachgeschäften auf frisches Eis gebettet – wirklich frisch zum Verkauf. In den modernen Fischereifahrzeugen mit Kühllagerräumen wird die Temperatur beständig bei 0 °C gehalten. Das ist gerade kühl genug, um das Fischfleisch von schädlichen Bakterien freizuhalten, Konsistenz und Aroma bleiben bestmöglich erhalten.

Heute gibt es ein reiches Angebot an fangfrisch eingefrorenem Fisch und Fischereierzeugnissen. Tiefgefrorener Fisch steht unmittelbar nach dem Auftauen erstklassiger, eisgekühlter Ware nur wenig nach.

Beachten Sie beim Einkauf ganzer Fische, daß ein erheblicher Teil des Gewichts für Abfälle anzusetzen ist – je nach Fischart 40 bis 55 Prozent. (Man sollte besser von »Abgängen« sprechen, denn Abfall ist in der Regel etwas Schlechtes, Unbrauchbares.)

Fischfleisch kann von Würmern befallen sein; man erinnere sich an die beeindruckenden Fernsehbilder, die vor einigen Jahren für Aufregung sorgten: Würmer befallen die Bauchlappen von Fischen. Fischindustrie und Fischhandel entfernen deshalb beim Zerlegen der Fische die Bauchlappen, damit der Fisch auch wirklich mit Genuß verspeist werden kann.

Durchschnittsbedarf pro Person

Als Hauptmahlzeit

Ganzer Fisch	350–500 g
Fisch mit Gräten (ohne Kopf)	250–350 g
Fischfilet	150–200 g

Als Vorspeise

Ganzer Fisch	250–300 g
Fischfilet	125–150 g

Flußfische lebend einkaufen

Flußfische kauft man in der Regel lebend ein und läßt sie vom Fischhändler töten und ausnehmen. Man ist somit ganz sicher, frischen Fisch nach Hause zu tragen. Sportfischer bringen ihre Beute häufig lebend nach Hause und geben sie bis zur Verwertung in einen Behälter mit Wasserzu- und -ablauf.

Fische aus stehenden Gewässern verlieren ihren manchmal etwas modrigen Geschmack, wenn man sie einige Tage in einem Behälter voll Wasser mit Sauerstoffzufuhr hält.

Die Laichzeit ist bei den einzelnen Fischarten unterschiedlich. Der Geschmack des Fischfleisches ist außerhalb der Laichzeit entschieden besser.

Merkmale für gesunde lebende Fische

- Sie bewegen sich lebhaft und schnappen im Wasser nach Luft; sie dürfen nicht auf der Seite oder gar auf dem Rücken liegen.
- Sie haben klare, durchsichtige Augen, die nicht hervorgetreten sind.
- Sie haben frischrote Kiemen und straffe Flossen.

Forellen, Saiblinge und andere Fische, die sofort nach dem Töten »blau« gekocht werden, sind nicht immer eine Augenweide, wenn sie auf den Tisch kommen. Ihre Haut reißt auf, die Bauchlappen biegen sich nach außen. Der Fisch wird auch bei schonendem Garziehen oft arg zerfetzt und recht unansehnlich. Für den Kenner mag das ein Qualitätsmerkmal für absolut frischen Fisch sein, und er wird es nicht beanstanden oder mißbilligen. Für die Hausfrau jedoch, die einen sorgfältig zubereiteten Fisch auch schön servieren möchte, ist das ein halbes Unglück. Fische zum Blaukochen sollte man daher schon etwa zwei Stunden vor dem Zubereiten töten. Die Haut bleibt auch dann noch schön blau, reißt aber nicht so stark auf wie bei einem sofort nach dem Töten zubereiteten Fisch.

Fisch aufbewahren und einfrieren

Frisch gefangenen Fisch kann man im Kühlschrank bis zu 24 Stunden lagern; eisgekühlte Ware bleibt im Kühlschrank bei +2 bis +3 °C sechs bis acht Stunden frisch, sollte aber stets so bald wie möglich zubereitet werden. Man wickelt den Fisch in Klarsichtfolie ein, damit sich der Geruch nicht auf die anderen Lebensmittel im Kühlschrank überträgt.

Bei zu langer Lagerung entstehen giftige Eiweißzersetzungsprodukte, die zu Fischvergiftung führen können. Es ist besser, einen zweifelhaften Fisch wegzuwerfen, als eine Fischvergiftung zu riskieren.

Zum Tiefgefrieren ist nur wirklich fangfrischer Fisch geeignet. Die Lagerzeit sollte möglichst kurz gewählt werden und vier Monate nicht überschreiten. Fette Fische sollte man besser nicht einfrieren oder nur für kurze Zeit.

Beachten Sie:

- Fische, die eingefroren oder (vakuumverpackt) kühl gelagert werden sollen, sind mit Küchenkrepp zu entschleimen.
- Die Kiemen müssen entfernt sein.

Tiefgefrorenen Fisch nimmt man vor der Zubereitung rechtzeitig aus der Tiefkühltruhe/dem Tiefkühlfach, um ihn im Kühlschrank langsam auftauen zu lassen. Portionsstücke läßt man nur so weit auftauen, daß man sie auseinandernehmen kann. Sie werden noch leicht gefroren gewürzt und je nach Zubereitungsart in Flüssigkeit pochiert, in der Pfanne gebraten oder fritiert.

Fisch küchenfertig vorbereiten

Rundfische

Einen Rundfisch säubern und ausnehmen

- Den Fisch mit einem Tuch am Schwanz festhalten und mit der Küchenschere die Flossen in Richtung Kopf abschneiden. Vorsicht, wenn die Flossen Stacheln tragen. Verletzungsgefahr!
- Mit einem flach gehaltenen Messer oder Fischschupper die Schup-

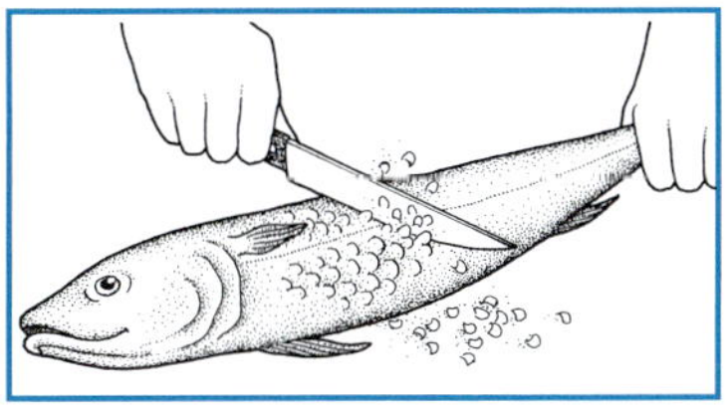

Folien in der Fischküche

Der Umgang mit Folien gehört heute zum Küchenalltag. Klarsicht-, Alufolie und auch der Folienschlauch (Bratfolie) sind nützliche Hilfsmittel, die die Arbeit erleichtern und beim Garen in der Fischküche zu hervorragenden Ergebnissen führen.

Wer keinen Fischtopf mit Einsatz besitzt, behilft sich mit Alufolie: In den Topf hängen, die Enden am Topfrand befestigen, den Fisch auf einem Teller einsetzen, Deckel auflegen. Mit Hilfe der Folie herausheben.

KLARSICHTFOLIE: *Frischen Fisch auf eine Platte legen, mit der Folie abdecken und kalt stellen.*

Räucherfisch kann abgedeckt problemlos mehrere Tage im Kühlschrank stehen.

ALUFOLIE ZUM DÄMPFEN *erspart den Fischtopf mit Spezialeinsatz. Über dem Sud plazieren.*

BRATFOLIE: *Den Fisch mit den Zutaten des Rezepts in den Folienschlauch füllen.*

Beide Enden nach Angabe des Fabrikats verschließen und die Oberseite mehrmals einstechen.

IN ALUFOLIE GAREN: *Den Fisch auf die gefettete Folie legen.*

Die Folie über dem Fisch und an den Seiten sorgfältig schließen.

Das Päckchen in den Ofen (200 °C) oder unter den Grill legen.

pen vom Schwanz zum Kopf entfernen. Fische zum »Blaukochen« werden nicht geschuppt.

➤ Mit einem kleinen, spitzen Messer in Afterhöhe einstechen, dabei den Darm nicht verletzen! Den Schnitt in Richtung Kopf flach ansetzen, damit die Eingeweide nicht verletzt werden, und genau zwischen den Bauchflossen bis zum Kiemenansatz führen. Wird versehentlich die Galle verletzt, muß der Fisch sofort unter fließendem Wasser gründlich ausgespült werden; eine geplatzte Galle könnte den Fisch ungenießbar machen.

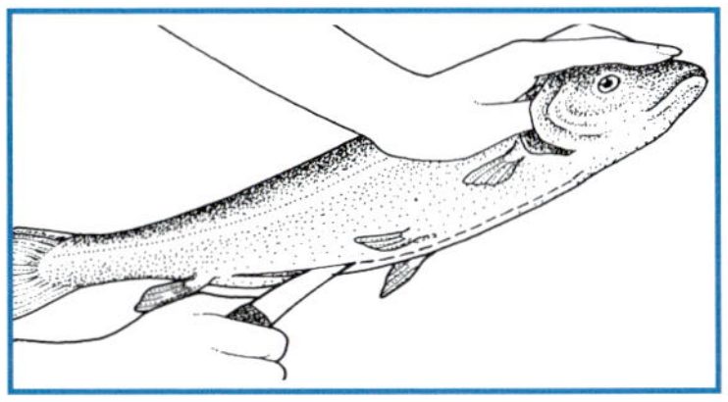

➤ Mit dem »Kehlschnitt« die Kiemen am oberen und unteren Ansatz lösen.

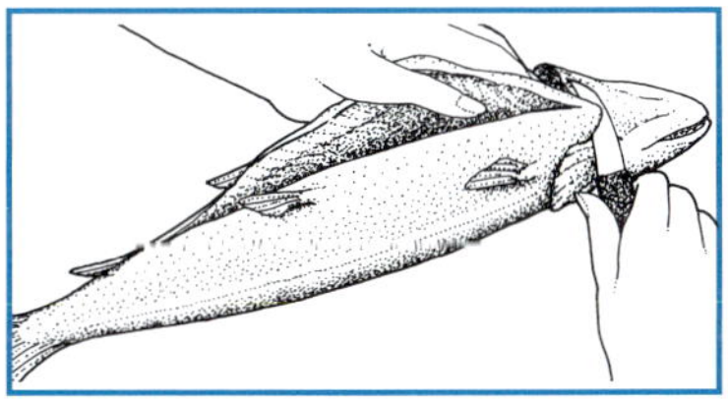

➤ *Ausnehmen:* Den Fisch mit der linken Hand am Schlund zwischen dem Daumen und Zeigefinger festhalten. Mit der rechten Hand vom Schlund weg die Eingeweide mit den Kiemenbögen herauslösen.

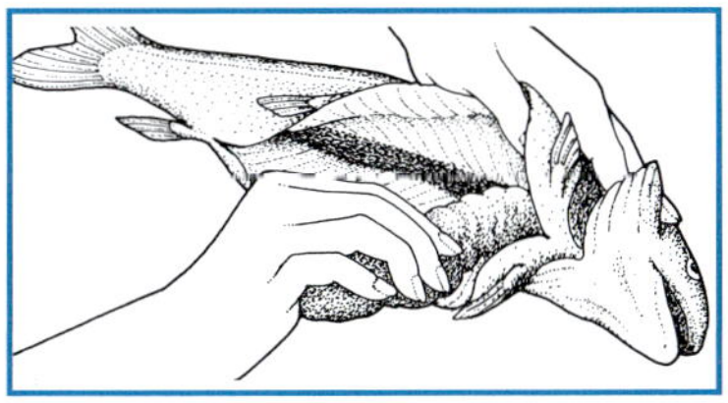

➤ Den dunklen Strang entlang der Hauptgräte – die Fischniere – mit einem Längsschnitt auftrennen und mit einem scharfkantigen Teelöffel auskratzen.

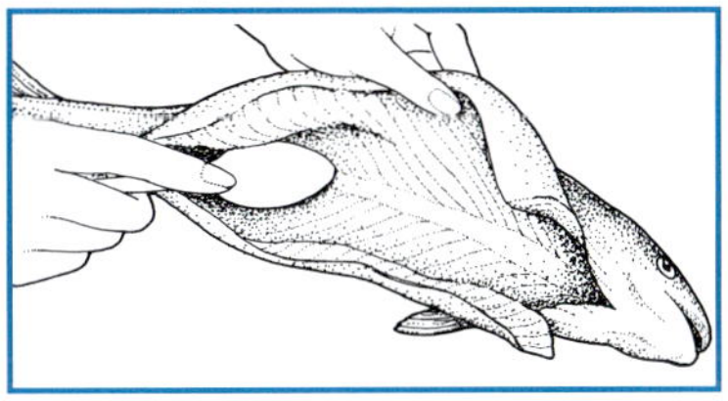

➤ Den Fisch unter fließendem kalten Wasser innen und außen gründlich waschen.

Einen Rundfisch durch die Kiemen ausnehmen

Das Ausnehmen durch den Bauch ist die allgemein übliche Methode, einen Fisch auszunehmen. Für Portionsfische, die gefüllt werden sollen, aber auch für ganze Fische zum Kochen oder Braten oder zum Garen in der Salzkruste ist es vorteilhaft, wenn der Körper unverletzt, also geschlossen bleibt. In diesem Fall wird der Fisch durch die Kiemen ausgenommen, eine Methode, die leider viel zu selten praktiziert wird. Bei sehr kleinen Fischen ist sie allerdings problematisch, weil die Kiemenöffnung zu klein ist. Aber eine normal große Forelle oder eine Lachsforelle kann man ohne Probleme durch die Kiemen ausnehmen. Das macht auch der Fischhändler für Sie.

➤ Zuerst den Darm lösen, damit er beim Ausnehmen nicht abreißt. Dazu mit einem spitzen, scharfen Messer in Afterhöhe einstechen und den Darm vom Muskelfleisch abtrennen.

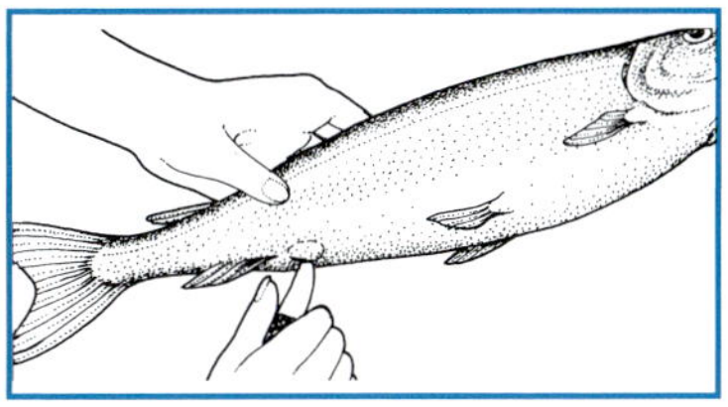

➤ Mit der Küchenschere die weggeklappten Kiemen am oberen und unteren Ende, dort, wo sie festgewachsen sind, abschneiden.

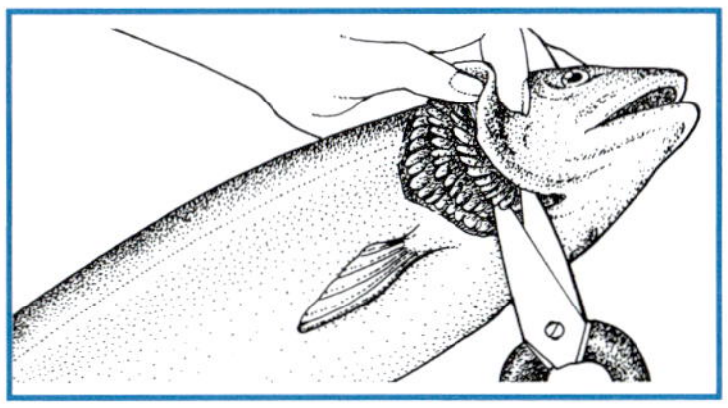

➤ Mit zwei Fingern in die Kiemenöffnung greifen und die Kiemen zusammen mit dem Schlund und den daranhängenden Eingeweiden herausziehen; durch leichtes Ziehen vorher prüfen, ob der Darm vom After richtig gelöst ist. Das alles muß sehr behutsam geschehen, damit die an der Leber hängende Galle nicht verletzt wird (eine geplatzte Galle würde das Fleisch ungenießbar machen).

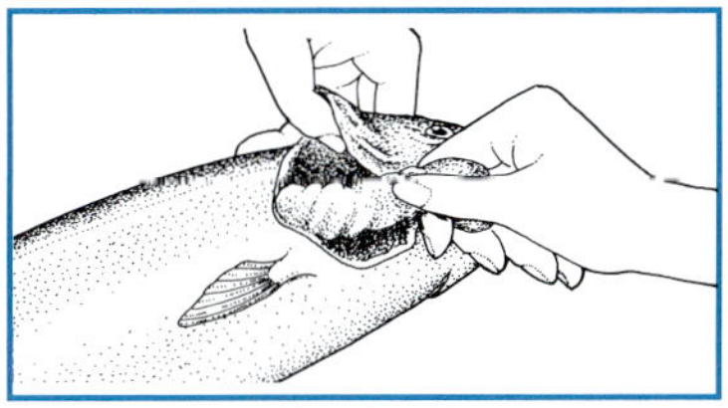

- Der am Rückgrat entlang verbliebene dunkle Strang, die Fischniere, kann leicht entfernt werden. Dazu führt man einen Kochlöffelstiel durch die Kiemenöffnung und fährt damit mehrmals kräftig am Rückgrat entlang, bis alles Blutgerinnsel, der dunkle Strang und die Häutchen gelöst sind. Anschließend wird der Fisch unter fließendem kalten Wasser gründlich ausgespült.

Einen Rundfisch filetieren

Am besten lassen sich Fische mit einem deutlich ausgeprägten, kräftigen Grätengerüst filetieren. Man erhält zwei Filets, eines von jeder Seite. Der Fisch wird vorher ausgenommen. Man benötigt ein dünnes, sehr scharfes Messer.

- Den Fisch auf die Seite legen und den Rücken in Richtung vom Kopf zum Schwanz am Rückgrat entlang direkt neben der Rückenflosse einschneiden.

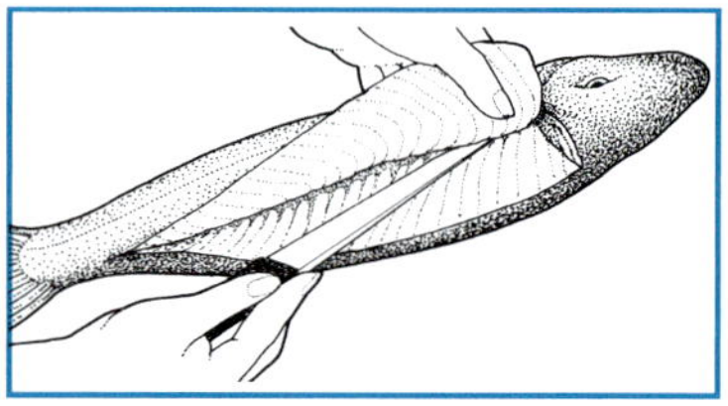

- Das Messer unter das obere Filet führen und mit kurzen Schnitten

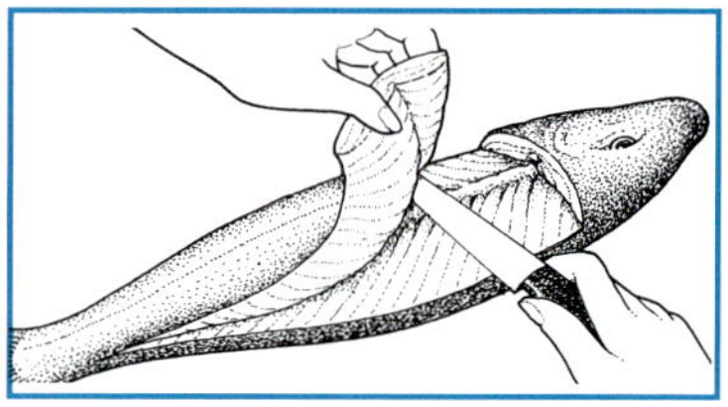

in Richtung Schwanz der Länge nach von der Mittelgräte freilegen und abheben. Dabei zunächst das vordere Filet bis zur Mittelgräte und dann das hintere Filet lösen.

- Nun auf der anderen Seite des Flossenansatzes am Rückgrat entlang einschneiden und so die gesamte Mittelgräte freilegen und abheben.

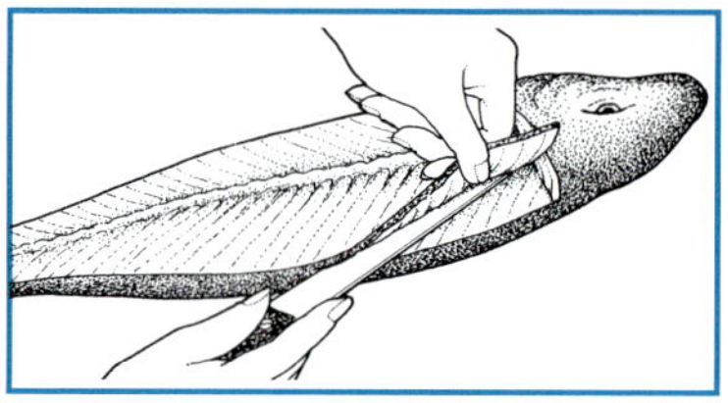

- Zum Entfernen der Bauchhöhlengräten das Messer unter die feinen Gräten führen und zum Rand hin flach über dem Filet abheben, den äußeren Grätensaum abschneiden. Eventuell verbliebene Gräten mit einer Pinzette oder Grätenzange entfernen.

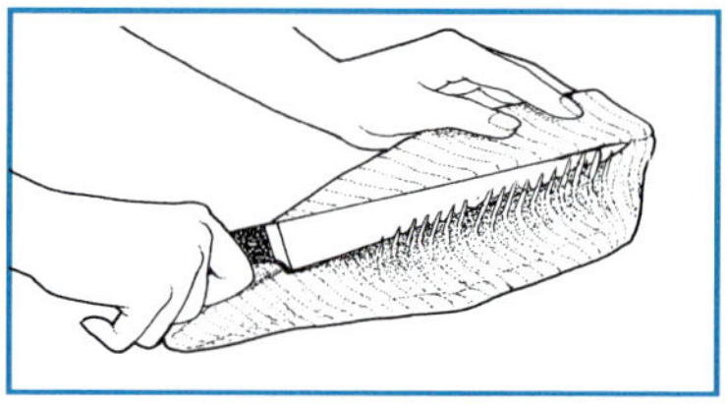

- *Filets enthäuten:* Das Filet mit der Hautseite nach unten auf die Arbeitsfläche legen. Am Schwanzende ein kleines Stückchen Fleisch von der Haut abschneiden, damit man den Schnitt ansetzen kann. Das Messer flach unter dem Fleisch ansetzen und auf der Haut in einem Zug in Richtung Kopf führen, auf diese Weise das Filet von der Haut trennen. Das zweite Filet ebenso enthäuten. Die Filets in Form schneiden.

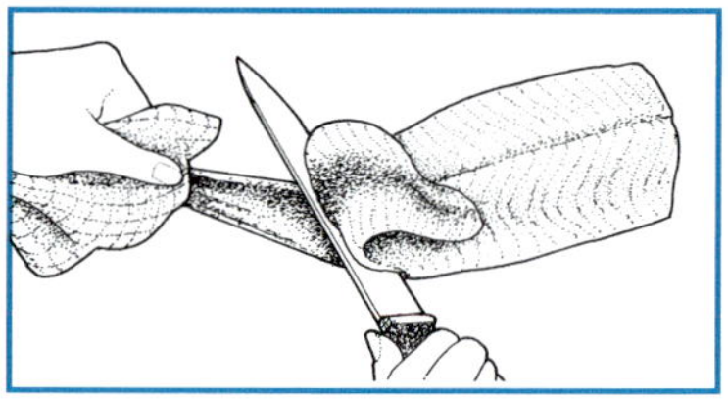

Einen rohen Fisch entgräten

Einen Fisch zu essen ist vor allem für den Ungeübten nicht immer ein Genuß. Wer mühsam mit den Gräten kämpft, wird auch den bestzubereiteten Fisch nicht recht genießen können – schon weil der Fisch dabei recht schnell erkaltet. Vor allem aber sollte man Fische zum Füllen vorher entgräten. Der Fisch wird zunächst, wenn nötig, geschuppt, eventuell der Schwanz gestutzt, und die Flossen werden abgeschnitten.

Durch den Bauch entgräten

- Den Fisch durch den Bauch ausnehmen und gründlich waschen. Den für das Ausnehmen geführten Bauchschnitt bis zum Schwanzansatz verlängern und den Fisch auseinanderklappen, so daß Rückgrat und Gräten freiliegen.

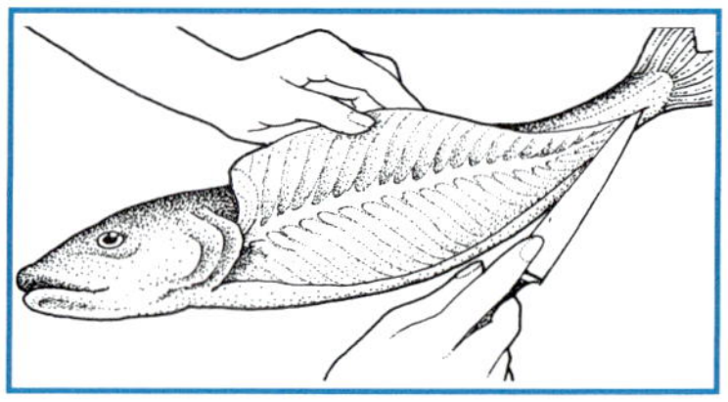

➤ Die Gräten mit einem Messer vom Fleisch lösen und am Rückgrat abbrechen. Bei Fischen mit feinen Gräten, zum Beispiel Forellen, müssen die Bauchgräten behutsam gelöst werden, eventuell unter Zuhilfenahme einer Grätenzange.

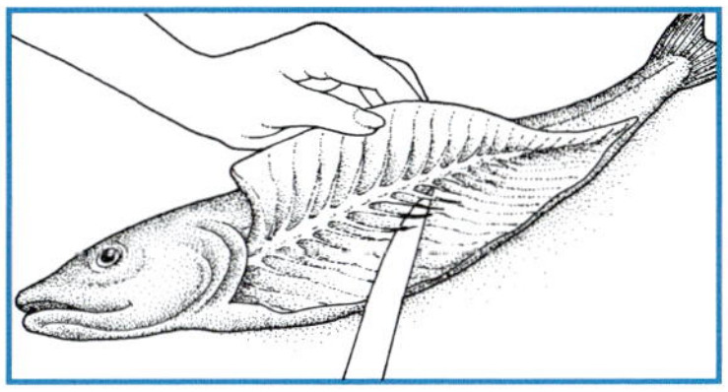

➤ Mit dem Messer rechts und links am Rückgrat entlang das Fleisch abtrennen, ohne am Rücken die Haut durchzuschneiden.

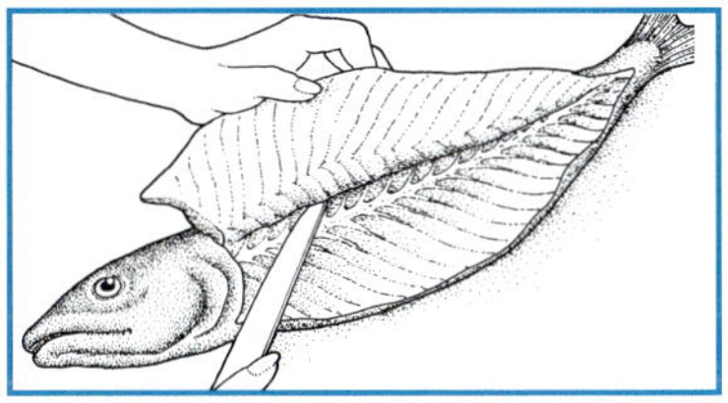

➤ Das Rückgrat dicht am Kopf durchtrennen, mit der Hand zum Schwanz hin herausziehen und abschneiden. Den Fisch wieder in Form bringen.

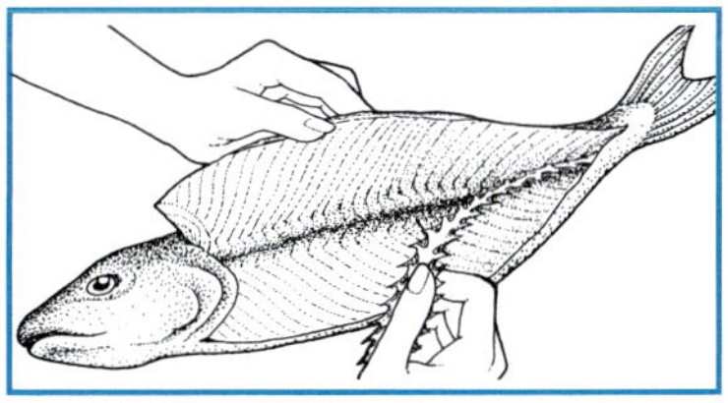

Durch den Rücken entgräten und ausnehmen

Eine andere Möglichkeit, einen Fisch – beispielsweise eine Forelle – zum Füllen vorzubereiten, ist das Entgräten durch den Rücken. Ein so entgräteter Fisch kann durch die dabei entstehende Tasche besonders viel Füllung aufnehmen. Der gefüllte Fisch wird, auf dem Bauch liegend, mit der Füllung nach oben im Ofen gebraten. Das sieht beim Servieren besonders attraktiv aus.

➤ Den Fisch mit einem spitzen, scharfen Messer beidseitig am Rückgrat entlang vom Kopf bis kurz vor dem Schwanz aufschneiden. Mit kurzen Schnitten die beiden Filets sorgfältig vom Skelett lösen; den Schnitt über die gewölbten Bauchgräten weiterführen, bis das ganze Skelett freiliegt.

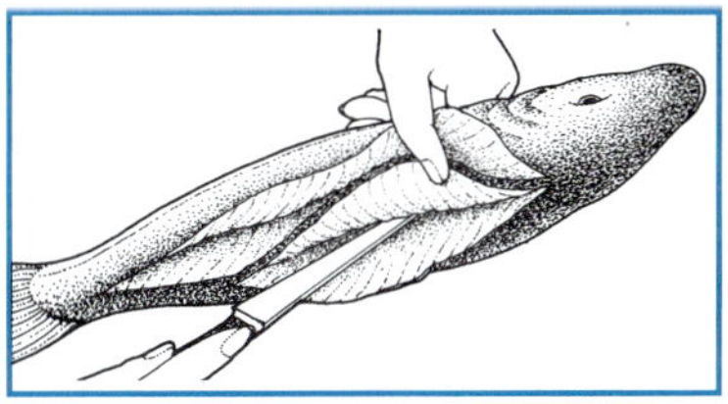

➤ Das Rückgrat am Kopf und kurz vorm Schwanz durchtrennen und herausziehen; dabei lösen sich auch die Eingeweide, die man zusammen mit dem Grätenskelett entfernt.

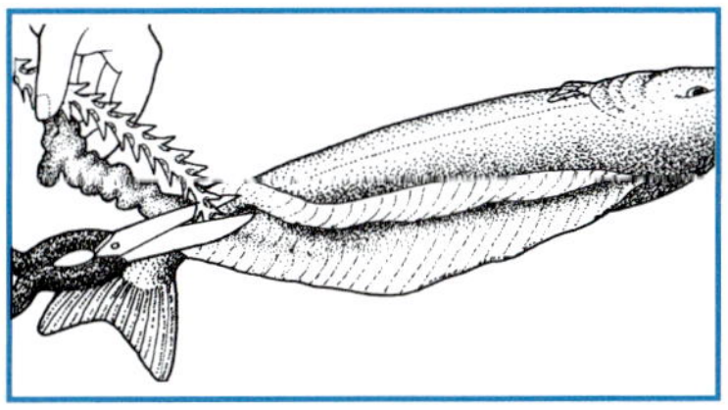

➤ Den Kopf des Fisches zurückbiegen und die Kiemen herausziehen. Die feinen Gräten an den »Säumen« der Filets mit einem flach gehaltenen langen Messer entfernen.

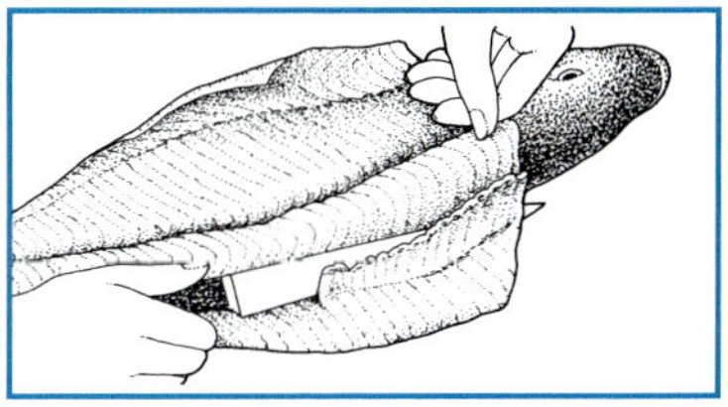

➤ Der zum Füllen fertige Fisch.

Plattfische

Einen Plattfisch häuten

Die Eingeweide liegen schräg unterhalb des Kopfes, sie sind normalerweise beim Einkauf bereits entfernt.

➤ Den Fisch mit der dunklen Seite nach oben auf die Arbeitsfläche legen, die Haut am Schwanz einschneiden und so weit lösen, daß man sie gut anfassen kann.

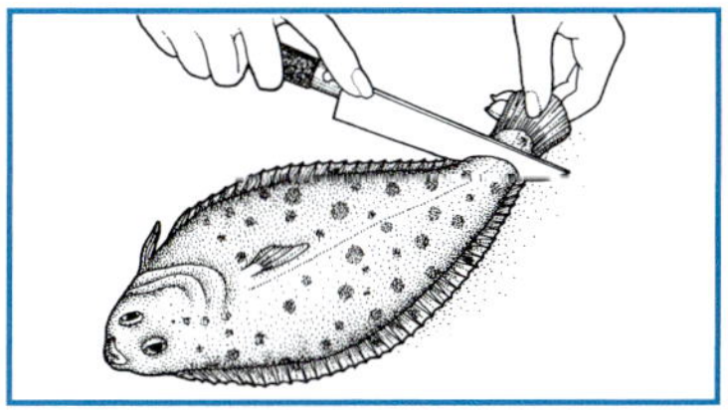

- Mit einem Tuch den Schwanz auf die Arbeitsfläche drücken, mit der anderen Hand die Haut greifen und mit einem kräftigen Ruck zum Kopf hin abziehen.

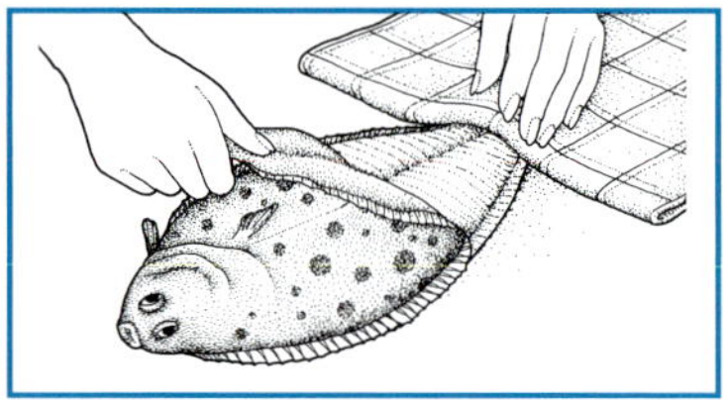

Soll ein größerer Fisch, zum Beispiel Heilbutt, in Tranchen geschnitten werden, so bleibt die Haut dran. Der gesäuberte Fisch wird geschuppt und gewaschen und mit einem kräftigen Messer in gleichmäßige Tranchen geschnitten.

- Den Kopf mit einem Messer entfernen.

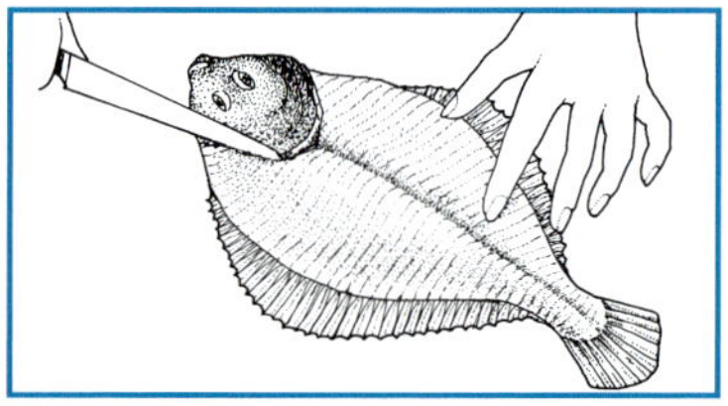

- Mit der Küchenschere den rund um den Fisch verlaufenden Flossensaum abschneiden und den Schwanz stutzen.

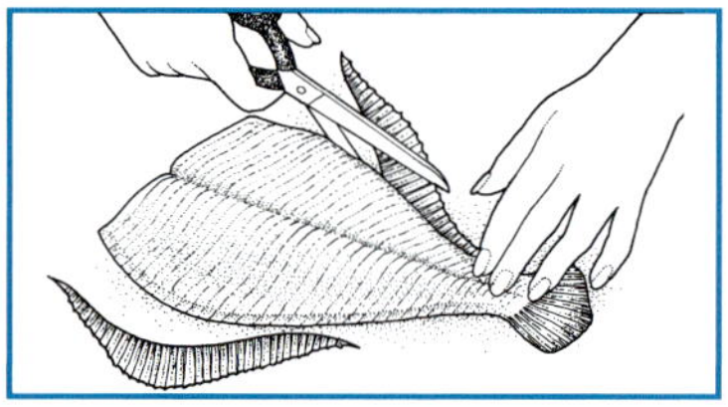

Einen Plattfisch filetieren

Kleine Plattfische wie Seezunge, Babysteinbutt, Flunder, Scholle können im ganzen und filetiert zubereitet werden. Sie werden am besten erst gehäutet und dann filetiert, während man bei großen Plattfischen die ausgelösten Filets häutet. Ein Plattfisch liefert vier Filets, zwei von der Oberseite (dunkle Seite) und zwei von der Blind- beziehungsweise Unterseite (weiße Seite).

- Den Fisch mit der dunklen Seite (bei kleinen Fischen mit der gehäuteten Seite) nach oben legen.
- Das Messer direkt über den Augen am Beginn des Flossensaumes ansetzen und am Kopf entlang bis zur Mittelgräte führen. Den Schnitt auf der Mittelgräte bis zum Schwanz weiterführen und dabei das Fleisch bis auf die Gräte (Rückgrat) durchschneiden.

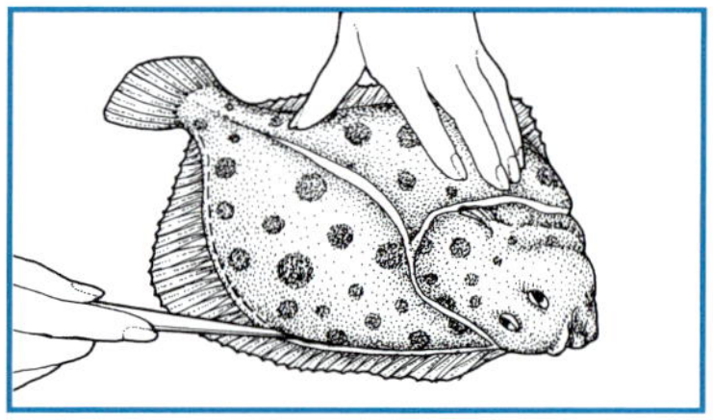

- Haut und Fleisch entlang dem Flossensaum einschneiden.
- Entlang der Einschnittlinie am Rückgrat das obere (Rücken-)Filet

mit flach angesetztem Messer zum Rand hin ablösen.

- Das gegenüberliegende kleinere Filet genauso ablösen.

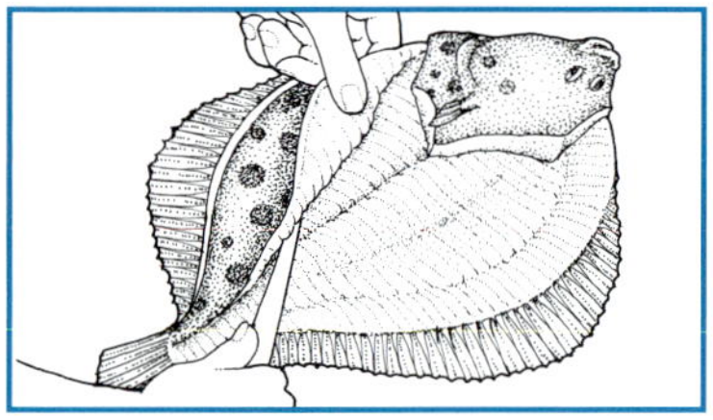

- Den Fisch umdrehen und die Filets auf der Unterseite in derselben Weise von den Gräten lösen.
- Die Filets von einem ungehäuteten Fisch mit der Haut nach unten auf die Arbeitsfläche legen. Am schmalen Ende ein kleines Stückchen Fleisch abschneiden, damit man den Schnitt ansetzen kann. Das Messer flach unter dem Fleisch ansetzen, auf der Haut führen und in einem Zug das Filet von der Haut trennen.

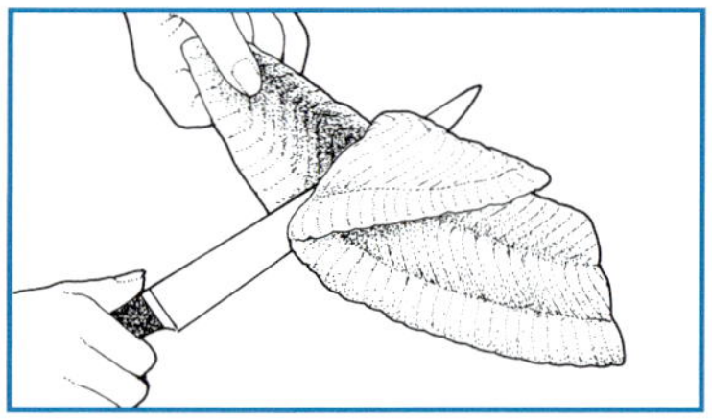

- Den Flossensaum abschneiden.

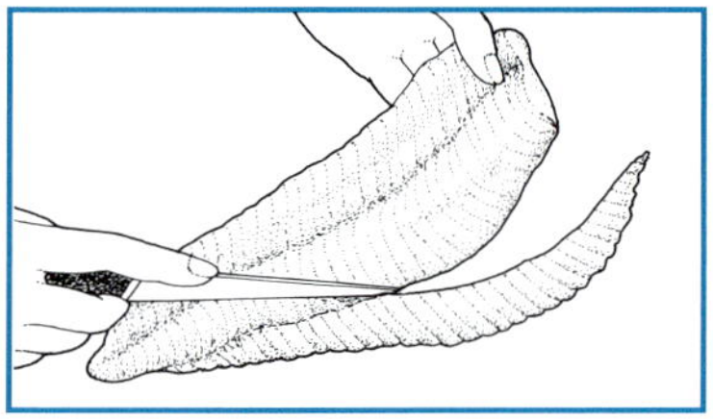

- Das freigelegte Skelett wirft man nicht weg, sondern verwendet es mit dem Kopf für eine Fischbrühe.

Fischabgänge verwerten

Die Gräten und Köpfe (Karkassen) von rohen Fischen, die beim Filetieren übrigbleiben, sollte man sich vom Fischhändler immer mitgeben lassen. Von den Köpfen werden die Kiemen entfernt, denn sie sind ja Wasserfilter und daher schmutzig. Die Gräten hackt man in kleine Stücke und wässert sie einige Stunden. Kopf und Gräten werden mit Wurzelgemüse und Gewürzen in Salzwasser, dem man auch etwas Wein zugeben kann, gekocht. Diese gehaltvolle Fischbrühe (Rezept Seite 30) ist in der Fischküche sehr gut zu verwenden für Suppen, Saucen, Gelee, zum Aufgießen beim Dünsten, Braten und Pochieren von Fischgerichten. Vor allem zum Pochieren und Dünsten von Fischfilet ist eine aromatische Fischbrühe beinahe unerläßlich.

Die Fischleber kann man in der Küche genauso verwerten wie die Leber von Schlachttieren und Geflügel. Als ausgesprochene Delikatesse gilt die Leber der Rutte. Sie ist zart wie Gänseleber und kann auch wie diese zubereitet werden. Fischleber muß allerdings immer völlig durchgegart werden, da sie mit Finnen behaftet sein kann.

Der Rogen, das sind die Eier des geschlechtsreifen weiblichen Fisches (Rogener), wird für Suppen und Füllungen verwendet. Besonders fein schmeckt Karpfenrogen, der, mit Mayonnaise vermischt, gern roh serviert wird; man kann ihn vor der Laichzeit in Fischgeschäften kaufen.

Die Fischmilch, das ist das Samenpaket des geschlechtsreifen männlichen Fisches (Milchner), wird in der Familienküche meist in der Pfanne gebraten oder in etwas Flüssigkeit pochiert. Sie muß vorher gut gewässert, und die Häutchen müssen sorgfältig entfernt werden. Besonders geschätzt ist die Karpfenmilch. Vor der Laichzeit kann man sie in Fischgeschäften kaufen.

Die Garmethoden

Fisch wird nach den gleichen Methoden zubereitet wie Fleisch: Man kann ihn kochen, dünsten, in der Pfanne braten, im Ofen braten, in Fett ausbacken (fritieren), grillen, in Folie garen. Man kann Fischfleisch durch den Fleischwolf drehen und daraus Füllungen, Frikadellen und Klößchen zubereiten.

Fisch benötigt jedoch in den meisten Fällen eine viel kürzere Garzeit als Fleisch. Durch seinen geringen Anteil an Bindegewebe ist Fischfleisch von Natur aus zart und in kurzer Zeit gar. Deshalb kocht oder dünstet man auch Gemüse, das gleichzeitig mit Fisch gegart werden soll (Fisch auf Gemüsebett), vorher fast gar, da es, vor allem Wurzelgemüse, eine längere Garzeit hat als Fisch.

Zum Garen vorbereiten

Nach der »3-S-Regel« – Säubern, Säuern, Salzen – und in dieser Reihenfolge wird ein Fisch zum Garen vorbereitet.

Säubern: Das heißt, den Fisch küchenfertig vorrichten und ausnehmen. Wie man das macht, ist auf Seite 13 ff. beschrieben. In der Regel erledigt das mit geübter Hand der Fischhändler, wenn Sie ihn darum bitten. Er wird auf Wunsch den Fisch auch filetieren oder in Tranchen (Koteletts, Scheiben) schneiden. Im übrigen ist das Angebot von fertig vorgerichteten Fischfilets und Fischtranchen, sowohl von Süßwasser- als auch von Meeresfischen, heute groß.

Säuern: Den Fisch oder das Fischfleisch beträufelt man vor der Zubereitung mit Zitronensaft. Das Fleisch wird durch die Zitronensäure weiß und bleibt in der Struktur fester, Fischgeruch wird gebunden. Auch schlachtfrische Fische mit festem Fleisch und ohne wahrnehmbaren Fischgeruch vertragen diese Spur Zitronensaft. Gleichzeitig mit dem Zitronensaft kann man Kräuter, Pfeffer und andere Gewürze hinzugeben und den Fisch »marinieren«. Je nach Fisch und Zubereitungsart läßt man Zitronensäure oder Marinade einige Minuten oder auch eine Stunde einwirken.

Salzen: Fisch und Fischfleisch soll erst kurz vor der Zubereitung gesalzen werden, damit dem Fischgewebe nicht unnötig Saft entzogen wird.

Fische ziselieren: Große Fische werden gleichmäßig gar, wenn man sie vor dem Garen ziseliert, das heißt, die Seiten zur Mittelgräte hin mehrmals einschneidet. Dieses Verfahren kann für alle Zubereitungsarten angewendet werden. Den gleichen Zweck erreicht man, wenn man den

Fisch am Rückgrat entlang einschneidet; er läßt sich bei Tisch einfacher tranchieren als ziselierter Fisch.

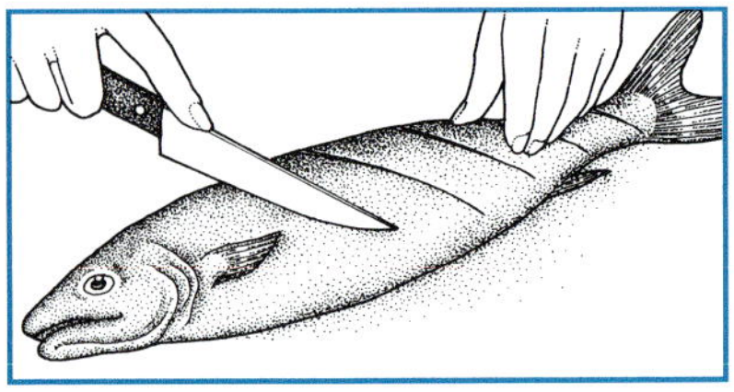

Pochieren oder Garziehen im Sud

Kochfisch wird in einem gewürzten Sud gegart. Der Sud darf keinesfalls sprudelnd kochen, sonst reißt die Haut auf, der Fisch zerfällt. Er muß behutsam bei einer Temperatur von 70 bis 80 °C gegart werden. Man sagt deshalb »Garziehen« oder »Pochieren«. Das Garen im Sud ist für Fische aller Arten geeignet.

Große Fische werden in kaltem Sud aufgesetzt. Sie sollen langsam zum Kochen gebracht werden, damit sie außen nicht schneller gar werden als innen. Nach dem Erreichen des Siedepunkts reduziert man die Hitzezufuhr und läßt den Fisch zugedeckt bei etwa 80 °C garziehen.

Kleine Fische und Fischstücke werden in heißem oder kochendem Sud aufgesetzt. Man läßt sie zugedeckt bei verminderter Hitze garziehen.

Die Garzeit beträgt pro Kilogramm Fisch am Stück etwa 20 Minuten. Für Portionsfische rechnet man je nach Größe 8 bis 12 Minuten.

Garprobe: Der Fisch ist gar, wenn das Fleisch blättrig-milchig-weiß aussieht und sich die Rückenflosse leicht herausziehen läßt. Kleine Fische sind gar, wenn die Augen perlig-weiß heraustreten.

Für kalte Fischgerichte läßt man den Fisch im Sud erkalten.

Fischkochkessel

Einen großen Fisch kocht oder dämpft man am besten in einem Fischkochkessel mit herausnehmbarem, gelochtem Einsatz. Der Fisch wird auf den Einsatz gelegt und in den leeren Fischkochkessel gestellt. Den Fischsud bereitet man nach Rezept zu und gießt ihn – bei kleinen Fischen heiß, bei einem großen Fisch nach dem Erkalten – über den Fisch.

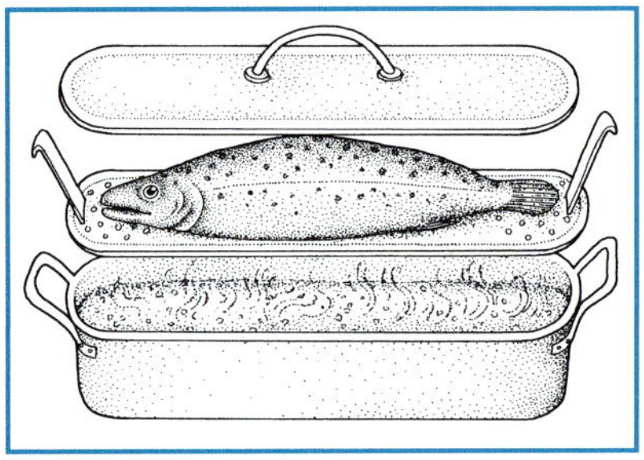

Der Fisch soll vollständig mit dem Sud bedeckt sein. Die richtige Gartemperatur ist erreicht, wenn sich die Flüssigkeit leicht bewegt, »simmert«. Nach beendeter Garzeit wird der Fisch mit dem Einsatz herausgehoben, man läßt ihn vorsichtig auf die vorgewärmte Anrichteplatte gleiten.

Einen großen, durch den Bauch ausgenommenen Fisch sollte man binden, bevor man ihn auf den Einsatz legt, damit er seine schöne Form behält. Zum Binden nimmt man Gaze- oder Baumwollbänder, keine Schnur; sie würde das Fischfleisch einschneiden. Tadellos kocht ein durch die Kiemen ausgenommener Fisch (siehe Seite 15), da der Körper dabei nicht aufgeschnitten wird. Mit Ausnahme der einheimischen Flußfische kommen die meisten Fische allerdings ausgenommen in den Handel, also mit aufgeschnittenem Bauch.

- Ein Bräter mit Einsatz kann den Fischkochkessel ersetzen.
- Portionsfische kann man problemlos ohne speziellen Fischkochkessel in einem ausreichend großen Topf im Sud garen.

Fisch »stehend« garen

Bei Tisch läßt sich ein großer Fisch am besten zerlegen, wenn man ihn »stehend« serviert, also mit dem Rücken nach oben. Dafür muß man ihn schon in dieser Stellung garen. Für diesen Zweck gibt es einen verstellbaren Einsatz. Man kann sich aber auch behelfen: Rohe Kartoffeln schälen, in den Bauch des Fisches füllen, den Fisch eventuell binden, auf den Einsatz des Fischkochkessels stellen und in dieser Stellung garen.

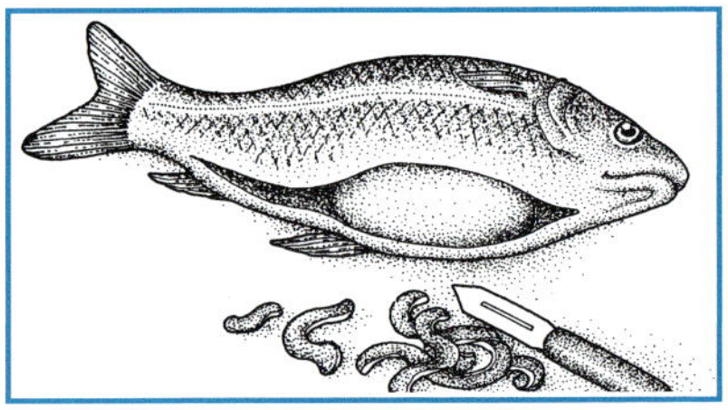

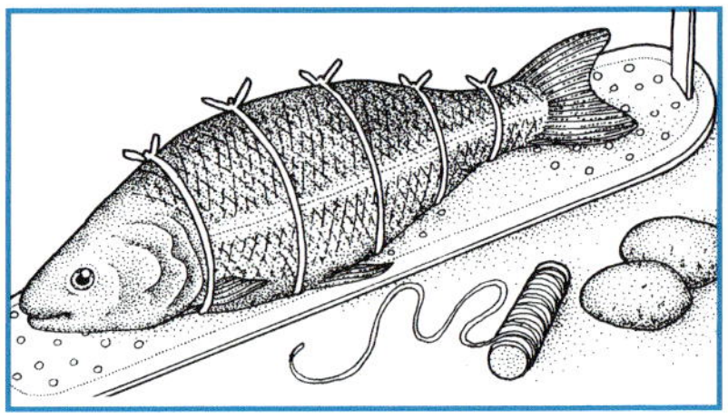

Fischsud

Fischsud kann kräftig gewürzt werden; er wird gern sauer abgeschmeckt. Die Grundzutaten sind Wasser, Salz und Essig *(Essigsud)* oder Wein *(Weinsud)*. Je nach Fischart und persönlichem Geschmack wird der Sud mit Gewürzen, Kräutern und feingeschnittenem Wurzelgemüse aromatisiert. Regel: Je feiner der Fisch, desto weniger würzen.

WURZELSUD ist ein Essigsud mit reichlich und sehr fein geschnittenem Wurzelgemüse. Das Wurzelgemüse wird mit dem Fisch serviert und mitgegessen.

BLAUSUD ist ein Essig- oder Weinsud zum Garen von lebendfrischen Portionsfischen, die »blau« zubereitet werden. Fische zum Blaukochen müssen vorsichtig behandelt werden, damit die Schleimschicht auf der Haut nicht verletzt wird, denn sie bewirkt das Blauwerden.

WEISSER SUD, MILCHSUD ist ein milder Sud aus Wasser, Milch, geschälter Zitrone und Gewürzen. Er wird für Filets und Portionsstücke, aber auch für ganze Fische mit weißem Fleisch (Butte) verwendet. Das Fischfleisch bleibt schön weiß.

FISCHBRÜHE, FISCHFOND ist ein konzentrierter Fischsud, in der Küchensprache »fumet« oder »Fischfumet« genannt. Rohe Fischabgänge, zum Beispiel Gräten und Köpfe (Karkassen) von entgräteten Fischen, werden mit Gewürzen und Wurzelgemüse in Salzwasser und Wein ausgekocht (Rezept Seite 30). Fumet kann aber auch ein Fischsud sein, in dem bereits Fische gegart wurden; die eingekochte, konzentrierte Flüssigkeit ist besonders würzig und aromatisch. Der durchgeseihte eingekochte Sud dient zum Aufgießen von Saucen und Suppen, zum Garen von Fisch und zarten Fischfilets. Klarer Fischfumet kann zu Aspik verwendet werden.

Pochieren in wenig Flüssigkeit

Eine einfache und sehr empfehlenswerte Garmethode für Fischfilets und Fischschnitten sowie für ganze, kleinere Fische ist das Pochieren (beziehungsweise Dünsten) in wenig Flüssigkeit. Man verwendet eine feuerfeste Form, die der Größe der Fische entspricht. Die Fische oder Fischstücke sollen nebeneinander Platz haben. Der Boden der Form wird reichlich gebuttert und mit feingehackten Schalotten, nach Belieben auch mit Champignons, Möhren, Bleichsellerie, Knoblauch und Kräutern bestreut. Der innen und außen gewürzte Fisch wird in die Form gelegt und mit Zitronensaft beträufelt. Der Fisch wird mit so viel Flüssigkeit aufgegossen, daß er nicht ganz bedeckt ist. Zum Aufgießen verwendet man Fischbrühe oder eine Mischung aus Fischbrühe und Wein.

Der Fisch wird mit gebuttertem Pergamentpapier oder Alufolie abgedeckt, sofern kein Deckel für die Form vorhanden ist. Man kann ihn gleich in den Ofen schieben oder die angegossene Flüssigkeit zuerst auf dem Herd zum Sieden bringen. Im Ofen läßt man den Fisch unter mehrmaligem Begießen mit der angegossenen Flüssigkeit bei mäßiger Hitze garen. Der Fisch kann natürlich auch auf dem Herd im geschlossenen Topf oder in der Form pochiert werden. Wichtig ist, daß die Garflüssigkeit nicht sprudelnd kocht, sondern knapp unter dem Siedepunkt bleibt. Nach beendeter Garzeit wird der Fisch herausgenommen und warm gestellt, bis die Sauce bereitet ist.

Dafür passiert man die Garflüssigkeit durch ein Sieb, kocht sie auf die gewünschte Menge ein und bereitet daraus nach den jeweiligen Rezeptangaben die Sauce. Das Einkochen der Garflüssigkeit ist für die Qualität der Sauce sehr wichtig. Während die Flüssigkeit verdampft, bleiben die aus Fisch und Gräten gezogenen Geschmacksstoffe und gelatinehaltigen Substanzen in der auf einen kleinen Rest reduzierten Flüssigkeit voll erhalten und geben der daraus bereiteten Sauce Bindung und Geschmack.

Dämpfen

Schonendes Garen im Dampf bei etwa 80 °C ist im Ergebnis dem Garziehen im Fischsud ähnlich. Dämpfen eignet sich für Fluß- und Meeresfische, vor allem für kleine und angeschnittene Fische sowie Fischfilets.

Im geschlossenen Topf kann man sowohl auf der Herdplatte als auch im Ofen dämpfen. Die Garzeiten sind nur wenig länger als beim Kochen oder Garziehen. Es wird ein aromatischer Fischsud zubereitet, den man nur einige Zentimeter hoch in den Fischkochkessel einfüllt. Der gewürzte Fisch oder ein großes Fischstück kommt auf den Einsatz und muß zugedeckt garen. Bei dieser Methode kommt der Fisch nicht mit der Flüssigkeit in Berührung.

Dämpfen auf Gemüse: Kleingeschnittenes Gemüse halbweich dünsten. Gewürzten Fisch oder Fischstücke auf das Gemüsebett legen und zugedeckt garen.

Schonendes Garen im Dampf wird gern für Diät- und Schonkost angewendet.

Dünsten und Schmoren

Diese Garmethode ist empfehlenswert für kleine ganze Fische, Fischstücke, Tranchen und Filets. Man verwendet oft mehrere Fischsorten, auch Schaltiere. Der Fisch wird, meist zusammen mit anderen Zutaten (Zwiebel, Champignons, Gemüse), in Fett angebraten, mit Flüssigkeit aufgegossen und auf dem Herd oder im Ofen gegart. Verwenden Sie zum Aufgießen eine gehaltvolle, aromatische Fischbrühe, denn davon hängt die Qualität der Sauce ab.

Der Übergang vom Dünsten zum Schmoren ist fließend: Fische mit zartem Fleisch werden nur leicht angebraten, mit Flüssigkeit aufgegossen und bei milder Hitze zugedeckt *gedünstet.* Fische mit festerem Fleisch, zum Beispiel Aal, kann man rundum kräftig anbraten, aufgießen und zugedeckt garen, *schmoren.*

Beide Garmethoden lassen sich auf dem Herd oder im Ofen durchführen. Häufig wird das Gericht auf dem Herd angebraten und nach dem Aufgießen im Ofen fertiggegart.

In Folie garen

Eine besondere Form des Dünstens ist das Garen von Fisch in Folie – eine schonende, in der Diät- und Krankenkost beliebte Zubereitungsart. Nährwert und Aroma bleiben voll erhalten. Der Fisch wird im eigenen Saft gedünstet, ganz gleich, ob man den in Folie eingeschlagenen Fisch unter dem Grill mit Strahlungshitze oder im Ofen mit Ober- oder Rundumhitze gart. Auch für den Holzkohlengrill ist Fisch in Alufolie eine beliebte und praktische Garmethode.

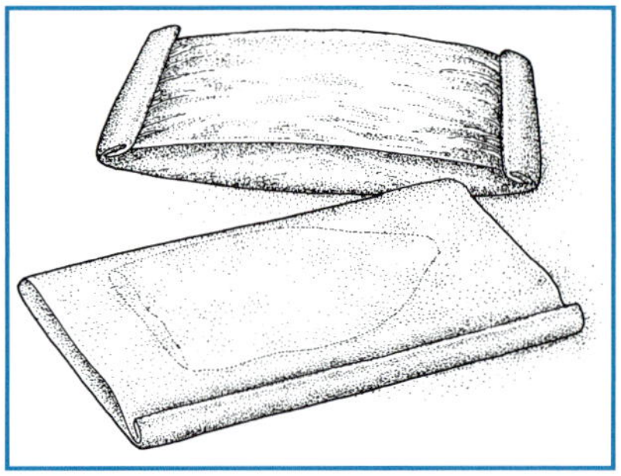

Kleine Fische oder Fischfilet und Fischkotelett sind am besten für das Garen in Folie geeignet. Der Fisch wird gewürzt und nach Rezeptangaben portionsweise in geölter oder gebutterter Alufolie locker eingeschlagen. Die Folie muß an den Rändern fest verschlossen werden, damit der Saft nicht auslaufen kann. Die Folienpäckchen werden auf den Rost gelegt und bei starker Hitze gegart. Fischfilet ist gar, wenn sich die Folie wölbt. Vor dem Servieren schneidet man die Folie in der Mitte ein und serviert den Fisch in der Folie.

Auch gefüllte Fische lassen sich sehr gut in Folie garen. Die Garzeit ist dann natürlich etwas länger.

Grillen

Die starke, trockene Hitze des Strahlungs- oder Holzkohlengrills ist vor allem für kleine oder mittelgroße ganze Fische geeignet. Sie sollen absolut frisch sein. Fettreiche Fische wie Lachs, Hering, Makrele eignen sich besonders gut zum Grillen, da ihr Fleisch nicht so schnell trocken wird. Aber auch magere Fischarten mit besonders zartem Fleisch, zum Beispiel Forelle, Saibling, Tintenfische und Plattfische, schmecken ganz vorzüglich vom Grill. Man bestreicht sie während des Grillens häufig mit Öl oder einer Ölmarinade, damit sie nicht austrocknen.

Größere Fische schneidet man an jeder Seite zwei- bis dreimal ein (»ziselieren«, siehe Seite 19). Sie werden dadurch aromatischer, und der Garprozeß wird durch gleichmäßige Hitzeeinwirkung erleichtert. Schwanz und Flossen schneidet man vor dem Grillen ab, sie könnten sonst verbrennen. Man legt die Fische eine Stunde vor dem Grillen in eine würzige Ölmarinade.

Zum Grillen auf dem Holzkohlenrost ist ein Wenderost recht praktisch; man kann so den Fisch bequem wenden, er hängt nicht an, und die Haut

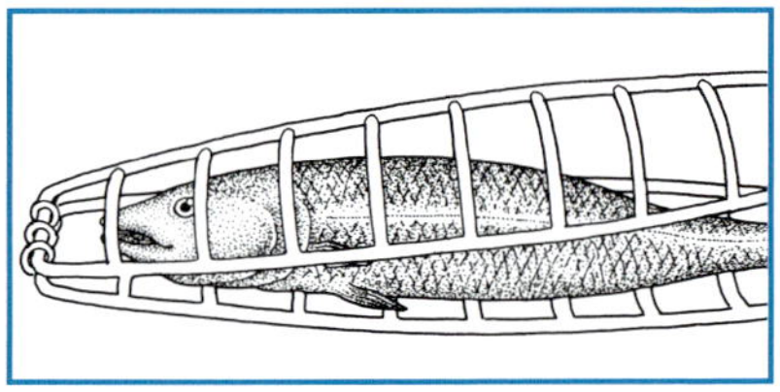

wird nicht verletzt. Auch ein in Alufolie eingepackter Fisch (ebenso Fischstücke) läßt sich auf dem Holzkohlenrost leichter handhaben, da er nicht anhängt.

Der Grill muß vorgeheizt und der peinlich saubere Rost mit Öl bestrichen werden, damit der Fisch nicht anhängt. Alle Fische müssen während des Grillens häufig gewendet werden. Strahlt nämlich die Grillhitze zu lange auf die gleiche Seite, so kann das Fischfleisch trocken und faserig werden.

Die Garzeit ist abhängig von der Größe des Fisches, der Stärke der Hitze und der Entfernung des Grillguts von der Hitzequelle – Heizstäbe oder Glut. Es gilt die gleiche Regel wie beim Grillen von Fleisch: Je kleiner das Grillgut und je kürzer die Garzeit, desto näher an der Hitzequelle wird gegrillt. Ein großer Fisch wird in größerem Abstand zur Hitzequelle oder bei geringerer Hitze langsam gegrillt, damit er auch innen gar wird und außen nicht verbrennt. Setzt man nämlich den Fisch zu rasch einer sehr hohen Temperatur aus, so verbrennt die Oberfläche und bildet eine Art Schutzschicht, welche jedes weitere Eindringen der Hitze verhindert und somit das Garen des Fisches unmöglich macht. Die richtige Hitze und den optimalen Abstand zur Hitzequelle zu wählen, macht die eigentliche Kunst beim Grillen von Fisch aus. Fisch wird trocken, hart und faserig, wenn er zu lange gegrillt wird. Der Fisch ist gar, wenn sich die Rückenflosse leicht herausziehen läßt.

Braten im Ofen

Im Ofen kann man große und kleine Fische braten, auch große Fischstücke, zum Beispiel von Kabeljau oder Schellfisch. Es ist die bevorzugte Garmethode für gefüllte Fische. Brät man den Fisch in einer hübschen, feuerfesten Form, so kann man ihn direkt daraus servieren. Das hat auch den Vorteil, daß er ofenheiß und unbeschädigt auf den Tisch kommt. Einen großen Fisch wie den Karpfen setzt man auf rohe, zurechtgeschnittene Kartoffeln und gart ihn stehend (siehe Seite 20); so kann die Hitze gleichmäßig von allen Seiten einwirken, der Fisch sieht hübsch aus und läßt sich vor allem bei Tisch besser tranchieren. Fische müssen beim Garen in der trockenen Hitze des Ofens geschützt werden, damit sie nicht austrocknen. Man bestreicht die Bratform üppig mit Butter, streut – je nach Rezeptangabe – Schalotten, Kräuter oder Gemüse hinein, stellt oder legt den vorbereiteten, gewürzten Fisch in die Form, bedeckt ihn mit den gleichen Zutaten, mit denen die Form ausgestreut wurde, und gibt zerlassene Butter darüber. Unter einer dicken Schicht Gemüse behält selbst ein großer Fisch mit langer Bratzeit Saft und Aroma, das den Fisch umhüllende Gemüse gibt ihm sogar noch zusätzliche Feuchtigkeit. Eine andere Möglichkeit, den Fisch vor dem Austrocknen zu schützen, ist das Abdecken mit gebuttertem Pergamentpapier oder Alufolie. Meeresfisch wird auch gern mit einem Überzug aus Tomaten- oder Käsesauce gegart.

Zum Braten gießt man nur wenig Flüssigkeit an, am besten würzige Fischbrühe oder Wein oder eine Mischung aus beiden. Während des Garens wird der Fisch häufig mit der Bratflüssigkeit begossen.

Das zarte Fischfleisch benötigt im allgemeinen nur eine kurze Garzeit. Man verfährt genauso wie beim Braten von Fleisch: Große Fische mit längerer Garzeit brät man bei niedrigerer Temperatur, etwa 180 °C, kleine Fische oder Fischstücke mit kurzer Garzeit bei 200 °C oder sogar noch etwas höher. Der Ofen wird immer vorgeheizt.

Garprobe bei ganzen Fischen: Der Fisch ist gar, wenn sich die Rückenflosse leicht herausziehen läßt. Kleine Fische sind gar, wenn die Augen sich weiß vorwölben.

Die nur sparsam aufgegossene Flüssigkeit ergibt mit dem würzigen Aroma der Bratzutaten und dem Saft des Fisches eine ausgezeichnete kleine Sauce, die man »natur« belassen oder, je nach Rezeptangabe, mit Sahne, Wein, Butter aufschlagen kann.

Braten in der Pfanne

Zum Braten in der Pfanne eignen sich kleine bis mittelgroße ganze Fische (Portionsfische), vor allem aber auch Fischfilets und Fischkoteletts. Größere Fische werden vorher ziseliert (siehe Seite 19) oder am Rückgrat entlang eingeschnitten; sie werden dadurch aromatischer und gleichmäßig gar. Beim Braten in heißem Fett wird der Fisch – im Gegensatz zum Garen in Flüssigkeit – hoher Temperatur ausgesetzt. Er ist daher in kurzer Zeit gar. Es soll ein wasserfreies Fett oder Öl verwendet werden, das sich hoch erhitzen läßt, und davon reichlich nehmen. Notwendig ist eine möglichst schwere Pfanne mit ebenem Boden.

Fisch Müllerinart ist ein auf der ganzen Welt bekanntes Pfannengericht. Es ist die bevorzugte Zubereitungsart für feine Portionsfische mit weißem, festem Fleisch wie Seezunge, Scholle, Forelle. Die gewürzten Fische werden, falls die Haut zu trocken ist, zuerst mit Milch angefeuchtet, dann in Mehl gewendet (Mehl = Müller) und in der Pfanne in heißem Öl auf beiden Seiten goldbraun gebraten. Die Fische werden scharf angebraten; die umhüllende Mehlschicht wird dabei sofort fest, es bildet sich eine Kruste. Das ist wichtig, denn bei zu geringer Hitze hängt die Haut an der Pfanne an. Bei verminderter, aber immer noch guter Hitze läßt man sie gar braten. Die Fische werden vor dem Servieren mit frisch gewaschener, noch etwas feuchter Petersilie bestreut und mit schaumigheißer haselnußbrauner Butter übergossen, die man in derselben Pfanne erhitzt, in der die Fische gebraten wurden. Die heiße Butter schäumt heftig auf, wenn sie mit der leicht feuchten Petersilie in Berührung kommt. Die Fische müssen dann sofort serviert werden. Die Platte wird stets mit Petersiliensträußchen und Zitronenspalten angerichtet.

In Ei braten ist eine geeignete Zubereitungsart vor allem für brüchiges Fischfleisch. Das gewürzte Fischfleisch wird gemehlt, durch verquirltes Ei gezogen und gebraten wie Müllerinart.

Fisch paniert braten (backen) ist eine sehr beliebte Zubereitungsart für Fischfilet, Fischkotelett und kleine Portionsfische. Gewürzter Fisch oder Fischfilet wird in Mehl, verquirltem, gesalzenem Ei und Semmelbröseln paniert (wie Wiener Schnitzel) und in reichlich heißem, wasserfreiem Fett auf beiden Seiten goldbraun gebraten; man nennt diese Zubereitungsart allerdings meist nicht Braten, sondern Backen (Backfisch). Dicke Fische sind dafür nicht geeignet. Verwenden Sie so viel Fett, daß der Fisch nicht anhängt. Die Garzeit für panierten Fisch ist sehr kurz. Kleine Fische sind gar, sobald die Kruste braun ist. Man vermeide jedoch zu starke Hitze, sonst verbrennt die Kruste, und der Fisch ist innen noch nicht gar. Größere Fische und dicke Fischstücke werden, sobald die Kruste braun ist, bei reduzierter Hitze fertiggebraten.

Fritieren

Zum Fritieren eignen sich Fischfilet und Fischkotelett, kleine Portionsfische und die ganz kleinen Fische wie Weißfischchen, Sprotten oder Sardinen. Die Zubereitung ist ähnlich der beim Braten oder Backen von paniertem Fisch, doch wird wesentlich mehr Fett benötigt.

Man verwendet eine elektrisch beheizte Friteuse, einen Fritiertopf oder einen schweren Stahltopf von entsprechender Größe. Der Topf darf nicht zu niedrig sein; man muß so viel Fett einfüllen können, daß der Fisch darin »schwimmen« kann, wenn der Topf halbvoll ist. Es darf nur wasserfreies Fett verwendet werden; am besten ist Öl geeignet, weil es sich am höchsten erhitzen läßt, ohne zu verbrennen.

Der Fisch wird zuerst mit Zitronensaft, Pfeffer und Salz gewürzt. Zum Fritieren bereitet man ihn ähnlich vor wie zum Braten in der Pfanne.

Natur fritieren: Den Fisch mit Milch anfeuchten, falls er sehr trocken ist, durch Mehl ziehen, überschüssiges Mehl abschütteln.

In Ei fritieren: Den Fisch zuerst in Mehl wenden und dann durch verquirltes, gesalzenes Ei ziehen.

Paniert fritieren: Den Fisch in Mehl wenden, überschüssiges Mehl abschütteln, dann durch verquirltes, gesalzenes Ei ziehen, abtropfen lassen, in Semmelbröseln wenden, die Panade andrücken.

In Backteig fritieren: Einen Backteig anrühren (siehe Seite 35), die Fische oder Fischstücke eintauchen – eventuell vorher leicht mehlen, damit der Teig besser haftet – und anschließend sofort fritieren.

In der schützenden Umhüllung aus Backteig oder Panade bleibt der Fisch besonders saftig, Fischstücke zerfallen nicht. Sehr kleine Fischchen werden dagegen häufig nur in Mehl gewendet und fritiert.

Das Fett muß vor dem Fritieren auf die erforderliche Temperatur erhitzt werden, etwa 170 bis 190 °C. Dann werden die gemehlten oder panierten oder in Backteig getauchten (gut

abtropfen lassen) Fische oder Fischstücke eingelegt. Sobald die Kruste braun ist, sind sie gar. Beachten Sie die abkühlende Wirkung des Fritiergutes. Man lege nicht zuviel auf einmal ein, eventuell bei ansteigender Hitze weiterfritieren.
Das Fritierfett muß nach jedem Gebrauch gefiltert werden, um Rückstände von Mehl oder Panade zu beseitigen. Nur so kann man es mehrmals verwenden. Dafür nimmt man ein ganz feines Sieb oder einfach einen Kaffeefilter (Papierfilter).

Fisch servieren und essen

Sorgen Sie für heiße Platten zum Anrichten und vorgewärmte Eßteller. Mit dem Fischgericht harmonierende Garnituren müssen schon vorbereitet sein, beispielsweise Petersilie, Tomaten, Kressesträußchen und vor allem Zitrone, die ja zu den meisten Fischgerichten paßt. Begleitende Saucen sowie alle Beilagen müssen fertig und schon angerichtet sein, bevor der Fisch auf die Platte kommt. Fischvorlegebesteck sowie Teller für Haut und Gräten sind bereit.

Fisch tranchieren

Die Haut abziehen: Am Rücken und am Bauch vom Kopf bis zum Schwanz die Haut mit dem Fischmesser aufschneiden und abziehen. Das geht sehr leicht, solange der Fisch heiß und feucht ist.

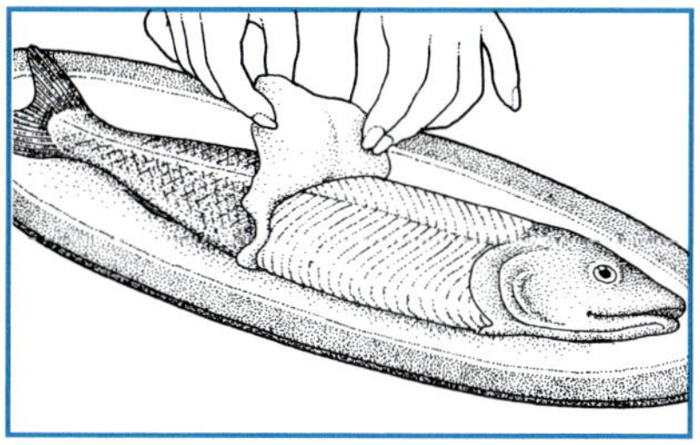

Das obere Filet ablösen: Das Fischmesser an der gut erkennbaren Mittellinie ansetzen und daran entlangfahren, das Filet also in zwei Längshälften teilen. Die zum Rücken hin dickere Filethälfte in Längsrichtung von den Gräten lösen, in Portionen teilen und servieren. Mit der Bauch-Filethälfte ebenso verfahren.

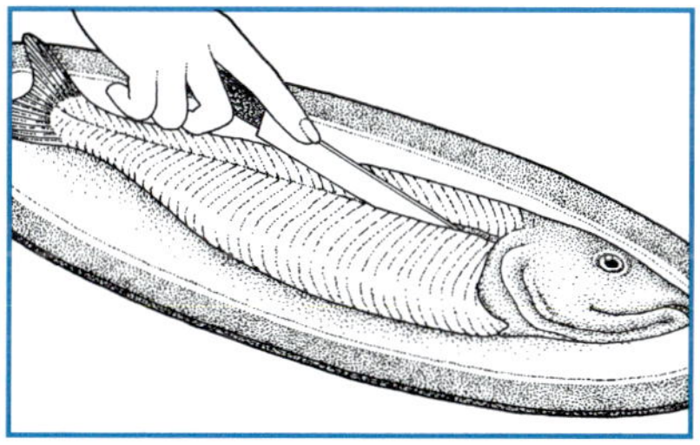

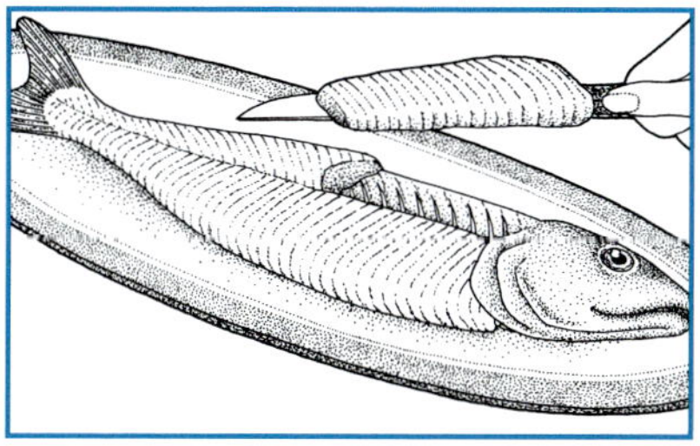

Das untere Filet ablösen: Nachdem das ganze obere Filet abgelöst und serviert ist, wird das Rückgrat mit den Gräten entfernt: Am Schwanz anfassen, hochziehen und mit dem Kopf des Fisches von der Platte entfernen. Das untere Filet mit dem Fischmesser ebenfalls der Länge nach in zwei Hälften teilen, von der Haut lösen, in Portionen teilen und servieren.

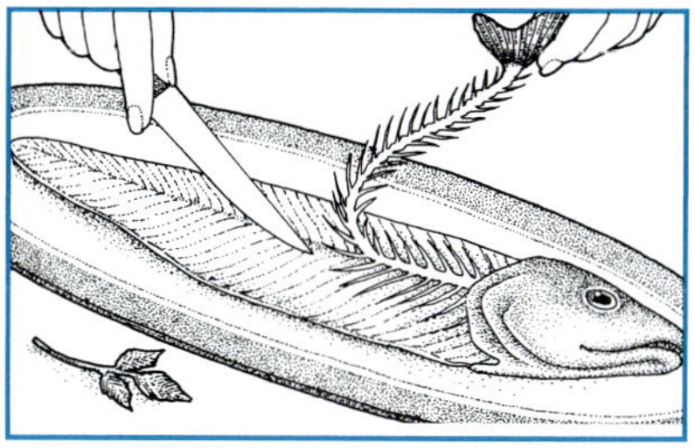

Von einem Fisch, der »stehend« gegart (siehe Seite 20) und angerichtet wurde, wird zuerst die Haut auf beiden Seiten abgezogen. Dann löst man das Filet von der einen Seite in Längsrichtung ab und serviert es portionsweise. Anschließend löst man das zweite Filet ab. Die Karkasse bleibt übrig und wird weggetragen.

Fisch muß schwimmen

Einer alten Regel zufolge muß der Fisch dreimal schwimmen: im Wasser, im Sud und im Wein.
Das Wasser, das dem Fisch von der Natur zum Leben zugeteilte Element, entscheidet neben anderen Faktoren über die Qualität des Fanges. Es liegt auf der Hand, daß Fische aus reinen Gewässern einen höheren Geschmacks- und Gesundheitswert haben als solche aus verschmutzten Gewässern.

Der Sud zum Garziehen soll dem Fischgericht entsprechend gewürzt werden. Der feine Eigengeschmack von edlen Fischen wie Saibling, Forelle, Lachs kommt in einem mild abgeschmeckten Sud besser zur Geltung; man säuert ihn daher besser mit Wein anstelle von Essig. Der Wein ist ja nicht verloren, wenn man den Sud für Suppen oder zum Aufgießen von Saucen verwendet. Man kann Fischsud auch in Behälter füllen und für eine spätere Verwendung einfrieren. Den Sud für sogenannte »Konsumfische« dagegen würzt man kräftig und kocht feingeschnittenes Suppengemüse mit.

Der Wein, das dritte nasse Element des Fisches, erhöht als begleitendes Getränk den Genuß eines Fischgerichts. Zum einen macht Fischfleisch beim Essen einen leicht klebrigen Mund und daher durstig, und das ist gut so; die leichte Säure und Herbheit eines Weines bildet einen angenehmen Kontrast zu dem eher geschmacksneutralen oder leicht süßlichen Fleisch vieler Fischarten.

Das alte Gesetz, daß zu Fisch ausschließlich Weißwein getrunken wird, gilt zwar noch immer, aber mit Einschränkung. Zwar wird in Deutschland und in den meisten mitteleuropäischen Ländern zu Fischgerichten meist ein gut gekühlter, trockener Weißwein serviert, doch gibt es auch Ausnahmen. Ein Rosé oder ein leichter, junger, gekühlter Rotwein ist ein hervorragender Begleiter für ein kräftig gewürztes Fischgericht mit ausgeprägtem Eigengeschmack. Sie machen keinen Fehler, wenn Sie zu Fisch auch einmal Rotwein servieren.

Portionsfisch essen

Fisch ißt man mit dem Fischbesteck, oder – wenn ein solches nicht vorhanden ist – mit zwei Gabeln. Hering und Heringsmarinaden dagegen werden mit dem normalen Eßbesteck gegessen. Zum Vorlegen ist ein Fischvorlegebesteck mit Fischheber – eine Art Gabel mit breiten, stumpfen Zinken – vorteilhaft (siehe Seite 25). Für die Abfälle – Haut, Gräten, Fischköpfe – werden Teller bereitgestellt, oder man verwendet zum Eßgeschirr passende Grätenschalen. Der Fisch wird mit dem Kopf nach links auf dem Eßteller angerichtet, die Bauchseite dem Esser zugewandt.

Soll man die Haut mitessen oder nicht? Bei in Fett gebratenen und fritierten Fischen kann sie auf jeden Fall mitgegessen werden; es wäre schade drum. Natürlich müssen solche Fische immer geschuppt werden (Ausnahme: schuppenlose Fische). Bei gekochten Fischen wird die Haut meist entfernt: am Rücken und am Bauch entlang die Haut mit dem Fischmesser aufschneiden, ablösen und auf den bereitgestellten Grätenteller legen.

Das obere Filet ablösen: Bei kleinen Portionsfischen kann man das Filet im ganzen ablösen. Dazu mit dem Fischmesser an der Schwanzflosse ansetzen, entlang der Hauptgräte zum Kopf fahren und dabei das Filet im ganzen abheben. Bei größeren Fischen fährt man mit dem Fischmesser an der Mittellinie entlang und teilt das Filet in zwei Längshälften, hebt zuerst die vordere Filethälfte ab, dann das Rückenfilet. Die abgelösten Filets legt man an den vorderen Tellerrand.

Das Grätengerüst entfernen: Zuerst holt man die von Feinschmeckern geschätzten »Bäckchen«, die Kaumuskeln, aus dem Kopf. Sie liegen als weiße Fleischstückchen von der Größe eines kleinen Bohnenkerns rechts und links unter der Kiemenplatte, die man nur leicht anheben muß. Dann fährt man mit dem Fischmesser, beim Schwanz beginnend, unter die Hauptgräte, hebt sie ab und entfernt sie gleichzeitig mit dem Kopf. Gräten und Kopf wandern auf den Grätenteller.

Das untere Filet liegt nun frei. Die Haut wird abgelöst und auf den Grätenteller gelegt. Die Abfälle sollten jetzt weggetragen werden.

Auf dem Teller liegen nun die abgelösten Filets. Jetzt erst träufelt man Zitrone über das Fischfleisch und bedient sich mit den bereitgestellten Beilagen wie Buttersauce, Kartoffeln, Gemüse oder Salat.

REZEPTE

Standardrezepte

Fischsude, Fischfond

Fische, die im Sud gegart werden, müssen vollkommen mit Sud bedeckt sein, im Sud »schwimmen«. Je nach Größe des Fischkochkessels oder des Topfes, in dem der Fisch gegart werden soll, müssen die bei den Rezepten angegebenen Mengen für den Sud proportional angepaßt werden.

Blausud, Essigsud

Für lebendfrische Flussfische wie Forelle, Saibling, Karpfen.

Für etwa 2 1/4 l Sud

2 l Wasser
1/4 l Essig (oder 1/8 l Essig und 1/4 l Weißwein)
2 EL Salz
2 TL Zucker
1 Zwiebel, in Scheiben geschnitten
100–200 g Wurzelgemüse (Möhre, Sellerie, Lauch), in Scheiben geschnitten
1 Lorbeerblatt
5 Pfefferkörner, zerdrückt
2 Petersilienstengel
1 kleiner Zweig Estragon

Alle Zutaten in einem großen Topf zum Kochen bringen. Die Hitze reduzieren und zugedeckt 30–40 Minuten kochen lassen. Den Sud kann man mitsamt den festen Zutaten zum Pochieren von Fisch verwenden. Man kann ihn aber auch abseihen oder das Gemüse und die Gewürze mit dem Schaumlöffel herausnehmen, bevor man den Fisch einlegt.

Einfacher Fischsud

Für Fluss- und Meeresfische aller Art.

Für etwa 2 1/4 l Sud

2 l Wasser
1/4 l Essig
2 EL Salz
2 TL Zucker
200 g Wurzelgemüse (Möhre, Sellerie, Lauch, Zwiebel), in Scheiben geschnitten
2 Lorbeerblätter
1 TL Pfefferkörner, zerdrückt
6 Gewürzkörner (Piment)
4 Wacholderbeeren
Zitronenmelisse oder Estragon
2 Petersilienstengel
1 kleiner Zweig Thymian

Die Zubereitung ist die gleiche wie bei Blausud.

Wurzelsud

SPEZIELLER SUD FÜR WALLER (WELS) UND KARPFEN.
AUCH FÜR FLUSS- UND MEERESFISCHE ALLER ART SOWIE FISCHSTÜCKE GEEIGNET.

Für etwa 2 3/8 l Sud

2 l Wasser, 1/8 l Essig
1/4 l trockener Weißwein
2 EL Salz, 2 TL Zucker
2 Zwiebeln, in Scheiben geschnitten
500 g Wurzelgemüse (Möhre, Knollen- oder Bleichsellerie, weißer Lauch), in sehr feine Streifen (Julienne) geschnitten
2 Lorbeerblätter
8 Pfefferkörner, zerdrückt
2 Petersilienstengel
1 kleiner Zweig Thymian

Alle Zutaten in einem großen Topf zum Kochen bringen. Den Deckel auflegen und 20 Minuten leise kochen lassen. Den Sud abseihen und die Fische darin garen. Das Gemüse aus dem Sud wird mit dem Fisch serviert.

Weinsud

FÜR FISCHE ALLER ART, SPEZIELL FÜR LACHS, TRANCHEN VON HEILBUTT, FÜR SCHAL- UND KRUSTENTIERE.

Das Verhältnis Wasser zu Wein kann man beliebig variieren, es sollte jedoch immer ein herber Wein verwendet werden. Für manche Fische, zum Beispiel Karpfen, verwendet man auch Rotwein. Verwenden Sie den gehaltvollen Weinsud zur Bereitung einer Suppe oder Sauce.

Für etwa 1 1/2 l Sud

3/4 l trockener Weißwein
3/4 l Wasser
1 EL Salz, 2 TL Zucker
2 Schalotten
100–200 g Wurzelgemüse (Möhre, Knollen- oder Bleichsellerie, Lauch), in Scheiben geschnitten
1 Lorbeerblatt, 5 Pfefferkörner
1 Zweig Estragon oder Thymian
2 Knoblauchzehen (nach Belieben)

Alle Zutaten in einem großen Topf zum Kochen bringen. Bei geringer Hitze zugedeckt 30–40 Minuten kochen lassen. Den Sud abseihen oder das Gemüse und die Gewürze mit dem Schaumlöffel herausnehmen, bevor der Fisch eingelegt wird.

Weißer Sud, Milchsud

FÜR STEINBUTT, HEILBUTT, KABELJAU, MEERHECHT, SCHELLFISCH; FÜR ALLE FISCHE MIT WEISSEM FLEISCH.

Für 1 1/2 l Sud

1 1/4 l gesalzenes Wasser
1/4 l Milch
1 Zitronenscheibe, geschält
1/2 Lorbeerblatt
4 Pfefferkörner, zerdrückt

Alle Zutaten zusammen mit dem Fisch kalt aufsetzen und langsam zum Kochen bringen (Fischstücke werden in heißem Sud zugesetzt). Nach dem Aufkochen abschäumen, den Fisch bei reduzierter Hitze garziehen lassen.

Sud für Krustentiere

Lebende Krustentiere (Hummer, Langusten, Garnelen, Krebse) werden durch Einwerfen in sprudelnd kochenden Sud getötet, die Hitze reduziert und die Tiere gegart. Der Sud muß daher so reichlich bemessen sein, daß die Tiere gut bedeckt sind. Die Rezeptmenge ist in der Familienküche im allgemeinen ausreichend. Es ist besser, eher zuviel als zuwenig Sud bereitzustellen.
Wichtig: Bei Verwendung mehrerer Krustentiere werden diese nacheinander in den Sud gegeben – immer erst dann, wenn der Sud wieder sprudelnd kocht.

Für 4 l Sud

3 l Wasser
1 Zitrone, geschält und in Scheiben geschnitten, 3 EL Salz
12 Pfefferkörner, zerdrückt
1 Kräuterbündel (Petersilie, Thymian, 1 Lorbeerblatt, 1 Stange Bleichsellerie)
1 Möhre und 1 Zwiebel, in Scheiben geschnitten
1 l trockener Weißwein

Alle Zutaten (ohne den Wein) in einem großen Topf zum Kochen bringen und etwa 20 Minuten sprudelnd kochen. Den Wein zugießen und weitere 20 Minuten kochen. Vor der Verwendung durch ein Sieb gießen.

Fischfond, Fischbrühe, Fischfumet

ZUM POCHIEREN VON PORTIONSFISCHEN, FISCHTRANCHEN UND FISCHFILETS. FÜR SUPPEN UND ASPIK, KONZENTRIERTER FOND ZUM AUFGIESSEN VON SAUCEN.

Verwenden Sie für Fischfond nur Köpfe, Gräten und Abschnitte von weißfleischigen Fischen. Von den Flußfischen sind das zum Beispiel Bachforelle, Saibling, Hecht und Zander, von den Meeresfischen vor allem Plattfische wie Seezunge, Scholle, Rotzunge und Steinbutt. Fond kann man hervorragend einfrieren, auch in Eiswürfelschalen; oft genügen kleinste Mengen davon, um Konsistenz und Gehalt einer Sauce zu verbessern.

Fertigen Fischfond kann man in guter Qualität in Gläsern kaufen. Auch *Fisch-Suppen-Paste* ist im Handel erhältlich. Wer nur geringe Mengen Fischfond braucht oder den Geschmack einer Sauce oder eines Fischgerichts abrunden möchte, kann fertigen Fischfond oder Fisch-Suppen-Paste als eine gute Hilfe einsetzen.

Die Fischabgänge zum angedünsteten Gemüse und den Pilzen geben, den Wein zugießen.

Die beim Kochen der Brühe aufsteigenden Trübstoffe mit einem Schaumlöffel abschäumen.

Der abgeseihte Fond läßt sich sehr gut portionsweise einfrieren.

Für etwa 1 1/4 l Brühe/Fond

- 500 g Abgänge von rohen Fischen (Köpfe ohne Kiemen, Gräten, Fischabschnitte)
- 20 g Butter
- 1/2 Stange Bleichsellerie
- 150 g Wurzelgemüse (Zwiebel, Möhre, Lauch, nur das Weiße), in Scheiben geschnitten
- 30 g Champignons
- 1/4 l trockener Weißwein
- 1 l Wasser
- 1 TL Salz
- 1/2 Lorbeerblatt
- 1 Zweig Thymian
- 3 Petersilienstengel

Fischabgänge mehrere Stunden wässern. Butter erhitzen, Gemüse und Champignons darin andünsten, ohne daß sie Farbe nehmen. Die Fischabgänge zugeben, den Wein zugießen und mit Wasser auffüllen, Salz, Lorbeerblatt und Kräuter zugeben. Zum Kochen bringen, abschäumen. Zugedeckt 1/2 Stunde leise kochen. Den Sud abseihen, feste Bestandteile durchpassieren. (Bei Verwendung für helle Sauce oder Aspik die Brühe nicht durchpassieren, da sie davon trübe wird.)

HINWEIS

Für einen besonders konzentrierten Fond läßt man die Brühe bei starker Hitze im offenen Topf um ein Drittel bis zur Hälfte einkochen.

ABSEIHEN: *Ein Spitzsieb mit einem Passiertuch auslegen und den Fond schöpflöffelweise durchlaufen lassen.* ▷

Fischaspik, Fischgelee

ZUM ÜBERZIEHEN VON KALTEM FISCH, FÜR FISCHSÜLZE.

Für ½ l Aspik

- ½ l Fischbrühe (Seite 30)
- 1–2 EL Madeira oder Portwein
- Essig, Salz, Pfeffer
- 6 Blatt weiße Gelatine
- 1 Eiweiß und die zerdrückte Eierschale zum Klären (nach Belieben)

Für Aspik muß die Brühe von allen Trübstoffen befreit werden. Dafür die Fischbrühe durch ein feines, mit Nesseltuch ausgelegtes Sieb oder durch ein Filterpapier in eine Schüssel gießen. Mehrere Stunden in den Kühlschrank stellen, damit sich die Schwebstoffe absetzen können. Die Brühe in einen Topf gießen und dabei darauf achten, daß etwaige trübe Rückstände zurückgehalten werden. Madeira oder Portwein zugeben, die Brühe abschmecken und bei Bedarf mit Essig, Salz und Pfeffer nachwürzen. Aspik kann pikant-säuerlich abgeschmeckt werden.

Die Gelatine in kaltem Wasser 10 Minuten einweichen. Inzwischen die Fischbrühe erhitzen, jedoch nicht kochen. Die eingeweichte Gelatine ausdrücken, in die heiße Fischbrühe rühren und erkalten lassen. Zum Überziehen von Fischgerichten und für Sülzen muß der Aspik verwendet werden, bevor er steif wird.

BRÜHE KLÄREN: Für ein besonders klares Gelee die Fischbrühe leicht erwärmen. Das Eiweiß halbsteif schlagen, mit der gewaschenen, zerkleinerten Eierschale in die Brühe geben und unter ständigem Hochziehen mit dem Schneebesen zum Kochen bringen. Den Topf vom Herd nehmen und 10 Minuten stehen lassen, bis die Eiweißhaut, die alle Unreinheiten aufgenommen hat, aufreißt und sich die klare Brühe zeigt. Die Brühe durch ein mit Nesseltuch ausgelegtes Sieb oder durch Filterpapier gießen. Die geklärte Brühe abschmecken und mit Gelatine binden wie oben.

Füllungen, Farcen

Die Mengen der Rezepte für Fischfüllungen sind jeweils ausreichend für 4 mittelgroße Portionsfische. Fische, die gefüllt werden sollen, nimmt man durch den Bauch, durch die Kiemen oder durch den Rücken aus. Wie man das macht, ist ausführlich auf den Seiten 13 ff. beschrieben. Für durch den Rücken ausgenommene Fische benötigt man, je nach Größe der jeweiligen Fische, die eineinhalbfache bis doppelte Rezeptmenge.

Pilzfüllung

- ½ Zwiebel, gehackt
- 1 EL Petersilie, gehackt
- 30 g Butter
- 200 g Pilze (Pfifferlinge, Champignons, Egerlinge), gehackt
- Salz, Pfeffer
- 2 EL Crème fraîche
- 1 EL Zitronensaft
- etwa 2 EL Semmelbrösel

Zwiebel mit Petersilie in heißer Butter glasig schwitzen. Die Pilze dazugeben, mit Salz und Pfeffer würzen und dünsten, bis die Flüssigkeit vollständig verdampft ist. Crème fraîche und Zitronensaft unterrühren. Die Pilze mit so viel Semmelbröseln vermischen, daß die Masse ausreichend gebunden ist.

VARIATIONEN

- Eine gehäutete, gewürfelte Tomate mitdünsten.
- Ein Ei unter die fertige Füllung mischen. Wenn Fischmilch oder Rogen vorhanden sind, mischt man sie unter die Füllung (Fischmilch gewässert, enthäutet und gehackt; Rogen kalt überbraust und durch ein Sieb gedrückt).

Spinatfüllung

- 500 g Spinat
- 50 g Butter
- Salz, 1 TL Zitronensaft
- 1 EL Parmesan
- 1 Ei, verquirlt
- etwa 2 EL Semmelbrösel

Den Spinat 2 Minuten blanchieren, abgießen, sofort kalt überbrausen, abtropfen lassen, grob hacken. In einem Topf die Butter zergehen lassen und den Spinat darin schwenken, vom Herd nehmen. Mit Salz und Zitronensaft würzen. Nach Belieben Parmesan daruntermischen. Den Spinat mit Ei und so viel Semmelbröseln vermischen, daß die Masse ausreichend gebunden ist, jedoch nicht zu trocken wird.

Sauerampferfüllung

1 Semmel, 100 g Sahne
150 g Sauerampferblätter
30 g Butter
Salz, Pfeffer
etwa 3 EL Semmelbrösel

Die Semmel feinblättrig aufschneiden, mit der Sahne übergießen und stehen lassen, bis die Semmel vollständig aufgeweicht ist. Den Sauerampfer in einem flachen Topf bei milder Hitze im eigenen Saft zusammenfallen lassen und etwa 1 Minute dünsten. In einem Sieb abtropfen lassen. Die Butter schmelzen, den Sauerampfer und die eingeweichte Semmel dazugeben, mit Salz und Pfeffer würzen und alles gut vermischen. Die Masse mit Semmelbröseln binden und vor Gebrauch ausreichend lange quellen lassen.

Käse-Schinken-Füllung

60 g geriebener Emmentaler
2 EL Kräuter, gehackt
4 EL Semmelbrösel
1 Ei, etwa 125 g saure Sahne
Salz, 1 Prise Paprikapulver
30 g gekochter Schinken

Käse, Kräuter und Semmelbrösel vermischen, mit Ei und saurer Sahne zu einem dicken Brei verrühren, mit Salz und Paprika würzen. Feingewiegten Schinken daruntermischen. ½ Stunde quellen lassen.

Kalbsbrätfüllung

Wer frisches Kalbsbrät nicht kaufen kann, nimmt ungebrühte Kalbsbratwürste und drückt diese aus. Sollte von der Füllung einmal etwas übrigbleiben, kocht man Klößchen daraus und garniert den gefüllten Fisch damit.

250 g Kalbsbrät
1 Prise Muskatnuß
1 Ei
3 EL Sahne
1 EL Petersilie, gehackt
1 EL Semmelbrösel

Das Kalbsbrät mit Muskat, Ei, Sahne und Petersilie vermischen, mit Semmelbröseln binden. ½ Stunde quellen lassen.

Variationen

Man kann Kapern, gehackte Schalotten, gehackte Garnelen, gehackte Sardellenfilets, gehackte Pistazien oder sehr kleine Speckwürfelchen unter die Fülle mischen.

Fischfarce, Fischpüree, Fischmousseline

Zum Füllen von Fisch, für Fischklösschen, Fischterrine.

Das feine weiße, magere Fleisch vom Hecht wird für Farcen besonders gern verwendet. Doch auch aus anderem Fischfleisch, zum Beispiel von Forelle, Saibling, Zander, Lachs oder Lachsforelle, Wittling sowie Seefischfilet, kann man ein feines Fischpüree für verschiedene Zubereitungen herstellen.

375 g schieres Fischfleisch (Hechtfleisch), ohne Haut und Gräten
2 TL Salz
Pfeffer
Muskatnuß
2 EL Zitronensaft
1 Eiweiß
etwa 300 g Sahne

Alle Zutaten und auch die Geräte müssen gut gekühlt sein.

Das Fischfleisch in Würfel schneiden, mit allen Zutaten im Mixer (Moulinette) sehr fein pürieren. Durch ein feines Sieb streichen. Die pastenartige, vollkommen homogene Mischung stellt man vor der weiteren Verarbeitung 1 Stunde in den Kühlschrank auf gestoßenes Eis.

Die Verarbeitung auf Eis und die frühzeitige Zugabe von Salz sind notwendig, damit das Eiweiß aufschließen und die Masse quellen kann. Nur so ist die zarte Konsistenz der Farce garantiert.

Die Menge der Sahne, die zum Aufschlagen des Pürees nötig ist, kann nicht exakt angegeben werden, da die Bindefähigkeit je nach Eiweiß- und Fettgehalt der Fische unterschiedlich ist. Als Faustregel gilt jedoch, gleiche Menge Fischfleisch und (bis zu) gleiche Menge Sahne verwenden. Die Masse soll, nachdem sie im Kühlschrank auf Eis geruht hat, in der Konsistenz dick, streichfähig und gut formbar sein (Klößchen).

VARIATIONEN

- Fein geriebenen alten Gouda untermischen.
- Gekochte Garnelen hacken, unter die Farce mischen.
- Gehackte Pistazien daruntermischen.
- GRÜNE FISCHFARCE: Blanchierte Spinatblätter gut ausdrücken, hacken und unter das Fischpüree mischen.

Fischfarce mit Panade

ZUM FÜLLEN VON FISCH, FÜR FISCHKLÖSSCHEN, FISCHTERRINE.

Eine feine Fischfarce kann man mit einer sogenannten »Panade«, das ist ein Brandteig, binden und strecken. Der Aufwand ist gering, und das Ergebnis kann sich sehen lassen.

1 Rezept Fischfarce (Seite 33)

Für die Panade

1/8 l Milch, 25 g Butter
1 Prise Salz, 75 g Mehl, 2 Eier

GARNELENKLÖSSCHEN, *aus Fischfarce mit 100 g pürierten Nordseekrabben und 50 g geriebenem alten Gouda zubereitet, wie bei »Fischklößchen« auf Seite 54 beschrieben.*

Die Fischfarce zubereiten, jedoch nicht durchpassieren. In den Kühlschrank auf gestoßenes Eis stellen.

Für die Panade in einem kleinen Topf die Milch mit Butter und Salz aufkochen, den Topf zur Seite ziehen, das Mehl auf einmal einrühren, den Topf wieder auf die Kochstelle setzen. Bei reduzierter Hitze unter beständigem Rühren »abbrennen«, bis die Masse glatt ist und sich vom Topf löst, auf dem Topfboden ist eine weiße Haut zu sehen. Den Topf wieder von der Kochstelle nehmen, einige Minuten abkühlen lassen. 1 Ei unterrühren, dann das andere Ei zugeben und zu einem glatten Teig rühren. Kalt stellen.

Vor der Verwendung die gut gekühlte Panade und die Fischfarce miteinander vermischen, durch ein feines Sieb streichen.

Fischpüree mit Champignons

- 150 g Champignons, gehackt
- 20 g Butter
- Salz, Pfeffer
- 1 TL Zitronensaft
- 1 Rezept Fischfarce (Seite 33)

Die Champignons in heißer Butter mit Salz, Pfeffer und Zitronensaft so lange dünsten, bis die Flüssigkeit verdampft und die Masse zu einem dickbreiigen Püree geworden ist. Erkalten lassen. Fischfarce zubereiten, das Champignonpüree daruntermischen.

Variation

Die doppelte Menge Champignons dünsten und nur die Hälfte davon unter die Fischfarce mischen, mit dem ein Fisch gefüllt wird. Die andere Hälfte der Champignons am Schluß in die Sauce rühren.

Backteig

Zum Fritieren von Fisch.

Bier macht den Teig locker und gibt ihm einen leicht bitteren Geschmack, der gut mit fritiertem Fisch harmoniert. Man kann den Teig aber auch mit Wein, Milch oder Wasser anrühren. Backteig soll dickflüssig sein, damit er das Fritiergut vollkommen umschließt.

- 150 g Mehl
- 1 Messerspitze Salz, Pfeffer
- 1 EL Öl
- 2 Eier, getrennt
- knapp 200 ml Bier (oder Wein, Milch, Wasser)

Das Mehl in eine Schüssel sieben, Salz und Pfeffer einstreuen und in die Mitte eine Mulde drücken. Öl und Eigelbe in die Mulde geben und mit einer Gabel mit etwas Mehl verrühren. Nach und nach von der Mitte aus das Bier unter das Mehl rühren. Den Teig nur so lange rühren, bis er glatt ist; er soll ziemlich dickflüssig sein. Etwa 30 Minuten bei Zimmertemperatur quellen lassen. Kurz vor Gebrauch das Eiweiß zu Schnee schlagen und unter den Backteig heben.

Hinweis

Es ist empfehlenswert, den Fisch vor dem Eintauchen leicht zu mehlen, der Backteig haftet dann besser.

Suppen & Suppentöpfe

Legierte Fischsuppe, Fischcremesuppe

- 1 l Fischbrühe (Seite 30)
- 30 g Butter, 20 g Mehl
- 1 kleine Prise Cayennepfeffer
- Salz
- einige EL trockener Weißwein
- 2 Eigelb
- 100 g Sahne
- 2 Blättchen Sauerampfer (nach Belieben)

Die Fischbrühe aus Abschnitten von Forelle oder anderem weißen Fisch zubereiten, durchseihen.
Aus Butter und Mehl eine helle Einbrenne zubereiten, nach und nach unter kräftigem Rühren mit der Fischbrühe aufgießen, 20 Minuten kochen lassen. Mit Cayennepfeffer, Salz und Wein abschmecken, nochmal durchkochen. Eigelbe und Sahne verquirlen und die nicht mehr kochende Suppe abseits vom Herd damit legieren. Sauerampfer in sehr feine Streifen schneiden und in die Suppe streuen.

Suppeneinlage: Die feine, zarte Suppe kann ohne Einlage serviert werden. Will man sie anreichern, sind wahlweise Forellenklößchen (Fischklößchen, Seite 54), Reste von pochiertem Fisch, Krabben, Muschelfleisch, gedünstete Champignons zu empfehlen.

Variationen

- 1 gewürfelte Tomate mitkochen, die Suppe durchpassieren. Das gibt der Suppe eine leicht rötliche Farbe.
- Vor dem Anrichten ein Stückchen Krebsbutter (Seite 181) unterrühren.

Lachscremesuppe mit Kartoffeln

- 300 g Lachsfilet
- Zitronensaft
- Pfeffer
- 1–2 Kartoffeln (250–300 g)
- 1 l Hühnerbrühe
- 100 g weißer Lauch, in Ringe geschnitten
- 2 EL trockener Weißwein
- 150 g Sahne
- Salz
- 1 Prise Cayennepfeffer

Das Lachsfilet in Würfel mit 2 cm Kantenlänge schneiden, mit Zitronensaft und Pfeffer marinieren. Die Kartoffeln schälen, mit einem Kugelausstecher kirschgroße Kugeln ausstechen, in kaltes Wasser legen.
Im Suppentopf die Hühnerbrühe aufkochen, die Kartoffelreste und den Lauch zugeben und in etwa 20 Mi-

nuten weich kochen. Die Suppe mit dem Mixstab pürieren. Die Kartoffelkugeln hineingeben und in etwa 15 Minuten knapp gar kochen. Wein und Sahne einrühren, gut durchkochen. Mit Salz und Cayennepfeffer abschmecken. Zum Schluß die Lachswürfel etwa 5 Minuten in der Suppe garziehen lassen.

Fischsuppe von Flußfisch

Die Suppe kann mit Forelle, Renke, Barsch zubereitet werden. Lachs (oder Lachsforelle) sollte jedoch immer dabeisein, auch wegen der schönen Farbe.

200 g Lachsfilet
200 g Zander- oder Forellenfilet
Zitronensaft
40 g Butter
½ Zwiebel, gehackt
100 g Gemüse (Bleichsellerie, Fenchel, Lauch, Petersilienwurzel), in feine Streifen geschnitten
½ Knoblauchzehe, gehackt
1 Tomate, gehäutet, Samen entfernt, gewürfelt
2 cl Cognac oder Noilly Prat
100 ml trockener Weißwein
1 l Fischbrühe (Seite 30), ersatzweise helle Fleischbrühe
Salz
1 Prise Cayennepfeffer
30 g kalte Butter
pro Person etwa 2 Weißbrotscheiben, im Ofen geröstet
Petersilie, fein gehackt

Lachs- und Zander- oder Forellenfilet in kleine Würfel schneiden, mit Zitronensaft marinieren.
Im Suppentopf die Butter erhitzen und die Zwiebel hell anschwitzen. Das Gemüse kurz mitdünsten, dann den Knoblauch und die Tomatenwürfel zugeben und einige Minuten dünsten. Mit Cognac oder Noilly Prat und Wein ablöschen. Mit Fisch- oder Fleischbrühe aufgießen und etwa 15 Minuten kochen, bis das Gemüse gar ist. Mit Salz und Cayennepfeffer abschmecken. Die eiskalte Butter flöckchenweise einrühren. Die Fischwürfel in die Suppe geben und etwa 3 Minuten knapp unter dem Siedepunkt garziehen lassen. Geröstete Weißbrotscheiben in die Suppenteller geben und die Fischsuppe darüberschöpfen. Die Petersilie über die angerichtete Suppe streuen.

Karpfensuppe, Karpfen im Zwiebelsud

ODER SCHLEIEN-, WALLERSUPPE.

Das Rezept für dieses einfache, herzhafte Suppengericht stammt aus Oberfranken. Die Karpfenzucht ist dort ein bedeutender Wirtschaftszweig.

1 Karpfen von etwa 1,5 kg, geschuppt und küchenfertig hergerichtet

Für den Zwiebelsud

2 l Wasser
⅛ l Essig
¼ l trockener Weißwein
2 EL Salz
2 TL Zucker
2 Lorbeerblätter
8 Pfefferkörner, gestoßen
2 TL Thymian
600 g Zwiebeln, in Scheiben geschnitten

Zum Anrichten

4–6 Semmeln, in Würfel geschnitten
100–150 g Butter

Grätenloses Fischfleisch ißt sich besser. Daher empfiehlt es sich, den Fisch zu filetieren und auch alle feinen Gräten zu entfernen. Man teilt das Fischfleisch in 4 Portionen.
Die Fischabgänge (Kopf ohne Kiemen, Gräten, Schwanzstück) mindestens 1 Stunde wässern. Für den Sud die Fischabgänge in dem Wasser, dem Essig und Wein mit den Gewürzen 30 Minuten kochen und in einen Suppentopf abseihen. Die Zwiebeln hineingeben und etwa 15 Minuten kochen, bis sie weich sind. Sie geben dem Sud Bindung. Die Karpfenstücke in den kochenden Zwiebelsud geben. An der Herdseite zugedeckt in 5–8 Minuten garziehen lassen.
Inzwischen die Semmelwürfel in heißer Butter goldgelb braten (pro Person 1–1½ Semmeln). Die Suppe in eine vorgewärmte Schüssel füllen und sehr heiß auftragen.
Semmelwürfel und Fisch werden portionsweise auf die Teller verteilt. Man schöpft die Suppe über die Semmelwürfel, die so heiß sein sollen, daß es zischt, wenn sie begossen werden.

Wiener Fischbeuschelsuppe

1 Karpfen von 1,2 kg

Für den Sud

Die Abgänge vom Karpfen (Kopf ohne Kiemen, Gräten)
1½ l Wasser
6 EL Essig
1 Zwiebel, in Scheiben geschnitten
½ Lorbeerblatt
Salz, 8 Pfefferkörner, gestoßen
1 TL Thymian
2 Petersilienstengel

Für den Karpfenrogen

30 g Butter
einige EL Sud

Für die Suppe

40 g Butterschmalz
40 g Mehl
1 TL Zucker
1 Schalotte, gehackt
150 g Wurzelgemüse (Sellerie, Möhre, Lauch), in feine Streifen geschnitten
6 EL trockener Rotwein
2–3 EL saure Sahne
Petersilie, gehackt
pro Person 1–2 kleine Scheiben Weißbrot

Den Karpfen schuppen und ausnehmen. Die Galle und den Darm entfernen. Die Eingeweide (Beuschel) sowie Karpfenrogen oder Karpfenmilch säubern und beiseite stellen. Den Fisch filetieren. Die Karkasse (Kopf ohne Kiemen und die Gräten) etwa 1 Stunde wässern.

Aus den angegebenen Zutaten einen Sud ansetzen, die Abgänge darin langsam zum Kochen bringen, ½ Stunde kochen. Zum Schluß das Beuschel 2 Minuten im Sud pochieren und mit dem Schaumlöffel herausnehmen. Den Sud abseihen. Das anhaftende Fleisch von den Gräten lösen. Das Beuschel in kleine Stücke schneiden.

Den Karpfenrogen wässern, auf einem feinen Sieb abtropfen lassen, durch das Sieb drücken, um die Häutchen zu entfernen. Den Rogen in heißer Butter kurz angehen lassen, einige EL Sud zugeben, so daß er gut mit Flüssigkeit bedeckt ist. Kurz durchkochen, bis der Rogen hart und gelb ist. Mit dem Schneebesen durchschlagen und zunächst beiseite stellen. Falls der Karpfen ein Milchner war: die Milch wässern, häuten, in Stückchen schneiden.

Für die Suppe aus Butterschmalz, Mehl und Zucker eine mittelfarbene Einbrenne zubereiten, Schalotte und Wurzelgemüse zugeben und kurz mitschwitzen. Nach und nach mit dem abgeseihten Sud aufgießen, den Rotwein zugeben und 30 Minuten kochen, gelegentlich umrühren. Das von den Gräten abgelöste Fischfleisch, das Beuschel und den Karpfenrogen oder die Karpfenmilch in der Suppe kurz ziehen lassen. Saure Sahne und Petersilie unterrühren, dann nicht mehr kochen lassen. Die Suppe säuerlich-pikant abschmecken. Die Weißbrotscheiben bei trockener Hitze im Ofen oder im Toaster rösten und in die Teller geben, die Suppe darüberschöpfen.

Hinweis

Das Karpfenfilet kann man anderweitig verwenden. Oder man gart es, in mundgerechte Stücke geschnitten, mit dem Beuschel in der Suppe, die dann natürlich reichhaltiger wird.

Holländische Aalsuppe

Foto

500 g Aal, enthäutet

Für den Sud

1 l Wasser
¼ l trockener Weißwein
1 Zwiebel
2 Gewürznelken
1 Lorbeerblatt
10 schwarze Pfefferkörner
Salz

Für die Suppe

40 g Butter, 40 g Mehl
100 g alter Gouda
2 Eigelb
125 g Sahne
1 Prise Muskatnuß
Salz
½ Bund Petersilie, fein geschnitten

Den Aal in 3 cm große Stückchen schneiden.

Für den Sud alle angegebenen Zutaten in einen Topf füllen, erhitzen und 5 Minuten kochen. Die Aalstückchen in den Sud geben und bei reduzierter Hitze etwa 10 Minuten ziehen lassen, bis sie gerade gar sind. Mit dem Schaumlöffel herausnehmen und jeweils die Mittelgräte entfernen. Den Sud durchseihen.

Aus Butter und Mehl helle Einbrenne anrühren, nach und nach mit dem durchgeseihten Sud aufgießen und unter häufigem Umrühren 15–20 Minuten köcheln lassen. Die Suppe durch ein feines Sieb gießen und wieder erhitzen. Den Käse fein reiben. Die Eigelbe mit der Sahne verquirlen, den Käse untermischen, mit Muskat würzen. Die Käsemischung mit dem Schneebesen in die heiße Suppe einrühren, die Suppe darf dann nicht mehr kochen. Mit Salz abschmecken. Die Aalstückchen in der Suppe erhitzen. Petersilie darüberstreuen.

Hamburger Aalsuppe

Für 6 Personen

Für die Schinkenbrühe

1 Schinkenknochen (750 g)
2 l Wasser
120 g Sellerieknolle
2 Möhren
1 Petersilienwurzel
1 Stange Lauch
1 Bund Petersilie
je einige Blättchen Thymian, Salbei und Basilikum
100 g TK-Erbsen
Mehlbutter aus 30 g Butter und 1 EL Mehl

Für den Aal

1 junger Aal (etwa 750 g)
Salz
½ l Wasser
¼ l Essig
1 Zwiebel, in Ringe geschnitten
5 Pfefferkörner

Für das Trockenobst

¼ l trockener Weißwein
1 EL Zucker
1 Stückchen Zitronenschale
100 g getrocknete Apfelringe und 150 g Backpflaumen, über Nacht eingeweicht
einige EL Einweichwasser (bei Bedarf)

Für die Schwemmklößchen

⅛ l Wasser
25 g Butter
1 Prise Salz
75 g Mehl
2 Eier
1 Prise Muskatnuß

Den Schinkenknochen im Suppentopf in dem Wasser 2 Stunden kochen. Sellerie, Möhren, Petersilienwurzel und Lauch in kleine Stücke, die Kräuter fein schneiden, alles in den letzten 15 Minuten zum Schinkenknochen geben und mitkochen. Erst kurz vor beendeter Kochzeit die TK-Erbsen unaufgetaut dazugeben. Den Schinkenknochen herausnehmen. Die Mehlbutter in die Schinkenbrühe einrühren und 5 Minuten kochen.

Den Aal ausnehmen, die Haut abziehen, das Fischfleisch in 3 cm lange Stücke schneiden. Den Fisch salzen. Aus Wasser, Essig, Zwiebel und Pfefferkörnern einen Sud zubereiten, aufkochen und die Aalstücke knapp am Siedepunkt etwa 20 Minuten darin pochieren.

Für das Trockenobst in einem dritten Topf einen Sud aufsetzen aus Weißwein, Zucker und Zitronenschale. Zunächst die aus dem Einweichwasser genommenen Apfelringe 15 Minuten dünsten, dann die Backpflaumen aus dem Einweichwasser nehmen und nur einige Minuten mitdünsten. Bei Bedarf etwas Einweichwasser zum Sud geben, damit das Trockenobst in genügend Flüssigkeit garen kann. Die Zitronenschale entfernen.

Für die Schwemmklößchen in einem kleinen Topf das Wasser mit der Butter und dem Salz aufkochen. Den Topf zur Seite ziehen, das Mehl auf einmal einrühren und den Topf wieder auf die Kochstelle setzen. Bei reduzierter Hitze unter beständigem Rühren »abbrennen«, bis sich die Masse vom Topfboden löst. Den Topf wieder von der Kochstelle nehmen und 2 Minuten abkühlen lassen. 1 Ei darunterrühren, mit Muskatnuß würzen, erst dann das andere Ei zugeben und alles zu einem glatten Teig rühren. Mit einem Teelöffel Klößchen abstechen, in die Schinkenbrühe einlegen und etwa 10 Minuten ziehen lassen.

Anrichten: Alle Zutaten in den drei Töpfen sollen heiß und die Suppenterrine vorgewärmt sein. Zuerst das Trockenobst mit dem Sud in die Terrine füllen, darauf die Schinkenbrühe mit den Schwemmklößchen. Zum Schluß kommen die mit einem Schaumlöffel aus dem Sud genommenen Aalstücke dazu, wenn man es nicht vorzieht, sie gleich in die Suppenteller zu geben.

Beilage: Dunkles Brot.

Russische Fischsuppe

750 g Flußfisch (Karpfen, Zander, beliebiger Weißfisch), filetiert und enthäutet, Zitronensaft
Petersilie, gehackt, Salz

Für den Sud

Fischabgänge (Kopf ohne Kiemen, Gräten)
1 1/2 l Salzwasser, 1 Zwiebel
250 g Wurzelgemüse (Möhre, Sellerieknolle, Petersilienwurzel, Lauch), in Scheiben geschnitten
1 Lorbeerblatt
6 Pfefferkörner, gestoßen

Für die Suppe

5 EL Öl
1 Zwiebel, in Ringe geschnitten
100 g Lauch, in Ringe geschnitten
1 Möhre, geraspelt
100 g Rote Bete, grob geraspelt
200 g Weißkraut, fein gehobelt
Salz, Pfeffer, 1 TL Kümmel
200 g saure Sahne
1 Bund Petersilie, gehackt

Das Fischfleisch in kleine Stücke schneiden, mit Zitronensaft und Petersilie marinieren. Kurz vor der Zubereitung salzen.
Fischköpfe und Gräten 1 Stunde wässern. In Salzwasser mit Zwiebel, Wurzelgemüse, Lorbeerblatt und Pfefferkörnern 45 Minuten kochen. Die Brühe durchseihen, die Fleischreste von den Gräten ablösen und beiseite stellen. Das Gemüse passieren.
In einem Suppentopf das Öl erhitzen und bei mäßiger Hitze die Zwiebel und das Gemüse halbweich dünsten, ohne daß es Farbe nimmt. Die Fischbrühe über das Gemüse gießen, mit Salz, Pfeffer und Kümmel würzen. Alles gut durchkochen, bis das Gemüse weich ist. Auch das passierte Gemüse vom Fischsud zugeben. Die marinierten Fischstücke hineingeben und zugedeckt an der Herdseite 10–15 Minuten ziehen lassen. Das von den Gräten abgelöste Fischfleisch ebenfalls dazugeben. Die saure Sahne unterrühren und die Suppe mit Petersilie bestreuen.
Beilagen: Brot oder in Butter geröstete Weißbrotwürfelchen.

Bouillabaisse

1 kg Tranchen oder 750 g Filet von verschiedenen Meeresfischen
250 g rohe Scampi, ohne Schale
Saft von 1 Zitrone
2 TL Kräuter der Provence
6 EL Olivenöl
200 g weißer Lauch, in Ringe geschnitten
2 Schalotten, in Würfel geschnitten
1/2 Fenchelknolle, in Scheiben geschnitten
250 g Tomaten, gehäutet, gewürfelt
2 Knoblauchzehen, gehackt
1–1 1/2 l Fischbrühe (Seite 30), ersatzweise Fleischbrühe oder Wasser
1/4 l trockener Weißwein
Petersilie, gehackt
1 Lorbeerblatt
Salz
1 Prise Safranfäden
1 Messerspitze Cayennepfeffer

Den Fisch in große Stücke schneiden. Fischstücke und Scampi mit Zitronensaft und Kräutern der Provence 1/2 Stunde marinieren.
Im Suppentopf das Öl erhitzen. Lauch, Schalotten und Fenchel 15 Minuten darin dünsten, ohne daß sie Farbe nehmen. Tomaten und Knoblauch zugeben, 5 Minuten mitdünsten. Fischbrühe (oder Fleischbrühe oder Wasser) und Wein aufgießen, Petersilie und alle Gewürze dazugeben. Die Brühe zum Kochen bringen und 10 Minuten ziehen lassen. Die Fischstücke einlegen: Zuerst gibt man die Fische mit festem Fleisch, nach 5 Minuten solche mit zartem Fleisch dazu. Garzeit – bei reduzierter Hitze knapp unter dem Siedepunkt – 10–15 Minuten für die Fische, 5 Minuten für die Scampi.
Beilage: 1 kleines Baguette in Scheiben schneiden, im Ofen trocken rösten. Das geröstete Brot mit Knoblauch abreiben oder – nach klassischer Art – mit Rouille (Seite 179) oder Aïoli (Seite 180) bestreichen und zur Suppe servieren.

Hinweise

- Verwenden Sie Stücke oder Filets von verschiedenen Fischen, zum Beispiel Knurrhahn, Heilbutt, Scholle, Rotzunge, Wolfsbarsch, Seeteufel, Schellfisch, Seeaal, Wittling. Wählen Sie Fische mit festem und andere mit zartem Fleisch.
- Die Flüssigkeitsmenge richtet sich danach, ob man das Gericht mit wenig oder mit viel Flüssigkeit servieren will.

Fisch-Gemüse-Topf mit Knoblauchpaste

Foto

300 g Seeteufelfilet
12 große, rohe Garnelen ohne Schale
Zitronensaft
Salz, Pfeffer
200 g Kartoffeln
2 Möhren
2 Petersilienwurzeln
2 Stangen Bleichsellerie
3/4 l Gemüsebrühe
100 ml trockener Weißwein
3 Frühlingszwiebeln
200 g Champignons

Für die Knoblauchpaste

75 g alter Gouda, klein gewürfelt
50 g Pinienkerne
3 Knoblauchzehen
16 Blättchen Basilikum
Salz, 7 EL Olivenöl

Fischfilet und Garnelen kalt abspülen, trockentupfen, das Fischfilet in Würfel schneiden. Mit Zitronensaft säuern, mit Salz und Pfeffer würzen. Die Kartoffeln und das Gemüse schälen oder putzen und fein würfeln. Die Gemüsebrühe mit dem Wein aufkochen, Kartoffeln und Gemüse hineingeben und 10 Minuten garen. Inzwischen die Frühlingszwiebeln putzen und in Ringe schneiden, die Champignons je nach Größe halbieren oder vierteln, ebenfalls in die Brühe geben. Sobald die Brühe wieder kocht, die Fischwürfel und Garnelen dazugeben und bei reduzierter Hitze nahe dem Siedepunkt etwa 5 Minuten ziehen lassen. Die Suppe mit Salz und Pfeffer abschmecken.

Für die Knoblauchpaste Käse, Pinienkerne, Knoblauchzehen und Basilikumblättchen mit etwas Salz im Mixer fein verreiben. In eine kleine Rührschüssel umfüllen und mit dem Handrührgerät nach und nach das Öl unterrühren, bis eine homogene Paste entsteht. Die Paste rührt man in den Fischtopf; oder man reicht sie separat, und jeder nimmt sich davon und schöpft die Suppe darüber.

Feine Muschelsuppe

Foto

1 kg Miesmuscheln

Für den Sud

3 Schalotten, gehackt
½ Bund Petersilie
2 Zweige Dill
¼ Lorbeerblatt
200 ml trockener Weißwein

Für die Suppe

30 g Butter
1 Möhre, in feine Streifen geschnitten
2 Stangen Bleichsellerie, fein geschnitten
etwa ¾ l Fischfond (Seite 30)
200 g Sahne
2 Eigelb
Salz, Cayennepfeffer oder Curry oder Safran
1 EL Petersilie, fein geschnitten

Die Muscheln unter fließendem Wasser sorgfältig abbürsten und dann entbarten. Geöffnete Muscheln aussortieren und wegwerfen.

Alle Zutaten für den Sud zusammen mit den Muscheln in einen Suppentopf geben, den Deckel auflegen und zum Kochen bringen. Zugedeckt etwa 5 Minuten kochen, bis alle Muscheln geöffnet sind; nicht geöffnete Muscheln wegwerfen! Die Muscheln aus dem Sud nehmen und das Muschelfleisch aus den Schalen lösen. Der leicht zähe Rand am Muschelfleisch läßt sich mit der Hand abziehen. Den Muschelsud durch ein mit einem Nesseltuch ausgelegtes Sieb gießen und beiseite stellen.

In einem Suppentopf die Butter schmelzen. Möhre und Bleichsellerie darin leicht andünsten, ohne daß sie Farbe nehmen. Den Fischfond mit dem abgeseihten Muschelsud vermischen (zusammen etwa 1 l Flüssigkeit) und das Gemüse damit ablöschen, kurz einkochen. Von der Sahne 3 EL abnehmen und die Eigelbe damit glattrühren. Die restliche Sahne in die Suppe einrühren und kurz zu einer cremigen Konsistenz einkochen. Das Muschelfleisch in der Suppe erhitzen, aber nicht mehr kochen. Mit Salz und – je nach Geschmack – mit Cayennepfeffer oder Curry oder Safran abschmecken. Die Suppe mit den angerührten Eigelben legieren, dann nicht mehr kochen. Petersilie darüberstreuen.

Variation

Feine Hummer-, Langusten-, Krebs- oder Garnelensuppe: Die Zubereitung ist die gleiche wie bei Muschelsuppe. Lebende Krustentiere werden zuvor in reichlich kochendes Salzwasser geworfen, um sie zu töten, und nur kurz gekocht (Krebse ½, Hummer und Languste 2 Minuten).

Garnelensuppe

500 g rohe Tiefseegarnelen (Shrimps), in der Schale
70 g Rundkornreis
1 l helle Fleischbrühe
80 g Butter
100 g Suppengrün, in sehr feine Streifen geschnitten
2 Schalotten, gehackt
3 Petersilienstengel
1 Zweig Thymian
1/2 Lorbeerblatt
Salz, Pfeffer
4 cl Cognac
375 ml trockener Weißwein
200 g Sahne
1 Prise Cayennepfeffer
30 g kalte Butter

Die Garnelen kalt überbrausen, abtropfen lassen, mit Küchenpapier abtrocknen. Den Reis in der Fleischbrühe in 25 Minuten weich kochen, durchpassieren.

40 g Butter im Suppentopf erhitzen, Suppengrün und Schalotten darin glasig schwitzen. Die restliche Butter, Petersilie, Thymian und Lorbeerblatt sowie die Garnelen zugeben, mit Salz und Pfeffer würzen. Bei guter Hitze unter beständigem Rühren anbraten, bis sich die Garnelen rot färben. Den Cognac angießen, flambieren, die Flammen sofort mit dem Wein löschen. Zugedeckt etwa 5 Minuten dünsten. Garnelen herausnehmen, die Schwänzchen vom Rumpf abdrehen, das Fleisch aus den Schalen lösen, den Darm entfernen.

Die Schalen zusammen mit der Dünstflüssigkeit durch ein Spitzsieb passieren. Den passierten Reis dazugeben, 5 Minuten kochen. Die Sahne dazugießen, weitere 5 Minuten kochen. Mit Salz und Cayennepfeffer würzen. Mit dem Pürierstab die kalte Butter untermixen. Die Garnelen als Einlage in die Suppe geben.

Krebssuppe

Für 6 Personen

24 lebende Flußkrebse, Salz
80 g Rundkornreis
1 l helle Fleischbrühe
80 g Butter
1 Möhre, in feine Streifen geschnitten
1 Petersilienwurzel, in sehr feine Streifen geschnitten
2 Schalotten, gehackt
je 1 Zweig Thymian und Petersilie
1/4 Lorbeerblatt
Salz, Pfeffer
4 cl Cognac
1/2 l trockener Weißwein
200 g Sahne
1 Prise Cayennepfeffer
50 g kalte Butter

Die Krebse in kochendes Salzwasser werfen und 1/2 Minute sprudelnd kochen, um sie zu töten. Die Krebse aus dem Sud nehmen und abtropfen lassen. Den Reis in der Fleischbrühe weich kochen.

In einem großen Topf 40 g Butter erhitzen, Möhre, Petersilienwurzel und Schalotten darin glasig dünsten. Die restliche Butter zufügen und erhitzen. Thymian, Petersilie und Lorbeerblatt sowie die Krebse hineingeben, mit Salz und Pfeffer würzen. Die Krebse bei starker Hitze rundum anbraten. Den Cognac angießen und flambieren, die Flammen sofort mit dem Wein löschen. Zugedeckt etwa 8 Minuten kochen. Die Krebse herausnehmen, abkühlen lassen.

Die Schwänzchen vom Rumpf abdrehen, das Fleisch aus den Schalen lösen, am Rücken aufschneiden und den Darm entfernen. Die Schalen, Rumpf, Scheren mit der Flüssigkeit, in der die Krebse gedünstet wurden, durch ein Haarsieb passieren.

Den gekochten Reis ebenfalls durch ein Haarsieb streichen und zusammen mit der durchpassierten Krebssauce gut durchkochen. Die Sahne angießen und nochmal 10 Minuten kochen. Mit Cayennepfeffer würzen. Den Topf zur Seite ziehen und die kalte Butter flöckchenweise unterrühren. Die ausgelösten Krebsschwänzchen in Scheiben schneiden und als Einlage in die Suppe geben.

Variation

Hummersuppe: Anstelle der Flußkrebse einen lebenden Hummer von 500–600 g verwenden. Den Hummer mit dem Kopf voran in kochendes Salzwasser werfen und 2 Minuten kochen, um ihn zu töten. Aus dem Sud heben, der Länge nach spalten, Darm und Magensack entfernen. Den Hummer mit der Schale in Stücke schneiden und damit die Suppe zubereiten wie Krebssuppe. Nachdem die Hummerstückchen angebraten und in Wein weich gedünstet sind, löst man das Hummerfleisch aus, schneidet es in Scheiben und gibt es als Einlage in die Suppe.

Krebsrahmsuppe

1 Rezept Krebsfond (Seite 140)
¼ l Fischfond (aus dem Glas)
oder Hühnerbrühe
1 Becher Crème fraîche
Salz, 1 Prise Cayennepfeffer
Petersilie, fein geschnitten
8 Krebsschwänzchen als Einlage

Krebsfond und Fischfond zubereiten und zusammen kurz einkochen. Die Crème fraîche mit dem Schneebesen einrühren und einige Minuten kochen. Mit Salz und Cayennepfeffer milde abschmecken. Mit Petersilie bestreuen. Die Krebsschwänzchen in der Suppe erwärmen und die Suppe in vorgewärmten Suppentassen anrichten.

Variation

Hummer- oder Langustensuppe: Die Zubereitung ist die gleiche wie bei Krebsrahmsuppe. Man verwendet Hummer- oder Langustenfond (Seite 140), als Einlage Hummer- oder Langustenstückchen.

Langustentopf (Caldereta de langosta)

Dieser edle und zugleich rustikale Suppentopf ist ein Gericht aus der menorquinischen Küche. Kein Wunder, konnten die Bewohner der Insel Menorca doch früher reiche Langustenfänge einbringen. Das feine Aroma der Languste, die verhaltene Schärfe des Chili und ein Hauch von Anis geben diesem köstlichen Gericht seinen besonderen Charakter.

250 g Herzmuscheln
2 kleine lebende Langusten
Salz

Für das Schmorgemüse

1 Zwiebel
3–4 mittelgroße Kartoffeln
4 Möhren
4–5 EL Olivenöl
3 Scheiben altbackenes Weißbrot
4–5 Knoblauchzehen
Salz
1 Bund Petersilie
3 Tomaten, gehäutet,
Samen entfernt
3–4 Chilischoten

Außerdem

2 Döschen Hummer-Suppen-Paste
(je 50 g), Salz
3–4 Stückchen Sternanis
3 Tropfen Absinth

Die Muscheln reinigen und waschen. Einige Stunden in starkes Salzwasser legen, um den Sand herauszuwaschen.

In einem Kochtopf reichlich Salzwasser zum Kochen bringen und die Langusten mit dem Kopf voran hineinwerfen, 5–8 Minuten sprudelnd kochen. Die Langusten herausnehmen, das Kochwasser abschäumen und beiseite stellen. Die Langusten auf den Rücken legen, längs spalten, den Darm entfernen.

Zwiebel, Kartoffeln und Möhren schälen und in feine Scheiben schneiden. In einem Schmortopf (in Spanien verwendet man dazu eine Tonschüssel) das Olivenöl erhitzen, die Zwiebel anschwitzen, an den Rand schieben; Kartoffel- und Möhrenscheiben im Öl anbraten, die Weißbrotscheiben zugeben. Die Knoblauchzehen grob schneiden, mit etwas Salz im Mörser zerstoßen, Petersilienblättchen und Tomaten zugeben und im Mörser fein verreiben, ebenfalls in den Schmortopf geben. Die Chilischoten aufschneiden, von Samen und Scheidewänden befreien, das Fruchtfleisch zum Gemüse geben und alles 10 Minuten schmoren. Eventuell etwas Langustenwasser angießen, damit das Gemüse genügend Flüssigkeit zum Garen hat.

Etwa 2½ l Langustenwasser erhitzen, die Hummer-Suppen-Paste einrühren und 30 Minuten kochen. Die Chilischoten aus dem Schmorgemüse nehmen und beiseite legen. Das Schmorgemüse mit etwas Langustenwasser auffüllen und pürieren. Die Chilies wieder hineingeben, mit dem restlichen Langustenwasser auffüllen (die Brühe soll dann etwa die Konsistenz einer pürierten Kartoffelsuppe haben). Mit Salz abschmecken, mit Sternanis und Absinth leicht aromatisieren, nochmal 10 Minuten kochen. Die Muscheln dazugeben, 2–3 Minuten garen. Die halbierten Langustenschwänze in der Suppe erhitzen, portionsweise in Suppentellern anrichten und die Suppe darüberschöpfen. Die restliche Suppe in der Terrine servieren.

Fisch aus dem Sud & gedämpfter Fisch

Flußfisch blau

Foto

FORELLE, SAIBLING, RENKE, BARSCH, RUTTE, ZANDER, ÄSCHE, SCHLEIE.

Nach diesem Rezept können alle lebendfrischen Flußfische zubereitet werden. Nur frisch getötete Fische werden richtig »blau«. Gelagerte oder tiefgefrorene Fische kann man selbstverständlich genauso zubereiten, sie werden jedoch nicht »blau«.
Große Fische kocht man am besten im Fischkochkessel mit Einsatz. Ist kein genügend großer Topf vorhanden, bindet man sie rund (siehe Foto rechts). Aufpassen, daß die Schleimschicht erhalten bleibt, denn nur Fische, deren Schleimhaut nicht beschädigt oder ausgetrocknet ist, sind für die Zubereitung »blau« geeignet. Deshalb: Arbeitsfläche und Hände immer feucht halten! Fische nicht schuppen, nicht abtupfen!

- 4 lebendfrische Portionsfische
- 4 EL Essig
- Blausud (Seite 28)

Zum Anrichten

- 2 Zitronen
- krause Petersilie

Die Fische ausnehmen (oder vom Fischhändler machen lassen) und waschen. Auf eine Platte legen und mit dem Essig übergießen; das unterstützt die Blaufärbung.
Den Blausud zubereiten. Die Fische in den heißen Sud geben, knapp zum Sieden bringen, abschäumen und dann sofort die Hitze reduzieren oder den Topf zur Seite ziehen. Die Fische dürfen nicht kochen, nur ziehen. Garzeit im zugedeckten Topf je nach Größe 8–12 Minuten. Die Fische sind gar, wenn die Augen perlig-weiß heraustreten, die Bauchlappen sich etwas nach außen biegen und die Rückenflosse sich leicht herausziehen läßt. Die Fische aus dem Sud nehmen, abtropfen lassen, auf einer vorgewärmten Platte, die mit einer Stoffserviette ausgelegt sein soll, anrichten. Mit Zitronenhälften und Petersiliengrün garnieren.
Beilagen: Salzkartoffeln, zerlassene Butter.

RUNDBINDEN: *Küchengarn durch Schwanz und Kiemendeckel führen, zusammenziehen und an Zahnstochern befestigen.*

Forelle in Weinsauce

ALLE FLUSSFISCHE KÖNNEN NACH DIESEM REZEPT ZUBEREITET WERDEN.

Es ist vorteilhaft, die rohen Fische zu entgräten. Wie man das macht, ist auf Seite 16 beschrieben.

4 Portionsforellen, küchenfertig vorgerichtet
Weinsud (Seite 29)

Für die Weinsauce

2–3 Eigelb
1 EL Speisestärke
1 Tasse Fischsud
1/2 Tasse trockener Weißwein
50 g kalte Butter
1 kleine Prise Muskatnuß
Salz nach Bedarf

Die Forellen waschen und beiseite stellen. Den Weinsud zubereiten. Die Fische in den heißen Sud geben, im zugedeckten Topf vorsichtig garziehen lassen (nicht kochen). Garzeit je nach Größe 8–12 Minuten. Die Fische aus dem Sud nehmen, vorsichtig enthäuten. Auf einer tiefen, vorgewärmten Platte anrichten und warm stellen. Den Fischsud bei starker Hitze kurz einkochen.

Die Weinsauce wird im Wasserbad abgeschlagen: Eigelbe und Speisestärke in der Wasserbadschüssel mit dem Schneebesen glattrühren, nach und nach Fischsud und Wein darunterschlagen und langsam erhitzen, aber nicht zum Kochen kommen lassen. Die Butter flöckchenweise daruntergeschlagen. Mit Muskatnuß würzen und abschmecken. Die Weinsauce über die angerichteten Forellen gießen, so daß Kopf und Schwanz noch zu sehen sind.

Beilagen: Salzkartoffeln, grüner Salat.

Hecht blau

Es sind vor allem kleine Hechte, die »blau« gekocht werden. Die Zubereitung ist die gleiche wie bei Flußfisch (Seite 46).

Pochierter Hecht

Einen großen Fisch am Rückgrat entlang 1–2 cm tief einschneiden, damit er gleichmäßig gart. Man verwendet am besten einen Fischkochkessel. Der Fisch wird auf den Einsatz gelegt und im kalten Sud zugesetzt. Wenn kein Fischkochkessel vorhanden ist, legt man den Hecht mit dem Schwanz im Mund zu einem Ring und gart ihn in einem genau passenden runden Topf.

1 Hecht von etwa 1,5 kg, geschuppt und küchenfertig vorgerichtet
Zitronensaft
Einfacher Fischsud (Seite 28)
8 Zitronenspalten
krause Petersilie

Den Hecht (ganzer Fisch oder ein Mittelstück von einem großen Hecht) mit Zitronensaft säuern. Den Fischsud kochen, nach Belieben durchseihen und abkühlen lassen. Den Hecht in den Fischkochkessel oder Topf legen, mit dem Sud übergießen und gerade zum Kochen bringen. Den Topf zurückziehen und den Fisch nahe dem Siedepunkt zugedeckt 20–30 Minuten ziehen lassen (nicht kochen!). Er ist gar, wenn sich die Rückenflosse leicht herausziehen läßt.

Den Hecht aus dem Sud nehmen, abtropfen lassen. Auf einer vorgewärmten Platte anrichten, mit Zitronenspalten und Petersiliensträußchen garnieren.

Beilagen: Butterkartoffeln, Sauce béarnaise, Sauce hollandaise, Kapernsauce.

Hecht mit Sardellenbutter

1 pochierter Hecht (links)
1 EL Petersilie, gehackt
120 g Butter
6 Sardellenfilets, fein gewiegt
einige EL Fischsud

Von einem pochierten Hecht die Haut abziehen, solange sie noch feucht ist. Den Fisch auf einer vorgewärmten Platte anrichten und mit Petersilie bestreuen.

Die Butter erhitzen und aufschäumen lassen, die Sardellen darin kurz andünsten. Etwas Fischsud unter die Butter rühren. Den angerichteten Fisch mit der Sardellenbutter übergießen.

Beilagen: Salzkartoffeln, glasierte Zwiebelchen, grüner Salat.

Hecht auf schlesische Art

1 kg pochierter Hecht (Seite 48)
100 g Meerrettich, frisch gerieben
3 EL Semmelbrösel, in
60 g Butter gebraten
80 g Butter

Den pochierten, heißen Fisch von Haut und Gräten befreien, in Portionsstücke teilen. Auf einer vorgewärmten Platte anrichten, mit etwas Fischsud anfeuchten. Das Fischfleisch mit Meerrettich und gebratenen Semmelbröseln bestreuen. Die Butter erhitzen und braun aufschäumen, über das Fischfleisch gießen und sofort servieren.
Beilagen: Salzkartoffeln und etwas heißer Fischsud, mit einem Stückchen Butter verrührt.

Karpfen blau

Karpfen zum Blaukochen muß ganz frisch, die Schleimschicht auf der Haut muß unversehrt sein! Den Fisch also nicht schuppen. Mit nassen Händen anfassen, eventuell unter Wasser ausnehmen. Rogen oder Karpfenmilch legt man für eine spezielle Zubereitung beiseite.
Zum Blaukochen im ganzen eignen sich kleine Karpfen am besten. Einen sehr dicken Karpfen schneidet man am Rückgrat entlang 1–2 cm tief ein oder ziseliert ihn, damit das Fischfleisch gleichmäßig gar wird. Einen großen Karpfen schneidet man quer in Portionsstücke oder teilt ihn der Länge nach in zwei Teile.

1 lebendfrischer Karpfen von 1–1,5 kg, küchenfertig vorgerichtet
4 EL Essig
Blausud (Seite 28)
Zitronenspalten, krause Petersilie

Den Karpfen auf eine Platte legen und mit dem Essig übergießen, damit er schön »blau« wird. Den Blausud zubereiten. Einen ganzen Karpfen setzt man im kalten Sud zu, Stücke gibt man in den heißen Sud.
Den Sud gerade zum Kochen bringen, den Topf zurückziehen und den Fisch bei reduzierter Hitze zugedeckt garziehen lassen (nicht kochen!). Die Garzeit beträgt etwa 20 Minuten; für einen sehr großen, im ganzen gekochten Karpfen können auch 40 Minuten nötig sein; Karpfenstücke sind in 8–10 Minuten gar. Den Karpfen aus dem Sud nehmen, abtropfen lassen. Auf einer vorgewärmten Platte anrichten. Mit Zitronenspalten und Petersiliensträußchen garnieren.
Beilagen: Salzkartoffeln, zerlassene Butter.

Karpfen polnisch

1 Karpfen von 1,5 kg, geschuppt und küchenfertig vorgerichtet

Für den Sud

1 l Wasser
200 g Suppengemüse, in feine Streifen geschnitten
2 Zwiebeln, in Ringe geschnitten
Salz, 2 EL Essig
Gewürzsäckchen (10 Pfefferkörner, 8 Gewürzkörner, 2 Nelken, 2 Lorbeerblätter)

Für die Sauce

1/2 l helles Bier (Pils)
2 EL Rübensirup
etwa 200 g Saucenlebkuchen, zerbröselt
Essig, Salz

Außerdem

100 g Rosinen
100 g Walnußkerne

Den Fisch in 4 Portionen teilen, nach Belieben die Gräten auslösen.
Für den Sud das Wasser mit allen weiteren Zutaten 30 Minuten kochen. Die Karpfenstücke einlegen, 5–8 Minuten ziehen lassen (nicht kochen!). Die Fischstücke herausnehmen, abtropfen lassen, in eine vorgewärmte Schüssel geben.
Für die Sauce Bier, Rübensirup und Saucenlebkuchen in den Fischsud geben, zugedeckt 30 Minuten kochen. Mit Essig, Salz und eventuell weiterem Rübensirup süß-sauer abschmecken. Bei Bedarf mit Mehlbutter binden; die Sauce soll dicklichsämig sein. Das Gewürzsäckchen entfernen. Die Sauce durchpassieren, über die Fischstücke gießen. Rosinen und Walnußkerne darüberstreuen.
Beilage: Nach Egerländer Art reicht man Hefeklöße dazu.

LACHS *kommt heute überwiegend aus Zuchten auf den Markt und ist dadurch erschwinglich geworden. Mit seinem festen rötlichen Fleisch gehört er zu den beliebtesten Speisefischen. Er wird im ganzen, in Stücken, in Filetscheiben und als Kotelett (Tranchen) angeboten.*

Lachs oder Lachsforelle im Weinsud

Man pochiert einen ganzen Fisch oder ein schönes Mittelstück, am besten im Fischkochkessel. Einen ganzen, großen Lachs schneidet man am Rückgrat entlang 1 cm tief ein, damit er gleichmäßig gar wird. Der Fisch bleibt schön in der Form, wenn man zwei bis drei Baumwollfäden um den Bauch bindet.

- 1–1,2 kg Lachs oder Lachsforelle
- Zitronensaft, Weinsud (Seite 29)
- 8 Zitronenscheiben

Den Fisch 1/2 Stunde vor der Zubereitung mit Zitronensaft säuern. Den Weinsud zubereiten, durchseihen.
Den Fisch im kalten (ganzer Fisch) oder heißen Sud (angeschnittener Fisch) zusetzen und gerade zum Kochen bringen, abschäumen. Den Topf zurückziehen, den Deckel auflegen, den Fisch etwa 20 Minuten garziehen lassen (nicht kochen!). Der Lachs/die Lachsforelle ist gar, wenn sich die Rückenflosse leicht herausziehen läßt oder – beim angeschnittenen Fisch – das Fleisch sich von der Mittelgräte löst. Den Fisch aus dem Sud nehmen und abtropfen lassen. Auf einer vorgewärmten, mit einer Serviette ausgelegten Platte anrichten. Mit Zitronenscheiben garnieren.
Beilagen: Neue Kartoffeln oder Nußkartoffeln, zerlassene Butter. Aufgeschlagene Dillsauce, Sauce hollandaise.

HINWEIS

Für eine feine Sauce läßt man 1/2 l Sud auf zwei Drittel einkochen und bindet ihn mit Mehlbutter. 100 g Sahne einrühren, nochmal durchkochen. Vor dem Anrichten 30–50 g frische Butterflöckchen unterschlagen.

Ganzer Lachs norwegische Art

Als Lachs nur in der Saison, im Sommerhalbjahr, zu erstehen war, wurde er in Norwegen zu festlichen Anlässen im ganzen zubereitet und serviert. Eine befreundete Hausfrau hat mir dazu das Rezept aufgeschrieben: Einen Lachs von etwa 1,5 kg ausnehmen, Kiemen entfernen, schuppen, gründlich waschen. Den Fisch innen salzen, locker in geölte Aluminiumfolie einschlagen, das Paket in einen Bräter mit ein wenig Wasser auf den Boden legen. Im vorgeheizten Ofen bei 200 °C etwa 40 Minuten garen.

Waller im Wurzelsud

ODER KARPFEN.

Dem etwas fetten Fleisch des Wallers entspricht die Zubereitung in einem kräftig abgeschmeckten Wurzelsud.

1 Waller von 1–1,5 kg,
küchenfertig vorgerichtet
Zitronensaft
Wurzelsud (Seite 29)
50 g kalte Butter
Petersilie, gehackt

Den Waller innen und außen mit Zitronensaft einreiben. Wurzelsud zubereiten, durchseihen.
Den Fisch in den kalten Sud geben und gerade zum Kochen bringen. Den Topf zurückziehen und den Fisch nahe dem Siedepunkt zugedeckt garziehen lassen (nicht kochen!). Garzeit etwa 20 Minuten. Den Waller herausnehmen, abtropfen lassen und auf vorgewärmter Platte anrichten. Das Wurzelgemüse aus dem Sud nochmals erhitzen, den Fisch damit garnieren, einige Eßlöffel Sud über das Gemüse geben. Einen Teil des Sudes mit der kalten Butter aufschlagen, mit der gehackten Petersilie verfeinern und separat zum Fisch servieren.
Beilagen: Salzkartoffeln, zerlassene Butter.

Pochierter Saibling

Verwenden Sie zum Kochen dieses edlen Fisches einen mild abgeschmeckten Sud; so kommt sein feiner Eigengeschmack am besten zur Geltung. »Blau« bereitet man ihn wie Flußfisch (Seite 46) zu.

4 kleine Saiblinge, küchenfertig
vorgerichtet
4 EL Essig

Für den Sud

1 3/4 l Wasser
1/4 l trockener Weißwein
1 Zitrone, geschält und in
Scheiben geschnitten
2 EL Salz
1 TL Zucker
2 Salbeiblättchen oder
1 kleiner Zweig Estragon
1 kleiner Zweig Zitronenmelisse

Die Fische mit Essig übergießen, um die Blaufärbung zu unterstützen. Für den Sud das Wasser mit allen Zutaten zum Kochen bringen, 15 Minuten leise kochen lassen, abseihen. Die Saiblinge in den heißen Sud geben, gerade zum Sieden bringen, abschäumen und den Topf sofort zurückziehen. Die Fische zugedeckt je nach Größe 8–12 Minuten ziehen lassen (nicht kochen!).
Beilagen: Salzkartoffeln, zerlassene Butter oder Weiße Buttersauce.

Saibling mit Zitronen-Ölsauce

Zutaten wie pochierter Saibling
(links)

Für die Sauce

Saft von 1 Zitrone
1 Prise Salz
6 EL Olivenöl
1 EL Petersilie, fein gewiegt

Die Saiblinge in einem mild abgeschmeckten Sud kochen, auf einer vorgewärmten Platte anrichten.
Für die Sauce den Zitronensaft mit Salz, Olivenöl und Petersiliengrün sämig rühren. Zu den Fischen servieren.
Beilage: Aufgebackenes Baguette oder Butterkartoffeln, Salat.

VARIATION

Pikant schmeckt ein kalt servierter Saibling. Dazu wird von den gekochten Fischen die Haut abgezogen, solange sie noch feucht ist. Mit Pergamentpapier bedeckt, läßt man die Fische erkalten und gießt vor dem Servieren die Zitronen-Ölsauce darüber. (Die Sauce kann man auch mit Estragon abschmecken.)

Aal blau

Soll der Aal im ganzen gekocht werden, so formt man ihn rund, legt ihn in einen passenden Topf und gießt den Blausud darüber. Meist wird er jedoch in Stücke geschnitten.

- 1 kg Aal
- 4 EL Essig
- Blausud (Seite 28)
- 4 Zitronenspalten

Den Aal in fingerlange Stücke schneiden, auf eine Porzellanplatte legen und mit dem Essig übergießen; das unterstützt die Blaufärbung. Den Blausud zubereiten, durchseihen.
Die Aalstücke in den kochenden Sud geben, den Topf zurückziehen und den Fisch zugedeckt etwa 20 Minuten garziehen lassen. Die Aalstücke herausnehmen, abtropfen lassen. Auf einer vorgewärmten Platte anrichten, mit Zitronenspalten garnieren.
Beilagen: Salzkartoffeln, zerlassene Butter oder Sauce hollandaise.

Aal grün

- 1 kg junger Aal
- 1 l Weinsud (Seite 29)

Für die Dillsauce

- 30 g Butter
- 30–40 g Mehl
- ½ l Fischsud
- Salz, weißer Pfeffer
- 1 Bund Dill, fein gewiegt
- 1 TL Zitronensaft
- 1 Eigelb
- 4 EL Sahne

Den Aal in fingerlange Stücke schneiden. Den Weinsud zubereiten, durchseihen. Die Aalstücke in den kochenden Sud einlegen, den Topf zurückziehen, den Aal zugedeckt etwa 20 Minuten garziehen lassen.
Für die Dillsauce aus Butter und Mehl eine helle Einbrenne anrühren, mit durchgeseihtem Fischsud aufgießen. Die Sauce mit Salz und Pfeffer würzen, gut durchkochen und dabei häufig umrühren. Den Dill und den Zitronensaft dazugeben und einige Minuten ziehen lassen. Das Eigelb mit Sahne verquirlen und die Sauce damit legieren, dann nicht mehr kochen lassen. Die Aalstücke in der heißen Sauce zu Tisch bringen.
Beilagen: Salzkartoffeln, Gurkensalat.

Hinweise

- Aale mit mehr als 1 kg Gewicht werden vor der Zubereitung enthäutet: Die Haut rund um den Kopf einschneiden und umbiegen, den Kopf des Fisches mit einem Tuch festhalten und die Haut mit kräftigem Ruck abziehen.
- Kleine Aale, die nicht enthäutet werden, reibt man mit Salz ab, sofern sie nicht »blau« gekocht werden.

Pochierter Meeresfisch

Kabeljau, Schellfisch, Seehecht, Seelachs, Goldbarsch.

- 1,5 kg Meeresfisch (ganzer Fisch oder ein Mittelstück), küchenfertig vorgerichtet
- Zitronensaft
- Einfacher Fischsud (Seite 28)
- 8 Zitronenspalten
- krause Petersilie

Den Fisch mit Zitronensaft säuern. Fischsud kochen und den Fisch in den lauwarmen Sud geben; der Fisch soll vollständig mit Sud bedeckt sein. Langsam zum Kochen bringen, abschäumen, den Fisch an der Herdseite bei mäßiger Hitze zugedeckt garziehen lassen (nicht kochen!). Garzeit je nach Dicke des Fisches oder des Fischstücks 20–25 Minuten. Den Fisch aus dem Sud nehmen, abtropfen lassen. Auf einer vorgewärmten Platte anrichten. Mit Zitronenspalten und Petersiliensträußchen garnieren.
Beilagen: Zu pochiertem Fisch passen immer Salzkartoffeln und zerlassene Butter oder eine feine Sauce. Wählen Sie aus den Rezeptvorschlägen auf Seite 172 ff. eine Sauce nach Ihrem Geschmack.

Schellfisch in Dillsauce

Oder Kabeljau, Goldbarsch, Seelachs, Wittling, Lengfisch, Seewolf, Seeteufel.

1 kg Schellfisch (Mittelstück)
Zitronensaft
100 g Miesmuscheln aus dem Glas
150 g gekochte Garnelen
Einfacher Fischsud (Seite 28)

Für die Sauce

125 g Sahne
1 Bund Dill
1 TL Mehlbutter
Salz, Pfeffer
30 g kalte Butter
1 Eigelb und 2 EL Sahne

Den Schellfisch mit Zitronensaft beträufeln. Muscheln und Garnelen kalt überbrausen.

Den Fischsud zubereiten. Den Fisch im warmen Sud zusetzen und langsam zum Kochen bringen. Bei reduzierter Hitze nahe dem Siedepunkt zugedeckt 15–20 Minuten garziehen lassen. Den Fisch aus dem Sud nehmen, abtropfen lassen und zugedeckt warm stellen.

Den Fischsud durchseihen, ½ l davon in den Saucentopf gießen und auf zwei Drittel einkochen. Die Sahne zugeben, nochmal gut durchkochen. Die Hälfte des Dills fein wiegen und zugeben. Die Sauce mit Mehlbutter leicht binden, gut durchkochen, mit Salz und Pfeffer abschmecken. Von der Kochstelle nehmen und die kalte Butter flöckchenweise einrühren. Eigelb und Sahne verquirlen und einlaufen lassen, die Sauce darf dann nicht mehr kochen.

Muschelfleisch und Garnelen im Fischsud erhitzen, den angerichteten Schellfisch damit garnieren und etwas Sauce darübergießen. Die restliche Sauce separat servieren. Den Fisch mit Dillspitzen garnieren.

Beilagen: Salzkartoffeln, Salat.

Pochierter Heilbutt

Oder Steinbutt.

4 Scheiben Heilbutt, je 200–250 g
Zitronensaft
½ Milchsud (Seite 29)
4 Zitronenspalten
krause Petersilie

Die Fischscheiben mit Zitronensaft säuern.

In einem flachen Topf den Milchsud zum Kochen bringen, die Fischstücke einlegen. Sobald der Sud wieder zu kochen beginnt, den Topf zurückziehen und die Fischstücke zugedeckt bei milder Hitze 8–10 Minuten pochieren. Die Fischstücke aus dem Sud nehmen, abtropfen lassen und anrichten. Mit Zitronenspalten und Petersiliensträußchen garnieren.

Beilagen: Salzkartoffeln, aufgeschlagene Dillsauce oder Sauce bèarnaise.

Geräucherter Fisch, in Milch pochiert

Geräucherter Schellfisch, Kabeljau, Goldbarsch, Seelachs.

Mild gesalzener geräucherter Schellfisch, in Milch pochiert, ist eine Spezialität der englischen Küche und ein beliebtes Frühstücksgericht.

600–700 g geräucherter Fisch (Filet oder Kotelett)
¼–½ l Milch (oder halb Milch, halb Wasser)

Die Fischstücke in einen flachen Topf legen und mit so viel Milch übergießen, daß sie gerade bedeckt sind. Die Milch langsam zum Kochen bringen und die Fischstücke zugedeckt an der Herdseite 7–10 Minuten garziehen lassen. Herausnehmen, abtropfen lassen und anrichten.

Beilage: Zerlassene oder schaumig gerührte Butter.

Variation

Weiße Grundsauce (Seite 172) zubereiten, mit Zitronensaft abschmecken und 30 g frische Butter darunterrühren. 2 hartgekochte Eier grob hacken und unter die Sauce mischen. Man serviert die Eiersauce zu dem in Milch pochierten Räucherfisch.

Fischklößchen

Fischklößchen kann man aus dem Fleisch aller mageren Fische zubereiten, zum Beispiel von Hecht, Forelle, Saibling, Zander, Renke, Rutte, Barsch oder anderen zarten Fischen.

1 Rezept Fischfarce (Seite 33) oder
1 Rezept Fischfarce mit Panade (Seite 34)
Salzwasser zum Kochen

Die Fischfarce nach Rezept zubereiten und im Kühlschrank auf gestoßenem Eis quellen lassen.

Probeklößchen kochen. Aus der Masse mit zwei Eßlöffeln Klößchen formen, in kochendes Salzwasser einlegen, bei reduzierter Hitze zugedeckt etwa 8 Minuten ziehen lassen.

Verwendung: Als Einlage für Fischsuppen und zum Garnieren von Fischgerichten. Mit einer feinen Sauce, zum Beispiel Samtsauce, Weißweinsauce, Kräutersauce, Kapernsauce oder Krebssauce, und körnig gekochtem Reis als Vorspeise oder auch als Hauptgericht.

Die Farce mit einem Löffel abstechen und mit einem zweiten Löffel zu länglichen Klößchen formen.

Hechtklößchen gratiniert

ODER FORELLE, SAIBLING, ZANDER, LACHSFORELLE, MEERHECHT, WITTLING.

Die Masse ergibt, je nach Ausformung, 12–18 Klößchen. Als Vorspeise ist sie ausreichend für 6 Personen.

1 Rezept Fischfarce (Seite 33) aus Hechtfleisch
Salzwasser zum Kochen

Für die Sauce

40 g Butter, 40 g Mehl
375 ml Fischbrühe (Seite 30)
100–150 ml trockener Weißwein
Salz, weißer Pfeffer
100 g Sahne
30 g kalte Butter

Alle Klößchen von geöltem Pergamentpapier ins siedende Wasser (oder Fond) gleiten und garziehen lassen.

Aus den Abgängen, die beim Zerlegen des Fisches anfallen, eine gehaltvolle Fischbrühe (Seite 30) kochen und zum Aufgießen der Sauce verwenden.

Die Hechtfarce nach Rezept zubereiten und im Kühlschrank auf Eis quellen lassen.

Für die Sauce aus Butter und Mehl eine helle Einbrenne rühren, mit Fischbrühe und Wein langsam aufgießen, mit Salz und Pfeffer würzen. Unter häufigem Umrühren mit dem Schneebesen auf zwei Drittel einkochen. Die Sauce durchpassieren, mit Sahne aufgießen und nochmal gut durchkochen. Die kalte Butter flöckchenweise darunterrühren, nicht mehr kochen. Den Ofen auf 230 °C vorheizen.

In einem weiten, flachen Topf reichlich Salzwasser zum Kochen bringen. Aus dem Fischpüree mit zwei Eßlöffeln kleine Klößchen formen, in das nur leicht kochende Salzwasser einlegen, bei verminderter Hitze 8–10 Minuten pochieren. Nicht zu viele Klößchen auf einmal einlegen, sie gehen beim Kochen stark auf. Die Klößchen mit dem Schaumlöffel herausnehmen, abtropfen lassen und in eine Gratinform füllen. Die Klößchen mit der Sauce übergießen, 5–8 Minuten gratinieren.

HINWEIS

Zarte Fischklößchen kann man auch aus Fischfarce mit Panade (Seite 34) zubereiten. Die Menge dieses Rezeptes ist ergiebiger und reicht als Hauptgericht für etwa 6 Personen.

Flußfisch, auf Gemüse gedämpft

Foto

FORELLE, SAIBLING, RENKE, BARSCH, RUTTE, ZANDER, ÄSCHE, SCHLEIE.

Für 2 Personen

- 2 lebendfrische Portionsfische
- Salz, Pfeffer, Zitronensaft
- 2 Petersilienstengel, 2 EL Essig
- 30 g Butter
- 1 Zwiebel und 300 g Wurzelgemüse (Möhre, Sellerie, Petersilienwurzel, Lauch), in Scheiben geschnitten
- Salz, Pfeffer
- 1/8–1/4 l trockener Weißwein

Die Fische waschen, nur mit nassen Händen anfassen, um die Schleimschicht nicht zu verletzen; nur so bleiben sie schön »blau«. Die Fische innen mit Salz, Pfeffer und Zitronensaft würzen und je 1 Stengel Petersilie hineingeben. Rundbinden (Seite 46), auf eine Porzellanplatte legen, mit dem Essig übergießen.

In einem flachen Topf die Butter zergehen lassen, die Zwiebel und das Wurzelgemüse halbweich dünsten, ohne daß sie Farbe nehmen, leicht salzen und pfeffern. Die Forellen auf das Gemüsebett legen. Seitlich nur so viel Wein (oder halb Wein, halb Wasser) angießen, daß der Topfboden 1 cm hoch mit Flüssigkeit bedeckt ist. Die Fische zugedeckt zum Kochen bringen, dann an der Herdseite bei milder Hitze etwa 15 Minuten im Dampf garen.

Beilagen: Salzkartoffeln, zerlassene Butter.

Gedämpfter Meeresfisch

KABELJAU, SCHELLFISCH, GOLDBARSCH, MEERHECHT, WITTLING, SEELACHS, SEEWOLF, SEETEUFEL.

1 kg Meeresfisch
Zitronensaft
Pfeffer
1 EL frische Kräuter, gehackt
Salz
etwa ¾ l Einfacher Fischsud (Seite 28)

Man verwendet ganze oder angeschnittene Fische bis zu 1 kg Gewicht oder Fischkoteletts. Den Fisch mit Zitronensaft, Pfeffer und Kräutern würzen, erst kurz vor der Zubereitung salzen. Fischsud kochen, nicht durchseihen; die Menge richtet sich nach der Größe des Fischkochkessels beziehungsweise des Gefäßes, das zum Kochen verwendet wird. Der Sud soll den Boden des Fischkochkessels einige Zentimeter hoch bedecken. Den Fisch auf den Einsatz legen, den Sud zugedeckt zum Kochen bringen und den Fisch bei gleichbleibender, nicht zu starker Hitze garen. Garzeit etwa 15–20 Minuten.

Beilagen: Salzkartoffeln, Weiße Zwiebelsauce.

Gedämpfte Schleie

ALLE LEBENDFRISCHEN FLUSSFISCHE KÖNNEN NACH DIESEM REZEPT ZUBEREITET WERDEN.

Die Fische werden vorbereitet wie zum Blaukochen: mit nassen Händen anfassen, nicht schuppen, eventuell unter Wasser ausnehmen. Die Schleimschicht der Haut soll erhalten bleiben, damit die gedämpften Fische schön »blau« auf den Tisch kommen.

4 lebendfrische Schleien in Portionsgröße, küchenfertig vorgerichtet
Salz, Pfeffer
2 EL Zitronensaft
1 EL Dill, gehackt
4 EL Essig
½–¾ l Blausud (Seite 28)
4 Zitronenspalten
krause Petersilie

Die Fische innen mit Salz, Pfeffer und Zitronensaft würzen und mit Dill ausstreuen. Außen nicht würzen. Die Fische auf eine Porzellanplatte legen und mit dem Essig übergießen. Den Blausud kochen (nicht durchseihen). Nur einige Zentimeter hoch Sud in den Fischkochkessel füllen, die Fische auf den Einsatz legen. Zugedeckt bei nicht zu starker Hitze im Dampf garen. Man kann die Fische auf dem Herd oder im Ofen garen. Garzeit für Portionsfische etwa 12–15 Minuten. Die Schleien auf einer vorgewärmten Platte anrichten, mit Zitronenspalten und krauser Petersilie garnieren und sofort servieren.

Beilagen: Salzkartoffeln, Kerbelsauce, Meerrettichsahne, zerlassene Butter, mit Sardellen gewürzt.

Schollenfilets, auf Gemüse gedämpft

ODER FILETS VON SEEZUNGE, ROTZUNGE, GLATTBUTT, STEINBUTT, HEILBUTT.

8 Schollenfilets
4 EL Zitronensaft
Salz, Pfeffer

Für den Sud

½ l Wasser, Salz
¼ l trockener Weißwein
1 Prise Zucker
¼ Lorbeerblatt
3 Pfefferkörner, zerdrückt
1 Zwiebel, in Scheiben geschnitten
2–3 Möhren, in sehr feine Streifen geschnitten

Zum Dämpfen

1 Bund Petersilie, gehackt
einige Blättchen Estragon
2 Tomaten, gehäutet und gewürfelt
⅛ l trockener Weißwein
40 g Butter, zerlassen

Die Schollenfilets mit Zitronensaft säuern. Erst kurz vor der Zubereitung salzen und pfeffern.
Aus den angegebenen Zutaten einen Sud bereiten und etwa 5 Minuten kochen, bis die Zwiebelringe und die Möhren gerade eben weich sind. Den Sud durchseihen.
Den Fischkochkessel nur einige Zentimeter hoch mit Sud füllen. Auf den

gelochten Einsatz das Gemüse aus dem Sud verteilen. Die Petersilie, die Estragonblättchen und die Tomatenwürfel darübergeben. Die Schollenfilets auf das Gemüsebett legen, mit Wein und zerlassener Butter beträufeln. Den Sud im Fischkochkessel zum Kochen bringen. Die Schollenfilets zugedeckt bei gleichmäßiger, nicht zu starker Hitze 8–10 Minuten im Dampf garen. Auf einer vorgewärmten Platte mit dem Gemüse anrichten.

Beilagen: Salzkartoffeln, Einfache Sauce hollandaise.

Geräucherte Lachsforelle im Dampf

Oder beliebiger geräucherter Fluss- oder Meeresfisch, zum Beispiel Forelle, Renke, Goldbarsch, Makrele, Hering, Heilbutt, Flunder. Am besten schmecken ganz frisch geräucherte Fische.

- 2 große Lachsforellen, frisch geräuchert
- 1 Zwiebel, in Ringe geschnitten
- 200 g Wurzelgemüse, in Scheiben geschnitten
- Saft von 1 Zitrone
- ¼–½ l Salzwasser

Zum Anrichten

- Zitronenscheiben
- 100 g Kräuterbutter (Seite 181)

Auf den Boden des Fischkochkessels die Zwiebel und das Wurzelgemüse streuen. Zitronensaft und Salzwasser darübergießen, etwa 15 Minuten kochen lassen. Die Lachsforellen auf den gelochten Einsatz legen und in den Fischkochkessel hängen; die Fische sollen dabei nicht mit Flüssigkeit in Berührung kommen. Den Topf zudecken und die Lachsforellen bei milder Hitze etwa 10 Minuten im Dampf ziehen lassen. Auf einer vorgewärmten Platte anrichten. Zitronenscheiben mit Kräuterbutter belegen und die Platte damit garnieren.

Beilagen: Brot, Senfmayonnaise oder Aufgeschlagene Dillsauce.

Variation

Zum Dämpfen halb Weißwein und halb Salzwasser verwenden. Den durchpassierten Sud rasch auf die Hälfte einkochen. 100 g Crème fraîche darunterschlagen, nochmals gut durchkochen. Ein Stückchen frische Butter und 1 TL feingewiegte Kräuter unterrühren. Die Sauce abschmecken und separat zum Fisch servieren.

Stockfisch, Klippfisch

Der ausgenommene, vom Kopf befreite, entgrätete und an der Luft getrocknete Fisch kommt unter der Bezeichnung *Stockfisch* in den Handel. *Klippfisch* ist der gesalzene, getrocknete Fisch. Was uns im Fischgeschäft als Stockfisch verkauft wird, nämlich gesalzener, getrockneter Fisch, ist also eigentlich Klippfisch.

Die fettarmen Fische aus der Familie der Dorschartigen eignen sich am besten zum Konservieren durch Trocknung in Sonne und Wind. Der bei uns angebotene Stockfisch ist in der Regel getrockneter Kabeljau. Seit Einführung der Kühl- und Tiefkühltechnik hat der Stockfisch viel von seiner früheren Bedeutung verloren. In Südfrankreich, Spanien und Italien behauptet er gleichwohl seinen traditionellen Platz in der Küche. Dort kennt man vielerlei Zubereitungen für Stockfisch: als Püree, als Auflauf zubereitet oder mit Zwiebeln, Petersilie und Knoblauch in Olivenöl gedünstet. Bei uns und in den nordischen Ländern ist Stockfisch dagegen nur noch wenig gefragt.

Stockfisch muß vor der Zubereitung etwa 2 Tage gewässert werden, damit ihm das Salz entzogen und das zusammengeschrumpfte Fischfleisch wieder prall und weiß wird. Das Wasser mehrmals wechseln.

Die Zubereitung ist sehr einfach: Den gut gewässerten Stockfisch unter fließendem Wasser abspülen, in kaltem Salzwasser ansetzen, langsam zum Kochen bringen, abschäumen. An der Herdseite, je nach Größe der Stücke, zugedeckt 15–20 Minuten pochieren. Die abgetropften Stücke entgräten, enthäuten und aufblättern. Auf einer Platte anrichten, mit gerösteten Semmelbröseln und braun gebratenen Zwiebeln bestreuen. Braun aufgeschäumte Butter darübergießen.

Beilage: Salzkartoffeln

Hinweis

Ein Rezept für Stockfisch nach katalanischer Art finden Sie auf Seite 87.

Gedünsteter & geschmorter Fisch

Fischfilet oder Fischkotelett, auf dem Herd pochiert

Foto

ZANDER, WALLER, LACHS, BARSCH, HEILBUTT, STEINBUTT, SEEZUNGE, SCHOLLE, SCHELLFISCH, KABELJAU, GOLDBARSCH, SEEHECHT, SEEWOLF, SEETEUFEL (LOTTE), LENGFISCH, STÖR.

- 4 Portionen Fischfilet, je 200 g, oder
- 4 Tranchen Fisch, je 250 g
- Saft von 1 Zitrone
- 1/4–1/2 l Fischbrühe (Seite 30), ersatzweise halb Fleischbrühe, halb Weißwein

Für die Sauce

- 100 g Crème fraîche
- Salz
- 1 Prise Zucker
- 1 EL Senf
- 2 cl Akvavit (oder Cognac)
- 40 g kalte Butter

Die Fischstücke mit Zitronensaft säuern. Die Flüssigkeit in einem flachen Topf zum Kochen bringen, die Fischstücke nebeneinander hineinlegen, sie sollen knapp mit Flüssigkeit bedeckt sein. Zugedeckt bei verminderter Hitze knapp unter dem Siedepunkt 5–8 Minuten pochieren. Die Fischstücke herausnehmen. Von Fischtranchen die Gräten auslösen und die Haut entfernen. Auf einer vorgewärmten Platte anrichten und warm stellen.

Für die Sauce den Pochierfond durchseihen, im offenen Topf bei starker Hitze um ein Drittel einkochen. Mit Crème fraîche abziehen, mit Salz, Zucker, Senf und Akvavit abschmecken. Die kalte Butter flöckchenweise mit dem Pürierstab oder dem Schneebesen darunterschlagen. Den Fisch mit der Sauce umgießen.

Beilagen: Petersilienkartoffeln oder Reis, in Butter geschwenktes Gemüse, Salat.

REISTIMBALE: *Timbale sind Becherpasteten, für die spezielle Förmchen gebraucht werden. Den fertigen Reis in ausgebutterte oder heiß ausgespülte Timbalförmchen drücken (ersatzweise hohe Tassen verwenden), wenige Minuten in heißes Wasser stellen, damit der Reis besser zusammenhält, und stürzen.* ▷

Fischfilet oder Fischkotelett, im Ofen pochiert

ZANDER, WALLER, LACHS, BARSCH, KABELJAU, SCHELLFISCH, SEEHECHT, GOLDBARSCH, SEETEUFEL (LOTTE), SEEWOLF, STÖR, SCHOLLE, STEINBUTT, SEEZUNGE, HEILBUTT, LENGFISCH.

4 Portionen Fischfilet, je 200 g
oder 4 Tranchen Fisch, je 250 g
Zitronensaft
Salz, Pfeffer
40 g Butter für die Form
50 g Schalotten, gehackt
1 EL frische Kräuter (Petersilie, Dill, Estragon), gehackt
1/4–1/2 l Fischfond (Seite 30), ersatzweise halb Fleischbrühe, halb Weißwein

Für die Sauce

3 EL Crème fraîche
Salz, 1 Prise Cayennepfeffer
1 TL Zitronensaft
30–50 g kalte Butter

Die Fischstücke mit Zitronensaft säuern. Erst kurz vor der Zubereitung mit Salz und Pfeffer würzen.
In einer feuerfesten Form die Butter zergehen lassen, Schalotten und Kräuter darin leicht andünsten. Die Fischstücke in die Form legen. So viel Fischfond oder Fleischbrühe und Wein angießen, daß die Fischstücke knapp bedeckt sind. Die Form mit Alufolie oder gebuttertem Pergamentpapier abdecken oder einen passenden Deckel auflegen, in den vorgeheizten Ofen schieben. Die Fischstücke bei 200–220 °C 10–12 Minuten pochieren. Die Fischstücke herausnehmen, die Gräten auslösen und die Haut entfernen. Warm stellen.
Die Garflüssigkeit in den Saucentopf abseihen und bei starker Hitze kurz einkochen. Mit Crème fraîche abziehen, mit Salz, Cayennepfeffer und Zitronensaft abschmecken. Nach und nach flöckchenweise die eiskalte Butter darunterrühren. Die Sauce über die angerichteten Fischstücke gießen.
Beilagen: Petersilienkartoffeln oder Reis, Salat, pfannengerührtes Gemüse.

VARIATIONEN

- Die eingekochte Garflüssigkeit mit Sahne auffüllen und mit Mehlbutter zu einer sämigen Sauce binden oder mit Eigelb und Sahne legieren.
- Die Sauce beliebig mit Senf, feingewiegten Kräutern, Sardellen, Wein, Kapern abschmecken.
- POCHIERTES FISCHFILET MIT CHAMPIGNONS: 100–200 g blättrig geschnittene Champignons mit den Schalotten in die Form geben und den Fisch pochieren wie oben.
- POCHIERTES FISCHFILET IN CURRYSAUCE: Fischfilet im Ofen pochieren wie oben. Die Sauce mit 100 g Sahne auffüllen, mit 2 TL Curry und 1 Prise Zucker würzen, 2 EL Apfelwürfel darin weich dünsten. 30 g Butter unter die Currysauce rühren und die Fischstücke in der Sauce servieren.

Auf dem Herd gedünstet und geschmort

Fischfilet in Safransauce

4 Portionen Fischfilet, je 200 g, oder
4 Tranchen Fisch, je 250 g
Zitronensaft, Salz, Pfeffer

Für die Sauce

5 EL Olivenöl
50 g Schalotten, gehackt
2 Knoblauchzehen, zerdrückt
2 EL Petersilie, gehackt
1 TL Kräuter der Provence
1/2 Lorbeerblatt
1 gute Prise Safranfäden
1 Tomate, gehäutet, Samen entfernt und gewürfelt
8 schwarze Oliven, entsteint, Salz
etwa 1/8 l Fischfond (Seite 30) oder Weißwein

Die Fischstücke mit Zitronensaft säuern, mit Salz und Pfeffer würzen.
In einem großen flachen Topf das Öl erhitzen. Schalotten, Knoblauch, Kräuter, Lorbeerblatt, Safran, Tomatenwürfel und die Oliven dazugeben. Salzen und andünsten. Die Fischfilets darauflegen. Zugedeckt bei milder Hitze etwa 5 Minuten dünsten. Die Fischstücke umdrehen und etwas Fischfond oder Wein angießen. Zugedeckt noch etwa 5 Minuten dünsten. Die Fischfilets in der Sauce servieren.
Beilagen: Reis, Petersilienkartoffeln, grüner Salat.

Zanderfilet mit Buttersauce

ODER FILET VON FORELLE, SAIBLING, BARSCH, SEEZUNGE, SCHOLLE, ROTZUNGE.

750 g Zanderfilet
Zitronensaft
Salz, Pfeffer
30 g Butter für die Form
50 g Schalotten, gehackt
etwa ¼ l Fischfond (Seite 30) oder
halb Fleischbrühe, halb Weißwein

Für die Buttersauce

2 Eigelb
100 g flüssige Butter
Salz, Pfeffer
Dillspitzen zum Garnieren

Die Zanderfilets in 4 Portionen teilen und mit Zitronensaft säuern. Erst kurz vor der Zubereitung mit Salz und Pfeffer würzen.

In einer feuerfesten Form die Butter zergehen lassen und mit den Schalotten ausstreuen. Die Zanderfilets ziegelartig hineinlegen (sehr dünne Filets vorher falten). So viel Fischfond oder Fleischbrühe und Wein angießen, daß die Filets knapp bedeckt sind.

Die Form mit Alufolie abdecken oder einen passenden Deckel auflegen, in den vorgeheizten Ofen schieben und bei 200–220 °C etwa 10–12 Minuten pochieren. Die Filets herausnehmen und warm stellen.

Für die Sauce die Garflüssigkeit durch ein Sieb in den Saucentopf gießen und auf die Hälfte einkochen.

Im Wasserbadtopf die Eigelbe mit einigen Eßlöffeln abgekühltem Sud verquirlen, den restlichen Sud unterrühren. Im heißen, jedoch nicht kochenden Wasserbad abschlagen, bis die Masse dickcremig geworden ist. Nach und nach teelöffelweise die flüssige Butter darunterschlagen; die Sauce darf dabei nicht kochen, sonst gerinnt sie. Die Sauce abschmecken.

Die angerichteten Zanderfilets mit der zarten Sauce übergießen. Mit Dill garnieren.

Beilagen: Reis, zartes Gemüse.

Zander(Fisch)filet in Sauerampfersauce

FILET VON ALLEN FLUSSFISCHEN SOWIE ROTZUNGEN- UND SCHOLLENFILET SIND GLEICH GUT GEEIGNET.

750 g Zanderfilet
Zitronensaft
etwa ¼ l Fischfond (Seite 30) oder
halb Fleischbrühe, halb trockener
Weißwein
50 g Schalotten, gehackt

Für die Sauerampfersauce

50 g Sauerampferblätter, in
Streifen geschnitten
250 g Sahne
1 TL Mehlbutter
Salz
1 Prise Cayennepfeffer
30 g kalte Butter

Die Zanderfilets in 4 Portionen teilen und mit Zitronensaft säuern. Den Fischfond oder Fleischbrühe und Wein mit den Schalotten in einem flachen Topf zum Kochen bringen. Die Fischfilets hineinlegen, sie sollen knapp mit Flüssigkeit bedeckt sein, und zugedeckt knapp unter dem Siedepunkt etwa 8 Minuten pochieren. Die Filets herausnehmen und zugedeckt warm stellen.

Die Garflüssigkeit durch ein Sieb in den Saucentopf gießen und kurz einkochen. Den Sauerampfer zugeben, mit der Sahne auffüllen und nochmal 5 Minuten kochen. Mit Mehlbutter leicht binden, mit Salz und Cayennepfeffer abschmecken. Nach und nach die kalte Butter mit dem Stabmixer einrühren. Die Sauce über die angerichteten Zanderfilets gießen.

Beilage: Salzkartoffeln.

Schollenfilet auf Möhrenstiften

Foto unten

Pro Person 1–2 Schollenfilets
je nach Größe
Zitronensaft
Salz, Pfeffer
30 g Butter
500 g Möhren,
in feine Stifte geschnitten
1/8 l trockener Weißwein
20 g Butterflöckchen

Für die Sauce

30 g Butter
20–30 g Mehl
400 ml Milch
2 EL Sahne
2 Ecken Kräuter-Schmelzkäse
Salz, 1 Prise Cayennepfeffer
1 Prise Muskatnuß

Die Schollenfilets mit Zitronensaft säuern, mit Salz und Pfeffer würzen.
In einem weiten Schmortopf oder in einer Pfanne die Butter schmelzen und die Möhrenstifte unter häufigem Wenden darin halbgar dünsten. Mit dem Wein ablöschen. Die Möhrenstifte gleichmäßig in der Pfanne verteilen, die Schollenfilets darauflegen und Butterflöckchen auf den Fisch geben. Den Deckel auflegen, bei mäßiger Hitze etwa 8 Minuten dünsten, bis der Fisch und das Gemüse gar sind.
Für die Sauce aus Butter und Mehl eine helle Einbrenne rühren, nach und nach mit Milch aufgießen und unter häufigem Umrühren 10 Minuten köcheln lassen. Die Sahne einrühren. Den Käse in Stückchen schneiden und in der Sauce schmelzen, dann aber nicht mehr kochen. Mit Salz, Cayennepfeffer und Muskat abschmecken. Fisch und Möhren auf einem Teller anrichten, den Fisch mit der Sauce übergießen.
Beilagen: Gedünsteter Reis (Wildreis-Mischung).

Heilbutt in Tomatensauce

Foto rechts

4 Tranchen vom
Schwarzen Heilbutt, je 200–250 g
Zitronensaft
Salz, Pfeffer
40 g Butter
250 g Zwiebel,
in Scheiben geschnitten
2 Möhren, fein geschnitten
1 Petersilienwurzel,
fein geschnitten
1 Lorbeerblatt
500 g Tomaten, geviertelt
1 l Wasser

Für die Sauce

35 g Butter
50 g Champignons, geputzt
etwa 2 EL Mehl
125 g Sahne
1 EL Kapern
50 g grüne Oliven ohne Stein,
halbiert
Salz, Pfeffer
Basilikum, fein geschnitten

Die Fischtranchen mit Zitronensaft säuern, mit Salz und Pfeffer würzen.
In einem Suppentopf die Butter schmelzen und Zwiebeln, Möhren und Petersilienwurzel darin leicht andünsten. Lorbeerblatt und Tomaten

zugeben und 10 Minuten mitdünsten. Mit Wasser aufgießen, salzen und 30 Minuten leise kochen. Abseihen und feste Bestandteile durch das Sieb drücken, in einem Schmortopf wieder aufkochen. Die Fischtranchen in die Sauce legen und zugedeckt bei reduzierter Hitze etwa 8 Minuten pochieren. Die Fischtranchen auf der Servierplatte, mit Alufolie bedeckt, in den vorgewärmten Ofen stellen. Die Pochiersauce auf etwa $^1/_2$ l einkochen.

Für die Sauce die Butter im Saucentopf schmelzen und die Champignons darin andünsten. Mit Mehl bestauben und nur kurz anlaufen lassen. Die Pochiersauce einrühren, die Sahne zugießen und unter beständigem Rühren etwa 10 Minuten köcheln lassen. Kapern und Oliven in die Sauce geben, mit Salz und Pfeffer würzen, das Basilikum einstreuen. Den angerichteten Fisch mit der Sauce umgießen.

Beilagen: Weißbrot oder Salzkartoffeln.

Heilbutt in Senfsauce

KOTELETT ODER FILET VON ALLEN SEEFISCHEN SIND GLEICH GUT GEEIGNET.

4 Tranchen Heilbutt, je 250 g
Zitronensaft
Salz, Pfeffer
40 g Butter
3 Schalotten, gehackt
50 g Champignons, gehackt
100 ml trockener Weißwein
150 ml Fischfond (Seite 30), ersatzweise Fleischbrühe

Für die Sauce

100 g Sahne
1 EL mittelscharfer Senf
1 Prise Zucker
30 g kalte Butter

Die Fischscheiben mit Zitronensaft säuern, mit Salz und Pfeffer würzen.
In einem Schmortopf oder in einer Pfanne mit hohem Rand die Butter zerlassen, die Schalotten darin anschwitzen, die Champignons zugeben und anlaufen lassen. Die Fischscheiben hineinlegen, Wein und Fischfond oder Fleischbrühe angießen. Den Deckel auflegen, die Fischscheiben knapp unter dem Siedepunkt 8–10 Minuten pochieren. Den Fisch aus dem Topf nehmen und warm stellen.
Den Pochierfond kurz einkochen, die Sahne zugeben und auf zwei Drittel einkochen.
Die Sauce durch ein Sieb abgießen, den Senf einrühren, mit Salz, Pfeffer und einer Prise Zucker abschmecken. Die kalte Butter flöckchenweise einschwingen.
Den Fisch auf vorgewärmten Tellern oder auf einer Platte anrichten und mit der Senfsauce umgießen.
Beilagen: Salzkartoffeln, Salat.

VARIATION

HEILBUTT IN WEINSAUCE: Die Zubereitung ist die gleiche wie oben. Zum Angießen verwendet man ¼ l Wein, keinen Fischfond. Die Sauce wird ohne Senf zubereitet. Halbierte und entkernte Weintrauben, blaue und weiße, in die Sauce geben.

Lottebäckchen in Rieslingsauce

Lottebäckchen, die Kaumuskeln des Seeteufels, sind etwas sehr Feines. Sie werden immer öfter angeboten zu einem Preis, der nicht höher, teils sogar niedriger ist als das Fleisch des Seeteufels.

500 g Lottebäckchen
Zitronensaft
Salz, Pfeffer
40 g Butter
2 Schalotten, gehackt
100 ml trockener Riesling
⅛ l Fischfond (Seite 30) oder Fleischbrühe
2 cl trockener Sherry
100 g Sahne
1 Prise Zucker
1 Prise Cayennepfeffer
2 Eigelb, 4 EL Sahne

Die Lottebäckchen von Häutchen befreien. Die Bäckchen mit Zitronensaft säuern. Kurz vor der Zubereitung salzen und pfeffern.
In einer Pfanne mit hohem Rand die Butter zerlassen und die Schalotten anschwitzen. Wein und Fischfond oder Fleischbrühe angießen und erhitzen. Die Bäckchen einlegen und zugedeckt knapp unter dem Siedepunkt 6–8 Minuten pochieren. Die Bäckchen herausnehmen und warm stellen.
Den Sherry zur Pochierflüssigkeit gießen und auf die Hälfte bis ein Drittel einkochen. Die Sahne einrühren und einige Minuten köcheln lassen. Die Sauce durch ein Spitzsieb passieren, mit Salz, Zucker und Cayennepfeffer milde abschmecken. Eigelb und Sahne verrühren und die Sauce damit legieren, dann jedoch nicht mehr kochen lassen.
Die Lottebäckchen auf einer vorgewärmten Platte oder portionsweise auf Tellern anrichten. Mit der Sauce umgießen.
Beilagen: Butterreis, gedünstete Zuckerschoten.

VARIATION

LOTTEBÄCKCHEN MÜLLERINART: Die vorbereiteten und gewürzten Lottebäckchen in Mehl wenden, überschüssiges Mehl in einem Sieb abschütteln. In heißer Butter braten wie Fischfilet Müllerinart (Seite 114).

Schleienfilet in Kapernsauce

750 g Schleienfilet
2 EL Zitronensaft
Salz, Pfeffer
40 g Butter
3 Schalotten, gehackt
100 ml trockener Weißwein
1/8 l Fischbrühe (Seite 30) oder Fleischbrühe

Für die Sauce

100 g Sahne
Salz
1 Prise Cayennepfeffer
1 TL Zitronensaft
2 Blättchen Basilikum, gehackt
etwa 1 TL Mehlbutter
1 EL sehr kleine Kapern

Die Schleienfilets mit Zitronensaft säuern und mit Salz und Pfeffer würzen.
In einem Topf die Butter zerlassen und die Schalotten darin kurz anschwitzen. Die Fischfilets dazugeben und auf beiden Seiten leicht anbraten. Mit dem Wein und Fisch- oder Fleischbrühe ablöschen und zugedeckt bei milder Hitze etwa 5 Minuten pochieren. Die Fischfilets herausnehmen und warm stellen.
Die Garflüssigkeit durch ein Sieb in den Saucentopf gießen und bei starker Hitze auf etwa die Hälfte einkochen. Mit der Sahne auffüllen, mit Salz, Cayennepfeffer, Zitronensaft und Basilikum würzen. Die Sauce mit Mehlbutter binden und noch 5 Minuten leise kochen lassen. Die Kapern einstreuen, die Sauce abschmecken und über die angerichteten Schleienfilets gießen.
Beilagen: Salzkartoffeln oder Reis, Salat.

Variation

Schleienfilet in Kerbelsauce: Statt Basilikum und Kapern eine Handvoll feingewiegten Kerbel in die Sauce einrühren.

Lachsschnitten in Sauerampfersauce

4 Tranchen Lachs, je 250 g
Zitronensaft
Salz, Pfeffer

Für die Sauce

40 g Butter
2 Schalotten, gehackt
200 g Sauerampferblätter, gewaschen und abgetropft
1/4 l helle Fleischbrühe
1/8 l trockener Weißwein
300 g Sahne
1 TL Mehlbutter
30 g kalte Butter

Die Lachsscheiben mit Zitronensaft säuern. Erst kurz vor der Zubereitung mit Salz und Pfeffer würzen.
In einem flachen Topf die Butter zerlassen und darin die Schalotten anschwitzen, ohne daß sie Farbe nehmen. Die Hälfte der Sauerampferblätter dazugeben und 3 Minuten mitdünsten, bis sie zusammengefallen sind. Die Brühe, den Wein und die Hälfte der Sahne angießen und unter häufigem Umrühren 5 Minuten kochen. Den Topf zur Seite ziehen, die Lachsscheiben hineinlegen und zugedeckt etwa 7 Minuten pochieren. Die Lachsscheiben herausnehmen, Haut und Gräten entfernen, auf einer vorgewärmten Platte anrichten und warm stellen.
Den restlichen Sauerampfer in die Sauce geben, mit Salz und Pfeffer würzen und etwa 5 Minuten kochen. Die restliche Sahne aufgießen, mit Mehlbutter leicht binden und nochmal 5 Minuten kochen. Den Topf zur Seite ziehen und nach und nach die kalte Butter mit dem Stabmixer unterrühren. Die Lachsscheiben mit der Sauerampfersauce überziehen und sofort servieren.
Beilage: Butterkartoffeln oder Salzkartoffeln.

Lachsstreifen in Rahmsauce

Filet von allen Fluss- und Meeresfischen ist ebenso geeignet.

350 g Lachsfilet
Zitronensaft
Pfeffer

Für die Sauce

40 g Butter
1 Schalotte, gehackt
4 Champignons, in Scheiben geschnitten
200 ml Fleischbrühe
100 ml trockener Weißwein
150 g Sahne
etwa 1 EL Mehlbutter
Salz, 1 Prise Zucker
1 Prise Cayennepfeffer

Das Lachsfilet in kurze Streifen schneiden, mit Zitronensaft säuern und pfeffern.
Für die Sauce die Butter zerlassen, Schalotte und Champignons darin glasig anschwitzen. Mit Brühe und Wein aufgießen und im offenen Topf etwa 15 Minuten kochen.
Die Brühe durchseihen oder mit dem Stabmixer glattmixen, die Sahne zugeben. Die Mehlbutter mit dem Schneebesen einrühren und zu einer sämigen Sauce binden, gut durchkochen. Mit Salz, Zucker und Cayennepfeffer abschmecken. Die Lachsstreifen in die Sauce geben und nur 1–2 Minuten knapp am Siedepunkt ziehen lassen.

Beilagen: Grüne Nudeln, gemischter Salat.

Variationen

- Lachsstreifen mit Oliven auf grünen Bandnudeln (Foto): Würfelchen von 3 Schalotten in 2 EL Butter anschwitzen und 200 g schwarze Oliven kurz mitschwitzen. 100 ml Weißwein zugießen, salzen pfeffern und 10–15 Minuten dünsten. Die Lachsstreifen zugeben und knapp am Siedepunkt 1–2 Minuten mitdünsten. Mit grünen Bandnudeln (250 g, in Salzwasser al dente gekocht) anrichten. Die Sauce des Hauptrezepts separat servieren.
- Einige Safranfäden in die Sauce geben; das färbt die Sauce gelb und gibt einen typischen, feinen Geschmack.
- In Streifen geschnittenen Sauerampfer oder feingewiegte Kräuter in der Sauce aufkochen.

Renken(Fisch)filet in Kräutersauce

Filet von allen Flussfischen sowie Rotzungen- und Schollenfilet sind gleich gut geeignet.

8 Renkenfilets (750–800 g)
Zitronensaft
Salz, Pfeffer
30 g Butter
50 g Schalotten, gehackt
etwa 200 ml trockener Weißwein

Für die Sauce

125 g Sahne
3 EL frische Kräuter (Petersilie, Kerbel, Estragon, Dill), gehackt
Salz, Pfeffer
30 g kalte Butter

Die Renkenfilets mit Zitronensaft marinieren, mit Salz und Pfeffer würzen. In einem flachen Topf die Butter zergehen lassen und die Schalotten leicht anschwitzen. Die Fischfilets falten und in die Form legen. So viel Wein angießen, daß die Filets knapp bedeckt sind. Bei schwacher Hitze zugedeckt 5–8 Minuten pochieren. Die Filets herausnehmen und abtropfen lassen, auf einer vorgewärmten Platte anrichten und zugedeckt warm stellen.
Die Garflüssigkeit durch ein Sieb in den Saucentopf gießen und bei starker Hitze kurz einkochen. Die Sahne dazugießen und auf zwei Drittel einkochen. Die Kräuter darunterrühren und die Sauce mit Salz und Pfeffer abschmecken. Die kalte Butter flöckchenweise mit dem Stabmixer einrühren. Die Sauce über die angerichteten Renkenfilets gießen.
Beilagen: Salzkartoffeln oder Reis, Salat.

Seeteufel (Lotte) in Morchelrahmsauce

FILET VON ALLEN FLUSS- UND SEEFISCHEN IST GLEICH GUT GEEIGNET.

- 700–800 g Seeteufel, in Scheiben
- Zitronensaft, weißer Pfeffer, Salz
- 20 g Butter
- 2 Schalotten, gehackt
- 1/8 l trockener Weißwein
- 1/8 l Fischfond (Seite 30) oder Fleischbrühe

Für die Sauce

- 20 g getrocknete Morcheln
- 150 ml lauwarmes Wasser
- 20 g Butter, Salz, Pfeffer
- 2 cl Cognac, 200 g Sahne
- 20 g Butterflöckchen

Die Fischscheiben mit Zitronensaft und Pfeffer marinieren, erst kurz vor der Zubereitung salzen.

Für die Sauce die Morcheln in lauwarmem Wasser 1–2 Stunden einweichen. Das Einweichwasser durch Filterpapier in ein Gefäß abgießen. Die Morcheln ausdrücken, unter fließendem Wasser gründlich abspülen, um mögliche Sandreste zu entfernen. 4 schöne Morcheln zum Garnieren beiseite legen. Die restlichen Morcheln sehr fein hacken oder wiegen. Im Saucentopf die Butter zerlassen. Die gehackten Morcheln darin andünsten, mit Salz und Pfeffer würzen und mit dem Cognac ablöschen. Das Morchelwasser aufgießen, die 4 ganzen Morcheln zugeben und köcheln lassen, bis der Fisch zubereitet ist.

Zum Pochieren in einer Pfanne mit hohem Rand oder im Schmortopf die Butter erhitzen, die Schalotten darin anschwitzen, den Wein und den Fischfond oder Fleischbrühe aufgießen und zum Kochen bringen. Die Fischscheiben hineingeben und zugedeckt knapp unter dem Siedepunkt 8–10 Minuten pochieren. Den Fisch herausnehmen und warm stellen.

Den Pochierfond durch ein Sieb abgießen und auf ein Drittel einkochen. Die eingekochte Morchelsauce nach und nach löffelweise mit dem Pochierfond und der Sahne auffüllen, bis alles aufgebraucht ist, dabei dicklich einkochen, mit Salz und Pfeffer abschmecken. Die Butterflöckchen nach und nach mit dem Schneebesen einschwingen.

Die Fischscheiben auf vorgewärmten Tellern oder auf einer Platte anrichten, mit der Morchelsauce umgießen und mit den ganzen Morcheln garnieren.

Beilagen: Reis oder Nudeln, Salate der Saison.

Fischfilet auf provenzalische Art

- 4 Portionen Fischfilet, je 200 g, oder
- 4 Tranchen Fisch, je 250 g
- Zitronensaft
- Pfeffer
- 1 TL Kräuter der Provence
- Salz
- 1/8 l Fischbrühe (Seite 30) oder Fleischbrühe
- 1/8 l trockener Weißwein

Für das Schmorgemüse

- 6 EL Olivenöl
- 100 g Schalotten, gehackt
- 2 Knoblauchzehen, gehackt
- 100 g Champignons, in Scheiben geschnitten
- 300 g Tomaten, gehäutet, geviertelt, Samen entfernt
- Salz, Pfeffer
- 1 EL Petersilie, gehackt
- Kräuter der Provence

Die Fischfilets mit Zitronensaft, Pfeffer und Kräutern der Provence marinieren. Erst kurz vor der Zubereitung salzen.

Für das Schmorgemüse in einem flachen Topf das Öl erhitzen, Schalotten und Knoblauch darin leicht anschwitzen. Die Champignons dazugeben und einige Minuten dünsten, zuletzt die Tomaten zufügen. Mit Salz, Pfeffer, Petersilie und Kräutern der Provence würzen. Alles weich schmoren, bis die Flüssigkeit verdampft ist.

Zum Pochieren in einem flachen Topf die Flüssigkeit (Fisch- oder Fleischbrühe und Wein) zum Kochen bringen, die Fischfilets hineinlegen, zugedeckt knapp unter dem Siedepunkt 5–8 Minuten pochieren. Die Fischstücke aus dem Sud nehmen, abtropfen lassen, auf einer vorgewärmten Platte anrichten und warm stellen.

Den Pochierfond bei starker Hitze rasch auf die Hälfte einkochen, zum Schmorgemüse geben; das verleiht dem Gemüse einen intensiven Geschmack. Die Fischfilets anrichten und mit dem Gemüse überziehen.

Beilage: Salzkartoffeln oder Weißbrot.

Fisch auf spanische Art

Es werden Fischkoteletts oder Fischfilets von verschiedenen Fischarten verwendet.

- 3/4–1 kg Fisch
- Zitronensaft
- 5 EL Olivenöl
- 1 Zwiebel, gehackt
- Salz
- 2–3 Knoblauchzehen
- 4 Mandeln
- 8 Pfefferkörner
- 1/2 Bund Petersilie
- 2–3 vollreife Tomaten, gehäutet
- eventuell einige EL Wasser oder Wein

Den Fisch in Portionen teilen, mit Zitronensaft säuern und 15 Minuten marinieren.
In einem flachen Topf oder in einer Stielpfanne mit hohem Rand das Öl erhitzen. Fisch und Zwiebel darin anbraten, den Fisch salzen. Knoblauch, Mandeln, Pfefferkörner und Petersilienblättchen mit etwas Salz im Mörser zerstoßen, die Tomaten dazugeben und alles fein verreiben. Die Masse über den angebratenen Fisch geben. Zugedeckt 15–20 Minuten dünsten. Bei Bedarf einige Eßlöffel Wasser oder Wein angießen.
Beilage: Weißbrot oder Kartoffeln.

Gemischter spanischer Fischtopf

Man verwendet neben verschiedenen Fischarten auch Gambas oder Langostinos sowie Tintenfische und bereitet sie zu wie im vorherigen Rezept.

Fisch auf italienische Art

Für dieses Gericht werden Fischkoteletts oder Fischfilets von verschiedenen Fischarten verwendet.

- 3/4–1 kg Fisch
- Zitronensaft
- 6 EL Öl
- Salz, Pfeffer
- 2 Zwiebeln, fein gewürfelt
- 2 Knoblauchzehen, gehackt
- 1 EL Petersilie, gehackt
- 2–3 Tomaten, gehäutet und geviertelt
- 1 Lorbeerblatt
- 1 TL Basilikum, gehackt

Den Fisch mit Zitronensaft säuern und 15 Minuten marinieren. In einem flachen Topf 3 EL Öl erhitzen, die Fischstücke anbraten, herausnehmen, mit Salz und Pfeffer würzen, warm stellen.
Das restliche Öl in den Topf geben, Zwiebeln, Knoblauch und Petersilie darin anschwitzen. Tomaten, Lorbeerblatt und Basilikum zugeben, mit Salz und Pfeffer würzen, 20 Minuten dünsten. Den angebratenen Fisch dazugeben und noch 5 Minuten in der Sauce ziehen lassen. In einer vorgewärmten Schüssel anrichten.
Beilagen: Weißbrot oder Butterkartoffeln. Geriebenen Parmesan dazu servieren.

Waller auf Balkanart

- 800 g Wallerfilet
- Zitronensaft
- Salz, Pfeffer
- Petersilie, gehackt
- 30 g Butterflöckchen

Für das Schmorgemüse

- 5 EL Öl oder Schweineschmalz
- 2–3 Zwiebeln, in Scheiben geschnitten
- 1–2 Paprikaschoten, Samen und Scheidewände entfernt, in Streifen geschnitten
- 2 Tomaten, gehäutet und geviertelt
- 1–2 EL Paprika edelsüß
- Salz, Pfeffer

Das Fischfilet in 4 Portionen teilen und mit Zitronensaft säuern.
Für das Schmorgemüse Öl oder Schweineschmalz erhitzen, die Zwiebeln und Paprikaschoten 10 Minuten dünsten. Die Tomaten zugeben, mit Paprika, Salz und Pfeffer würzen und 10 Minuten bei milder Hitze schmoren. Das Gemüse abschmecken.
Die Fischfilets salzen und pfeffern, auf das Gemüse legen, mit Petersilie bestreuen und mit Butterflöckchen belegen. Zugedeckt etwa 15 Minuten garen. Den Fisch zusammen mit dem Gemüse servieren.
Beilage: Salzkartoffeln.

Fischrisotto

Foto

400 g Fischfilet
(Kabeljau, Goldbarsch)
Saft von 1 Zitrone, Salz, Pfeffer
½ Bund Petersilie, gehackt
3 EL Öl

Für den Risotto

4 EL Öl
1 kleine Zwiebel, gehackt
1 Knoblauzehe, gehackt
1 Stange Lauch, in 3 mm breite Streifen geschnitten
200 g Arborio-Reis
etwa ½ l kochende Fleisch- oder Gemüsebrühe
Salz, Pfeffer
30 g Butter

Außerdem

geriebener Parmesan
gehackte Petersilie

Das Fischfilet in Würfel schneiden. Zitronensaft, Salz, Pfeffer, Petersilie und Öl verrühren, die Fischwürfel darin wenden, zugedeckt ½ Stunde in den Kühlschrank stellen.

Für den Risotto das Öl erhitzen und Zwiebel und Knoblauch darin anschwitzen. Den Reis zugeben und unter beständigem Rühren glasig dünsten. Mit kochender Brühe aufgießen und zugedeckt bei schwacher Hitze in 20–25 Minuten ausquellen lassen. Bei Bedarf noch etwas Brühe nachgießen, der Risotto soll saftig sein. In den letzten 5 Minuten die Lauchstreifen zufügen. Salzen, pfeffern und die Butter untermischen.

Die Fischwürfel vorsichtig unter den Reis heben und zugedeckt bei geringer Hitze 5–8 Minuten darin garziehen lassen. Den Risotto mit Petersilie bestreuen. Geriebenen Parmesan auf den Tisch stellen.

Fischgulasch

750 g Fischfilet, in große Würfel geschnitten
Zitronensaft
Pfeffer
2 EL Petersilie, gehackt
Salz

Für das Gemüse

40 g Fett oder Öl
100 g magerer Räucherspeck, in kleine Würfel geschnitten
500 g Zwiebeln, in Scheiben geschnitten
3 Paprikaschoten, geviertelt, Samen und Scheidewände entfernt
1 Knoblauchzehe, durchgepreßt
300 g Tomaten, gehäutet und geviertelt
Salz
2 TL Paprika edelsüß
1 TL Rosenpaprika
3 EL Rotwein

Das Fischfleisch mit Zitronensaft, Pfeffer und Petersilie marinieren.

Das Fett oder Öl in einem Schmortopf erhitzen und die Speckwürfel darin ausbraten. Zwiebel und Paprikaschoten 10 Minuten andünsten, ohne daß sie Farbe nehmen. Knoblauch und Tomaten zugeben. Das Gemüse mit Salz und Paprika würzen, den Wein angießen, in etwa 15 Minuten weich dünsten. Die Fischwürfel salzen, auf das Gemüse geben, den Topf zudecken und den Fisch bei milder Hitze in 8–10 Minuten gardünsten.

Beilage: Brot oder Salzkartoffeln.

Leichte Köstlichkeiten aus der schnellen Küche – mit

AVO

MARE

KEINE ZAUBEREI

Fisch-Pfanne

Den in Streifen oder Würfel geschnittenen und küchenfertig vorbereiteten Fisch in einer beschichteten Pfanne mit wenig Fett bei mittlerer Hitze ca. 7-9 Minuten braten – dabei 1-2mal wenden.

Wenn Sauce gewünscht wird, Fisch nach dem Anbraten mit Mehl bestäuben, wenden. Flüssigkeit (Fischsud, Wein oder Wasser) angießen und mit Crème fraîche oder Sahne zur Sauce binden.

Als Beilage zur Fisch-Pfanne empfehlen sich Bandnudeln (auch grüne), Folienkartoffel, Reis, frische Salate.

Bratfisch

gewürzt und küchenfertig vorbereitet (Filet, Koteletts oder ganze Fische) in beschichteter Pfanne wie gewohnt beidseitig goldbraun backen. Wenn der Fisch Ihrer Wahl bereits mit Fisch-Dressing vorbereitet ist, kann ohne weitere Fettzugabe gebacken werden. Falls Sauce gewünscht, Fisch aus der Pfanne nehmen und warmstellen. Dann Bratfond mit Wasser oder Wein vom Pfannenboden lösen, Sud mit Sahne oder saurer Sahne dicken. Anschließend mit Salz abschmecken.

Viel Freude bei der Zubereitung und beim Genuß
leichter Köstlichkeiten aus der schnellen Küche,
bei Fisch vom Feinsten.

AVO MARE

FISCH VOM FEINSTEN

Für Sie mit viel Geschmack küchenfertig vorbereitet: Leichte Fischgerichte feiner Art.

So können Sie mit nur minimalem Zeitaufwand problemlos Köstlichkeiten auf den Tisch zaubern.

Vertrauen Sie dem Geschmack und dem Können der Mitarbeiter des Fisch-Fachgeschäftes, in dem Sie bisher schon zu Ihrer vollen Zufriedenheit einkauften.

Mit Kompetenz sind diese Fischkenner bemüht, Ihnen durch Übernahme von vorbereitenden Arbeiten die Zubereitung und den Genuß von Fischspezialitäten noch einfacher zu machen. Und sie sind stets bestrebt, Ihre Kundentreue durch überzeugende Leistung anzuerkennen.

Der weitere Beweis: AVO MARE Fisch vom Feinsten, küchenfertig vorbereitet mit viel Geschmack.

Fischfrikassee

Foto

Reste von gekochtem Fisch in einer hellen Sauce erwärmen. Man kann Champignons, Zuckerschoten, Spargel, Garnelen oder Streifen von gekochtem Schinken daruntermischen. Eine Auswahl passender Saucen: Frikasseesauce, Senfsauce, Kräutersauce, Sardellensauce, Kapernsauce, Béchamelsauce, Käsesauce, Weißweinsauce, Samtsauce (Seite 173 ff.).
Beilagen: Nudeln, Reis, Salzkartoffeln, Salat.

Variationen

- Das Fischfrikassee im Reisrand anrichten, mit Petersilie bestreuen.
- Das Frikassee in eine gebutterte Auflaufform füllen, mit geriebenem Käse und Semmelbröseln bestreuen, mit zerlassener Butter beträufeln und überbacken.

Karpfenragout mit Aal

Es können auch andere Fische als Karpfen und Aal verwendet werden; es sollten jedoch nach Möglichkeit verschiedene Fischsorten sein.

Für 4–6 Personen

1 Karpfen von 1 kg, filetiert und in 4–6 Portionen geteilt
500 g Aal, enthäutet und in 6 cm lange Stücke geschnitten
Zitronensaft
Salz
Pfeffer

Für die Sauce

60 g Butter
200 g kleine Zwiebeln, geschält
2 EL Mehl
3/4 l Flüssigkeit (halb Fischbrühe, Seite 30, halb Rotwein)
1 Kräuterbündel (Thymian, Dill, Petersilie und Lorbeerblatt, in Lauchstange eingewickelt und gebunden)
Salz, Pfeffer

Zum Anrichten

1 EL Petersilie, gehackt
3 Semmeln, klein gewürfelt
80 g Butter

Aus Kopf (ohne Kiemen) und Gräten des Karpfens, die beim Filetieren übriggeblieben sind, eine Fischbrühe kochen und bereitstellen. Karpfen- und Aalstücke mit Zitronensaft säuern, mit Salz und Pfeffer würzen.
In einem flachen Topf die Butter erhitzen und die Zwiebeln darin leicht anschwitzen (kleine Zwiebeln bleiben ganz, größere muß man halbieren oder vierteln). Das Mehl darüberstäuben und unter beständigem Rühren goldgelb rösten. Nach und nach mit Fischbrühe und Wein ablöschen. Das Kräuterbündel hineingeben, salzen und pfeffern und 30 Minuten leise köcheln lassen.
Die Fischstücke salzen und pfeffern. Zuerst die Aalstücke in die Sauce geben und zugedeckt bei milder Hitze etwa 20 Minuten ziehen lassen. Das Karpfenfilet einlegen und den Topf wieder schließen, es ist in etwa 5 Minuten gar. Das Kräuterbündel herausnehmen. Das Ragout mit Petersilie bestreuen. Die Semmelwürfel in Butter goldgelb braten und dazu servieren.

Aal in Spinat-Sauerampfer-Sauce

- 750 g Aal, enthäutet
- Zitronensaft, Salz
- 80 g Butter
- 3 Schalotten, gehackt
- 250 g Spinat und 125 g Sauerampfer, in Streifen geschnitten
- reichlich frische Kräuter (Petersilie, Kerbel, Estragon), gehackt
- Pfeffer
- 1 Prise Muskatnuß
- 1/4 l Fleischbrühe
- 1 TL Mehlbutter
- 50 g Crème fraîche

Den Aal in 5 cm lange Stücke schneiden, mit Zitronensaft marinieren, erst kurz vor der Zubereitung salzen.
Die Butter in einem flachen Topf erhitzen und die Schalotten zusammen mit den Aalstücken andünsten, ohne daß sie Farbe nehmen. Den Spinat, den Sauerampfer und die Kräuter dazugeben, mit Salz, Pfeffer und Muskatnuß würzen und die Fleischbrühe angießen. Zugedeckt etwa 15 Minuten dünsten, bis der Fisch gar ist. Die Aalstücke herausnehmen und warm stellen.
Die Dünstsauce kurz einkochen, mit Mehlbutter zu einer sämigen Sauce binden und nochmal durchkochen. Mit dem Stabmixer Crème fraîche untermixen und abschmecken. Die Sauce über die Aalstücke gießen. Das Gericht kann warm oder kalt aufgetragen werden.
Beilage: Salzkartoffeln.

Aal auf flandrische Art

- 750 g Aal, enthäutet
- Zitronensaft
- Salz, Pfeffer
- 100 g durchwachsener Räucherspeck, klein gewürfelt
- 2 Zwiebeln, gehackt
- 1 Knoblauchzehe, gehackt
- 100 g Champignons, geschnitten
- 1 Kräutersträußchen (Petersilie, Thymian, Lorbeerblatt), in ein Stückchen Lauch eingewickelt und gebunden
- 1/4 l trockener Weißwein
- etwa 10 g Mehlbutter
- 30 g kalte Butter
- 10–15 eingelegte Perlzwiebelchen

Den Aal in fingerlange Stücke schneiden, mit Zitronensaft säuern und mit Salz und Pfeffer würzen.
In einem Schmortopf den Räucherspeck hell ausbraten, Zwiebeln, Knoblauch, Champignons und die Aalstücke dazugeben und rundum leicht anbraten. Das Kräutersträußchen dazugeben und mit dem Wein ablöschen. Zugedeckt nahe dem Siedepunkt 20–30 Minuten garziehen lassen, bei Bedarf etwas heißes Wasser zugießen. Die Aalstücke herausnehmen und das Kräutersträußchen entfernen.
Die Garflüssigkeit nur leicht mit Mehlbutter binden, die kalte Butter mit dem Schneebesen einrühren. Die Perlzwiebelchen in die Sauce geben. Die Aalstücke in der Sauce kurz erwärmen und servieren.
Beilage: Salzkartoffeln.

Aalragout auf provenzalische Art

- 750 g Aal, enthäutet
- Salz, Pfeffer
- 4 EL Zitronensaft
- 6 EL Olivenöl
- 3 Schalotten, geviertelt
- 1–2 Knoblauchzehen, zerdrückt
- 4 vollreife Tomaten, gehäutet, Samen entfernt, gewürfelt
- 1–2 TL Kräuter der Provence
- 1/2 Glas trockener Sherry
- Petersilie, gehackt

Den Aal in fingerlange Stücke schneiden, mit Zitronensaft säuern, mit Salz und Pfeffer würzen.
Das Öl in einem Schmortopf erhitzen und die Schalotten darin anschwitzen. Die Aalstücke dazugeben und auf allen Seiten anbraten. Knoblauch, Tomatenwürfel und Kräuter der Provence zufügen, mit Salz und Pfeffer würzen und den Sherry angießen. Die Aalstücke zugedeckt 20–30 Minuten bei milder Hitze schmoren. In einer Schüssel anrichten und warm stellen. Falls die Sauce zu flüssig ist, kocht man sie auf die gewünschte Konsistenz ein. Die Sauce abschmecken und über die Aalstücke gießen. Mit Petersilie bestreuen.
Beilage: Weißbrot.

Im Ofen gedünstet und geschmort

Schleienfilet in Safransauce

Filet von allen Flussfischen sowie Rotzungen- und Schollenfilet sind gleich gut geeignet.

750 g Schleienfilet
Zitronensaft, Salz, Pfeffer
40 g Butter
50 g Schalotten, gehackt
etwa 200 ml Fischfond (Seite 30)
oder halb Fleischbrühe, halb
trockener Weißwein
4 EL weißer Portwein

Für die Sauce

100 g Sahne
1 TL Mehlbutter, Salz, Pfeffer
1 Prise Safranfäden
1 kleine Tomate, gehäutet, Samen
entfernt, in Würfel geschnitten

Die Schleienfilets mit Zitronensaft marinieren, mit Salz und Pfeffer würzen. In einer feuerfesten Form die Butter zergehen lassen und die Schalotten hineinstreuen. Die Schleienfilets falten und darauflegen. So viel Fischfond oder Fleischbrühe und Wein angießen, daß die Filets knapp bedeckt sind. Den Portwein dazugießen. Die Form mit Alufolie abdecken, in den vorgeheizten Ofen schieben und bei 200 °C 8–10 Minuten pochieren. Die Fischfilets herausnehmen und warm stellen.

Den Pochierfond durch ein Sieb in den Saucentopf gießen, mit Sahne auffüllen und bei starker Hitze auf zwei Drittel einkochen. Mit der Mehlbutter leicht binden und mit Salz und Pfeffer abschmecken, einige Safranfäden hineingeben. Die Tomatenwürfel 10 Minuten in der Sauce ziehen lassen. Die pochierten Schleienfilets in der Sauce servieren.

Beilagen: Nudeln oder Reis, grüner Salat.

Feine Seezungenfilets

Oder Schollenfilets, Rotzungenfilets.

Aus den Köpfen und Gräten, die beim Filetieren der Seezungen übriggeblieben sind, kocht man eine kleine Fischbrühe, die zum Pochieren und für die Sauce verwendet wird.

8 Seezungenfilets
etwa 400 ml Fischbrühe (Seite 30)

Für die Sauce

30 g Speisestärke
3 Eigelb
4 EL Weißwein
75 g kalte Butter
Salz
Pfeffer
1 Prise Zucker
3 EL Sahne
1 EL Petersilie

Außerdem

20 g Butter für die Form
200 g Champignons aus dem Glas,
halbiert

Die Seezungenfilets mehrmals schräg einschneiden, damit sie sich nicht verformen. 1/4 l Fischbrühe in einem flachen Topf zum Kochen bringen. Die Filets falten, in die Brühe legen und bei reduzierter Hitze zugedeckt nahe dem Siedepunkt 5 Minuten pochieren. Die Seezungenfilets herausnehmen und warm stellen.

Die Pochierflüssigkeit durchseihen, sie wird für die Sauce verwendet und mit weiterer Fischbrühe auf insgesamt 375 ml aufgefüllt. In einem Wasserbadtopf Speisestärke und Eigelbe nach und nach mit der abgekühlten Fischbrühe und dem Wein mit dem Schneebesen glattrühren. Den Topf ins Wasserbad hängen, bei zunehmender Hitze abschlagen und erhitzen, bis die Masse dickcremig wird (nicht kochen!). Nach und nach die Butter flöckchenweise darunterschlagen. Die Sauce mit Salz, Pfeffer, Zucker, Sahne und Petersilie abschmecken.

Eine Gratinform mit Butter ausstreichen. Die Seezungenfilets hineinlegen und die Champignons in die Zwischenräume füllen. Mit der Sauce übergießen. Bei 230 °C im vorgeheizten Ofen 5–8 Minuten gratinieren.

Beilagen: Reis, zarte Salate.

Variation

Anstelle der Champignons Garnelen mit in die Form füllen. Man kann auch Champignons *und* Garnelen verwenden.

Seezungenröllchen Foto

SCHOLLEN- UND ROTZUNGENFILET SIND GLEICH GUT GEEIGNET.

- 8 Seezungenfilets
- Zitronensaft
- Salz
- Pfeffer
- 30 g Butter
- 2 Schalotten, gehackt
- 100 g Champignons in Scheiben
- 1/8 l Fischfond (Seite 30)
- 1/8 l trockener Weißwein
- 100 g Sahne
- 1 Prise Cayennepfeffer

Außerdem

blanchierte Orangenstreifchen

Die Seezungenfilets mit Zitronensaft säuern, mit Salz und Pfeffer würzen. Die Filets locker aufrollen und mit Spießchen zusammenstecken.

In einer feuerfesten Form die Butter schmelzen, die Schalotten und Champignons darin andünsten, mit Fischfond und Weißwein ablöschen und aufkochen. Die Seezungenröllchen in den Pochiersud setzen, die Form mit Alufolie abdecken und im vorgeheizten Ofen bei 200 °C etwa 8 Minuten pochieren. Die Seezungenröllchen mit dem Schaumlöffel herausnehmen, die Spießchen entfernen und die Röllchen warm stellen.

Den Pochiersud auf die Hälfte einkochen, durchseihen. Die Sahne dazugießen und dicklich einkochen. Die Sauce mit Salz und Cayennepfeffer abschmecken. Je zwei Seezungenröllchen auf vorgewärmten Tellern anrichten und mit der Sauce umgießen. Mit den Orangenstreifchen garnieren.

Beilagen und Garnierung:

Wildreis, gedünstetes Gemüse wie Zuckerschoten, Möhren- und Zucchinistreifen.

Gefüllte Seezungenröllchen

Es können auch Filets von anderen Fischen mit festem Fleisch verwendet werden. Sie sollen dünn geschnitten und schmal sein. Aus den Köpfen und Gräten, die beim Filetieren der Fische übriggeblieben sind, kocht man eine kleine Fischbrühe, die zum Pochieren verwendet wird.

- 8 Seezungenfilets
- Zitronensaft
- 1 Rezept Fischfarce (Seite 33) aus Hecht- oder Lachsforellenfleisch
- 20 g Butter für die Form
- etwa 1/4 l Fischbrühe (Seite 30)

Für die Sauce

- 30 g Butter
- 40 g Mehl
- 375 ml Fischbrühe
- 200 ml trockener Weißwein
- Salz, Pfeffer
- 100 g Sahne
- 2 Eigelb
- 2 EL Sahne
- 30 g kalte Butter

Die Seezungenfilets mit Zitronensaft marinieren. Die Fischfarce zubereiten. Die glatte Seite der Filets mehrmals einritzen. Die Filets dick mit der Fischfarce bestreichen und vom breiten zum schmalen Ende hin aufrollen.

Die Röllchen dicht nebeneinander in eine gebutterte, feuerfeste Form setzen. So viel Fischbrühe angießen, daß sie fast ganz bedeckt sind. Mit Alufolie abdecken und auf dem Herd langsam zum Kochen bringen. Dann in den auf 200 °C vorgeheizten Ofen schieben und etwa 10 Minuten pochieren. Die Röllchen herausnehmen, auf einer vorgewärmten tiefen Platte oder in einer flachen Schüssel anrichten und warm stellen.

Die Pochierflüssigkeit durch ein Sieb gießen und für die Sauce verwenden. Aus Butter und Mehl eine helle Einbrenne anrühren, mit Fischbrühe und Wein aufgießen und auf zwei Drittel einkochen, mit Salz und Pfeffer würzen. Die Sahne dazugießen und nochmals gut durchkochen. Mit Salz und Pfeffer abschmecken. Den Topf vom Herd nehmen. Eigelbe und Sahne verquirlen und mit dem Schneebesen unterrühren. Nach und nach die kalte Butter mit dem Stabmixer unterrühren. Die Sauce über die Seezungenröllchen gießen.

Beilagen: Butterreis, grüner Salat.

Seezungenröllchen Mazarin

- 2 Seezungen oder
- 8 Seezungenfilets
- Zitronensaft
- 1/4 l Fischbrühe (Seite 30)
- 1/4 trockener Weißwein
- 60 g Sellerieknolle, klein gewürfelt
- 250 g Champignons (Dose)
- 250 g Garnelen, ohne Schale

Für die Sauce

- 30 g Butter
- 40 g Mehl
- Salz, Pfeffer
- 100 g Sahne
- 30 g kalte Butter

Die Seezungen vom Fischhändler filetieren lassen. Aus den Fischabgängen eine kräftige Fischbrühe kochen und zum Pochieren verwenden.

Die Seezungenfilets mit Zitronensaft beträufeln, aufrollen und mit Zahnstochern befestigen. Fischbrühe und Wein zum Kochen bringen, die Röllchen einlegen, knapp unter dem Siedepunkt zugedeckt 2 Minuten pochieren, herausnehmen und abtropfen lassen. Im gleichen Sud die Selleriewürfel weich dünsten, herausnehmen, abtropfen lassen. Die Champignons abtropfen lassen, die Garnelen kalt überbrausen und ebenfalls abtropfen lassen. Von dem Pochiersud 1/2 l abmessen und beiseite stellen.

Für die Sauce aus Butter und Mehl eine helle Einbrenne zubereiten. Mit dem Pochiersud langsam aufgießen und dabei kräftig mit dem Schneebesen rühren. Mit Salz und Pfeffer abschmecken. Unter häufigem Umrühren auf zwei Drittel einkochen. Die Sauce durchpassieren, mit Sahne aufgießen und nochmal gut durchkochen. Die Butter flöckchenweise mit dem Stabmixer einrühren, nicht mehr kochen.

Die Fischröllchen in eine feuerfeste Form setzen, Zahnstocher entfernen, Selleriewürfel, Champignons und Garnelen zwischen den Röllchen verteilen. Die Sauce darübergießen und bei 230 °C im vorgeheizten Ofen 5–8 Minuten gratinieren. In der Form servieren.

Beilagen: Körnig gekochter Reis, Salat.

Gefüllte Schollenfilets

8 Schollenfilets
Zitronensaft, Pfeffer

Für das Champignon-Fischpüree

30 g Butter
300 g Champignons, gehackt oder im Mixer püriert
Salz, Pfeffer
1 EL Zitronensaft
200 g Filet von Hecht, Forelle, Meerhecht, Wittling oder Kabeljau
150–200 g Sahne
1 Ei
knapp 2 TL Salz
1 Prise Muskatnuß
weißer Pfeffer

Zum Pochieren

40 g Butter
2 Schalotten, gehackt
1 EL frische Kräuter, gehackt
etwa 1/4 l Flüssigkeit (halb Fischfond, Seite 30, oder Fleischbrühe, halb Weißwein)

Für die Sauce

125 g Sahne
Salz, 1 Prise Cayennepfeffer
30 g eiskalte Butter

Die Schollenfilets werden als breite Doppelfilets verkauft. Man würzt sie mit Zitronensaft und Pfeffer und läßt sie marinieren, bis die Füllung zubereitet ist.
Für das Champignon-Fischpüree die Butter in einem Topf zerlassen und die Champignons darin andünsten. Salz, Pfeffer und Zitronensaft zufügen und weiterdünsten, bis alle Flüssigkeit verdampft ist; erkalten lassen. Das Fischfleisch in Würfel schneiden und mit Sahne, Ei und den Gewürzen im Mixer pürieren. Zugedeckt 1 Stunde in den Kühlschrank auf gestoßenes Eis stellen. Vor der Verwendung die Hälfte der gedünsteten Champignons daruntermischen.
Die Schollenfilets mit der glatten Seite nach unten auf die Arbeitsfläche legen. Jedes Filet mit einem Eßlöffel Füllung belegen und zusammenfalten.
In einer feuerfesten Form die Butter zerlassen, Schalotten und Kräuter hineinstreuen und kurz anschwitzen. Die gefüllten Schollenfilets hineinlegen und so viel Flüssigkeit angießen, daß die Filets knapp bedeckt sind. Die Form mit Alufolie abdecken und in den auf 200 °C vorgeheizten Ofen schieben. 10–15 Minuten pochieren. Falls von der Füllung etwas übriggeblieben ist, formt man kleine Klößchen daraus und pochiert sie mit den gefüllten Schollenfilets. Die Filets herausnehmen, abtropfen lassen, in einer vorgewärmten flachen Schüssel anrichten und warm stellen.
Die Pochierflüssigkeit in den Saucentopf gießen und bei starker Hitze kurz einkochen. Die Sahne dazugießen und nochmal durchkochen. Das restliche Champignonpüree in die Sauce einrühren. Mit Salz und Cayennepfeffer, nach Belieben auch mit Weißwein abschmecken. Die kalte Butter flöckchenweise mit dem Stabmixer einrühren. Die Sauce über die Schollenfilets gießen.
Beilagen: Reis oder Petersilienkartoffeln, grüner Salat.

Fischfilet auf Lauch und Sojasprossen

800 g Fischfilet
Zitronensaft
Salz, Pfeffer
Mehl zum Wenden
4 EL Öl zum Braten
75 g durchwachsener Räucherspeck, klein gewürfelt
1 Stange Lauch, in sehr feine Ringe geschnitten
100 g Sojasprossen
2 TL Sojasauce
40 g Butterflöckchen

Das Fischfilet in 4 Portionen teilen, mit Zitronensaft säuern und mit Salz und Pfeffer würzen. Die Filets in Mehl wenden, überschüssiges Mehl abschütteln. Das Öl in der Stielpfanne erhitzen und die Fischfilets auf beiden Seiten kurz anbraten.
Den Räucherspeck in einer feuerfesten Form anbraten, den Lauch und die Sojasprossen dazugeben und etwa 10 Minuten dünsten. Mit Sojasauce, Salz und Pfeffer würzen. Die Fischfilets auf das Gemüsebett legen und mit Butterflöckchen belegen. Bei 200 °C im vorgeheizten Ofen etwa 10–15 Minuten garen.
Beilage: Reis

Fischfilet auf Wurzelgemüse

4 Portionen Fischfilet, je 200 g, oder
4 Tranchen Fisch, je 250 g
Zitronensaft
Salz
40 g Butter
1/2 Zwiebel, gehackt
200 g Wurzelgemüse (Sellerie, Möhre, Petersilienwurzel, Lauch), in sehr feine Streifen geschnitten oder geraspelt
2 EL frische Kräuter, gehackt
etwa 1/4 l Fleischbrühe
1 TL grüne Pfefferkörner, gestoßen
1 TL Senf
100 g Crème fraîche

Die Fischstücke mit Zitronensaft säuern, erst kurz vor der Zubereitung salzen.
In einer feuerfesten Form die Butter zerlassen. Zwiebel und Gemüse 15 Minuten darin andünsten, ohne daß sie Farbe nehmen. Leicht salzen und die Kräuter untermischen. Die Fischstücke auf das Gemüse legen und so viel Fleischbrühe angießen, daß das Gemüse gerade mit Flüssigkeit bedeckt ist. Die gestoßenen Pfefferkörner mit Senf und Crème fraîche vermischen und die Fischstücke damit bestreichen. Bei 200 °C im vorgeheizten Ofen etwa 15 Minuten überbacken, bis der Fisch gar ist.
Beilage: Salzkartoffeln.

Fischfilet auf Gemüse

750 g Fischfilet
Salz, Pfeffer
2 EL Senf
40 g Butter für die Form
1 Zwiebel, gehackt
500–750 g Gemüse (Knollen- oder Bleichsellerie, Möhren, Lauch, Weißkraut oder Wirsing), in feine Streifen geschnitten
4 EL Petersilie, gehackt
1/8–1/4 l Fleischbrühe
40 g Butterflöckchen
4 EL saure Sahne
1 EL Tomatenmark

Das Fischfilet in 4 Portionen teilen, mit Salz und Pfeffer würzen, mit Senf bestreichen.
In einer feuerfesten Form die Butter zerlassen. Die Zwiebel und das Gemüse kurz darin wenden, mit 2 EL Petersilie bestreuen, salzen. Nur wenig Brühe angießen. Zugedeckt bei 200 °C im vorgeheizten Ofen etwa 30 Minuten dünsten. Die Fischstücke auf das fast gare Gemüse legen, mit der restlichen Petersilie bestreuen und mit Butterflöckchen belegen. Etwa 10 Minuten im Ofen garen. Die saure Sahne mit dem Tomatenmark verquirlen, die Fischstücke damit bestreichen und noch 5–10 Minuten überbacken.
Beilage: Salzkartoffeln.

Fischfilet mit Gemüse und Speck

4 Portionen Fischfilet, je 180 g
Zitronensaft
Pfeffer
1 TL Paprika edelsüß, Salz

Für Gemüse und Speck

50 g Butter
1 EL Zwiebel, gehackt
500 g Möhren, gewürfelt
250 g Erbsen (TK)
250 g Brokkoli, in Röschen geteilt und blanchiert
Salz
etwa 1/4 l Fleischbrühe
8 dünne Scheiben durchwachsener Räucherspeck

Das Fischfilet mit Zitronensaft, Pfeffer und Paprika marinieren, erst kurz vor der Zubereitung salzen.
In einer feuerfesten Form die Butter erhitzen. Zwiebel, Möhren und Erbsen darin andunsten. Den Brokkoli dazugeben, salzen, die Brühe aufgießen und zugedeckt weitere 5 Minuten dünsten, bis das Gemüse fast weich ist. Die Fischfilets nebeneinander auf das Gemüse legen und jedes Filet mit 2 Scheiben Räucherspeck bedecken. Bei 200 °C im vorgeheizten Ofen noch etwa 20 Minuten garen, bis der Speck knusprig gebraten und das Fischfleisch gar ist.
Beilage: Salzkartoffeln.

Wirsingrollen (Kohlrollen) mit Fischfüllung

Foto

- 250 g Fischpüree (Seite 33), aus beliebigem Fischfleisch zubereitet
- 1 Kopf Wirsing
- 50 g magere Räucherspeckwürfel
- ½ Zwiebel, gehackt
- 100 g passierte Tomaten
- etwa ⅛ l Fischbrühe (Seite 30) oder Fleischbrühe
- 100 g + 2 EL Crème fraîche
- 4 EL geriebener alter Gouda
- 2 EL Semmelbrösel
- 40 g Butterflöckchen

Das Fischpüree nach Rezept zubereiten; man kann auch Fleisch von Weißfischen dazu verwenden.

Vom Wirsingkopf den Strunk ausschneiden und den Kopf in wenig Salzwasser in etwa 15 Minuten halbweich garen. Abtropfen lassen, die Blätter einzeln ablösen, starke Rippen abflachen. Auf ein großes Wirsingblatt jeweils ein kleines legen, mit Fischpüree bestreichen, die Ränder einschlagen und aufrollen.

In einer feuerfesten Form die Speckwürfelchen hell anbraten, Zwiebel hineinstreuen. Die Wirsingrollen in die Form legen. Die passierten Tomaten mit der Fisch- oder Fleischbrühe verrühren und angießen. 100 g Crème fraîche über die Wirsingrollen träufeln. Den Käse mit den Semmelbröseln gut vermischen, über die Wirsingrollen streuen und mit Butterflöckchen belegen. Bei 200 °C im vorgeheizten Ofen etwa 25 Minuten garen. Die Wirsingrollen aus der Form nehmen und anrichten. Die Sauce mit 2 EL Crème fraîche aufkochen und über die Rollen gießen.

Kohlrollen kann man genauso zubereiten.

Beilage: Salzkartoffeln oder Kartoffelpüree.

Lachsschnitten in Estragon- oder Dillsauce

4 Lachsfilets, je 200 g, oder
4 Tranchen Lachs, je 250 g
Zitronensaft, Salz
40 g Butter
2 Schalotten, gehackt
3 Champignons, in Scheiben geschnitten
etwa 1/4 l Fischfond (Seite 30) oder halb Fleischbrühe, halb Weißwein

Für die Sauce

6 EL Sahne oder Crème fraîche
etwas Weißwein (nach Belieben)
Estragon oder Dill, fein gewiegt
Salz, Pfeffer, 30 g kalte Butter

Die Lachsschnitten mit Zitronensaft säuern, erst kurz vor der Zubereitung salzen.

In einem flachen Topf die Butter zerlassen, mit den Schalotten und Champignons ausstreuen. Die Lachsschnitten nebeneinander hineinlegen. So viel Fischfond oder Fleischbrühe mit Wein angießen, daß die Schnitten knapp bedeckt sind. Den Deckel auflegen und knapp unter dem Siedepunkt in 5–8 Minuten pochieren. (Wer die Schnitten im Ofen pochieren will, verwendet eine Auflaufform und gart den Fisch, mit Alufolie bedeckt, 8–10 Minuten im vorgeheizten Ofen bei 200 °C.) Die Lachsschnitten herausnehmen und warm stellen. Von Tranchen Haut und Gräten entfernen.

Die Pochierflüssigkeit durch ein Sieb in den Saucentopf gießen und kurz einkochen. Sahne oder Crème fraîche und nach Belieben einige Eßlöffel Wein einrühren und nochmal gut durchkochen. Estragon oder Dill unterrühren. Die Sauce mit Salz und Pfeffer abschmecken. An der Herdseite nach und nach die kalte Butter mit dem Stabmixer darunterschlagen. Die Lachsschnitten auf gewärmten Tellern anrichten und mit je 1 Löffel Sauce überziehen. Die restliche Sauce separat servieren.

Beilagen: Nußkartoffeln, breite Nudeln, Reis, Salat.

Variation

LACHSSCHNITTEN IN SAFRANSAUCE (Foto): Die Lachsschnitten zubereiten wie oben. Anstelle von Dill oder Estragon einige Safranfäden in die Sauce geben sowie 100 g gekochte Shrimps. Als Beilage Langkornreis mit Wildreis servieren, dazu Erbsen (TK), mit Tomatenwürfeln in 1 EL Öl gedünstet.

Thunfisch auf Schmorgemüse

4 Tranchen Thunfisch, je 200 g
3 EL Öl zum Braten
Salz, Pfeffer

Für die Marinade

Saft von 1 Zitrone
1/4 l Rotwein
2 Schalotten, geviertelt
Thymian, Rosmarin
1 Lorbeerblatt
3 Knoblauchzehen

Für das Schmorgemüse

6 EL Olivenöl
3 Schalotten, gewürfelt
600 g Gemüse (Auberginen, Zucchini, rote, grüne und gelbe Paprikaschote), alles gewürfelt
1 Fleischtomate, gehäutet, Samen entfernt, gewürfelt
Salz, Pfeffer
Kräuter der Provence

Aus den angegebenen Zutaten eine Marinade bereiten und die Thunfischtranchen einige Stunden darin marinieren. Gelegentlich wenden. Aus der Marinade nehmen und mit Küchenpapier trockentupfen.
Das Öl in einer Pfanne erhitzen und die Thunfischtranchen darin auf beiden Seiten kurz und scharf anbraten. Beiseite stellen und mit Salz und Pfeffer würzen.
Im Schmortopf das Olivenöl erhitzen. Die Schalotten und das zerkleinerte Gemüse darin andünsten, die Tomatenwürfel zufügen. Mit Salz, Pfeffer und Kräutern der Provence würzen. Schalotten und Knoblauch aus der Marinade zugeben und einige Eßlöffel von der Marinade angießen. Das Gemüse etwa 10 Minuten schmoren. In eine Auflaufform die Hälfte des Gemüses füllen. Die angebratenen Thunfischscheiben darauflegen und mit dem restlichen Gemüse bedecken. Bei 220 °C im vorgeheizten Ofen in etwa 8 Minuten garen. In der Form zu Tisch bringen.
Beilage: Weißbrot.

Fischkoteletts auf Ratatouille

Ratatouille ist ein Gemüseeintopf aus Südfrankreich, den man im Ofen garen oder, wie in unserem Rezept, auf dem Herd schmoren kann.

4 Fischkoteletts, je 250 g
Zitronensaft
Salz, Pfeffer
2 Knoblauchzehen, durchgepreßt

Für die Ratatouille

1/8 l Olivenöl
2–3 Zwiebeln, in Ringe geschnitten
2–3 Knoblauchzehen, gehackt
je 1 rote, gelbe und grüne Paprikaschote, Samen und Scheidewände entfernt, in Streifen geschnitten
300 g Auberginen, in große Würfel geschnitten
300 g Zucchini, in fingerdicke Stücke geschnitten
500 g Fleischtomaten, gehäutet und geviertelt
Salz, Pfeffer
einige Blättchen Basilikum, gehackt

Die Fischstücke mit Zitronensaft säuern und mit Salz, Pfeffer und Knoblauch würzen.
In einem flachen Topf die Hälfte des Öls erhitzen und die Zwiebelringe darin anschwitzen, ohne daß sie Farbe nehmen. Knoblauch und Paprikaschoten zugeben und halbweich dünsten. Die andere Hälfte des Öls dazugießen. Auberginen und Zucchini zufügen und dünsten, bis sie beginnen, weich zu werden, dann erst die Tomaten untermischen. Mit Salz, Pfeffer und Basilikum würzen. Das Gemüse im offenen Topf etwa 20 Minuten schmoren, die Flüssigkeit soll nahezu verdampft sein.
Die Hälfte des Gemüses in eine feuerfeste Form füllen. Die Fischstücke darauflegen und mit der anderen Hälfte des Gemüses bedecken. Bei 200 °C im vorgeheizten Ofen etwa 20 Minuten gar dünsten.
Beilage: Knoblauchbrot oder aufgebackenes Baguette.

Fischkoteletts in Tomatensauce

4 Tranchen Fisch, je 250 g, oder
800 g Fischfilet
Saft von ½ Zitrone
Salz, Pfeffer
30 g Butter für die Form

Für die Tomatensauce

4 EL Olivenöl
1 Zwiebel, gehackt
1 Knoblauchzehe, gehackt
3 Tomaten, gehäutet, Samen entfernt, gewürfelt
Salz, Pfeffer
5 Blättchen Basilikum, gehackt
1 Prise Rosmarin

Für die Käsesauce

200 g Sahne
100 g Chester Käse, gewürfelt
100 g Crème fraîche
1 EL Weißwein, 1 EL Cognac
Salz, weißer Pfeffer

Den Fisch mit Zitronensaft säuern und mit Salz und Pfeffer würzen. In eine gebutterte, feuerfeste Form legen.

Für die Tomatensauce das Öl erhitzen, Zwiebel und Knoblauch darin hell anschwitzen. Die Tomatenwürfel zugeben, mit Salz, Pfeffer, Basilikum und Rosmarin würzen. Etwa 30 Minuten sämig-dick einkochen. Über die Fischstücke gießen, bei 200 °C in den vorgeheizten Ofen schieben und 15 Minuten garen.

Für die Käsesauce die Sahne erhitzen, den Käse darin schmelzen (nicht kochen!) und Crème fraîche darunterrühren. Mit Wein, Cognac, Salz und Pfeffer abschmecken. Die Sauce über den Fisch gießen und noch 5–10 Minuten gratinieren, die Oberfläche soll goldbraun sein. Den Fisch in der Form servieren.

Beilage: Butterkartoffeln oder Nudeln.

Fischkoteletts auf Letscho

Letscho ist ein Mischgemüse, das im Balkan gern gegessen wird. Man bereitet es immer mit Schweineschmalz oder Speck zu.

4 Fischkoteletts, je 250 g oder
750 g Fischfilet
4 EL Zitronensaft
Pfeffer
1 Knoblauchzehe, durchgepreßt
Salz

Für das Gemüse

75 g Schweineschmalz (oder fetter Räucherspeck, in Würfel geschnitten)
2 große Zwiebeln, in Ringe geschnitten
750 g Paprikaschoten, Samen entfernt, in fingerdicke Streifen geschnitten
500 g vollreife Tomaten, gehäutet und geviertelt
Salz
1 TL Paprika edelsüß
1 Prise Zucker

Die Fischstücke mit Zitronensaft säuern und mit Pfeffer und Knoblauch würzen.

Das Schweineschmalz in einem flachen Topf erhitzen oder die Speckwürfel ausbraten. Die Zwiebelringe darin anschwitzen, ohne daß sie Farbe nehmen. Paprikaschoten zugeben und etwa 10 Minuten dünsten. Die Tomaten zufügen, mit Salz, Paprika und Zucker würzen und noch 30 Minuten dünsten, bis die Flüssigkeit nahezu verdampft ist. Die Hälfte des Gemüses in eine feuerfeste Form füllen. Die Fischstücke salzen, auf das Gemüse legen und mit dem restlichen Gemüse bedecken. Bei 200 °C im vorgeheizten Ofen etwa 30 Minuten garen.

Beilagen: Salzkartoffeln oder Weißbrot.

Variation

Das Gemüse weich dünsten, wie oben beschrieben, durch ein Sieb streichen oder pürieren. Eine feuerfeste Form 2 cm hoch mit dem Gemüsepüree füllen, die Fischstücke darauflegen, das restliche Gemüsepüree darüberstreichen und den Fisch garen, wie oben beschrieben.

Schellfischkoteletts, mit Sahne überbacken

Foto

4 Schellfischkoteletts
Zitronensaft

Für den Sud

375 ml trockener Weißwein
Salz
1 kleine Zwiebel, halbiert
2 Zweige Dill
1 Möhre, grob geschnitten
1 Lorbeerblatt
2 Wacholderbeeren

Für das Gemüse und die Sahne

100 g Bleichsellerie
100 g Möhren
100 g Lauch
250 g Sahne, Salz
1 EL grüner Pfeffer (aus dem Glas)
Dillspitzen, fein geschnitten

Außerdem

Butter für die Form

Die Fischkoteletts mit Zitronensaft säuern.
Für den Sud den Wein mit den angegebenen Zutaten 5 Minuten kochen. Die Fischstücke hineingeben, den Deckel auflegen und bei verminderter Hitze knapp am Siedepunkt 5–8 Minuten pochieren. Die Fischkoteletts herausnehmen, entgräten und enthäuten. Eine feuerfeste Form ausbuttern und den Fisch hineinlegen. Das Gemüse in feine Streifen schneiden, in Salzwasser 2 Minuten blanchieren, abgießen, kalt überbrausen und abtropfen lassen. Die Gemüsestreifen auf dem Fischfleisch verteilen. Die Sahne im Saucentopf etwa 8 Minuten einkochen lassen, mit Salz abschmecken, grünen Pfeffer und Dill unterrühren und über den Fisch gießen. Bei 200–220 °C im vorgeheizten Ofen etwa 8 Minuten gratinieren.
Beilage: Petersilienkartoffeln, gemischter Salat.

Hinweis

Den gehaltvollen Sud, der für dieses Rezept nicht weiterverwendet wird, hebt man für anderweitige Verwendung auf oder friert ihn ein.

Fischfilet mit Pilzen und Tomaten

4 Portionen Fischfilet,
je 180–200 g
5 EL Zitronensaft
Salz, Pfeffer
Mehl zum Wenden
Öl zum Braten
20 g Butter für die Form

Für das Gemüse

40 g Butter
50 g Schalotten, gehackt
1–2 Knoblauchzehen, zerdrückt
200 g Champignons, in Scheiben geschnitten
4 Tomaten, gehäutet, Samen entfernt und gewürfelt
Salz, Pfeffer
½ TL Kräuter der Provence oder
1 EL Petersilie, gehackt
3 EL geriebener Parmesan

Das Fischfilet mit 3 EL Zitronensaft, Salz und Pfeffer würzen, in Mehl wenden, überschüssiges Mehl abschütteln. In einer Stielpfanne ½ cm hoch Öl erhitzen, den Fisch auf beiden Seiten anbraten, aber nicht ganz durchgaren. Die Fischfilets nebeneinander in eine gebutterte Auflaufform legen, mit 2 EL Zitronensaft beträufeln.

In einem Topf die Butter zerlassen, Schalotten und Knoblauch darin anschwitzen, aber nicht bräunen. Die Pilze einige Minuten mitdünsten, dann die Tomatenwürfel dazugeben. Mit Salz, Pfeffer und den Kräutern würzen. Im offenen Topf etwa 20 Minuten dünsten, bis der Saft weitgehend verdampft ist. Das Gemüse über den Fisch verteilen und bei 200 °C im vorgeheizten Ofen etwa 15 Minuten garen. 5 Minuten vor beendeter Garzeit den Parmesan darüberstreuen und schmelzen lassen.

Beilage: Butterkartoffeln oder Weißbrot.

Zwiebelfisch

750 g Fischfilet
Zitronensaft
Salz, Pfeffer, Paprikapulver
60 g Fett
500 g Zwiebeln, in Scheiben geschnitten
125 g saure Sahne
1 TL Paprikapulver

Das Fischfilet mit Zitronensaft säuern, mit Salz, Pfeffer und Paprika würzen.

In einer Pfanne das Fett erhitzen und die Zwiebeln darin weich dünsten, ohne daß sie braun werden. Die Zwiebeln in eine feuerfeste Form geben, die Fischfilets darauflegen. Saure Sahne mit Salz und Paprika verrühren und über den Fisch gießen. Bei 200 °C im vorgeheizten Ofen 20 Minuten garen.

Beilage: Salzkartoffeln.

Fischfilet mit Tomaten

4 Portionen Fischfilet, je 200 g, oder
4 Tranchen Fisch, je 250 g
Zitronensaft
Salz, Pfeffer

Für die Tomaten

40 g Butter für die Form
100 g Schalotten, gehackt
2 Knoblauchzehen, gehackt
2 EL Petersilie, gehackt
250 g Fleischtomaten, gehäutet, Samen entfernt und gewürfelt
Salz, Pfeffer
4 Blättchen Basilikum, gehackt
40 g Butterflöckchen
100 ml Fischfond (Seite 30) oder Weißwein

Die Fischstücke mit Zitronensaft säuern, mit Salz und Pfeffer würzen.

In einer feuerfesten Form die Butter zerlassen, mit Schalotten, Knoblauch und Petersilie ausstreuen. Die Fischstücke in die Form legen und mit den Tomatenwürfeln bedecken. Leicht salzen und pfeffern, Basilikum darüberstreuen und mit Butterflöckchen belegen. Seitlich den Fischfond oder Wein angießen. Die Fischfilets bei 220 °C in den vorgeheizten Ofen schieben und in 15–20 Minuten garen. Den Fisch in der Form servieren.

Beilage: Salzkartoffeln oder Weißbrot.

Variation

Die Fischfilets 10 Minuten vor beendeter Garzeit mit Crème fraîche beträufeln und geriebenen Parmesan darüberstreuen.

Dorschfilet auf Gemüse

800 g Dorschfilet (wahlweise Kabeljau- oder Rotbarschfilet)
Zitronensaft
Salz
Pfeffer
30 g Butterflöckchen

Für das Gemüse

40 g Butter
100 g Schalotten, gehackt
1 Knoblauchzehe, gehackt
100 g Champignons, in Scheiben geschnitten
300 g Paprikaschoten, Samen entfernt, in Streifen geschnitten
300 g Tomaten, gehäutet, in Scheiben geschnitten
50 g schwarze Oliven
Salz, Pfeffer
Petersilie gehackt
30 g Butterflöckchen

Das Fischfilet in 4 Portionen teilen, mit Zitronensaft beträufeln, salzen, pfeffern.
In einer feuerfesten Form die Butter schmelzen, Schalotten, Knoblauch und Champignons hineinstreuen. Paprikaschoten, Tomaten und Oliven zugeben, salzen, pfeffern, mit Petersilie bestreuen, leicht durchmischen. In den Ofen schieben und etwa 20 Minuten vorgaren. Die Fischfilets auf das Gemüsebett legen, Butterflöckchen darübergeben. Im vorgeheizten Ofen bei 200 °C in etwa 15 Minuten garen. In der Form servieren.
Beilage: Salzkartoffeln.

Fisch in Käsesauce

600–750 g pochierter Fisch (Reste)
3 EL Zitronensaft
Salz, Pfeffer
1 EL Kapern
30 g Butter für die Form

Für die Käsesauce

200 g Sahne
100 g saure Sahne
50 g geriebener Käse
1 EL Weißwein
Salz
1 Messerspitze Paprikapulver

Das Fischfleisch von Haut und Gräten befreien und in kleine Stücke zerpflücken. Mit Zitronensaft, Salz, Pfeffer und Kapern marinieren. Den Fisch in eine gebutterte Auflaufform füllen.
Sahne, saure Sahne, geriebenen Käse und Wein vermischen, mit Salz und Paprika würzen und über den Fisch gießen. Bei 220 °C im vorgeheizten Ofen 10–15 Minuten garen.
Beilagen: Salzkartoffeln, Blattspinat.

Renkenfilet mit Pilzen und Tomaten

Filet von allen Flussfischen sowie Rotzungen- und Schollenfilet sind gleich gut geeignet.

8 Renkenfilets
Salz, Pfeffer
2 EL Zitronensaft
40 g Butter
50 g Schalotten, gehackt
150 g Champignons, in Scheiben geschnitten
150 g Tomaten, gehäutet, Samen entfernt und in Würfel geschnitten
2 EL gemischte frische Kräuter (Basilikum, Thymian, Petersilie), gehackt
40 g Butterflöckchen
4 EL trockener Weißwein

Die Renkenfilets mit Zitronensaft marinieren, mit Salz und Pfeffer würzen. In einer feuerfesten Form Butter zerlassen, die Schalotten und die Pilze hineingeben und leicht andünsten. Die Fischfilets ziegelartig hineinlegen und die Tomatenwürfel darüberstreuen. Mit Salz und Pfeffer würzen, die Kräuter einstreuen und mit Butterflöckchen belegen. Den Wein angießen. Bei 200 °C im vorgeheizten Ofen 15 Minuten garen. In der Form servieren.
Beilagen: Salzkartoffeln, Feldsalat.

Fisch mit Gemüse

600 g gekochter Fisch (Reste)
3 EL Zitronensaft
Salz, Pfeffer
2 EL frische Kräuter, gehackt
30 g Butter für die Form
500 g beliebiges Gemüse (Spargel, Blumenkohl, Spinat, Brokkoli)
1 Rezept Käsesauce (Seite 174)
2 EL Semmelbrösel
40 g Butterflöckchen

Den Fisch in mundgerechte Stücke teilen. Mit Zitronensaft, Salz, Pfeffer und Kräutern marinieren.
Eine feuerfeste Form mit Butter ausstreichen. Gemüse vorbereiten: Spargelstückchen und Blumenkohlröschen in wenig Salzwasser knackig garen, Spinat und Brokkoliröschen nur kurz blanchieren und kalt überbrausen. Abwechselnd Fisch und Gemüse in die Form schichten. Die Käsesauce zubereiten und über die Zutaten in der Form gießen. Semmelbrösel darüberstreuen, mit Butterflöckchen belegen. Bei 220 °C im vorgeheizten Ofen etwa 15 Minuten überbacken.
Beilage: Reis oder Nudeln.

Variation

Fisch mit Reis oder Nudeln: Die Zubereitung ist die gleiche wie oben. Anstelle des Gemüses verwendet man gekochten Reis oder Nudeln.

Mit Räucherfisch gefüllte Paprikaschoten

4 große Paprikaschoten
500 g Räucherfisch
150 g Champignons oder Egerlinge, in Scheiben geschnitten
20 g Butter
Salz, Pfeffer
1 TL Zitronensaft
1 EL Petersilie, gehackt

Für die Sauce

30 g Butter
30–40 g Mehl
½ l Flüssigkeit (Milch oder halb Milch, halb Fleischbrühe)
Salz, Pfeffer
1 Prise Muskatnuß
2 EL geriebener Käse

Außerdem

30 g Butter
2 EL Zwiebeln, gehackt
2 Tomaten, gehäutet und gewürfelt
etwa ⅛ l Fleischbrühe
Salz
1 EL Crème fraîche
1 Prise Cayennepfeffer

Von den Paprikaschoten am Stielansatz einen Deckel abschneiden, Samen und Scheidewände entfernen, die Schoten waschen und mit der Öffnung nach unten abtropfen lassen. Den Räucherfisch von Haut und Gräten befreien, in kleine Stücke zerpflücken. Die Pilze in heißer Butter 3 Minuten dünsten, mit Salz, Pfeffer und Zitronensaft würzen und die Petersilie daruntermischen.
Aus Butter und Mehl eine helle Einbrenne zubereiten. Nach und nach so viel Flüssigkeit aufgießen, daß eine ziemlich dicke Sauce entsteht. Mit Salz, Pfeffer und Muskatnuß abschmecken, gut durchkochen. Den Käse, den Räucherfisch und die Pilze untermischen. Die Paprikaschoten mit der Masse füllen.
Die Butter in einer feuerfesten Form zerlassen, die Zwiebeln und die Tomatenwürfel hineinstreuen. Die gefüllten Paprikaschoten in die Form setzen. Bei 200 °C in den vorgeheizten Ofen schieben. Nach 10 Minuten ganz wenig Brühe angießen, salzen und weitere 20 Minuten garen. Die Schoten anrichten. Den Bratsaft mit Crème fraîche verrühren, mit Cayennepfeffer zu leichter Schärfe würzen und über die Schoten gießen.

Florentiner Fisch

600–750 g pochierter Fisch (Reste)

Für die Marinade

3 EL Zitronensaft
Salz, Pfeffer
1 Schalotte, gehackt
gemischte Kräuter, fein gewiegt

Außerdem

750 g Spinat
Salz
30 g Butter für die Form
1 EL Zitronensaft
1 Rezept Käsesauce (Seite 174)
1 EL geriebener Parmesan
2 EL Semmelbrösel
30 g Butter, zerlassen

Das Fischfleisch in kleine Stücke zerpflücken und mit den angegebenen Zutaten marinieren.
Den Spinat einige Minuten in Salzwasser blanchieren, abgießen, kalt überbrausen, abtropfen lassen und grob hacken.
Eine feuerfeste Form mit der Butter ausstreichen, den Spinat hineingeben, leicht salzen und mit Zitronensaft beträufeln. Das Fischfleisch darauf verteilen. Die Käsesauce zubereiten und über das Fischfleisch gießen. Mit Parmesan und Semmelbröseln bestreuen und die Butter darüberträufeln. Bei 220 °C im vorgeheizten Ofen etwa 10 Minuten überbacken.
Beilage: Butter- oder Salzkartoffeln.

Variation

Florentiner Fisch auf Safranreis (Foto): ½ Rezept Safranreis (Seite 183) zubereiten und auf dem Boden der Form verteilen. Weiterverfahren, wie oben beschrieben.

Stockfisch nach katalanischer Art (Bacalao a la llauna)

400 g Stockfisch
Mehl zum Wenden
6 EL Olivenöl
400 g vollreife Tomaten, gehäutet, gewürfelt (oder aus der Dose)
2 Knoblauchzehen, gehackt
1 Bund Petersilie, gehackt
Salz, Pfeffer
1 Prise Zucker

Den Stockfisch 1½–2 Tage wässern, dabei das Wasser mehrmals erneuern. Aus dem Wasser nehmen, trockentupfen, die Haut entfernen, in Portionsstücke oder große Würfel schneiden. Das Fischfleisch in Mehl wenden.
In einer Stielpfanne mit hohem Rand das Öl erhitzen, den Stockfisch goldbraun braten, aus der Pfanne nehmen und in eine Auflaufform geben.
In der gleichen Pfanne die Tomaten etwa 8 Minuten dünsten, Knoblauch und Petersilie zugeben, mit Salz, Pfeffer und einer Prise Zucker abschmecken. Die Tomatensauce über den Fisch geben. Bei 180 °C im vorgeheizten Ofen etwa 10 Minuten überbacken.

Fisch aus der Folie & gegrillter Fisch

Fisch in Alufolie

FORELLE, SAIBLING, RENKE (FELCHEN), SCHLEIE, KARPFEN.

Wählen Sie zum Garen die für Sie günstige Methode. Es bieten sich an: Der auf starke Hitze vorgeheizte Ofen; der Umluftgrill; der Strahlungsgrill mit Hitze von oben; der Holzkohlengrill mit Kontakthitze. Die Garzeit beträgt je nach Garmethode und Größe des Fisches 15–30 Minuten oder mehr. Die Fische in der geöffneten Folie servieren.

4 Portionsfische, je 300 g,
küchenfertig vorgerichtet
Zitronensaft
Salz, Pfeffer
Kräuterbutter (Seite 181)
Butter für die Folie
4 EL Weißwein
80 g Butterflöckchen
8 Zitronenscheiben

Die Fische innen und außen mit Zitronensaft, Salz und Pfeffer würzen, innen mit Kräuterbutter ausstreichen. Für jeden Fisch ein Stück Alufolie in entsprechender Größe schneiden, so daß man den Fisch einschlagen und die Ränder falzen kann. Die Folie mit Butter bestreichen, Fische darauflegen, mit Wein beträufeln und mit Butterflöckchen belegen.

Auf jeden Fisch 2 Zitronenscheiben legen. Die Folien so falzen, daß kein Saft austreten kann. Die Folienpäckchen auf den Grillrost legen und bei 220 °C im vorgeheizten Ofen etwa 20 Minuten garen.

Beilagen: Kümmelkartoffeln, Kressesalat.

HINWEIS

Den konzentrierten Saft in der Folie kann man natur belassen. Oder man gießt ihn in den Saucentopf und schlägt ihn mit 1–2 EL Crème fraîche und 20 g Butter zu einer cremigen Sauce auf.

Pikanter Hecht in Alufolie

- 1 Hecht von etwa 1,5 kg, geschuppt und küchenfertig vorgerichtet
- Zitronensaft
- Salz
- Pfeffer
- 1 EL frische Kräuter, gehackt
- 40 g weiche Butter, mit
- 1 EL Sardellenpaste verrührt
- 150 g Crème fraîche
- Butter für die Folie
- 60 g Butterflöckchen
- 4 Zitronenscheiben

Den Fisch innen und außen mit Zitronensaft einreiben, mit Salz und Pfeffer würzen, innen mit Kräutern bestreuen, mit Sardellenbutter und 1 EL Crème fraîche ausstreichen.
Starke Alufolie so zuschneiden, daß man den Fisch darin einschlagen kann. Die Folie mit Butter bestreichen und den Fisch darauflegen, mit Crème fraîche besteichen, mit Butterflöckchen und Zitronenscheiben belegen. Den Fisch locker in die Folie einschlagen und so falzen, daß kein Saft austreten kann. Auf den Rost legen und bei 200 °C im vorgeheizten Ofen etwa 45 Minuten garen. Nach 30 Minuten die Folie öffnen, damit der Fisch etwas Farbe nehmen kann. Er ist gar, wenn sich die Rückenflosse leicht herausziehen läßt.
Beilagen: Bäckerin-Kartoffeln, Salate der Saison.

Forelle blau in Alufolie

- 4 lebendfrische Portionsforellen
- Salz, Pfeffer
- 4 kleine Dillzweige
- zerlassene Butter für die Folie
- 1/2 Tasse Essig
- 1/2 Tasse Salzwasser
- 4 Zwiebelscheiben

Die Forellen vorbereiten wie zum Blaukochen (nur mit nassen Händen anfassen, nicht schuppen). Innen mit Salz und Pfeffer würzen und je 1 Dillzweiglein in den Bauch legen, außen nicht würzen.
Alufolie in entsprechender Größe zuschneiden, so daß man die Fische einschlagen kann (jeden Fisch einzeln). Die Folie mit zerlassener Butter bestreichen und die Fische darauflegen. Essig mit Salzwasser und den Zwiebelscheiben 10 Minuten kochen. Einige Eßlöffel der Flüssigkeit über die Forellen gießen, bis die Haut gleichmäßig feucht und blau ist. Die Folienpäckchen locker verschließen und so falzen, daß kein Saft austreten kann. Die Folienpäckchen in die Grillpfanne legen und bei 240 °C in den vorgeheizten Ofen schieben. Nach 5 Minuten die Hitze auf 200 °C reduzieren. Garzeit 15–20 Minuten.
Beilage: Salzkartoffeln, zerlassene Butter, mit gehackter Petersilie und dem Saft aus den Folienpäckchen verrührt.

Wittling in Alufolie

Auch für alle anderen Fische oder Fischstücke bis zu 1 kg Gewicht.

- 2 Wittlinge von je 500 g, küchenfertig vorgerichtet
- Zitronensaft
- Salz
- 100 g Kräuterbutter (Seite 181)
- 2 Knoblauchzehen, zerdrückt
- Butter für die Folie
- 1 TL grüne Pfefferkörner
- 150 g Crème fraîche
- 2 EL Sherry

Die Fische an der Seite vier- bis fünfmal schräg einschneiden, fast bis zur Mittelgräte. Die Fische außen und innen mit Zitronensaft und Salz einreiben, 10 Minuten einziehen lassen. Die Kräuterbutter mit dem Knoblauch würzen und die Einschnitte sowie die Bauchhöhle der Fische damit ausstreichen. Alufolie in entsprechender Größe zuscheiden, so daß man die Fische (jeden Fisch einzeln) darin einschlagen kann. Die Fische auf die gebutterte Alufolie legen und nochmal mit Zitronensaft beträufeln. Die grünen Pfefferkörner im Mörser zerstoßen, mit Crème fraîche und Sherry verrühren, leicht salzen und die Fische damit überziehen. Jeden Fisch einzeln in Alufolie einschlagen, die Folie so falzen, daß kein Saft austreten kann. Bei 200 °C im vorgeheizten Ofen etwa 30 Minuten garen.
Beilage: Butter- oder Folienkartoffeln.

Fischfilet oder Fischkotelett in Alufolie

LACHS, LACHSFORELLE, ZANDER, WALLER, KABELJAU, GOLDBARSCH, SCHELLFISCH, SEEHECHT, SEELACHS, LENGFISCH, WITTLING, SEETEUFEL (LOTTE), SEEWOLF.

- 4 Portionen Fischfilet, je 180 g, oder
- 4 Tranchen Fisch, je 220 g
- 4 EL Zitronensaft
- ½ Zwiebel, gehackt
- 2 EL frische Kräuter, gehackt
- 1 EL Cognac
- Salz, Pfeffer
- 3 EL Öl
- Butter für die Folie
- 2 Tomaten, gehäutet, in Scheiben geschnitten
- 4 EL Crème fraîche
- 2 EL geriebener Käse (nach Belieben)

Die Fischstücke mit einer Mischung aus Zitronensaft, Zwiebel, Kräutern, Cognac, Salz, Pfeffer und Öl 20 Minuten marinieren. Für jede Portion ein Stück Alufolie so zuschneiden, daß man den Fisch einschlagen und die Ränder falzen kann. Die Folie mit Butter bestreichen. Die Fischstücke auf die Folien legen, mit Tomatenscheiben belegen, mit zurückgebliebener Marinade beträufeln, mit Crème fraîche überziehen (statt Crème fraîche kann man aber auch Butterflöckchen nehmen) und geriebenen Käse darüberstreuen. Die Folie schließen und so falzen, daß kein Saft austreten kann. Die Päckchen auf den Grillrost legen und bei 220 °C in den vorgeheizten Ofen schieben, etwa 15–20 Minuten garen. Der Fisch ist gar, wenn sich die Folie wölbt. Die Folienpäckchen in der Mitte aufschneiden, den Fisch in der Folie servieren.

Beilagen: Dillkartoffeln, gedünstetes Gemüse, Blattsalat.

VARIATION

FISCHFILET ODER FISCHKOTELETT IN PERGAMENTPAPIER (Foto):
Man verwendet pro Portion zwei nicht zu dünne Pergamentblätter in ausreichender Größe, bepinselt sie leicht mit Wasser und legt sie aufeinander. Die Fischstücke mit allen Zutaten, wie oben beschrieben, darauflegen. Das Pergamentpapier, das nun über den Fisch geschlagen wird, mit zerlassenem Butterschmalz einpinseln, zu einer Rolle drehen, die Enden fest zusammendrehen oder zusammenbinden, die überstehenden Papierzipfel abschneiden. Die Päckchen auf den Grillrost legen und garen, wie oben beschrieben. Vor dem Servieren das Papier in der Mitte aufschneiden.

Fisch aus der Bratfolie

Foto

SCHELLFISCH, KABELJAU, GOLDBARSCH.

Das Garen in Bratfolie ist vor allem für größere Fische oder Fischstücke vorteilhaft. Der Fisch wird in der durch Dampfeinwirkung ballonartig aufgeblähten Folie gleichmäßig gegart, also zugleich gedünstet und gedämpft. Die Geschmacksstoffe bleiben voll erhalten.

- 1,2–1,5 kg Fisch am Stück
- Zitronensaft
- Salz
- Pfeffer
- 20 g Kräuterbutter (Seite 181)
- 1 Möhre, fein gestiftelt
- 1 Stange Lauch, in Ringe geschnitten
- 1 Stange Bleichsellerie, fein geschnitten
- 3 Schalotten, halbiert
- 4 Petersilienstengel
- 1 Lorbeerblatt
- 3 Wacholderbeeren
- 1 TL Pfefferkörner
- 40 g Butter, in Stückchen

Den Fisch schuppen und küchenfertig vorrichten. Innen und außen mit Zitronensaft, Salz und Pfeffer einreiben, innen mit Kräuterbutter ausstreichen.

Das Gemüse mit den Schalotten, Petersilienstengeln und den Gewürzen mischen.

Vom Bratfolienschlauch ein Stück in der doppelten Länge des Fisches abschneiden und eine Seite verschließen (nach Packungsanweisung). Das Gemüse und die Butterstückchen gleichmäßig in dem Bratschlauch verteilen. Den Fisch auf das Gemüsebett in die Folie legen.

Den Bratfolienschlauch schließen und nur die Oberseite mehrmals mit einer Nadel einstechen. (Das ist wichtig, damit der Dampf entweichen kann und die Folie beim Braten nicht platzt.)

Das Folienpaket auf den kalten Grillrost legen und bei 200 °C in den vorgeheizten Ofen (Mittelschiene) schieben; die Folie darf die Wände des Ofens nicht berühren. Den Fisch in 30–40 Minuten garen und mit dem Gemüse servieren.

Beilagen: Salzkartoffeln, Kräuterbutter.

Forelle (Flußfisch) vom Grill

GILT FÜR ALLE PORTIONSFISCHE.

Die Fische müssen üppig mit Öl bestrichen werden, damit sie nicht anhängen. Spezielle fischförmige Wenderoste erleichtern das Grillen, vor allem auf dem Holzkohlengrill. Größere Fische schneidet man am Rücken mehrfach ein; sie werden würziger und auch gleichmäßiger gar.

- 4 mittelgroße Forellen

Für die Marinade

- Salz, Pfeffer, 4 EL Zitronensaft
- 1 Bund grüner Dill oder Petersilie, fein gewiegt
- 6 EL Öl
- 1 Knoblauchzehe, zerdrückt (nach Belieben)

Aus den angegebenen Zutaten eine Marinade anrühren. Die Forellen innen und außen damit bestreichen, etwa ½ Stunde marinieren. Die Fische auf den geölten Rost legen und im vorgeheizten Grill bei nicht zu starker Hitze auf jeder Seite etwa 10 Minuten grillen, zwischendurch mehrmals mit Marinade bestreichen. Die Garzeit ist abhängig von der Größe der Fische, der Heizleistung des Grills und dem Abstand zur Glut oder Heizquelle. Durch einen Einstich hinter den Kiemen oder durch Anziehen der Rückenflosse kann man den Garzustand prüfen.

Beilagen: Folienkartoffeln, Brot, Kräuterbutter, Knoblauchmayonnaise, Salat.

Aal vom Grill

- 750 g Aal, enthäutet
- 1 Glas trockener Weißwein
- 4 EL Öl
- Salz, Pfeffer
- 80 g Senfbutter (Seite 181)
- 8 Zitronenscheiben
- 4 Gewürzgurken

Den Aal in lange Stücke schneiden und diese der Länge nach halbieren, so daß man die Gräte herausnehmen kann. Die Aalstücke einige Stunden in Weißwein marinieren.
Die Aalstücke herausnehmen, mit Küchenpapier trockentupfen und durch das Öl ziehen. Im vorgeheizten Grill bei nicht zu starker Hitze auf beiden Seiten grillen. Die Aalstücke mit Salz und Pfeffer bestreuen. Mit Senfbutter, Zitronenscheiben und Gewürzgurken anrichten.

Beilagen: Aufgebackenes Baguette oder Knoblauchbrot, Salat.

Gegrillte Seezunge

ODER STEINBUTT, SCHOLLE, ROTZUNGE, GLATTBUTT, HEILBUTTSCHNITTEN.

- 4 Seezungen, je 350 g

Für die Marinade

- 4 EL Zitronensaft
- Salz, Pfeffer
- 1 EL Petersilie, gehackt
- 1 Knoblauchzehe, zerdrückt
- 6 EL Öl

Die Seezungen vorbereiten: dunkle Oberhaut abziehen, Kopf entfernen, Schwanz stutzen, Flossensaum abschneiden, waschen. (Von manchen Plattfischen, zum Beispiel Scholle, läßt sich die Haut nicht abziehen; man schneidet die Fische am Rückgrat entlang ein und grillt sie mit der Haut.)
Aus den angegebenen Zutaten eine Marinade anrühren und die Fische 30 Minuten darin marinieren. Die Fische auf den geölten Rost legen und im vorgeheizten Grill auf jeder Seite etwa 5 Minuten grillen, dabei mehrmals mit Marinade beträufeln.

Beilagen: Butterkartoffeln, Kräuterbutter, Sauce béarnaise, gedünstete Champignons, Salat.

Grüner Hering oder Makrele vom Grill

GILT FÜR ALLE FISCHE BIS ZU 1 KG.

1,5 kg grüne Heringe oder Makrelen, geschuppt und küchenfertig vorgerichtet

Für die Marinade

- 3 TL schwarze Pfefferkörner, Salz
- 1 Bund Petersilie
- ½ Bund Dill
- 2–3 Knoblauchzehen
- 1 TL Streuwürze
- 3 Spritzer Tabascosauce oder
- 1 EL scharfe Chilisauce
- Saft von 1 Zitrone
- 6 EL Öl

Die Fische am Rücken auf jeder Seite zwei- bis dreimal schräg einschneiden (ziselieren).

Für die Marinade im Mörser die Pfefferkörner mit Salz, Petersilie, Dill und Knoblauch zerstoßen, mit den restlichen Zutaten verrühren. Die Fische innen und außen damit bestreichen und 30 Minuten marinieren. Auf den geölten Rost legen und im vorgeheizten Grill oder auf dem Rost des Holzkohlengrills bei mäßiger Hitze langsam grillen; hin und wieder mit Marinade bestreichen. Die Fische sind gar, wenn sich die Rückenflosse leicht herausziehen läßt.

Beilagen: Brot, Folienkartoffeln mit saurer Sahne und Schnittlauch, Salate der Saison, Aïoli, Ajvar (gewürztes Paprikamus).

HINWEIS

Die Fische müssen während des Grillens öfters gewendet werden. Um sich das Wenden zu erleichtern, ist es vor allem beim Holzkohlengrill zweckmäßig, den Rost mit Alufolie auszulegen oder spezielle Wenderoste zu verwenden. Zu starke Grillhitze vermeiden, sonst bräunt die Außenschicht zu rasch und verhindert das Eindringen der Hitze und somit das Garen des Fisches.

Fischfilet oder Fischkotelett vom Grill

LACHS, LACHSFORELLE, ZANDER, SEETEUFEL (LOTTE), SEEWOLF, SCHELLFISCH, GOLDBARSCH, SEEHECHT, STÖR, HEILBUTT.

- 4 Portionen Fischfilet, je 200 g, oder
- 4 Tranchen Fisch, je 250 g
- 4 EL Zitronensaft
- 4 EL Öl
- Salz, Pfeffer
- 4 Zitronenspalten
- krause Petersilie

Die Fischstücke mit Zitronensaft und Öl 20 Minuten marinieren. Auf den Rost legen und im vorgeheizten Grill auf jeder Seite etwa 4 Minuten grillen, mehrmals mit der Marinade bestreichen. Wenn man bei Fischtranchen die Mittelgräte mit der Messerspitze leicht herausnehmen kann, ist der Fisch gar. Leicht mit Salz und Pfeffer würzen, auf einer vorgewärmten Platte anrichten, mit Zitronenspalten und Petersilie garnieren.

Beilagen: Butterkartoffeln, Kräuterbutter, Tatarensauce, Meerrettichsahne.

Steckerlfisch Foto Seite 94

Steckerlfische sind eine Spezialität des Münchner Oktoberfestes. Wer einmal bei der »Fischer Vroni« vor der langen Reihe der aufgespießten, bratenden Steckerlfische gestanden hat, wird ihren intensiv-würzigen Geruch nicht mehr vergessen. Und gut schmecken sie auch. Darum sollte man sich das Vergnügen gönnen – wenn man gerade einmal eine genügende Anzahl kleiner Fische gefangen hat –, sie als Steckerlfisch über offenem Feuer zu grillen.

Die Fische werden wie üblich geschuppt, ausgenommen, geputzt und gewaschen. Man bestreut sie mit Salz und steckt sie an möglichst grüne und nicht zu dünne Haselnußstöcke, die man sich in der entsprechenden Länge vom nächsten Strauch holt. Man macht ein gutes Feuer und hält, wenn das Feuer nicht mehr zu hoch brennt, sondern als kräftiges Glutbett wabert, die aufgespießten Fische darüber. Man kann die Stöcke auch schräg in die Erde über die Glut stecken, muß sie dann aber gelegentlich wenden. Die Fische werden mehrmals mit Salzwasser beträufelt, damit sie nicht verbrennen und gleichzeitig gewürzt werden. Das Braten am »Steckerl« ist Übungssache und sollte mit weniger wertvollen und kleineren Fischen zunächst erprobt werden. Gleichzeitig kann man in der Asche Kartoffeln mitbraten.

Zum Braten über der offenen Glut sind fette Fische besonders gut geeignet, also grüner Hering und Makrele, aber auch Forelle, Lachsforelle, Renke. Vor allem bei größeren Fischen darauf achten, daß sie anfangs nicht zu stark, sondern bei zunehmender Hitze allmählich gegart werden. Bei zu starker Anfangshitze bildet sich außen eine verkrustete Schutzschicht, die jedes weitere Eindringen der Hitze verhindert und ein Garen des Fisches unmöglich macht.

DAS GLUTBETT BEREITEN: *Wer keinen Gartengrill verwenden, sondern im Freien grillen möchte, baut aus Steinen einen sicheren Grillplatz. Eine ausreichende Menge Holzkohle darauf verteilen und mit speziellen Grillanzündern das Feuer entfachen. Brennen lassen, bis sich weißglühende Asche bildet; bei Bedarf mit einem Blasebalg nachhelfen. Die Glut verteilen und – los geht`s.*

Im Ofen gebratener Fisch

Flußfisch, im Ofen gebraten

FORELLE, SAIBLING, RENKE (FELCHEN), SCHLEIE.

4 Fische, je 350 g, küchenfertig vorgerichtet
Zitronensaft
Salz, Pfeffer
3 EL Persilie, gehackt
3 EL Schalotten, gehackt
40 g Butter
40 g Butterflöckchen
1/8 l trockener Weißwein
3 EL Crème fraîche
1–2 TL Senf (nach Belieben)

Fische innen und außen mit Zitronensaft, Salz und Pfeffer würzen, innen mit 1 EL Petersilie ausstreuen. Die restliche Petersilie mit den Schalotten mischen.

In einer feuerfesten Form, einem Bräter oder einer Grillpfanne die Butter zerlassen, mit der Hälfte der Schalotten-Petersilien-Mischung ausstreuen und leicht andünsten. Die Fische hineinlegen und in der Butter wälzen. Die restliche Schalotten-Petersilien-Mischung über die Fische streuen, mit Butterflöckchen belegen. Seitlich den Wein angießen, die Form mit Alufolie abdecken und bei 190 °C in den vorgeheizten Ofen schieben. Die Fische in 20–30 Minuten garen.

5 Minuten vor beendeter Garzeit die Folie abnehmen, die Fische mit Bratsaft begießen und offen fertiggaren. Die Fische sind gar, wenn sich die Rückenflosse leicht herausziehen läßt. Auf einer vorgewärmten Platte anrichten, warm stellen.

Die Garflüssigkeit durchpassieren, in den Saucentopf gießen und aufkochen. Mit Crème fraîche abziehen und nach Belieben mit Senf abschmecken. Die Sauce separat zum Fisch servieren.

Beilagen: Butterkartoffeln, Salatplatte.

Meeresfisch, im Ofen gebraten

SCHELLFISCH, KABELJAU, GOLDBARSCH, SEEHECHT, SEELACHS, WITTLING, SEEWOLF, SEETEUFEL (LOTTE).

1,5 kg Meeresfisch (ganzer Fisch oder Mittelstück), küchenfertig vorgerichtet
Zitronensaft
Salz, Pfeffer
2 EL frische Kräuter, gehackt
2 EL Öl
40 g Butter
100 g Schalotten, gehackt
2 EL Petersilie, gehackt
1 Knoblauchzehe, gehackt (nach Belieben)
1 Tomate, gehäutet, gewürfelt
40 g Butterflöckchen
1/8 l trockener Weißwein
3 EL Crème fraîche
1 Prise Cayennepfeffer

Den Fisch am Rückgrat entlang 1–2 cm tief einschneiden oder schräge Einschnitte anbringen (ziselieren), damit er gleichmäßig gart. Innen und außen mit einer Mischung aus Zitronensaft, Salz, Pfeffer, Kräutern und Öl einreiben.

In einer feuerfesten Form oder im Bräter die Butter zerlassen, Schalotten, Petersilie und nach Belieben Knoblauch zugeben und andünsten. Den Fisch in der Butter wälzen, Tomate zugeben, mit Butterflöckchen belegen, den Wein angießen. Die Form mit Alufolie abdecken (oder Deckel auflegen), bei 190 °C in den vorgeheizten Ofen schieben und garen. 10 Minuten vor beendeter Garzeit die Folie abnehmen, den Fisch mit Bratsaft begießen und offen fertiggaren. Garzeit 30–40 Minuten. Der Fisch ist gar, wenn sich die Rückenflosse leicht herausziehen läßt.

Die Garflüssigkeit mit dem angegossenen Wein ergibt eine ausgezeichnete kleine Sauce. Man kann sie natur belassen und den Fisch in der Form servieren. Oder den Fisch auf einer vorgewärmten Platte anrichten, die Garflüssigkeit durchpassieren, kurz einkochen, mit Crème fraîche abziehen und mit Cayennepfeffer würzen.

Beilagen: Salzkartoffeln, zartes Gemüse, Salate der Saison.

VARIATION

MEERESFISCH MIT TOMATENÜBERZUG: 2 EL Tomatenmark mit 100 g saurer Sahne glattrühren, den Fisch damit überziehen und garen.

Gebratene Forelle mit Spinatfüllung

ODER SAIBLING, ÄSCHE, RENKE.

Für diese Zubereitung werden die Fische durch den Rücken entgrätet und ausgenommen, so daß der Bauch unverletzt bleibt. Wie man das macht, ist auf Seite 17 beschrieben. Auf Wunsch wird Ihnen auch der Fischhändler die Fische nach dieser speziellen Methode vorbereiten.

4 mittelgroße Forellen, küchenfertig vorgerichtet
Salz, Pfeffer
Zitronensaft
Spinatfüllung (Seite 32)
100 g Butter
50 g Schalotten, gehackt
1/8 l trockener Weißwein
4 EL Crème fraîche

Die Forellen innen und außen mit Salz, Pfeffer und Zitronensaft marinieren. Die Spinatfüllung (oder eine beliebige andere Füllung, Rezepte dafür finden Sie auf Seite 32 ff.) zubereiten; für große Fische benötigt man eventuell die 1½fache Rezeptmenge, da durch den Rücken entgrätete Fische viel Füllung aufnehmen. In jeden Fisch 1 TL Butter geben und die Bauchhöhle mit dem Spinatpüree füllen.

In einer Auflaufform 30 g Butter zerlassen, mit den Schalotten ausstreuen und leicht andünsten. Die Forellen mit dem Bauch nach unten in die Form setzen, die restliche Butter auf die Füllungen verteilen. Seitlich den Wein angießen. Die Form mit gebuttertem Pergamentpapier oder Alufolie abdecken. Bei 200 °C im vorgeheizten Ofen je nach Größe der Fische 15–25 Minuten garen. 5 Minuten vor beendeter Garzeit das Pergamentpapier oder die Alufolie abnehmen, auf jeden Fisch 1 EL Crème fraîche geben und offen fertiggaren. Die Forellen in der Form servieren.

Beilage: Salzkartoffeln.

Gefüllte Lachsforelle

Zum Füllen einer Lachsforelle reicht etwa die halbe Rezeptmenge Fischfarce. Kochen Sie aus dem Rest feine Fischklößchen, die Sie zum Garnieren des Fisches verwenden oder auch einfrieren können.

- 1 Lachsforelle von 1–1,2 kg
- 1 Rezept Fischfarce (Seite 33)
- Zitronensaft, Salz, Pfeffer
- 60 g Butter
- 2 Schalotten, gehackt
- 1 EL Petersilie, gehackt,
- 1/8 l trockener Weißwein

Für die Sauce

- 100 ml Weißwein
- 125 g Sahne
- 1 TL Mehlbutter
- Salz, Pfeffer
- 40 kalte Butter
- 1 Eigelb, 2 EL Sahne

Die Lachsforelle vom Fischhändler durch die Kiemen ausnehmen lassen. Mit dem Kochlöffelstiel durch die Kiemenöffnung fahren und am Rückgrat entlang kräftig reiben, um die Häutchen und alle Blutgerinnsel zu entfernen. Anschließend gründlich auswaschen.

Die Fischfarce zubereiten und die Lachsforelle durch die Kiemen damit füllen. Den Fisch außen mit Zitronensaft, Salz und Pfeffer würzen.

In einer feuerfesten Form oder im Bräter die Butter zerlassen, mit Schalotten und Petersilie ausstreuen und leicht andünsten. Die gefüllte Lachsforelle hineinlegen und in der Butter wälzen. Seitlich den Wein angießen, die Form mit Alufolie abdecken und bei 200 °C in den vorgeheizten Ofen schieben. Garzeit: etwa 35 Minuten. Zwischendurch mehrmals mit der Garflüssigkeit begießen. Nach 25 Minuten die Folie abnehmen und den Fisch offen fertiggaren. Die Lachsforelle auf einer vorgewärmten Platte anrichten und warm stellen.

Die Garflüssigkeit durch ein Sieb in den Saucentopf gießen. Den Wein und die Sahne dazugießen und bei guter Hitze kurz einkochen. Mit Mehlbutter leicht binden, durchkochen und mit Salz und Pfeffer abschmecken. An der Herdseite die kalte Butter flöckchenweise unter die Sauce rühren. Eigelb mit Sahne verquirlen und die Sauce damit legieren, dann nicht mehr kochen lassen. Die Sauce separat zum Fisch servieren.

Beilagen: Petersilienkartoffeln, Spargel, grüner Salat.

Garnierungsvorschlag: Scampi, gedünstete Champignonköpfe, Nußkartoffeln, mit Petersilie bestreut.

Lachsforelle mit Tomaten- und Käsesauce

ODER ZANDER, HECHT, HUCHEN, SEEWOLF, SEETEUFEL (LOTTE), SCHELLFISCH, SEEHECHT, ROTBARSCH.

- 1 Lachsforelle von 1,2 kg, küchenfertig vorgerichtet
- Zitronensaft
- Salz, Pfeffer
- 40 g Butter für die Form

Für die Tomatensauce

- 3 EL Öl
- 2 Zwiebeln, in Scheiben geschnitten
- 1 Knoblauchzehe, gehackt
- 2–3 vollreife Tomaten, gehäutet, Samen entfernt und gewürfelt
- Salz, Pfeffer
- einige Blättchen Basilikum, gehackt

Für die Käsesauce

- 125 g Sahne
- 2 EL Crème fraîche
- 100 g Chester Käse, gewürfelt
- Salz, Pfeffer
- 1 EL Weißwein

Die Lachsforelle innen und außen mit Zitronensaft, Salz und Pfeffer einreiben. Die Butter in einer feuerfesten Form zerlassen, den Fisch hineinlegen und in der Butter wälzen.

Für die Tomatensauce in einer Kasserolle das Öl erhitzen und die Zwiebelscheiben halbweich dünsten, ohne daß sie Farbe nehmen. Dann Knoblauch und die Tomatenwürfel dazugeben, mit Salz, Pfeffer und Basilikum würzen und bei milder Hitze schmoren, bis die Flüssigkeit verdampft ist. Die Lachsforelle mit der Tomatensauce bedecken, bei 200 °C in den vorgeheizten Ofen schieben und 20 Minuten garen.

Für die Käsesauce die Sahne mit Crème fraîche erwärmen, den Chester Käse darin schmelzen, mit Salz, Pfeffer und Wein abschmecken. Die Käsesauce über den Fisch gießen und noch 15 Minuten überbacken.

Beilagen: Petersilienkartoffeln, Salat.

Fisch in der Salzkruste

Foto

In der Salzkruste kann man sowohl einen großen Fisch für 4 und mehr Personen als auch kleinere Fische garen. Kleinere Fische legt man nebeneinander auf das Salzbett und packt sie zusammen ein wie einen großen Fisch. Geeignet sind alle frischen Fluß- und Meeresfische.

1 frische Lachsforelle von 1–1,2 kg
4 Petersilienstengel oder
4 Dillzweige
1½–2 kg grobes Salz
2 Tassen kaltes Wasser

Den Fisch vom Fischhändler nach Möglichkeit durch die Kiemen ausnehmen lassen (Seite 15). Einen Kochlöffelstiel durch die Kiemenöffnung führen und damit mehrmals kräftig am Rückgrat entlangfahren, um die Fischniere, Häutchen und Blutgerinnsel zu lösen. Den Fisch unter fließendem Wasser gründlich ausspülen. Petersilie oder Dillzweige in den Bauch stecken.

Die Grillpfanne oder eine Form, der Größe des Fisches entsprechend, mit Alufolie auslegen. Die Hälfte des Salzes in die Mitte füllen und gut mit Wasser befeuchten. Den Fisch auf das Salzbett legen und mit dem restlichen Salz bedecken. Ebenfalls sehr gut anfeuchten und den Fisch vollständig mit dem angefeuchteten Salz umhüllen; es darf kein Riß im Salzmantel sein. Bei 210 °C in den vorgeheizten Ofen schieben und etwa 30 Minuten garen. Dabei wird die Salzkruste hart und fest.

Den Fisch aus dem Ofen nehmen, die obere Salzkruste mit einem harten Gegenstand (Fleischklopfer) zerbrechen und entfernen. Den Fisch tranchieren und anrichten.

Beilagen: Petersilienkartoffeln, zerlassene Butter, Blattsalat.

Hinweise

- Beim Braten in der Salzkruste gart der Fisch im eigenen Saft und behält sein ganzes Aroma. Würzen ist unnötig.
- Mit einem Trick läßt sich die Salzkruste mühelos abtrennen: Die Kruste rundum, entlang den Konturen des Fisches, mit Anisschnaps beträufeln, anzünden, abbrennen. Die obere Kruste läßt sich nun wie ein Deckel abheben.

Gespickter Hecht, gebraten

1 Hecht von 1–1,5 kg, geschuppt und küchenfertig vorgerichtet
100 g fetter Speck, in Streifen geschnitten
8 Sardellenfilets
Zitronensaft
2 EL Dill, gehackt
Salz
80 g zerlassene Butter
½ Zwiebel, gehackt
⅛ l trockener Weißwein
200 g saure Sahne

Den Hecht am Rücken entlang abwechselnd mit Speckstreifen und Sardellenfilets spicken. Innen und außen mit Zitronensaft einreiben, innen mit Dill ausstreuen und ½ Stunde marinieren. Kurz vor dem Braten den Fisch salzen.

Den Bräter oder eine feuerfeste Form mit 40 g Butter ausstreichen und die Zwiebel hineinstreuen. Den Hecht mit dem Rücken nach oben in die Bratform stellen (den Bauch eventuell mit geschälten rohen Kartoffeln füllen, damit er gut steht). Den Rest der Butter über den Fisch gießen, seitlich den Wein angießen und die Form mit Alufolie abdecken, bei 180 °C in den vorgeheizten Ofen schieben. Nach etwa 30 Minuten Garzeit die Folie abnehmen; den Fisch wiederholt mit saurer Sahne bestreichen und mit Bratsaft begießen. Garzeit etwa 40 Minuten. Der Fisch ist gar, wenn sich die Rückenflosse leicht herausziehen läßt.

Die Sauce kann man natur belassen. Wird eine größere Menge gewünscht, so gießt man etwas Sahne und Wein dazu, kocht das Ganze gut durch und bindet die Sauce leicht mit Mehlbutter.

Beilagen: Petersilienkartoffeln, Salat.

Gespickter Hecht, auf Gemüse gebraten

1 Hecht von 1 kg, geschuppt und küchenfertig vorgerichtet
100 g fetter Speck, in Streifen geschnitten
Zitronensaft
Pfeffer
Salz
50 g Butter für die Form
2 Zwiebeln, gehackt
400 g Wurzelgemüse (Möhren, Sellerie, Lauch), in feine Streifen geschnitten
300 g Tomaten, gehäutet, Samen entfernt und geviertelt
2 EL Petersilie, gehackt
Salz
2 TL Paprika edelsüß
$^1/_8$–$^1/_4$ l Fleisch- oder Fischbrühe (Seite 30)
3 EL saure Sahne
60 g Butterflöckchen

Den Hecht am Rücken entlang mit Speckstreifen spicken. Innen und außen mit Zitronensaft und Pfeffer einreiben und $^1/_2$ Stunde marinieren. Kurz vor der Zubereitung salzen.
In einer feuerfesten Form die Butter zerlassen, die Zwiebeln hineinstreuen, das Wurzelgemüse und die Tomaten dazugeben. Die Petersilie darüberstreuen, mit Salz und Paprika würzen. Etwas Brühe darübergießen. Die Form mit Alufolie abdecken, das Gemüse bei 180 °C im vorgeheizten Ofen etwa 20 Minuten andünsten. Den Hecht auf das Gemüsebett legen, mit saurer Sahne bestreichen und mit Butterflöckchen belegen. Wieder mit der Folie bedecken und in den Ofen schieben. Garzeit etwa 40 Minuten. Den Fisch zwischendurch häufig mit dem Bratsaft begießen. Der Hecht ist gar, wenn sich die Rückenflosse leicht herausziehen läßt. Man serviert ihn in der Form mit dem Gemüse.
Beilage: Salzkartoffeln.

Gefüllter Hecht

Es ist zweckmäßig, den Hecht durch die Kiemen auszunehmen, damit der Körper unverletzt bleibt. Wie man das macht, ist auf Seite 15 erklärt.

1 Hecht von etwa 1,5 kg, geschuppt und küchenfertig vorgerichtet
Kalbsbrätfüllung (Seite 33)
Zitronensaft
Salz
Pfeffer
80 g Butter
50 g Schalotten, gehackt
2 EL Petersilie, gehackt
$^1/_8$ l trockener Weißwein
125 g Sahne
Tomatenschnitze
Dillspitzen

Den Hecht unter fließendem Wasser innen und außen gründlich waschen, dabei mit einem Kochlöffelstiel durch die Kiemenöffnung fahren, um Häutchen und Blutgerinnsel zu lösen.
Die Kalbsbrätfüllung zubereiten. Den Hecht durch die Kiemenöffnung mit der Masse füllen. Falls von der Kalbsbrätmasse etwas übrigbleibt, kann man Klößchen davon kochen und den Fisch damit garnieren. Den Hecht mit Zitronensaft, Salz und Pfeffer einreiben.
In einer Bratform die Hälfte der Butter zerlassen, mit Schalotten und Petersilie ausstreuen. Den gefüllten Hecht hineinlegen. Die restliche Butter zerlassen und über den Fisch gießen, seitlich den Wein angießen. Die Form mit Alufolie abdecken, bei 180 °C in den vorgeheizten Ofen schieben und 30 Minuten garen, dann die Sahne zugießen. Den Fisch häufig mit dem Bratsaft begießen. Garzeit insgesamt 40–60 Minuten. 10 Minuten vor beendeter Garzeit die Folie entfernen, damit der Fisch etwas Farbe nehmen kann. Auf einer vorgewärmten Platte anrichten und mit Tomatenschnitzen und Dillspitzen garnieren. Die Sauce durchpassieren, kurz einkochen und zum Fisch servieren.
Beilagen: Butterkartoffeln, Blattspinat.

Hechtschnitten auf badische Art

- 4 dicke Hechtschnitten
- 3 EL Zitronensaft
- 3 EL Öl
- Salz
- Pfeffer
- 40 g Butter
- 50 g Schalotten, gehackt
- 4 Pfefferkörner, zerdrückt
- 1 Lorbeerblatt
- 200 g saure Sahne
- 2 EL geriebener Parmesan
- 1 EL Petersilie, gehackt
- 2 EL Semmelbrösel
- 50 g Butterflöckchen

Die Hechtschnitten mit Zitronensaft, Öl, Salz und Pfeffer marinieren.

In einer feuerfesten Form die Butter zerlassen und mit den Schalotten ausstreuen. Die Hechtschnitten in die Form legen, dazwischen die Pfefferkörner und Lorbeerblattstückchen geben. Die Form mit Alufolie abdecken, bei 200 °C in den vorgeheizten Ofen schieben und den Fisch 10 Minuten anbraten. Die Alufolie abnehmen. Die saure Sahne mit dem Parmesan vermischen und über die Hechtschnitten gießen, mit Petersilie und Semmelbröseln bestreuen und mit Butterflöckchen belegen. Die Ofenhitze auf 220 °C erhöhen und den Fisch 10–15 Minuten überbacken, bis er gar ist und eine hellbraune Kruse bekommen hat. In der Form servieren.

Beilagen: Aufgebackenes Baguette oder Kartoffeln, pfannengerührtes Gemüse.

Gebratener Karpfen

Es ist zweckmäßig, den Karpfen mit geschälten rohen Kartoffeln zu füllen. So bleibt er beim Braten aufrecht stehen, und bei Tisch kann man ihn gut tranchieren.

- 1 Karpfen von 1,5 kg, küchenfertig vorgerichtet
- Zitronensaft, Salz, Pfeffer
- einige Petersilienstengel
- 40 g Butter
- 100 g Schalotten, gehackt
- 3 EL Petersilie, gehackt
- 30 g Butterflöckchen
- 50 g Champignons, in Scheiben geschnitten
- 1 Tomate, gehäutet, gewürfelt
- 1/8 l trockener Weißwein

Den Fisch innen und außen mit Zitronensaft, Salz und Pfeffer einreiben, Petersilienstengel in den Bauch legen. In einer feuerfesten Form die Butter zerlassen und die Hälfte der Mischung aus Schalotten und Petersilie darin leicht andünsten. Den mit Kartoffeln gefüllten Karpfen in die Form stellen und mit der restlichen Schalotten-Petersilien-Mischung bestreuen. Butterflöckchen auf dem Fisch verteilen. Champignons und Tomatenwürfel an den Rand streuen und den Wein zugießen. Die Form mit Alufolie abdecken. Bei 190 °C in den vorgeheizten Ofen schieben. Den Fisch etwa 30 Minuten garen und zwischendurch mehrmals mit dem Bratsaft begießen. 10 Minuten vor beendeter Garzeit die Alufolie abnehmen, damit der Fisch bräunen kann. Der Fisch ist gar, wenn sich die Rückenflosse leicht herausziehen läßt. Man serviert ihn in der Form im eigenen Saft.

Beilagen: Petersilienkartoffeln, Salate der Saison.

Renke, in Butter gebraten

- 4 Renken, geschuppt und küchenfertig vorgerichtet
- Salz, Pfeffer
- Zitronensaft
- 2 EL Kerbel, gehackt
- 4 EL Öl
- Mehl zum Wenden
- 100 g Butter
- 2 EL Petersilie, gehackt
- 2 Zitronen, quer halbiert

Die Renken innen und außen mit Salz, Pfeffer und Zitronensaft marinieren, innen mit Kerbel ausstreuen. Die Fische rundum einölen, in Mehl wenden, überschüssiges Mehl abschütteln.

Die Butter in einer feuerfesten Form zerlassen, die Fische in der Butter wälzen und Kopf an Schwanz hineinlegen. Bei 200 °C in den vorgeheizten Ofen schieben und etwa 20 Minuten braten. Zwischendurch häufig mit der Bratbutter begießen. Die Fische einmal umdrehen, damit beide Seiten schön braun werden. Die gebratenen Renken mit Petersilie bestreuen. Man serviert halbierte Zitronen dazu.

Beilagen: Petersilienkartoffeln, Feldsalat.

Seeteufel, im Ofen gebraten

1 kg Seeteufel am Stück
Zitronensaft
110 g Butter
Salz, Pfeffer
3 Frühlingszwiebeln
100 g weißer Lauch
1/8–1/4 l Fischfond (Seite 30) oder
halb Fleischbrühe, halb Wein
1 Bund Petersilie, gehackt
1 TL Senf

Vom Seeteufel die schwarze Haut abziehen (meist kauft man ihn schon enthäutet), dunkle Fleischpartien wegschneiden. Das Fischfleisch mit Zitronensaft säuern.
Im Bräter (am besten ist ein ovaler Fischbräter) 50 g Butter zerlassen, den Fisch von allen Seiten anbraten und dabei ständig mit der Bratbutter begießen. Wenn er rundum Farbe genommen hat, den Fisch salzen und pfeffern und auf die Seite schieben oder herausnehmen.
Frühlingszwiebeln und Lauch in Scheiben schneiden, in den Bräter geben und hell andünsten. Den Fisch wieder in die Mitte des Bräters auf die Lauch-Zwiebel-Mischung betten. Seitlich Fischfond oder Fleischbrühe und Wein angießen, die Form mit Alufolie abdecken. Den Fisch bei 200 °C in den vorgeheizten Ofen schieben und in etwa 30 Minuten garen (Garprobe machen). Nach 20 Minuten die Alufolie abnehmen, damit der Fisch bräunen kann. Den Fisch herausnehmen, auf einer vorgewärmten Platte anrichten und warm stellen. Von der restlichen Butter 20 g flöckchenweise in den Bratfond einrühren, die Petersilie zugeben, den angerichteten Fisch damit umgießen. In einer kleinen Pfanne die verbliebenen 40 g Butter nußbraun aufschäumen, von der Kochstelle nehmen und den Senf einrühren. Über den angerichteten Fisch gießen und sofort servieren.
Beilagen: Petersilienkartoffeln, Salat.

Seezunge, im Ofen gebraten

Oder Scholle, Steinbutt, Glattbutt, Rotzunge, Heilbutt.

1,4 kg Seezunge (2–3 große oder
4 kleine Fische)
Zitronensaft
Salz, Pfeffer
40 g Butter
100 g Schalotten, gehackt
1 Stange Bleichsellerie, gewürfelt
2 EL Petersilie, gehackt
50 g Champignons, gehackt
50 g Butterflöckchen
1/8 l trockener Weißwein
1 Prise Cayennepfeffer
3 EL Crème fraîche

Die ausgenommenen Fische vom Fischhändler vorbereiten lassen: Dunkle Oberhaut abziehen (von Schollen kann man die Haut nicht abziehen), Kopf entfernen, Schwanz stutzen, Flossensaum abschneiden. Die Fische gründlich waschen, an der Mittelgräte entlang beiderseits einschneiden, mit Zitronensaft einreiben und 15 Minuten marinieren. Mit Salz und Pfeffer würzen.
In einer feuerfesten Form, einem Bräter oder der Grillpfanne des Ofens die Butter zerlassen und die Schalotten, Sellerie, Petersilie und Champignons darin andünsten. Die Fische in der Butter wälzen, mit den Butterflöckchen belegen und seitlich den Wein angießen. Die Form mit Alufolie abdecken und bei 200 °C in den vorgeheizten Ofen schieben. Nach 10 Minuten die Folie abnehmen, die Fische mit Bratsaft begießen und offen fertiggaren. Garzeit je nach Größe der Fische 20–35 Minuten.
Die Sauce durchpassieren, kurz einkochen. Mit Cayennepfeffer würzen und mit Crème fraîche abziehen.
Beilagen: Nußkartoffeln, Brokkoli, Butterbohnen, Salat.

Gefüllte Seezunge

Oder Scholle, Steinbutt, Rotzunge, Glattbutt.

2 große Seezungen
Zitronensaft
Salz, Pfeffer
1 Rezept Fischfarce (Seite 33) aus
Hechtfleisch
1 EL Pistazien
60 Butter
3 Schalotten, gehackt
2 EL Petersilie, gehackt
150 g Champignons, in Scheiben
geschnitten
2 Tomaten gehäutet und halbiert
6 EL Weißwein

Die Fische zum Füllen vorbereiten (oder vom Fischhändler vorrichten lassen): Von den ausgenommenen Seezungen die dunkle Oberhaut abziehen. Mit einem Messer auf der Mittelgräte einen Schnitt anbringen. Die beiden oberen Filets fast bis zum Rand von den Gräten lösen und so weit zurückschlagen, daß das Grätengerüst ausgelöst werden kann, wie gezeigt.

Die Fische innen und außen mit Zitronensaft, Salz und Pfeffer würzen. Die Hechtfarce zubereiten, die Pistazien daruntermischen und die Seezungen damit füllen.

In einer großen feuerfesten Form oder einem Bräter oder der Grillpfanne des Ofens 40 g Butter zerlassen. Schalotten, Petersilie und Champignons einstreuen und leicht andünsten, mit Salz und Pfeffer würzen und an den Rand der Bratform schieben. Die gefüllten Fische in die Form legen. Die halbierten Tomaten mit der Schnittseite nach oben an die Seite legen, leicht salzen und pfeffern und mit der restlichen Butter (zerlassen) beträufeln. Den Wein angießen. Die Bratform mit Alufolie abdecken. Bei 200 °C im vorgeheizten Ofen etwa 20 Minuten garen. Die Folie abnehmen und noch einige Minuten offen garen. Die Fische auf einer vorgewärmten Platte oder portionsweise anrichten. Mit den mitgebratenen Tomaten und Champignons garnieren. Den Bratsaft durchseihen, kurz einkochen und über die angerichteten Fische gießen.

Beilagen: Butterkartoffeln, Sauce bèarnaise, Zuckerschoten.

Entlang der Mittelgräte einschneiden und die Filets von den Gräten lösen.

Die Mittelgräte durchschneiden, das obere Stück vom Fleisch lösen und abschneiden.

Mit dem unteren Teil der Mittelgräte genauso verfahren.

Gebratener Aal

- 1 kg Aal, enthäutet
- Salz, Zitronensaft
- 30 g Butter
- 50 g Schalotten, gehackt
- 2 EL Petersilie, gehackt
- 1 Zitrone, geschält, in Scheiben geschnitten und entkernt
- 2 Lorbeerblätter
- 40 g Butter, zerlassen
- 100 ml trockener Weißwein

Den Aal in fingerlange Stücke schneiden und diese mit Salz und Zitronensaft marinieren.

Eine feuerfeste Form mit der Butter ausstreichen und mit der Hälfte der Schalotten-Petersilien-Mischung ausstreuen. Die Aalstücke in die Form legen. Zwischen die Aalstücke je eine Zitronenscheibe und ein Stückchen Lorbeerblatt legen. Den Rest der Schalotten-Petersilien-Mischung über den Fisch streuen und mit der zerlassenen Butter beträufeln. Seitlich den Wein angießen. Die Form mit Alufolie abdecken. Bei 200 °C im vorgeheizten Ofen etwa 30 Minuten garen. Zwischendurch den Aal mehrmals mit der Garflüssigkeit begießen. Nach 20 Minuten die Alufolie abnehmen und offen fertiggaren. Den Aal in der Form servieren.

Beilagen: Butterkartoffeln, Blattspinat.

Gefüllter Steinbutt

Oder Seezunge, Scholle, Rotzunge, Glattbutt.

Es können auch andere Füllungen verwendet werden. Rezeptvorschläge siehe Seite 32 ff.

2 Steinbutte, je 600–800 g
Zitronensaft
Salz
Pfeffer
Pilzfüllung (Seite 32, etwa die
1½fache Rezeptmenge)
50 g Butter
30 g Butterflöckchen
6 EL Weißwein

Für die Sauce

125 g Sahne
4 EL Crème fraîche
50 g Chester Käse
Salz, Pfeffer

Die Fische zum Füllen vorbereiten (oder vom Fischhändler vorbereiten lassen): Auf der dunklen Hautseite mit einem Messer rechts und links am Rückgrat entlang einen Schnitt anbringen. Die Klinge schräg ansetzen und die Filets fast bis zum Rand von den Gräten lösen. Die Filets so weit zurückschlagen, daß über dem Grätengerüst eine große Tasche entsteht. Die Fische mit Zitronensaft, Salz und Pfeffer würzen.
Die Pilzfüllung zubereiten. Die Taschen prall damit füllen; die Füllung soll in der Mitte auch die Rückengräte bedecken und sichtbar bleiben.
Die flachen Fische brauchen zum Braten viel Platz. Man verwendet eine feuerfeste Form von entsprechender Größe, den Bräter oder die Grillpfanne. Die Butter in der Form zerlassen, die Fische in die Form legen. Die Butterflöckchen darüber verteilen. Die Form mit Alufolie abdecken, bei 220 °C in den vorgeheizten Ofen schieben und die Fische 10 Minuten anbraten. Dann den Wein angießen und bei 200 °C weitere 10–15 Minuten braten, zwischendurch mit dem Bratsaft begießen. 5 Minuten vor beendeter Garzeit die Alufolie abnehmen und offen fertigbraten. Die Fische auf einer vorgewärmten Platte anrichten und warm stellen.
Für die Sauce den Bratsatz ablösen und durch ein Sieb in den Saucentopf gießen. Die Sahne dazugeben und kurz aufkochen. Crème fraîche einrühren und den in Scheiben geschnittenen Käse in der nicht mehr kochenden Sauce schmelzen. Mit Salz und Pfeffer abschmecken.
Beilagen: Petersilienkartoffeln, zartes Gemüse.

Gebratener Goldbarsch mit Pilzen und Tomaten

Oder Kabeljau, Schellfisch, Seehecht, Seelachs, Wittling, Seeteufel, Seewolf.

1 kg Goldbarsch
Zitronensaft
Salz, Pfeffer
40 g Butter
50 g Schalotten, gehackt
1 Knoblauchzehe, gehackt
1 Bund Petersilie, gehackt
4 Tomaten, gehäutet, Samen entfernt und gewürfelt
200 g Champignons, in Scheiben geschnitten
1 EL frisches Basilikum, gehackt
4 EL geriebener Parmesan
40 g Butterflöckchen

Den Fisch mit Zitronensaft säuern. Kurz vor der Zubereitung mit Salz und Pfeffer würzen.
In einer feuerfesten Form die Butter zerlassen, Schalotten, Knoblauch und Petersilie hineinstreuen und leicht andünsten. Den Fisch in die Form legen und in der Butter wälzen. Die Tomaten mit den Pilzen und Basilikum vermischen und den Fisch damit bedecken, leicht salzen und pfeffern. Den Parmesan darüberstreuen und mit den Butterflöckchen belegen. Bei 200 °C im vorgeheizten Ofen etwa 30 Minuten braten. Den Fisch in der Form servieren.
Beilage: Salzkartoffeln.

Kabeljau, mit Gemüse gebraten

Oder Seehecht, Goldbarsch, Schellfisch, Seewolf.

1–1,5 kg Kabeljau
Zitronensaft
Salz
Pfeffer
reichlich frische Kräuter, gehackt
30 g Butter

Für das Gemüse

4 EL Olivenöl
2–3 Zwiebeln, in Scheiben geschnitten
2 Knoblauchzehen, gehackt
2 Paprikaschoten, Samen und Scheidewände entfernt, in Streifen geschnitten
3 Fleischtomaten, gehäutet und geviertelt
Salz
Pfeffer
1 EL Petersilie, gehackt
4 Blättchen Basilikum, gehackt
80 g schwarze Oliven, entsteint

Den Fisch innen und außen mit Zitronensaft, Salz und Pfeffer würzen, innen mit Kräutern ausstreuen. Eine feuerfeste Form mit der Butter ausstreichen und den Fisch hineinlegen. In einem schweren Topf das Öl erhitzen und die Zwiebeln darin anschwitzen, ohne daß sie Farbe nehmen. Knoblauch und Paprikaschoten zugeben, 10 Minuten dünsten, dann die Tomaten zufügen, mit Salz und Pfeffer würzen. Das Gemüse etwa 20 Minuten dünsten. Die Kräuter und die Oliven daruntermischen. Den Fisch mit dem Gemüse bedecken. Bei 200 °C im vorgeheizten Ofen in 30–40 Minuten garen.
Beilage: Salzkartoffeln oder Brot.

Gebratener Wittling

1 Wittling von etwa 1 kg, ohne Kopf
Salz, Pfeffer
100 g Butter
4 EL Zitronensaft
4 EL Weißwein

Den Wittling entgräten, auseinanderklappen und mit Salz und Pfeffer würzen.
Die Hälfte der Butter in einer feuerfesten Form zerlassen und den Fisch mit der Hautseite nach oben hineinlegen. Mit Zitronensaft und Wein beträufeln und mit Butterflöckchen belegen. Die Form bei 200 °C in den vorgeheizten Ofen schieben und den Fisch unter häufigem Begießen mit der Butter etwa 20 Minuten braten.
Beilagen: Salzkartoffeln, Feldsalat.

Variation

Man kann den aufgeklappten Fisch auch in Mehl wenden und in der Stielpfanne in reichlich heißem Öl, mit Butter vermischt, braten. Dabei den Fisch immer wieder mit der Bratbutter beschöpfen.

Gebratener Kabeljau mit Zwiebeln und Kartoffeln

Oder Goldbarsch, Schellfisch, Seehecht, Seelachs, Lengfisch.

1 kg Kabeljau (Mittelstück)
Zitronensaft, Salz, Pfeffer
20 g Kräuterbutter (Seite 181)
60 g Butter
1 Bund Frühlingszwiebeln
500 g sehr kleine neue Kartoffeln
40 g Butter, zerlassen
3 EL Olivenöl
etwa 1/8 l Fleischbrühe
1 EL Petersilie, gehackt

Den Fisch innen und außen mit Zitronensaft, Salz und Pfeffer einreiben, innen mit Kräuterbutter ausstreichen. In einer Bratform die Butter zerlassen und den Fisch darin wälzen. Die Frühlingszwiebeln (nur das Weiße) halbieren; Kartoffeln schälen und vierteln; Zwiebeln und Kartoffeln um den Fisch legen, salzen. Alles mit zerlassener Butter und Olivenöl beträufeln, seitlich etwas Fleischbrühe angießen. Die Form mit Alufolie abdecken, bei 200 °C in den vorgeheizten Ofen schieben, den Fisch in 35–40 Minuten garen. Zwischendurch den Fisch mehrmals mit dem Bratsaft begießen und das Gemüse hin und wieder wenden. Nach 20 Minuten die Alufolie abnehmen, damit der Fisch bräunen kann. Vor dem Anrichten den Fisch mit Petersilie bestreuen. In der Form servieren.
Beilage: Brot.

Dorade (Goldbrassen) aus dem Ofen

Nach diesem Rezept können Sie sowohl eine große Dorade, ausreichend für vier Personen, als auch kleinere Fische zubereiten.

- 1 Dorade (1,5 kg), geschuppt
- Salz, Pfeffer
- 3 EL Olivenöl
- 300 g zarte Zwiebeln, in dünne Streifen geschnitten
- 2 Knoblauchzehen, gehackt
- 500 g Kartoffeln, geschält, in dünne Scheiben gehobelt
- 1 Tasse Wasser, ½ Tasse Weißwein

Für den Belag

- 1–2 Knoblauchzehen
- 2–3 vollreife Tomaten, gehäutet
- Petersilie, Salz, 8 Pfefferkörner
- 3 EL Olivenöl

Den Fisch salzen und pfeffern. Im Bräter das Olivenöl erhitzen, Zwiebeln und Knoblauch darin glasig dünsten. Kartoffelscheiben zugeben, leicht angehen lassen, salzen und pfeffern, mit Wasser und Wein ablöschen und halbgar dünsten. Dann erst den Fisch beigeben.

Für den Belag Knoblauch, Tomaten und Petersilie mit Salz und Pfefferkörnern im Mörser verreiben, den Fisch damit bedecken und mit dem Öl beträufeln. Im vorgeheizten Ofen bei 200 °C braten. Ein großer Fisch braucht etwa 40 Minuten Garzeit, kleinere Fische können schon nach 20 Minuten gar sein.

Gebratener Kräuterfisch

Foto

KABELJAU, SCHELLFISCH, SEELACHS, GOLDBARSCH, SEEHECHT, WITTLING, LENGFISCH.

- 1–1,5 kg Meeresfisch
- Zitronensaft,
- Salz, Pfeffer
- 2 TL Senf
- reichlich frische Kräuter (Petersilie, Dill, Estragon, Kerbel, Zitronenmelisse), gehackt
- 30 g Butter
- 3 Schalotten, gehackt
- 80 g durchwachsener Räucherspeck, gewürfelt
- 2 Fleischtomaten
- 1 Knoblauchzehe, durchgepreßt
- 2 EL geriebener Käse
- 20 g Butterflöckchen
- ⅛ l trockener Weißwein

Für die Sauce

- 1 TL Senf, 3 EL Crème fraîche

Den Fisch an den Seiten mehrmals schräg einschneiden (ziselieren). Innen und außen mit Zitronensaft, Salz und Pfeffer einreiben, innen mit Senf bestreichen. Die Einschnitte an den Seiten mit Kräutern füllen.

Die Bratform mit der Butter ausstreichen, mit den Schalotten ausstreuen und den Fisch hineinlegen. Die Speckwürfel in einer kleinen Pfanne hellgelb ausbraten, das Speckfett über den Fisch träufeln, die Speckwürfel beiseite stellen.

Die Tomaten halbieren, mit der Schnittfläche nach oben seitlich neben den Fisch legen, mit Salz, Pfeffer und Knoblauch leicht würzen. Käse und Butterflöckchen über die Tomaten geben.

Die Bratform mit Alufolie abdecken, bei 200 °C in den vorgeheizten Ofen schieben und den Fisch 10 Minuten anbraten. Dann seitlich den Wein angießen und bei 180 °C noch etwa 30 Minuten garen. Während der Garzeit den Fisch mehrmals mit dem Bratsaft begießen.

5 Minuten vor beendeter Garzeit die Alufolie abnehmen und offen fertiggaren. Der Fisch soll durch die Folie vor dem Austrocknen geschützt werden, aber am Schluß noch etwas Farbe nehmen.

Den Fisch mit den Tomaten auf einer vorgewärmten Platte anrichten, mit den gebratenen Speckwürfelchen und mit Kräutern bestreuen. Den Bratsaft mit Senf abschmecken und mit Crème fraîche abziehen.

Beilage: Butterkartoffeln.

Gebratene Makrele

2 große Makrelen, küchenfertig vorgerichtet
Zitronensaft
Salz
Pfeffer
Senf
100 g durchwachsener Räucherspeck, in feine Streifen geschnitten
250 g Schalotten, in Scheibchen geschnitten
4 EL gemischte frische Kräuter, gehackt
1/8 l trockener Weißwein
2 Tomaten, gehäutet und halbiert
30 g Butterflöckchen

Die Fische innen und außen mit Zitronensaft, Salz und Pfeffer einreiben, innen mit Senf bestreichen.

Eine feuerfeste Form mit der Hälfte der Speckstreifen auslegen, darauf die Schalotten und die Kräuter streuen. Die Fische auf das Kräuterbett legen, die restlichen Speckstreifen auf den Fischen verteilen und seitlich den Wein angießen. Bei 200 °C in den vorgeheizten Ofen schieben und 20–25 Minuten garen. Zwischendurch mit der Garflüssigkeit begießen.

10 Minuten vor beendeter Garzeit die Tomaten mit der Schnittfläche nach oben zu den Fischen legen, leicht salzen und pfeffern, Fische und Tomaten mit Butterflöckchen belegen und fertiggaren.

Beilage: Salzkartoffeln, grüner Salat, Feldsalat.

Gebratener Seewolf mit Tomaten und Käsesauce

ODER SEETEUFEL, WITTLING, KABELJAU, SCHELLFISCH, SEEHECHT, ROTBARSCH.

- 1–1,2 kg Seewolf
- Zitronensaft
- Salz, Pfeffer
- 40 g Butter

Für die Tomaten

- 3 EL Öl
- 200 g Zwiebeln, in Scheiben geschnitten
- 1 Knoblauchzehe, gehackt
- 500 g vollreife Tomaten, gehäutet, Samen entfernt und gewürfelt
- 1 TL Kräuter der Provence
- Salz, Pfeffer
- 1 TL Paprika edelsüß

Für die Käsesauce

- 125 g Sahne
- 3 EL Crème fraîche
- 100 g Gouda
- 1 EL Weißwein
- 1 TL Cognac
- Salz
- Pfeffer

Zum Garnieren

- 30 g Mandelblättchen, im Ofen geröstet

Den Fisch mit Zitronensaft säuern. Kurz vor der Zubereitung mit Salz und Pfeffer würzen. In einer feuerfesten Form die Butter zerlassen, den Fisch in die Form legen und in der Butter wälzen.

Das Öl in einem flachen Topf erhitzen und die Zwiebeln darin bei schwacher Hitze 15 Minuten dünsten, ohne daß sie Farbe nehmen. Knoblauch und Tomaten dazugeben, mit den Kräutern der Provence, Salz, Pfeffer und Paprika würzen. Die Tomaten schmoren, bis die Flüssigkeit verdampft ist. Den Fisch damit bedecken, bei 200 °C in den vorgeheizten Ofen schieben und etwa 30 Minuten garen.

Sahne und Crème fraîche in einem kleinen Topf erhitzen, aber nicht aufkochen. Den Käse in Scheibchen schneiden und in der Sahne schmelzen. Mit Wein, Cognac, Salz und Pfeffer abschmecken. Die Käsesauce über den Fisch gießen und noch 10–15 Minuten überbacken. Vor dem Anrichten die Mandelblättchen über den Fisch streuen. In der Form zu Tisch bringen.

Beilage: Butterkartoffeln oder Brot.

Fischfilet mit Champignons

SEEHECHT, GOLDBARSCH, KABELJAU, SCHELLFISCH.

- 750 g Fischfilet
- Zitronensaft
- 30 g Butter
- 1 Schalotte, klein gewürfelt
- 1 Bund Petersilie, gehackt
- Salz, Pfeffer

Für die Champignonmasse

- 20 g Butter
- 2 Schalotten, gehackt
- 1 Bund Petersilie, gehackt
- 120 g Champignons, gehackt
- 1 EL Zitronensaft
- 100 g Crème fraîche
- Salz
- Pfeffer
- 1–2 EL Semmelbrösel
- 1 Rezept Rotweinbutter (Seite 177)

Das Fischfilet in 4 Portionen teilen und mit Zitronensaft säuern. Die Butter in der Auflaufform zerlassen, Schalotte und Petersilie darin andünsten.

Inzwischen für die Champignonmasse die Butter in einem kleineren Topf zerlassen und Schalotten und Petersilie darin andünsten. Pilze und Zitronensaft zugeben und etwa 5 Minuten mitdünsten. Crème fraîche unterrühren, mit Salz und Pfeffer abschmecken und mit den Semmelbröseln binden.

Das Fischfilet salzen und pfeffern, in die Auflaufform legen und mit der Champignonmasse bestreichen. Am Rand einige Eßlöffel heißes Wasser angießen. Bei 220 °C (möglichst nur Oberhitze) in den vorgeheizten Ofen schieben, und das Fischfilet in etwa 15 Minuten garen.

In der Zwischenzeit im Saucentopf die Rotweinbutter zubereiten, auf die vorgewärmte Anrichteplatte (oder portionsweise auf die vorgewärmten Teller) verteilen und darauf den Fisch anrichten.

Beilagen: Butterkartoffeln, pfannengerührtes Gemüse.

Geschmorter Meeresfisch aus dem Ofen

ELJAU, SCHELLFISCH,
CHS, GOLDBARSCH,
CHT.

Meeresfisch (ganzer Fisch,
ertig vorgerichtet,
Mittelstück)
nensaft
fer
ie Kräuter, gehackt
rzelgemüse (Zwiebel,
öhre, Petersilienwurzel,
ch)
sigkeit (halb
lb Fischfond,

F… Sauce

200 g Sahne
etwa 10 g Mehlbutter
30 g kalte Butter

Zum Garnieren

8 Zitronenspalten
krause Petersilie

Den Fisch am Rückgrat entlang 1–2 cm tief einschneiden, damit er gleichmäßig gar wird. Innen und außen mit Zitronensaft, Salz, Pfeffer und Kräutern marinieren, einen Teil der Kräuter in den Einschnitt am Rücken geben. Das Wurzelgemüse in Scheiben schneiden.

Die Butter im Fischkochkessel zerlassen und das Wurzelgemüse darin andünsten. Den gelochten Einsatz daraufgeben. Den Fisch auf den Einsatz legen oder stellen. So viel Wein und Fischfond angießen, daß der Fisch bis zu einem Viertel seiner Höhe in Flüssigkeit liegt. Den Topf zudecken, auf dem Herd langsam zum Kochen bringen und bei 180 °C in den vorgeheizten Ofen schieben. Den Deckel einen Spalt offen lassen, damit ein Teil der Flüssigkeit verdampfen kann. Den Fisch etwa 40–50 Minuten schmoren. Er muß häufig mit dem einkochenden Sud begossen werden, damit er saftig bleibt und die Haut schön glänzend wird. Der Fisch ist gar, wenn sich die Rückenflosse leicht herausziehen läßt. Man kann auch mit einem spitzen Messer am Rücken einstechen und prüfen, ob sich das Fleisch leicht von der Gräte löst. Nach beendeter Garzeit den Fisch herausnehmen, abtropfen lassen und warm stellen.

Die Garflüssigkeit durch ein Sieb in den Saucentopf gießen und bei starker Hitze rasch auf die Hälfte einkochen. Die Sahne dazugeben und nochmal gut durchkochen. Die Sauce mit Mehlbutter leicht binden. Den Topf zur Seite ziehen und nach und nach die kalte Butter darunterschlagen. Den Fisch auf einer vorgewärmten Platte anrichten, mit Zitronenspalten und Petersiliensträußchen garnieren. Die Sauce separat dazu servieren.

Beilagen: Salzkartoffeln, Salat.

Variationen für die Sauce

- Mit Senf abschmecken.
- Kapern daruntermischen.
- Gehackte Kräuter daruntermischen.
- Feingewiegte Sardellen daruntermischen.
- Garnelen oder Champignons hineingeben.

Überbackener Räucherfisch

750 g geräucherter Fisch
(Kotelett oder Filet)
20 g Butter für die Form
4 Wacholderbeeren, zerdrückt
1 Lorbeerblatt
etwa 400 g Sahne
Salz, schwarzer Pfeffer

Den geräucherten Fisch kurz in kochendes Wasser tauchen. Haut und Gräten entfernen, das Fleisch in mundgerechte Stücke zerpflücken.

Eine feuerfeste Form mit Butter ausstreichen und die Fischstücke hineingeben. Wacholderbeeren und zerteiltes Lorbeerblatt darüberstreuen. So viel Sahne angießen, daß der Fisch gerade bedeckt ist. Mit Salz und Pfeffer würzen. Bei 220 °C in den vorgeheizten Ofen schieben und 10–15 Minuten goldbraun überbacken. Ofenheiß in der Form servieren.

Beilagen: Butterkartoffeln oder Brot, Feldsalat.

Fischsoufflé

Foto

600 g Fischfilet (Kabeljau, Goldbarsch)
Zitronensaft

Für den Sud

375 ml Wasser
¼ l trockener Weißwein
1 Zwiebel, halbiert
1 Lorbeerblatt
Suppengrün
6 schwarze Pfefferkörner
Salz

Für die Sauce

40 g Butter
40 g Mehl
125 g Sahne
3 Eier, getrennt
150 g alter Gouda, gerieben
1 Bund Schnittlauch, fein geschnitten
Salz
1 Prise Cayennepfeffer
1 Prise Muskatnuß

Außerdem

Butter für die Förmchen
75 g gekochte Garnelen ohne Schale

Das Fischfilet in 2 cm große Würfel schneiden und mit Zitronensaft säuern.

Für den Sud Wasser und Wein mit allen anderen Zutaten aufkochen und 10 Minuten köcheln lassen. Die Fischstücke einlegen und 2–3 Minuten knapp am Siedepunkt pochieren. Aus dem Sud nehmen, den Sud durchseihen, ¼ l abmessen und beiseite stellen.

Für die Sauce aus Butter und Mehl eine helle Einbrenne rühren, nach und nach mit dem abgemessenen Sud aufgießen und glattrühren. Die Sahne dazugießen und etwa 10 Minuten köcheln lassen. Den Topf zur Seite ziehen.

Eigelbe, Käse und 2 EL Schnittlauch in die Sauce rühren, mit Salz, Cayennepfeffer und Muskat abschmecken. Das Eiweiß mit einer Prise Salz zu festem Schnee schlagen und zusammen mit den Fischstückchen locker unter die Sauce heben.

Vier Soufflëförmchen mit geraden Wänden (¼ l Inhalt) mit weicher Butter ausstreichen und die Soufflémasse einfüllen, jedoch nur bis zu ¾ der Formhöhe. Die Garnelen abspülen, trockentupfen und auf die Oberflächen verteilen. Bei 180 °C im vorgeheizten Ofen etwa 20 Minuten backen. Mit Schnittlauch bestreuen und sofort servieren.

Beilagen: Grüner Salat, aufgeschlagene Dill- oder Garnelensauce.

Lachsfilet in Blätterteig

Foto

Für 6 Personen

750 g Lachsfilet am Stück, ohne Haut
Zitronensaft
Salz, Pfeffer
1 Bund Dill, fein gewiegt
etwa 30 große Spinatblätter
Salz
1 Paket TK-Blätterteig (300 g)
weißer Pfeffer

Das Lachsfilet mit Zitronensaft beträufeln, kurz vor der Zubereitung salzen und pfeffern und mit Dill bestreuen. Die Spinatblätter waschen, Stiele entfernen, in sprudelnd kochendem Salzwasser einmal aufwallen lassen, abgießen und sofort in Eiswasser abschrecken, damit sie grün bleiben. Die Spinatblätter abtropfen lassen, zum Trocknen auf einem Küchentuch ausbreiten.

Die Blätterteigplatten 15 Minuten nebeneinander auftauen lassen. Die Platten aufeinander legen, dabei jede Platte mit kaltem Wasser bepinseln, nur die oberste Platte bleibt trocken. Zu einem Rechteck von etwa 40 × 35 cm ausrollen und die Mitte mit der Hälfte der Spinatblätter auslegen. Den Fisch darauflegen und vollkommen mit den restlichen Spinatblättern bedecken. In den Blätterteig einhüllen, den Teig an den beiden Enden einschlagen und andrücken. Mit der Teignaht nach unten auf ein kalt abgespültes Backblech legen. Bei 200 °C im vorgeheizten Ofen etwa 45 Minuten backen. Vor dem Anrichten kurz abdämpfen lassen. Mit einem scharfen Messer in Portionen teilen und warm servieren.

Beilagen: Trüffelsauce.

Hinweis

Lachsfilet in Blätterteig ist auch für die kalte Fischküche oder das kalte Büfett attraktiv. Man schneidet es erst nach dem Erkalten mit einem scharfen Messer in kleine Portionen. Dazu passen kalte Saucen wie Senfmayonnaise, Chilimayonnaise, Kräutermayonnaise, Cocktailsauce, Meerrettichsahne.

Lachstaschen

4 Portionen Lachsfilet, je 80–100 g
Zitronensaft, Salz, Pfeffer
etwa 30 große Spinatblätter
1 Paket (300 g) TK-Blätterteig
1 Eigelb zum Bestreichen
1 Rezept Morchelrahmsauce (Seite 177)

Das Lachsfleisch mit Zitronensaft säuern, erst kurz vor der Zubereitung mit Salz und Pfeffer würzen. Die Spinatblätter waschen, Stiele entfernen, in sprudelnd kochendem Salzwasser einmal aufwallen lassen, abgießen und sofort in Eiswasser abschrecken, damit die grüne Farbe erhalten bleibt. Die Spinatblätter abtropfen lassen und auf einem Küchentuch zum Trocknen ausbreiten.

Die Blätterteigplatten 15 Minuten nebeneinander auftauen lassen, anschließend aufeinanderlegen und dabei jede Platte mit kaltem Wasser bepinseln, nur die oberste Platte bleibt trocken. Messerrückendick zu einem Rechteck ausrollen und 4 Rechtecke ausradeln; sie sollen gut die doppelte Größe der Lachsportionen haben, damit man sie darin einschlagen kann. Die Mitte der Rechtecke jeweils mit Spinatblättern auslegen, das Lachsfilet darauflegen und mit Spinatblättern bedecken. In den Blätterteig einhüllen, die Ränder andrücken und die Taschen mit der Teignaht nach unten auf ein kalt abgespültes Backblech legen. Mit Eigelb bestreichen. Bei 220 °C im vorgeheizten Ofen in etwa 35 Minuten goldgelb backen.

Inzwischen die Morchelrahmsauce zubereiten. Die Lachstaschen auf vorgewärmten Tellern anrichten und mit der Sauce umgießen. Als Vorspeise oder kleines Zwischengericht servieren.

Variation

Lachstaschen mit Hechtfarce: Die Lachsportionen in Hechtfarce (Rezept Fischfarce, Seite 33, aus Hechtfleisch zubereitet) einhüllen. Sie werden ansonsten (mit oder ohne Spinatblätter) zubereitet wie oben.

Räucherfisch mit Champignonsauce

500 g Räucherfisch
100–125 g Reis
Salz
20 g Butter für die Form
1 EL Petersilie, gehackt
1 Rezept Champignonsauce (Seite 175)
2 EL geriebener Parmesan

Den Räucherfisch kurz in kochendes Wasser tauchen, von Haut und Gräten befreien und in mundgerechte Stücke zerpflücken. Den Reis in Salzwasser körnig weich kochen, abtropfen.

Eine gebutterte Auflaufform abwechselnd mit Räucherfisch und Reis füllen, die Petersilie über den Fisch streuen. Mit der Champignonsauce übergießen, den Käse einstreuen. Bei 220 °C im vorgeheizten Ofen 10–15 Minuten überbacken.

Beilagen: Grüner Salat.

Räucherfisch auf Sauerkraut

750 g Räucherfisch
125 g durchwachsener Räucherspeck, klein gewürfelt
1 Zwiebel, gehackt
1 TL Zucker
750 g Sauerkraut
1 Lorbeerblatt
3 Wacholderbeeren
100 ml trockener Weißwein
500 g Kartoffelpüree
20 g Butter für die Form
2 EL geriebener Käse
30 g Butterflöckchen

Den Räucherfisch kurz in kochendes Wasser tauchen, von Haut und Gräten befreien, in kleine Stücke zerpflücken. Die Speckwürfelchen hellgelb ausbraten, die Zwiebel darin leicht anschwitzen, den Zucker einstreuen und langsam zu goldgelber Farbe rösten. Das Sauerkraut dazugeben und unter beständigem Wenden andünsten. Lorbeerblatt und Wacholderbeeren zugeben, etwas Wein angießen und das Sauerkraut zugedeckt dünsten, bis es fast gar ist. In der Zwischenzeit das Kartoffelpüree zubereiten.

Eine Auflaufform mit Butter ausstreichen. Das Sauerkraut in die Form füllen, den Räucherfisch darüber verteilen, mit Kartoffelpüree abdecken, mit Käse bestreuen und mit Butterflöckchen belegen. Bei 200 °C im vorgeheizten Ofen 15–20 Minuten überbacken.

Fisch aus der Pfanne & fritierter Fisch

In der Pfanne gebraten

Fisch Müllerinart

FORELLE, SAIBLING, RENKE (FELCHEN), SCHLEIE, BARSCH; NUR KLEINE FISCHE BIS ZU PORTIONSGRÖSSE.

Fische mit Schuppen müssen vorher geschuppt werden, da die Haut mitgegessen wird.

4 Portionsfische, küchenfertig vorgerichtet
Zitronensaft
Salz
1 Bund Petersilie, gehackt
Mehl zum Wenden
Öl oder Butterschmalz
80 g Butter

Die Fische innen und außen mit Zitronensaft und Salz einreiben, innen mit 2 EL Petersilie ausstreuen. Falls die Haut zu trocken ist, eventuell mit etwas Milch anfeuchten. Die Fische in Mehl wenden, überschüssiges Mehl abschütteln. In der Stielpfanne $^1/_2$ cm hoch Öl oder Butterschmalz erhitzen. Die Fische zunächst auf einer Seite scharf anbraten und bei verminderter, aber immer noch guter Hitze goldbraun braten, dabei immer wieder mit dem Bratfett begießen. Die Fische wenden und die andere Seite ebenso braten. Auf einer vorgewärmten Platte anrichten, mit Zitronensaft beträufeln und mit der restlichen Petersilie bestreuen.

Das Öl aus der Pfanne abgießen, die Butter erhitzen und aufschäumen lassen. Über die angerichteten Fische gießen und sofort servieren; die Butter muß noch schäumen, wenn die Platte aufgetragen wird.

Beilagen: Salzkartoffeln oder Butterkartoffeln, Salat.

VARIATION

FORELLE GRENOBLER ART: Die Forellen braten wie Müllerinart. Man läßt jedoch etwas Butter in der Pfanne zurück, um darin Würfelchen von einer geschälten, entkernten Zitrone und 2 EL kleine Kapern kurz durchzuschwingen. Die Zitronen-Kapern-Mischung gießt man über die angerichteten und mit Petersilie bestreuten Forellen.

Fischfilet Müllerinart

LACHS, LACHSFORELLE, FORELLE, WALLER, ZANDER, RENKE (FELCHEN), BARSCH (KRETZER, EGLI), SEEZUNGE, SCHOLLE, STEINBUTT, HEILBUTT; FILET VON MEERESFISCHEN ALLER ART.

- 750 g Fischfilet
- Zitronensaft
- Salz
- Mehl zum Wenden
- 80 g Butterschmalz
- 2 EL Petersilie, gehackt
- 4 Zitronenspalten

Das Fischfilet in Portionen teilen, mit Zitronensaft beträufeln, salzen, in Mehl wenden, überschüssiges Mehl abschütteln.

Das Butterschmalz in der Stielpfanne erhitzen, die Fischfilets auf beiden Seiten goldgelb braten und dabei die Oberseite immer wieder mit Bratbutter begießen. Auf einer vorgewärmten Platte anrichten, mit Petersilie bestreuen und die restliche Bratbutter darübergießen. Mit Zitronenspalten garnieren und sofort servieren.

Beilagen: Butterkartoffeln, grüner Salat, zartes Gemüse, gedünstete Champignons.

HINWEIS

Sowohl frisches als auch tiefgefrorenes Fischfleisch kommt filetiert zum Verkauf. Süßwasserfische, die man meist lebend einkauft, läßt man vom Fischhändler filetieren und enthäuten.

Das gewürzte Fischfilet in Mehl wenden, überschüssiges Mehl abschütteln.

Die Filets auf beiden Seiten goldgelb braten. Filets mit Haut auf der Hautseite fertigbraten.

Während des Bratens fleißig mit dem Bratfett beschöpfen.

Gebratene Forelle mit Mandeln

- 4 Portionsforellen, je 250 g, geschuppt, küchenfertig vorgerichtet
- Zitronensaft
- Salz
- Mehl zum Wenden
- 6 EL Öl oder Butterschmalz
- 80 g Butter
- 30 g Mandelblättchen

Die Forellen innen und außen mit Zitronensaft und Salz einreiben. Falls die Haut zu trocken ist, feuchtet man sie mit etwas Milch an. Die Fische in Mehl wenden, überschüssiges Mehl abschütteln.

Das Öl oder Butterschmalz in der Stielpfanne erhitzen und die Forellen auf beiden Seiten goldbraun braten, dabei immer wieder mit dem Bratfett begießen. Die Fische herausnehmen und warm stellen.

Das restliche Öl aus der Pfanne abgießen. Die Butter in der Pfanne aufschäumen lassen, die Mandelblättchen hellbraun braten und die Forellen darin wenden. Auf einer vorgewärmten Platte anrichten, die heiße Butter mit den Mandeln darübergießen.

Beilagen: Petersilienkartoffeln, Blattsalat.

Forelle, mit Pilzen gefüllt

ODER SAIBLING, RENKE, ÄSCHE, SCHLEIE, BARSCH, RUTTE; NUR KLEINE FISCHE BIS ZU PORTIONSGRÖSSE.

Es ist empfehlenswert, die Fische vor der Zubereitung zu entgräten (Seite 16).

- 4 kleine Forellen, küchenfertig vorgerichtet
- Zitronensaft, Salz, Pfeffer
- 1 EL frische Kräuter, gehackt
- 1 Rezept Pilzfüllung (Seite 32)
- einige EL Milch
- Mehl zum Wenden
- Öl oder Butterschmalz
- 4 Zitronenspalten
- krause Petersilie

Die Fische mit Zitronensaft, Salz, Pfeffer und Kräutern marinieren. Die Pilzfüllung nach Rezept zubereiten, bei sehr kleinen Fischen genügt die halbe Rezeptmenge. Die Fische füllen und den Bauch mit Rouladennadeln zustecken. Die Forellen mit Milch anfeuchten, in Mehl wenden, überschüssiges Mehl abschütteln.
In einer Stielpfanne ½–1 cm hoch Öl oder Butterschmalz erhitzen und die Fische auf beiden Seiten goldbraun braten, dabei immer wieder mit dem Bratfett begießen. Die Rouladennadeln entfernen. Die Forellen auf einer vorgewärmten Platte anrichten, mit Zitronenspalten und Petersiliensträußchen garnieren.
Beilagen: Petersilienkartoffeln, grüner Salat.

Gebratene Seezunge

ODER SCHOLLE, STEINBUTT, ROTZUNGE, GLATTBUTT.

- 4 Seezungen, je 250–300 g
- einige EL Milch
- Salz, Pfeffer
- Mehl zum Wenden
- ⅛ l Öl oder Butterschmalz
- 2 EL Zitronensaft
- 2 EL Petersilie, gehackt
- 80 g Butter

Die ausgenommenen Fische vom Fischhändler vorbereiten lassen: Dunkle Oberhaut abziehen (von Schollen kann man die Haut nicht abziehen), Kopf entfernen, Schwanz stutzen, Flossenkranz abschneiden. Die Fische gründlich waschen, an der Mittelgräte entlang beiderseits einschneiden. Mit Milch leicht anfeuchten, mit Salz und Pfeffer würzen, in Mehl wenden, überschüssiges Mehl abschütteln.
Zum Braten verwendet man eine Stielpfanne, die den Ausmaßen einer Seezunge entspricht. Die Pfanne ½ cm hoch mit Öl oder Butterschmalz füllen und erhitzen. Den Fisch zunächst scharf anbraten, dann bei etwas verminderter, aber immer noch guter Hitze goldbraun braten und dabei immer wieder mit dem Bratfett begießen. Wenden und die andere Seite ebenso braten. Warm stellen, bis alle Fische gebraten sind. Auf einer vorgewärmten Platte anrichten, mit Zitronensaft beträufeln und mit Petersilie bestreuen.
Das restliche Öl aus der Pfanne abgießen, die Butter hineingeben, aufschäumen lassen, über die Fische gießen und sofort servieren; die Butter soll noch schäumen, wenn die Fische aufgetragen werden.
Beilagen: Petersilienkartoffeln, zartes Gemüse, gedünstete Egerlinge, Blattsalat.

Hamburger Scholle

- 4 Schollen, je 350 g
- Zitronensaft
- 125 g durchwachsener Speck, klein gewürfelt
- 4 EL Öl
- Salz, Pfeffer
- Mehl zum Wenden

Die ausgenommenen Schollen vom Fischhändler vorbereiten lassen: Kopf entfernen, Schwanz stutzen, Flossenkranz abschneiden; die Haut läßt sich bei Schollen nicht abziehen. Die Fische gründlich waschen. Rechts und links am Rückgrat entlang einschneiden, damit sie gleichmäßig garen. Mit Zitronensaft beträufeln.
Die Speckwürfel in der Stielpfanne knusprig braten, herausnehmen und warm stellen. Das Speckfett in der Pfanne lassen und das Öl dazugeben. Die Fische mit Salz und Pfeffer würzen, in Mehl wenden, überschüssiges Mehl abschütteln. Die Schollen zunächst scharf anbraten, dann bei reduzierter Hitze braten und dabei immer wieder mit dem Bratfett begießen. Die Fische auf einer vorgewärmten Platte anrichten, die Speckwürfelchen darübergeben.
Beilagen: Butterkartoffeln, Salate der Saison.

Gebratene Renke nach Tessiner Art

4 kleine Renken, geschuppt und küchenfertig vorgerichtet
Zitronensaft, Salz
einige EL gesalzene Milch
Mehl zum Wenden
Öl oder Butterschmalz

Für das Schmorgemüse

3 EL Olivenöl
1–2 Zwiebeln, gehackt
2 Knoblauchzehen, zerdrückt
8 schwarze Oliven, entsteint
1 süßsaure Gurke, gewürfelt
3 EL Petersilie, gehackt
Salz, Pfeffer

Zunächst das Schmorgemüse zubereiten: Im heißen Öl Zwiebeln, Knoblauch, Oliven, Gurke und Petersilie einige Minuten glasig dünsten, mit Salz und Pfeffer würzen.

Die Renken mit Zitronensaft und Salz einreiben, mit gesalzener Milch anfeuchten, in Mehl wenden, überschüssiges Mehl abschütteln.

In einer Stielpfanne gut ½ cm hoch Öl oder Butterschmalz erhitzen, die Renken auf beiden Seiten goldbraun braten, je Seite etwa 6 Minuten, und dabei immer wieder mit dem Bratfett begießen. Die Fische auf einer vorgewärmten Platte mit dem Schmorgemüse anrichten.

Beilagen: Butterkartoffeln, Salat.

Gebratener Hering

4 grüne Heringe
Salz, Pfeffer
Zitronensaft
einige EL Milch
Mehl zum Wenden
reichlich Öl

Die Heringe schuppen, ausnehmen, Flossen und Schwanz abschneiden, Köpfe entfernen. Zum Entgräten am Bauch bis zum Schwanz aufschneiden, flach ausbreiten, die Gräten vom Fleisch lösen und das Rückgrat herausziehen. Verbliebene feine Gräten mit einer Pinzette oder der Grätenzange herausziehen. Die Fische mit Salz, Pfeffer und Zitronensaft würzen, mit Milch anfeuchten, die Innen- und die Außenseite in Mehl wenden.

In einer Stielpfanne ½ cm hoch Öl erhitzen, den flach ausgebreiteten Fisch mit der Hautseite nach unten in die Pfanne legen und goldbraun braten und dabei immer wieder mit dem Bratfett begießen. Die Fische wenden und auch die andere Seite braten. Warm stellen, bis alle Fische gebraten sind.

Beilagen: Kartoffelsalat mit Speck, Krautsalat.

Variationen

- Gebratener Hering im Speckmantel: Die Heringe entgräten, innen und außen mit Salz, Pfeffer und Zitronensaft würzen, innen mit gehackten Kräutern ausstreuen. Die Fische wieder in Form bringen. Jeden Hering mit 2 dünnen Scheiben durchwachsenem Räucherspeck umwickeln und in heißem Öl braten.
- Panierter Hering: Die Heringe entgräten, würzen und wieder in Form bringen. Die Fische mit gesalzener Milch anfeuchten, in Mehl wenden, durch gesalzenes, verquirltes Ei ziehen und in Semmelbröseln panieren. In reichlich heißem Öl ausbacken.

Gebratene Sardinen

500–750 g Sardinen (frisch oder tiefgefroren)
Salz
Mehl zum Wenden
6 EL Olivenöl
6 Zitronenspalten

Die Sardinen säubern: Kopf abtrennen, Bauch aufschneiden, ausnehmen. Die Fische auseinanderklappen, das Rückgrat am Kopfende anfassen, zusammen mit den kleinen Gräten herauslösen und abzwicken; den Schwanz beläßt man. Die Fische mit Küchenpapier trockentupfen. Die auseinandergeklappten Sardinen salzen, in Mehl wenden, überschüssiges Mehl abschütteln.

In der Stielpfanne das Öl erhitzen, die Fische auf beiden Seiten goldbraun braten. Auf Küchenpapier abtropfen lassen. Auf einer vorgewärmten Platte mit Zitronenspalten anrichten. Als Vorspeise oder kleinen Imbiß reichen.

Beilage: Weißbrot.

Gebratenes Seezungenfilet

Oder Filet von Scholle, Steinbutt, Rotzunge, Glattbutt, Zander, Barsch (Egli, Kretzer), Forelle.

8 Seezungenfilets
einige EL Milch
Salz
Mehl zum Wenden
2 EL Öl
100 g Butter
1 EL Petersilie, gehackt
8 Zitronenscheiben

Die Filets mit Milch anfeuchten, mit Salz würzen, in Mehl wenden, überschüssiges Mehl abschütteln.
Das Öl mit 40 g Butter in der Stielpfanne erhitzen und die Filets auf beiden Seiten goldbraun braten, dabei immer wieder mit der Bratbutter begießen. Auf einer vorgewärmten Platte anrichten, mit Petersilie bestreuen und mit Zitronenscheiben garnieren. Die restliche Butter in der Bratpfanne erhitzen, über die angerichteten Seezungenfilets gießen und sofort servieren.
Beilagen: Zartes Gemüse, Spargel, Petersilienkartoffeln, Salat.

Variationen

- Mandelblättchen in der Butter anbraten und über die gebratenen Filets gießen.
- Die angerichteten Filets mit Kapern bestreuen, Zitronenwürfel in der Butter andünsten und über die Seezungenfilets gießen.
- Die gebratenen Filets mit Spargelspitzen garnieren, geriebenen Käse darüberstreuen und im Ofen kurz überbacken.
- Die angerichteten Filets mit geschälten Zitronenscheiben belegen. Auf jede Zitronenscheibe eine Scheibe Estragonbutter legen und mit blanchierten Estragonblättern garnieren.
- Dünne Auberginenscheiben in heißem Öl auf beiden Seiten knusprig braten und die angerichteten Seezungenfilets damit garnieren. Petersilie darüberstreuen.

Zander(Fisch)filet mit Zitronenbutter

Filet von allen Fluss- und Meeresfischen ist für diese Zubereitung geeignet.

4 Zanderfilets, je 180 g
Zitronensaft, Salz, Pfeffer
Paprikapulver, Worcestersauce
Mehl zum Wenden
60 g Butter
1 EL Petersilie, gehackt

Für die Zitronenbutter

60 g Butter
1 Zitrone, geschält, entkernt und in Würfelchen geschnitten

Die Zanderfilets mit Zitronensaft, Salz, Pfeffer, Paprikapulver und einigen Spritzern Worcestersauce würzen, in Mehl wenden, überschüssiges Mehl abschütteln.
Die Butter in einer Stielpfanne erhitzen, die Fischfilets auf beiden Seiten goldgelb braten und auf einer vorgewärmten Platte anrichten, mit Petersilie bestreuen.
60 g frische Butter in der Bratpfanne erhitzen, die Zitronenwürfelchen darin schwenken. Die Zitronenbutter über die angerichteten Filets gießen.
Garnierungsvorschlag: Die Platte mit Spargel, gehackten Eiern und Petersilie garnieren.
Beilagen: Salzkartoffeln, Zuckerschoten.

Schollenfilet in Safranbutter

Oder Filet von Seezunge, Rotzunge, Glattbutt, Flunder.

8 Schollenfilets
Zitronensaft, Salz
Mehl zum Wenden
100–120 g Butter
1 kleine Prise Safran

Die Schollenfilets mit Zitronensaft säuern, salzen, in Mehl wenden, überschüssiges Mehl abschütteln.
In einer Stielpfanne 80 g Butter erhitzen, die Schollenfilets anbraten, den Safran in die Bratbutter geben und die Seite fertigbraten. Die Filets wenden und die andere Seite ebenso braten. Die gebratenen Filets auf einer vorgewärmten Platte anrichten. Die restliche Butter in der Pfanne erhitzen, über die Schollenfilets gießen.
Garnierungsvorschlag: Mit gebratenen Scampi und Champignons garnieren.
Beilagen: Weißbrot oder Petersilienkartoffeln, Blattspinat.

Gebratene Makrele Foto

- 4 mittelgroße Makrelen, küchenfertig vorgerichtet
- Zitronensaft
- 4 Salbeiblätter, Salz
- 3 Knoblauchzehen
- 1 EL grüner Pfeffer (aus dem Glas)
- 20 g weiche Butter
- 6 EL Öl zum Braten

Die Makrelen abspülen, trockentupfen und innen und außen mit Zitronensaft einreiben. Die Salbeiblättchen mit Salz, Knoblauch und dem grünem Pfeffer im Mörser zerstoßen und mit der weichen Butter zu einer Paste verrühren. Die Makrelen innen und außen damit einstreichen, im Kühlschrank etwa 1 Stunde einziehen lassen.

In einer großen Stielpfanne das Öl erhitzen und die Fische auf jeder Seite etwa 4–5 Minuten braten, dabei immer wieder mit dem Bratfett beschöpfen.

Beilagen: Stangenweißbrot, gemischter Salat.

Seeteufelmedaillons mit Pfeffersauce

4 Tranchen Seeteufel (Lotte), je 200 g
Salz
Mehl zum Wenden
4 EL Öl oder Butterschmalz

Für die Pfeffersauce

1 Schalotte, fein geschnitten
1/8 l Rotwein
100 ml Fleischbrühe oder Fischfond (Seite 30)
1 TL Chili-Sauce
1 Prise Estragon
150 g Crème double
1 EL grüne Pfefferkörner, zerdrückt
Salz
40 g kalte Butter

Von den Seeteufeltranchen die Mittelgräte entfernen, so daß man 8 kleine Filetscheiben erhält. Falls das Fischfleisch sehr trocken ist, feuchtet man es mit Milch leicht an. Die Medaillons salzen, in Mehl wenden, überschüssiges Mehl abschütteln. Das Öl oder Butterschmalz in der Stielpfanne erhitzen, die Medaillons auf beiden Seiten goldbraun braten, aus der Pfanne nehmen und warm stellen.

Während der Bratzeit die Pfeffersauce zubereiten: Schalotte und Rotwein mit Fleischbrüne oder Fischfond, Chili-Sauce und Estragon im offenen Saucentopf auf die Hälfte bis ein Drittel einkochen. Crème double und grünen Pfeffer zugeben und kurz durchkochen, mit Salz abschmecken. Die Butter flöckchenweise mit dem Schneebesen einschwingen; die Sauce dann nicht mehr kochen. Die Fischmedaillons anrichten und mit der Sauce umgießen.

Beilagen: Butterkartoffeln, Zuckerschoten.

Gebratenes Forellenfilet in Champignonsauce

600 g Forellenfilet
Salz, Pfeffer, Zitronensaft
3 EL Mehl zum Wenden
60 g Butter

Für die Champignonsauce

40 g Butter
2 Schalotten, gehackt
250 g Champignons, in Scheiben geschnitten
Salz, Pfeffer
1 kleine Prise Safranfäden
1/8 l trockener Weißwein
1/8 l Fischfond (Seite 30) oder Fleischbrühe
200 g Crème fraîche
2 TL Zitronensaft
10 g Mehlbutter
30 g kalte Butter
einige Blättchen Basilikum, in Streifen geschnitten

Die Forellenfilets in mundgerechte Stücke schneiden, mit Salz, Pfeffer und Zitronensaft würzen. Das Fischfleisch mit Mehl bestäuben, in einem Sieb durchschütteln, um überschüssiges Mehl zu entfernen. In einer Bratpfanne die Butter erhitzen und die Forellenfilets unter häufigem Wenden goldgelb braten.

Für die Sauce in einem flachen Topf die Butter erhitzen und die Schalotten glasig schwitzen. Die Champignons dazugeben, mit Salz und Pfeffer würzen, die Safranfäden zufügen und die Pilze einige Minuten dünsten. Den Wein und den Fischfond angießen und etwa 8 Minuten dünsten. Crème fraîche dazugeben, aufkochen, mit Zitronensaft abschmecken. Die Sauce mit Mehlbutter leicht binden. Den Topf zur Seite ziehen, nach und nach die kalte Butter daruntermischen.

Die Forellenfilets in die Sauce geben und noch 2 Minuten ziehen lassen. Zum Schluß mit Basilikum bestreuen.

Beilagen: Reis oder Nudeln, Salat.

Wallerschnitten mit Pilzen

ODER FILET VON ZANDER, RENKE, LACHSFORELLE, ROTZUNGE, SCHOLLE.

- 800 g Wallerfilet
- Zitronensaft
- Salz, Pfeffer
- Mehl zum Wenden
- 6 EL Öl oder Butterschmalz
- 40 g Butter
- 1 Zwiebel, gehackt
- 1 Bund Petersilie, fein gewiegt
- 250 g Champignons oder Egerlinge, in Scheiben geschnitten
- 1 Knoblauchzehe, gehackt

Das Fischfleisch in 4 Portionen teilen, mit Zitronensaft marinieren und mit Salz und Pfeffer würzen. Die Fischstücke in Mehl wenden, überschüssiges Mehl abschütteln.

Das Öl oder Butterschmalz in einer Pfanne erhitzen und die Fischfilets auf beiden Seiten goldbraun braten. Das Öl abtropfen lassen, die Wallerschnitten auf einer vorgewärmten Platte anrichten, mit Zitronensaft beträufeln und warm stellen.

Die Butter erhitzen und Zwiebel und Petersilie darin glasig dünsten. Die Pilze und Knoblauch zugeben, mit Salz, Pfeffer und 1 TL Zitronensaft würzen. Bei milder Hitze 5–10 Minuten dünsten. Die Pilze über den angerichteten Fisch geben.

Beilagen: Petersilienkartoffeln, Tomatensalat, grüner Salat.

Gebratene Karpfenmilch

Karpfenmilch ist etwas sehr Feines. Im Geschmack ist sie ähnlich wie Kalbsbries. Vor Beginn der Laichzeit kann man sie in Fischgeschäften kaufen.

Die Karpfenmilch gut wässern, die Häutchen entfernen, schräg in Stücke schneiden, leicht salzen, in Mehl wenden, überschüssiges Mehl abschütteln. In heißer Butter auf beiden Seiten goldgelb braten. Mit gehackter Petersilie bestreuen und mit Zitronenspalten anrichten. Die restliche Bratbutter darübergießen.

HINWEIS

Wer eine Sauce dazu servieren will, kocht den Bratsatz mit Zitronensaft, einigen Tropfen Worcestersauce und etwas Sahne auf und würzt mit Salz, Pfeffer und feingewiegten Kräutern.

Fischpfannen

Fischpfanne mit Gemüse

Es wird Fleisch von verschiedenen Fischen, zum Beispiel Lachs, Seeteufel, Seewolf, Scholle, Zander, Forelle, verwendet.

- 500 g Fischfilet nach Wahl
- 100 g rohe Scampi, ohne Schale
- Zitronensaft
- 200 g zartes Gemüse (weißer Lauch, Möhre, Zucchini, grüne Erbsen oder Zuckerschoten)
- 50 g Butter
- 1 Schalotte, gehackt
- 100 g Champignons, in Scheiben geschnitten
- Salz, weißer Pfeffer
- 1 Prise Safranfäden
- 2 EL trockener Weißwein
- 6 EL Sahne

Das Fischfilet in mundgerechte Stücke schneiden und zusammen mit den Scampi 30 Minuten in Zitronensaft marinieren. Das Gemüse sehr fein zerkleinern: Lauch in Ringe schneiden, Möhre raspeln, Zucchini in Stiftchen schneiden, Zuckerschoten abfädeln und quer halbieren.

In einer Pfanne mit hohem Rand die Butter erhitzen, nacheinander Schalotte und Gemüse zugeben und bei guter Hitze unter ständigem Rühren halbweich dünsten. Champignons, Fischwürfel und Scampi zugeben, mit Salz und Pfeffer würzen und die Safranfäden beifügen. Unter häufigem Wenden etwa 3 Minuten garen. Wein und Sahne untermischen und bei reduzierter Hitze kurz einkochen lassen. Nochmals abschmecken.

Beilagen: Butternudeln, gedünsteter Reis.

Curryfisch

600 g Fischfilet (Goldbarsch, Seelachs, Kabeljau)
40 g Butterschmalz
1 EL Zwiebel, gehackt
1 Knoblauchzehe, gehackt
1/4 Zimtstange
5 Nelken
1 TL Kreuzkümmel
1 TL Curry
1 Tasse Wasser
Salz, Pfeffer
Cayennepfeffer (nach Belieben)

Das Fischfilet in Portionsstücke teilen.
Im Schmortopf oder in einer Stielpfanne mit hohem Rand das Butterschmalz erhitzen und die Zwiebel darin anschwitzen. Knoblauch, Stangenzimt, Nelken, Kreuzkümmel und Curry einrühren und bei geringer Hitze 5 Minuten anlaufen lassen. Mit Wasser aufgießen und zum Kochen bringen, mit Salz und Pfeffer abschmecken, nach Belieben mit etwas Cayennepfeffer nachwürzen; die Sauce soll – als typisch asiatisches Gericht – scharfwürzig sein. Die Fischstücke einlegen, zugedeckt 8–10 Minuten knapp am Siedepunkt garziehen lassen.
Beilage: Gedünsteter Reis.

Räucherfisch-Omelett

Für 2 Personen

100 g Räucherfisch (Renke, Forelle oder beliebiger geräucherter Meeresfisch), ohne Haut und Gräten
4–5 Eier
2 EL Milch
Salz
40 g Butter
1 EL Petersilie, gehackt

Das Fischfleisch in kleine Stücke teilen. Die Eier mit Milch und Salz verquirlen.
In der Stielpfanne 20 g Butter erhitzen, die Hälfte der Eiermasse hineingießen und bei schwacher Hitze zugedeckt etwa 2 Minuten backen (nicht umrühren und nicht wenden). Die Unterseite soll leicht gebacken, die Oberseite feucht und glänzend sein. Das Fischfleisch auf einer Hälfte des Omeletts verteilen, mit Petersilie bestreuen, die andere Hälfte darüberklappen. Das Omelett auf den vorgewärmten Teller gleiten lassen. Das zweite Omelett ebenso zubereiten und sofort servieren.
Beilagen: Röstkartoffeln, Salat.

Variation

Das Omelett mit geriebenem Parmesan bestreuen oder Parmesan mit in die Füllung geben.

Fisch-Weißkohl-Pfanne

500 g Fischfilet
Zitronensaft
400 g Weißkohl, fein gehobelt
Salz
90 g Butter
400 g Kartoffeln, gekocht
weißer Pfeffer
1 TL Kümmel
1 EL Petersilie, gehackt

Das Fischfilet würfeln und mit Zitronensaft beträufeln. Den Weißkohl in wenig Salzwasser 3 Minuten blanchieren, mit kaltem Wasser abschrecken und auf einem Sieb abtropfen lassen.
In einer Pfanne 30 g Butter erhitzen. Die Kartoffeln, in Scheiben geschnitten, braun braten, herausnehmen und warm stellen.
Wieder 30 g Butter in die Pfanne geben und den blanchierten Weißkohl 3–4 Minuten braten, zu den Kartoffeln geben. Die restliche Butter in die Pfanne geben und darin die Fischwürfel 2–3 Minuten braten. Alle Zutaten in der Pfanne vorsichtig vermischen, mit Salz, Pfeffer, Kümmel und Petersilie kräftig abschmecken, anrichten.
Beilage: Brot.

Ostsee-Pannfisch

Foto links

750 g Fischfilet
(Kabeljau, Goldbarsch)
Zitronensaft
Salz
Pfeffer
60 g Butter
1–2 Zwiebeln, fein geschnitten
500 g gekochte Kartoffeln,
in Scheiben geschnitten
4 Eier
50 g geriebener Käse (Gouda)
frische Kräuter, fein geschnitten

Das Fischfilet in Würfel schneiden, mit Zitronensaft säuern, mit Salz und Pfeffer würzen.

In einer großen Pfanne 30 g Butter erhitzen, die Fischwürfel rundum nur einige Minuten anbraten. Aus der Pfanne nehmen und warm stellen.

Die restliche Butter in die Pfanne geben, die Zwiebeln leicht anschwitzen, die Kartoffeln zugeben, salzen und goldgelb braten. Die Fischwürfel darauf verteilen. Die Eier aufschlagen und auf den Fisch gleiten lassen, so daß die Eigelbe ganz bleiben. Den Käse darüberstreuen, Deckel auflegen. Bei milder Hitze stocken lassen. Die Kräuter darüberstreuen.

Beilage: Grüner Salat.

Schillerlocken-Eier-Pfanne

Foto unten

400 g Schillerlocken
30 g Butter
4 Frühlingszwiebeln, geputzt,
in Ringe geschnitten
1 Knoblauchzehe, fein geschnitten
1 Tomate, gehäutet,
Samen entfernt, gewürfelt
Salz
frische Kräuter (Basilikum,
Petersilie), fein geschnitten
4 Eier, 2 EL Sahne, Pfeffer
½ Bund Petersilie, fein geschnitten

Die Schillerlocken in Scheiben schneiden. In einer Pfanne die Butter zerlassen, Frühlingszwiebeln und Knoblauch darin andünsten. Die Schillerlocken und Tomatenwürfel zugeben, mit Salz und Kräutern würzen und unter häufigem Wenden einige Minuten braten. Die Eier mit Sahne, Salz und Pfeffer verquirlen, über den Pfanneninhalt gießen, den Deckel auflegen und bei sehr schwacher Hitze stocken lassen. Vor dem Anrichten mit Pfeffer und Petersilie bestreuen.

Beilage: Salat

SCHILLERLOCKEN sind die geräucherten Bauchlappen vom Dornhai, die nach der Haarpracht Friedrich von Schillers benannt wurden. Ihr zartes, weiches Fleisch harmoniert aufs beste mit Eierspeisen.

Fisch aus dem Wok

- 500 g Fischfilet (Goldbarsch, Kabeljau, Seelach, Schellfisch)
- 1 EL Speisestärke
- 5 EL Sojasauce
- 10 g getrocknete asiatische Pilze (Mu Err)
- 400 g Gemüse (Zucchini, Lauch, Möhre, Brokkoli)
- 50 g Egerlinge
- 5 EL Öl
- Salz
- Pfeffer
- 1 Tasse Wasser

Das Fischfilet in Würfel schneiden. Die Speisestärke mit der Sojasauce glattrühren und den Fisch darin 30 Minuten marinieren. Die Trokkenpilze mit kochendem Wasser übergießen und 30 Minuten quellen lassen. Das Wasser abgießen, die Pilze ausdrücken, unter fließendem Wasser gründlich waschen, abtropfen lassen und sehr fein schneiden. Das Gemüse putzen und schneiden: Zucchini in Streifen, Lauch in Ringe, Möhre stifteln oder grob raspeln, den Brokkoli in Röschen teilen, blanchieren und kalt überbrausen (TK-Brokkoli ist schon blanchiert). Die Egerlinge in Scheibchen schneiden.

Zum Dünsten verwendet man den Wok oder, wenn ein solcher nicht vorhanden ist, einen weiten Schmortopf oder eine Stielpfanne mit hohem Rand. Das Öl erhitzen, das Gemüse und die Trockenpilze darin andünsten, die Egerlinge zugeben, mit Salz und Pfeffer würzen und unter ständigem Rühren etwa 15 Minuten gerade eben weich dünsten. Die Fischwürfel mit der Marinade dazugeben, 5–8 Minuten mitdünsten, etwas Wasser aufgießen und noch einige Minuten dünsten, bis Gemüse und Fisch gar sind. Mit Salz, nach Belieben auch noch mit Sojasauce abschmecken.

Beilage: Reis. Zum Nachwürzen stellt man Sojasauce auf den Tisch.

Chinesische Fischpfanne süßsauer

- 400 g Goldbarschfilet
- Zitronensaft
- 10 g getrocknete asiatische Pilze (Mu Err)
- 1 EL Speisestärke
- 1 TL Salz
- 1/2 TL Dayong oder Chinagewürzmischung
- 2 EL Sojasauce
- 4 EL Öl
- 1/2 Zwiebel, in Halbringe geschnitten
- 200 g Lauch, in Ringe geschnitten
- 1/8 l Fleischbrühe
- 1/2 EL Essig
- 1–2 TL Zitronensaft
- 1 1/2 EL Zucker
- 1 EL Sherry

Das Fischfilet in Würfel schneiden und mit Zitronensaft säuern. Die Trockenpilze mit kochendem Wasser überbrühen und 30 Minuten quellen lassen. Das Wasser abgießen, die Pilze unter fließendem Wasser gründlich waschen, ausdrücken und sehr fein schneiden.

Die Speisestärke mit Salz, Dayong oder Chinagewürz und Sojasauce glattrühren, über die Fischwürfel gießen und 30 Minuten marinieren.

In einer großen Stielpfanne mit hohem Rand oder in einem Wok das Öl erhitzen, Zwiebel, Lauch und Pilze darin hell andünsten. Die Fischwürfel mit der Marinade dazugeben und unter öfterem Wenden 5 Minuten dünsten. Mit Fleischbrühe ablöschen und mit Essig, Zitronensaft, Zucker und Sherry süßsauer abschmecken. Zugedeckt noch etwa 3 Minuten dünsten, bis der Fisch gar ist.

Beilage: Reis

Paella Anita

Paella ist ein spanisches Reisgericht. Das Rezept für diese köstliche Spezialität hat mir eine Hausfrau aus Valencia aufgeschrieben. Anita benutzt dafür – berechnet für 6–8 Personen – eine Paellapfanne aus Stahl mit 50 cm Durchmesser. Wichtig ist, daß der ganze Pfannenboden gleichmäßig erhitzt wird; in Spanien gibt es dafür ein spezielles Zubehör, welches an das Gas angeschlossen wird.

Für 6–8 Personen

- 125–150 ml Olivenöl
- 1 kleines Hähnchen oder Kaninchen, in 8 Teile zerlegt
- Salz
- pro Person 1–2 Langostinos (Scampi)
- pro Person 1–2 Gambas
- 2 rote Paprikaschoten, Samen und Scheidewände entfernt, in Streifen geschnitten

- 2 vollreife Tomaten, gehäutet, gewürfelt
- 600 g Tintenfisch (Sepia), in Ringe geschnitten
- 200 g grüne Bohnen, in 3 cm große Stücke geschnitten
- 2–3 Knoblauchzehen, in Scheiben geschnitten
- pro Person 1 Tasse Rundkornreis
- 1 gute Prise Safranfäden
- nach Belieben pro Person 1–2 Miesmuscheln und 3–4 Almejas (Venusmuscheln)

Das Olivenöl in der Pfanne erhitzen (der Boden soll gut mit Öl bedeckt sein) und die Hähnchen- oder Kaninchenteile darin rundum anbraten, salzen und an den Rand der Pfanne schieben. Im gleichen Öl in der Mitte der Pfanne die Langostinos und die Gambas rundum anbraten, aus der Pfanne nehmen und beiseite stellen. Die Paprikastreifen in der Mitte der Pfanne einige Minuten braten, herausnehmen und die Haut abziehen. Jetzt die Tomatenwürfel und den Tintenfisch in die Mitte der Pfanne geben und etwa 3 Minuten dünsten. Die grünen Bohnen und den Knoblauch zugeben und mit den Fleischteilen vermischen. Sofort so viel kochendes Wasser angießen, daß die Fleischteile knapp bedeckt sind, und etwa 20 Minuten garen. Man hält neben der Pfanne einen Topf mit kochendem Wasser bereit, um bei Bedarf nachgießen zu können.

Die Pfanne bis zum Ansatz der Griffe mit kochendem Wasser füllen, den (nicht gewaschenen!) Reis einstreuen, salzen und die Safranfäden zugeben. Bei guter Hitze ankochen, den Reis bei reduzierter Hitze in etwa 20 Minuten langsam ausquellen lassen. Nicht umrühren! Nach 15 Minuten die Krustentiere und, zur Dekoration, die Paprikastreifen gleichmäßig auf dem Reis verteilen. Gelegentlich prüfen, ob das Gericht genügend gesalzen ist. Nach beendeter Garzeit die Hitzequelle ausschalten oder die Paella von der Kochstelle nehmen. Zum Absorbieren des Dampfes die Pfanne mit mehreren Lagen Zeitungspapier so abdecken, daß das Papier auf den Griffen liegt, also ein Kontakt mit dem Inhalt der Pfanne vermieden wird. Nach weiteren 5 Minuten kann die Paella serviert werden.

Nach Belieben während der letzten 5 Minuten Miesmuscheln und Almejas zugeben. Sie müssen vorher gesäubert und in Salzwasser gewässert werden, damit sie den Sand »ausspucken«.

Gebratene Fischnudeln (Fideus rossos)

Dieses deftige, sehr schmackhafte Nudelgericht wird in Katalonien gern gegessen. Für die Fischbrühe verwendet man dort sogenannte Felsfische (kleine Fischchen), Fischköpfe und kleine Krebse, die man auf dem Fischmarkt kaufen kann. Außerdem kommen grüne Paprikaschote, Zwiebel, Lorbeerblatt und reichlich Knoblauch (6 Zehen) in den Sud. Gelegentlich wird auch Brühe aus Fischbrühe-Würfeln verwendet. Die Zubereitung ist denkbar einfach.

- $1^1/_2$–2 l Fischbrühe (Seite 30)
- 1 ganze Knoblauchknolle
- 8 EL Olivenöl
- 250 g kurze Fadennudeln, 2 mm breit

Zunächst die Fischbrühe zubereiten, durchseihen, würzig abschmecken und wieder erhitzen.

Die Knoblauchzehen schälen und in feine Scheibchen schneiden. In einem weiten Schmortopf oder einer Pfanne mit hohem Rand 4 EL Olivenöl erhitzen, die Knoblauchscheibchen goldgelb anbraten; man kann sie dann herausnehmen oder – wenn man einen intensiven Knoblauchgeschmack liebt – auch in der Pfanne lassen. Weitere 4 EL Öl in die Pfanne geben und darin die rohen Nudeln unter beständigem Wenden (wichtig!) goldbraun braten; die Nudeln können sehr schnell zu dunkel werden, dann schmecken sie bitter. Nachdem alle Nudeln braun sind, so viel kochende Fischbrühe angießen, daß die Nudeln gut bedeckt sind. Bei mäßiger Hitze 15 Minuten köcheln lassen und immer wieder etwas kochende Fischbrühe zugießen. Wenn die Nudeln gar sind, soll alle Flüssigkeit eingezogen, die Nudeln sollen saftig sein. Zugedeckt bei geringster Hitze noch etwa 5 Minuten ziehen lassen. Man serviert die Nudeln als Vorspeise oder kleines Gericht. Gern wird auch Aïoli dazu serviert. Ein wahre Knoblauchorgie!

Ausgebackener und fritierter Fisch

Fritiert werden kleine Fische oder Fischstücke. Die Rezepte unterscheiden sich in der Vorbehandlung, nämlich: natur (nur in Mehl gewendet) fritieren, paniert fritieren und in Backteig fritieren. Die folgenden Rezepte sind klassische Beispiele für das Fritieren von Fisch.

Panierter Fisch

FORELLE, SAIBLING, RENKE (FELCHEN), SCHLEIE, BARSCH; FÜR ALLE KLEINEN FISCHE BIS ZU PORTIONSGRÖSSE.

Fische mit Schuppen müssen geschuppt werden, da die knusprige Haut gern mitgegessen wird. Größere Fische halbiert man der Länge nach oder schneidet sie in Scheiben; nach Möglichkeit sollte man dabei die Gräten entfernen.

- 4 Portionsfische, je 250 g, geschuppt und küchenfertig vorgerichtet
- Zitronensaft
- Salz
- Pfeffer
- 2 EL Petersilie, gehackt
- Mehl zum Wenden
- 2 Eier
- 2 EL Milch
- 100 g Semmelbrösel
- etwa 150 g Butterschmalz oder Öl
- 4 Zitronenviertel
- krause Petersilie

Die Fische innen und außen mit Zitronensaft, Salz, Pfeffer und Petersilie einreiben. In Mehl wenden, überschüssiges Mehl abschütteln.
Eier und Milch verquirlen und salzen. Die Fische durch die Eiermilch ziehen, überschüssige Eiermasse abstreifen, in Semmelbröseln panieren und die Panade gut andrücken.
Die Stielpfanne etwa 2 cm hoch mit zerlassenem Butterschmalz oder Öl füllen, erhitzen und die Fische auf beiden Seiten goldbraun braten. Auf einer vorgewärmten Platte anrichten. Mit Zitronenvierteln und Petersilie garnieren.
Beilagen: Kartoffelsalat, Remouladensauce, grüner Salat.

Gebackenes Fischfilet

Foto

- 4 Portionen Fischfilet, je 180 g
- Zitronensaft
- Salz, Pfeffer
- Mehl zum Wenden
- 2 Eier
- 2 EL Milch
- 100 g Semmelbrösel
- etwa 150 g Butterschmalz oder Öl
- krause Petersilie
- 4 Zitronenscheiben

Das Fischfilet mit Zitronensaft säuern und 15 Minuten marinieren. Mit Salz und Pfeffer würzen, in Mehl wenden, überschüssiges Mehl abschütteln. Eier und Milch verquirlen und salzen. Die Filets durch die Eiermilch ziehen, abtropfen lassen, in Semmelbröseln panieren und die Panade andrücken.
In einer Stielpfanne 2 cm hoch zerlassenes Butterschmalz oder Öl erhitzen. Die Filets auf beiden Seiten goldbraun ausbacken und auf Küchenpapier abtropfen lassen. Mit Petersilie und Zitronenscheiben garnieren.
Beilagen: Kartoffelsalat, Feldsalat, Tatarensauce, gebackene Zwiebelringe, Chilimayonnaise. Oder Butterkartoffeln, Zuckerschoten.

Fischfilet in Backteig

4 Portionen Fischfilet, je 180 g
Zitronensaft
750 g Öl oder Butterschmalz
Salz, Pfeffer

Backteig

150 g Mehl
1 Messerspitze Salz, Pfeffer
1 EL Öl
2 Eier, getrennt
knapp 200 ml Bier

Die Fischfilets mit Zitronensaft säuern.

Für den Backteig das Mehl in eine Schüssel sieben, Salz und Pfeffer darüberstreuen, in die Mitte eine Mulde drücken. Öl und Eigelbe in die Mulde geben, nach und nach von der Mitte aus das Bier unterrühren. Den Teig nur so lange rühren, bis er glatt ist; er soll ziemlich dickflüssig sein. Etwa 30 Minuten bei Zimmertemperatur quellen lassen. Kurz vor Gebrauch das Eiweiß steif schlagen und unter den Backteig ziehen.

In einem schweren Topf so viel Öl oder Butterschmalz erhitzen, daß die Fischfilets darin schwimmen können (oder volle Friteuse einsetzen). Die Fischstücke trockentupfen, salzen und pfeffern (eventuell leicht mehlen, damit der Teig besser haftet), eines nach dem anderen in den Backteig tauchen und schwimmend in Fett ausbacken. Auf Küchenpapier abtropfen lassen.

Beilagen: Kartoffelsalat, Remouladensauce, gebackene Zwiebelringe.

Gebackene Mainfischchen

Für diese Würzburger Spezialität werden Weißfischchen aus dem Main verwendet, die sehr klein, nur daumendick sein sollen. Die Zubereitung ist die gleiche wie bei dem fritierten Barsch (Seite 129). Bei den ganz kleinen Exemplaren von der Länge eines kleinen Fingers können die Gräten mitgegessen werden.

Fischfrikadellen

500 g Fischfleisch, ohne Haut und Gräten
Salz, Pfeffer
2 EL Zitronensaft
2 Schalotten, gehackt
2 EL Petersilie, gehackt
2 Eier
4–6 EL Semmelbrösel

Für die Panade

Mehl zum Wenden
2 Eier
2 EL Milch, Salz
Semmelbrösel

Außerdem

Fett zum Backen
8 Zitronenspalten
krause Petersilie

Das Fischfleisch durch den Fleischwolf drehen. Alle übrigen Zutaten dazugeben. So viel Semmelbrösel daruntermischen, daß die Masse ausreichend gebunden ist. Aus dem Teig Frikadellen formen. Eier und Milch verquirlen und salzen. Die Frikadellen in Mehl wenden, überschüssiges Mehl abschütteln, durch die Eiermilch ziehen und mit Semmelbröseln panieren.

In der Stielpfanne reichlich Fett erhitzen und die Frikadellen auf beiden Seiten goldbraun ausbacken. Auf Küchenpapier abtropfen lassen. Anrichten und mit Zitronenspalten und Petersilie garnieren.

Beilagen: Kartoffelsalat oder Petersilienkartoffeln, grüner Salat, Tatarensauce.

Variationen

- Die Frikadellen anstelle von Semmelbröseln in Mandelblättchen panieren.
- Die Frikadellen in Mehl wenden und in Fett goldbraun braten, mit Sardellen- oder Senfsauce anrichten.

Gebackener Karpfen

- 1 Karpfen von 1–1,5 kg
- Zitronensaft
- Salz, Pfeffer
- Mehl zum Wenden
- 2 Eier
- 2 EL Milch
- Semmelbrösel
- reichlich Butterschmalz zum Backen
- 8 Zitronenscheiben
- krause Petersilie

Den Karpfen schuppen, die Flossen abschneiden, ausnehmen, den Kopf entfernen, den Fisch gründlich waschen. Quer in 3 cm dicke Scheiben schneiden oder der Länge nach halbieren und portionieren. Die Fischstücke mit Zitronensaft, Salz und Pfeffer 1/2 Stunde marinieren. Die Karpfenstücke in Mehl wenden, überschüssiges Mehl abschütteln. Eier und Milch verquirlen und salzen. Die Fischstücke durch die Eiermilch ziehen, abtropfen lassen und in Semmelbröseln panieren, die Panade andrücken.

In einer Pfanne mit hohem Rand reichlich Butterschmalz erhitzen (oder volle Friteuse verwenden) und die Karpfenstücke auf beiden Seiten goldbraun ausbacken. Die Karpfenstücke auf Küchenkrepp abtropfen lassen, auf einer vorgewärmten Platte anrichten. Mit Zitronenscheiben und Petersilie garnieren.

Beilagen: Kartoffelsalat, grüner Salat.

Aischgründer oder Nürnberger Karpfen

Für diese Spezialität aus den Karpfenteichen Mittelfrankens werden nur kleine Portionskarpfen verwendet. In reinem Butterschmalz ausgebacken, schmecken sie am besten.

- 4 Portionskarpfen
- Salz, Zitronensaft
- einige EL Milch
- Mehl zum Wenden
- 2 Eier, 2 EL Milch
- Semmelbrösel
- 750 g Öl oder Butterschmalz
- 4 Zitronenspalten

Die Karpfen schuppen, ausnehmen und gründlich waschen. Innen und außen mit Salz und Zitronensaft einreiben. Die Karpfen mit Milch anfeuchten, in Mehl wenden, überschüssiges Mehl abschütteln. Die Eier mit der Milch verquirlen und salzen. Die Fische durch die Eiermilch ziehen, abtropfen lassen, in Semmelbröseln panieren und die Panade andrücken.

In einem schweren Topf so viel Öl oder Butterschmalz erhitzen, daß der Fisch darin schwimmen kann (oder volle Friteuse einsetzen). Die Karpfen, einen nach dem anderen, auf beiden Seiten goldbraun und knusprig backen, auf Küchenpapier abtropfen lassen. Die Fische mit Zitronenspalten anrichten. Man verzehrt die Karpfen sehr heiß, samt den zarten, knusprigen Flossen.

Beilagen: Kartoffelsalat, grüner Salat, Feldsalat.

Fritierter Barsch

Es sind die jungen, kleinen und besonders wohlschmeckenden Barsche, die fritiert werden.

- 1 kg kleine Barsche ohne Kopf (pro Person etwa 3 Stück), küchenfertig vorgerichtet
- Saft von 1 Zitrone
- Salz, weißer Pfeffer
- Petersilie, fein gewiegt
- einige EL gesalzene Milch
- Mehl zum Wenden
- etwa 750 g Öl oder Butterschmalz
- krause Petersilie
- 4 Zitronenspalten

Die Barsche mit Zitronensaft, Salz, Pfeffer und Petersilie einreiben. Falls sie zu trocken sind, zieht man sie durch gesalzene Milch. Die Fischchen in Mehl wenden, überschüssiges Mehl abschütteln.

In einem Topf das Öl oder Butterschmalz erhitzen (oder volle Friteuse einsetzen) und die Fischchen schwimmend auf beiden Seiten goldbraun ausbacken. Die Barsche bergartig auf einer vorgewärmten Platte auf einer Papierserviette anrichten. Die Petersilie einige Sekunden im Fritierfett backen. Die Fischplatte mit der gebackenen Petersilie und Zitronenspalten garnieren.

Beilagen: Tatarensauce oder Knoblauchmayonnaise, Brot.

Ausgebackene Blaulengstreifen

Foto

800 g Blaulengfilet
Saft von 2 Zitronen
Basilikum, fein geschnitten
Salz, Pfeffer
3 EL Öl

Backteig

150 g Mehl
1 Messerspitze Salz
Pfeffer
1 EL Öl
2 Eier, getrennt
knapp 200 ml Bier (oder Wein, Milch, Wasser)

Außerdem

etwa 750 g Backfett
(Öl, Butterschmalz)
Mehl zum Wenden

Das Fischfilet in 4 cm breite Streifen schneiden. Zitronensaft, Basilikum, Salz, Pfeffer und Öl verrühren, die Fischstreifen darin wenden und zugedeckt im Kühlschrank 1/2 Stunde marinieren.

Für den Backteig das Mehl in eine Schüssel sieben, Salz und Pfeffer einstreuen und in die Mitte eine Mulde drücken. Öl und Eigelbe in die Mulde geben und mit einer Gabel mit etwas Mehl verrühren. Nach und nach von der Mitte aus das Bier unter das Mehl rühren. Den Teig nur so lange rühren, bis er glatt ist; er soll ziemlich dickflüssig sein. Etwa 30 Minuten bei Zimmertemperatur quellen lassen. Kurz vor Gebrauch das Eiweiß zu Schnee schlagen und unter den Backteig heben.

In einem schweren Topf so viel Backfett erhitzen, daß die Fischstücke darin schwimmen können. Die Fischstücke aus der Marinade nehmen, trockentupfen, leicht bemehlen, eines nach dem anderen in den Backteig tauchen und schwimmend in Fett ausbacken.

Beilagen: Gurken- und Kopfsalat mit Kräutern.

Fränkischer Karpfen, Karpfen in Bierteig

Foto

1 Karpfen von 1–1,25 kg küchenfertig vorgerichtet
Salz, Pfeffer
Backteig (siehe Seite 130)
etwa 750 g Butterschmalz
Zitronenscheiben zum Garnieren

Den Karpfen waschen und mit Küchenkrepp trockentupfen, quer in 4 Portionen schneiden, mit Salz und Pfeffer würzen. Den Backteig zubereiten.

In einem schweren Topf so viel Butterschmalz erhitzen, daß die Fischstücke darin schwimmen können. Die Karpfenstücke in den Backteig tauchen und schwimmend in Fett ausbacken. Auf Küchenkrepp abtropfen lassen. Auf einer vorgewärmten Platte anrichten, mit Zitronenscheiben garnieren.

Beilagen: Kartoffelsalat, Gurkensalat, Remouladensauce.

Hinweis

Die Gräten können beim Essen recht hinderlich sein. Einfacher ist es daher, wenn Sie den Karpfen vom Fischhändler filetieren lassen; oder kaufen Sie einfach Karpfenfilets.

Fritto misto

Für diese Spezialität der italienischen Küche können kleine Krebse, kleine Fische sowie alle Fische mit festem weißem Fleisch verwendet werden. Kleine Fische läßt man ganz, größere werden filetiert, eventuell auch in Stücke geschnitten.

750 g verschiedene Meeresfrüchte (Tintenfische, rohe Scampi in der Schale, Sardinen, Sardellen, Fischfilet)
Salz
Zitronensaft
Backteig (Seite 130)
reichlich Öl zum Fritieren
8 Zitronenspalten

Die Meeresfrüchte vorbereiten: Tintenfische, die man bereits gesäubert und abgezogen einkauft, in Ringe schneiden; Scampi aus den Schalen lösen, am Rücken einschneiden und den Darm entfernen, den Schwanzfächer läßt man am Körper, damit man sie besser anfassen kann; Sardinen und Sardellen ausnehmen, entgräten, Köpfe entfernen; Fischfilet in Stücke von 3 × 5 cm schneiden. Die Meeresfrüchte leicht salzen und mit Zitronensaft beträufeln. Den Backteig anrühren und 30 Minuten quellen lassen.

In einem schweren Topf so viel Öl erhitzen, daß die Fische darin schwimmen können (oder volle Friteuse einsetzen). Die Meeresfrüchte trockentupfen, eventuell leicht bemehlen. Nacheinander mit zwei Gabeln im Backteig wenden, die Scampi dabei am Schwanz anfassen. Portionsweise in das heiße Öl geben und in 3–5 Minuten goldbraun fritieren. Auf Küchenpapier abtropfen lassen. Mit Zitronenspalten auf einer vorgewärmten Platte anrichten.
Beilagen: Weißbrot, Remouladensauce.

Gemischte Meeresfrüchte, »natur« fritiert

Die Meeresfrüchte vorbereiten, wie im Rezept Fritto misto beschrieben, und in mit Salz und Pfeffer gewürztem Mehl wenden. In einer Stielpfanne oder Friteuse in reichlich heißem Öl goldbraun ausbacken. Mit Zitronenspalten anrichten.
Beilagen: Weißbrot, Kräutermayonnaise.

Fritierte Sardinen

500–750 g Sardinen
Salz
einige EL Milch
Mehl zum Wenden, mit Salz und Pfeffer gewürzt
reichlich Öl
Zitronenspalten
krause Petersilie

Die Fische ausnehmen, Köpfe entfernen, entgräten. Die Fische salzen und wieder in Form bringen. Die Sardinen leicht mit Milch befeuchten, in gewürztem Mehl wenden und in einem Sieb das überschüssige Mehl abschütteln. Die gleichmäßig mit Mehl überzogenen Fische können nun fritiert werden; man kann sie aber auch noch in verquirltem Ei und in Semmelbröseln panieren.
So viel Öl in einer tiefen Pfanne erhitzen, daß die Fische darin schwimmen können (oder volle Friteuse einsetzen). Die Sardinen portionsweise goldbraun ausbacken und auf Küchenpapier abtropfen lassen. Auf einer Platte mit Zitronenspalten anrichten. Nachdem alle Fische fritiert sind, die Petersilie einige Sekunden im Fritierfett backen und die Fische damit garnieren.
Beilagen: Weißbrot, Remouladensauce oder Aïoli.

Schal- und Krustentiere, Tintenfische

Schal- und Krustentiere zählen zu den Delikatessen der internationalen Küche. Sie werden im Binnenland vorwiegend tiefgefroren oder konserviert angeboten, da sie durch ihren hohen Eiweiß- und Wassergehalt sehr leicht verderben. Frische, lebende Tiere kommen per Luft-Eilfracht in den Handel.

Schaltiere

(Muscheln)

Muscheln sind Weichtiere. Sie sind von zwei Schalen umgeben, die durch ein elastisches »Schloßband« miteinander verbunden sind. Schließmuskeln bewirken, daß sich die Muschel öffnen oder schließen kann.

Das Fleisch kann man auf zwei verschiedene Arten aus den Muschelschalen herausholen: Man bricht die rohe Muschel mit einem Messer auf; dies ist die übliche Methode, Austern zu öffnen. Oder man öffnet die Muscheln durch Erhitzen; dabei öffnet sich die Schale automatisch. Miesmuscheln zum Beispiel, die meist gekocht oder gedämpft werden, kommen ungeöffnet in den Topf, wo sie sich unter Hitzeeinwirkung nach einigen Minuten öffnen.

Qualitätsmerkmale

Es dürfen nur lebende Frischmuscheln angeboten werden. Man erkennt lebende Muscheln daran, daß die beiden Schalen durch die Schließmuskeln fest geschlossen sind. Bei abgestorbenen Muscheln mit erschlafften Schließmuskeln klaffen die Schalen auseinander, der Saft ist ausgelaufen, das Muschelfleisch ist verdorben. Muscheln mit geöffneter Schale sind tot und müssen unbedingt aussortiert werden. Das Essen verdorbener Muscheln kann zu lebensgefährlichen Vergiftungen führen.

Rohe Austern

Kenner schätzen die rohe Auster, natur in der halben Schale serviert. Man rechnet im Durchschnitt ein halbes Dutzend pro Person.

Die Austern unter fließendem Wasser abbürsten und gründlich waschen. Unmittelbar vor dem Servieren mit dem Austernmesser öffnen. Dazu legt man sie in eine gefaltete Serviette, die flache Seite der Auster nach oben, fährt mit dem Messer in die kleine Öffnung im Gelenk, hält mit der anderen Hand die Auster fest und bricht die Schalen auf. Die obere Schale entfernen und die Auster von der unteren, gewölbten Schale vorsichtig lösen; dabei ist darauf zu achten, daß kein Saft verschüttet wird.

Die Austern mit der unteren Schale auf gestoßenes Eis setzen und mit Zitronenspalten garnieren. Bei Tisch entfernt man den Bart, würzt sie nach Belieben mit Pfeffer, beträufelt sie mit Zitronensaft und schlürft sie mit dem Saft aus der Schale.
Beilagen: Sehr dünne Scheiben Grahambrot oder Schwarzbrot und Butter.

Überbackene Austern

- Pro Person 6 Austern
- Butter für die Schalen
- grobes Salz
- Zitronensaft
- feine Semmelbrösel
- 1 Prise Cayennepfeffer
- zerlassene Butter
- krause Petersilie

Die Austern öffnen, wie auf Seite 133 beschrieben, und aus den Schalen lösen. Die gewölbten Schalenhälften waschen, abtrocknen und mit Butter ausstreichen. Die Austern wieder in die Schalenhälften legen.
Ein Backblech oder eine Grillpfanne dick mit grobem Salz bestreuen oder mit leicht zerknüllter Alufolie auslegen (damit die Austernschalen stehen bleiben), die Austern daraufsetzen, mit Zitronensaft beträufeln und mit Semmelbröseln bestreuen, die man mit einer Prise Cayennepfeffer vermischen kann (die Semmelbrösel können auch mit geriebenem Käse und gehackter Petersilie vermischt sein). Zerlassene Butter darüberträufeln und die Austern im vorgeheizten Ofen bei 230 °C etwa 5 Minuten überbacken. Auf einer Serviette anrichten und mit Petersilie garnieren.
Beilagen: Brot und Butter, Zitronenspalten.

Muscheln kochen

Muscheln wäscht man unter fließendem oder in mehrmals erneuertem Wasser, bürstet jede einzelne Muschel gründlich ab, entfernt das Bartbüschel und kontrolliert dabei ihre Beschaffenheit.

Das Bartbüschel entfernen.

Offene Muscheln, die sich nicht mehr schließen, sind abgestorben und müssen weggeworfen werden; nur geschlossene Muscheln sind genießbar. Durch einen leichten Druck zwischen Daumen und Zeigefinger kann man versuchen, die Muschelschalen seitlich zu verschieben. Sind sie nur mit Sand oder Schlamm gefüllt, fallen sie auseinander und können aussortiert werden. Man spürt es auch am Gewicht, wenn sie mit Sand oder Schlamm gefüllt sind; sie sind schwerer. Es empfiehlt sich, die gereinigten Muscheln noch einige Stunden in eine Schüssel mit gesalzenem Wasser zu legen, damit sie Sand und Unreinheiten ausscheiden können.
Um die Muscheln zu öffnen, gibt man sie mit etwas Flüssigkeit (meist nimmt man einen trockenen Weißwein) und Geschmackszutaten in einen großen Topf. Auf Salz kann verzichtet werden, da die Muschelschalen Salzwasser enthalten. Man deckt den Topf zu und bringt sie bei starker Hitze zum Kochen. Nach wenigen Minuten, wenn die Schalen sich geöffnet haben und die Flüssigkeit nach oben steigt, sind die Muscheln gar. Während der Garzeit den Topf mehrmals rütteln, damit alle Muscheln gleichzeitig gar werden. Muscheln schrumpfen und werden zäh, wenn sie zu lange gekocht werden.
Anrichten: Frisch gekochte Muscheln werden meist in der Schale serviert, oder man entfernt eine Schalenhälfte und richtet die Muscheln in der anderen an.
Bei Tisch benutzt man zwei zusammenhängende leere Muschelschalen als »Besteck« und zieht damit das Muschelfleisch aus den Schalen.

Muschelschalen als »Besteck«.

Hinweis

Muschelbrühe, die für eine Sauce oder Suppe verwendet werden soll, eine Weile stehen lassen, damit sich kleine Schalensplitter absetzen können. Die Brühe vorsichtig durch ein mit Nesseltuch ausgelegtes Sieb gießen.

Muscheln mit Suppengemüse

Foto

4 kg Miesmuscheln, gesäubert, Bartbüschel entfernt

Für den Sud

½ l Wasser
½ l trockener Weißwein
2 Zwiebeln, in Scheiben geschnitten
1 Paket TK-Suppengemüse
1 Bund Petersilie, 1 Lorbeerblatt
½ TL getrockneter Thymian
8 Pfefferkörner, gestoßen

Für die Sauce

Salz
Pfeffer
Saft von 1 Zitrone
2 EL Petersilie, gehackt
40 g Butter

Wasser und Wein mit den Zwiebelringen, Suppengemüse, gebündelter Petersilie, Lorbeerblatt, Thymian und Pfeffer etwa 20 Minuten kochen, bis das Gemüse fast weich ist. Die Muscheln dazugeben und zugedeckt etwa 5 Minuten kochen, bis alle Muscheln geöffnet sind. Den Topf hin und wieder rütteln, damit die Muscheln gleichzeitig gar werden. Im Sud servieren. Oder:

Die Muscheln und das Suppengemüse mit dem Schaumlöffel herausnehmen. Den Sud durch ein mit einem Nesseltuch ausgelegtes Sieb gießen, aufkochen, mit Salz, Pfeffer, Zitronensaft und Petersilie abschmekken und die Butter in Flöckchen darunterrühren. Die Muscheln mit dem Gemüse in der Sauce servieren.

Beilage: Weißbrot.

Gedünstete Muscheln

2 kg Miesmuscheln
1 Möhre, in Streifen geschnitten
1 Zwiebel und 1 Stange Lauch, in Ringe geschnitten
1 Knoblauchzehe, gehackt
1/4 trockener Weißwein
1/2 Lorbeerblatt
1 TL Pfefferkörner
2 Petersilienstengel

Für die Sauce

40 g kalte Butter
1 EL Petersilie, gehackt
1 TL Zitronensaft

Die Muscheln unter fließendem Wasser gründlich waschen und abbürsten, die Bartfäden entfernen. Geöffnete Muscheln wegwerfen. Im Suppentopf die Muscheln mit allen Zutaten bei starker Hitze zum Kochen bringen, zugedeckt 6–8 Minuten flott kochen, dabei den Topf mehrmals rütteln. Sobald sich die Muscheln öffnen, sind sie gar. (Nicht geöffnete Muscheln wegwerfen.) Muscheln und Gemüse aus dem Sud nehmen und in einer vorgewärmten Terrine anrichten.

Für die Sauce den Sud durch ein mit einem Nesseltuch ausgelegtes Sieb gießen, kurz einkochen. Von der Kochstelle nehmen und die Butter flöckchenweise mit dem Mixstab darunterschlagen. Die Sauce mit Petersilie und Zitronensaft abschmecken und über die angerichteten Muscheln gießen.

Beilagen: Brot und Butter.

Muscheln in Knoblauchsud

4 kg Miesmuscheln, gesäubert und Bartbüschel entfernt

Für den Sud

4 EL Öl
4 Schalotten, gehackt
4 Knoblauchzehen, gehackt
2 EL Petersilie, gehackt
1 Lorbeerblatt
Pfeffer
1/2 l trockener Weißwein

In einem großen Topf das Öl erhitzen, Schalotten, Knoblauch und Petersilie darin leicht anschwitzen. Die Muscheln dazugeben, Lorbeerblatt und Pfeffer beifügen und den Wein angießen. Den Topf zudecken, bei starker Hitze zum Kochen bringen und 6–8 Minuten kochen, bis alle Muscheln geöffnet sind; dabei den Topf mehrmals rütteln, damit alle Muscheln gleichzeitig gar werden. Die Muscheln sofort in dem heißen Sud servieren.

Bei Tisch löst man eine Muschel aus und benutzt die leere Schale als »Zange« zum Essen der anderen Muscheln (siehe Seite 134).

Beilage: Baguette und Zitrone.

Muscheln à la Provence

2 kg Miesmuscheln

Für den Sud

1 Bund Suppengrün, grob geschnitten
2 Zwiebeln, in Ringe geschnitten
1 Lorbeerblatt
5 Pfefferkörner
1/4 l trockener Weißwein

Zum Gratinieren

1 Bund Petersilie
Sellerieblätter
Thymian
Basilikum
3 Knoblauchzehen, durchgepreßt
1–2 EL Paniermehl
3 EL Olivenöl

Die Muscheln gründlich waschen und abbürsten, die Bartfäden entfernen. Geöffnete Muscheln wegwerfen. Die Muscheln einige Stunden in Salzwasser wässern, damit sie den Sand ausscheiden.

Für den Sud im Suppentopf alle angegebenen Zutaten erhitzen und 5 Minuten köcheln lassen. Die Muscheln dazugeben, zugedeckt etwa 5 Minuten kochen, bis alle Muscheln geöffnet sind, dabei den Topf hin und wieder rütteln. Die gekochten Muscheln aus dem Sud nehmen, die jeweils leere Schalenhälfte abbrechen und wegwerfen. Die gefüllten Schalenhälften auf eine feuerfeste Platte legen.

Die Kräuter fein wiegen, mit dem durchgepreßten Knoblauch und etwas Paniermehl vermischen und

über die Muscheln streuen. Etwas Muschelsud und Olivenöl darüberträufeln. Im vorgeheizten Ofen bei 220 °C gratinieren, bis die Muscheln leicht gebräunt sind.
Beilagen: Weißbrot und Zitronenschnitze.

Muschelrisotto

250 g Rundkornreis
4 EL Öl
1/2 Zwiebel, gehackt
3/4–1 l kochende Fleischbrühe
30 g kalte Butter
1 Dose Muschelfleisch
einige Safranfäden
geriebener Parmesan

Das Öl erhitzen, die Zwiebel darin anschwitzen, den Reis zugeben und unter beständigem Rühren glasig dünsten, mit der kochenden Brühe aufgießen. Zugedeckt bei schwacher Hitze 20–25 Minuten ausquellen lassen, ohne umzurühren. Die Butter untermischen.
Die Muscheln abtropfen lassen, mit Safran bestreuen und mischen, damit alle Muscheln gelb werden. Mit so viel Muschelbrühe unter den Risotto mischen, daß der Reis saftig ist. Nach Belieben kann man auch den Reis mit Safran würzen und gelb färben. Geriebenen Parmesan auf den Tisch stellen.

Muscheln im Reisrand

250 g gekochtes Muschelfleisch (Seite 134)
1 Rezept Currysauce (Seite 173)

Für den Reisrand

250 g Langkornreis
knapp 3/4 l Salzwasser
30 g Butter für die Form

Das Muschelfleisch kalt überbrausen, abtropfen lassen. Die Currysauce zubereiten und das Muschelfleisch darin erwärmen.
Den Reis mit Salzwasser zum Kochen bringen, zugedeckt 20–25 Minuten bei milder Hitze ausquellen lassen, ohne umzurühren. Den Reis in eine gebutterte Ringform füllen und andrücken. Im Wasserbad oder über Dampf einige Minuten anziehen lassen. Den Reis auf eine vorgewärmte runde Platte stürzen. In die Mitte die Currysauce mit den Muscheln füllen.

Jakobsmuscheln in Champignonsauce

600 g Jakobsmuschelfleisch (TK)

Für die Sauce

60 g Butter
2 Schalotten, gehackt
250 g Champignons, in Scheiben geschnitten
Salz
Pfeffer
2 EL Sherry
1/8 l trockener Weißwein
1/8 l helle Fleischbrühe
200 g Crème fraîche
1–2 TL Zitronensaft
10 g Mehlbutter
30 g kalte Butter
1 EL Petersilie, gehackt

Die Muscheln so weit antauen lassen, daß man den roten Corail ablösen kann, mit kaltem Wasser überbrausen, abtropfen lassen. Das weiße Muschelfleisch in 1 cm dicke Scheiben schneiden, den Corail ganz lassen.
In einem Topf die Butter zerlassen und die Schalotten darin glasig schwitzen. Die Champignons zugeben und andünsten. Mit Salz und Pfeffer würzen, den Sherry angießen und leicht einkochen. Den Wein und die Fleischbrühe aufgießen, 8 Minuten dünsten. Zum Schluß Crème fraîche unterrühren, aufkochen und mit Zitronensaft abschmecken. Die Sauce mit Mehlbutter leicht binden. Das Muschelfleisch in die Sauce geben und etwa 5 Minuten ziehen lassen. An der Herdseite nach und nach die kalte Butter einrühren. In einer vorgewärmten Schüssel anrichten und mit Petersilie bestreuen.
Beilagen: Reis oder Nudeln, zarte Salate.

Jakobsmuscheln in Safransauce

Als Vorspeise oder Zwischengericht.

- 800 g Jakobsmuschelfleisch (TK)
- 60 g Butter
- 1 Schalotte, gehackt
- 1 EL Petersilie, gehackt
- 100 g Champignons, in Scheiben geschnitten
- 1 Prise Safranfäden
- 200 g vollreife Tomaten, gehäutet, Samen entfernt, gewürfelt
- 1 EL Cognac, 1 EL Sherry
- 250 g Sahne
- Salz, Pfeffer

Die Muscheln so weit antauen lassen, daß man das weiße Muschelfleisch (»Nüßchen«) vom roten Corail (Rogen) trennen kann. Mit kaltem Wasser überbrausen, mit Küchenpapier trockentupfen.

In einem flachen Topf die Butter erhitzen, das Muschelfleisch (»Nüßchen« und Corail) mit Schalotte und Petersilie 5 Minuten dünsten. Die Muscheln herausnehmen und beiseite stellen.

Die Champignons in den Topf geben und andünsten. Safran, Tomatenwürfel sowie Cognac und Sherry zugeben, einige Minuten dünsten. Mit Sahne aufgießen, die Sauce auf die gewünschte Konsistenz einkochen, mit Salz und Pfeffer abschmecken.

Das Muschelfleisch in Scheibchen schneiden, in 4 Muschelschalen oder in einer vorgewärmten Schüssel anrichten und mit der Sauce übergießen.

Beilagen: Reis oder aufgebackenes Baguette.

Variation

Gratinierte Jakobsmuscheln: Die Muscheln in Weinsud (Seite 29) 5 Minuten pochieren. Den Sud zum Aufgießen einer hellen Sauce verwenden (Weißweinsauce, Seite 174, Käsesauce, Seite 174, Holländische Sauce, Seite 175). Die Muscheln mit der Sauce übergießen und einige Minuten gratinieren.

Entlang dem Außensaum die Muschel lösen und aus der Schale nehmen.

Frische Jakobsmuscheln öffnen und auslösen: *Wer die Möglichkeit hat, lebendfrische Jakobsmuscheln zu bekommen, bereitet sie vor, wie in der Bildfolge gezeigt. Dafür zunächst die Schalen unter kaltem Wasser sorgfältig säubern (am besten mit einer Bürste) und die Muscheln einige Stunden in Salzwasser legen, damit sie den Sand »ausspucken«. Mit der flachen Schalenseite nach oben eine Muschel in die Hand nehmen und ein kräftiges, kurzes Messer zwischen die Schalen schieben. An der Innenseite der flachen Schalenhälfte das »Schloß« (ein Muskel) durchschneiden. Die Muschel öffnen und die flache Schale abheben.*

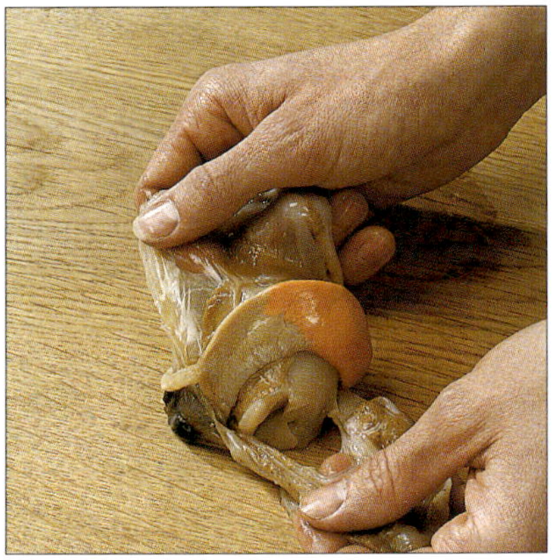

Den Saum vom Muskelfleisch (»Nüßchen«) und Corail (Rogen) abziehen.

Muskelfleisch und Corail behutsam voneinander trennen.

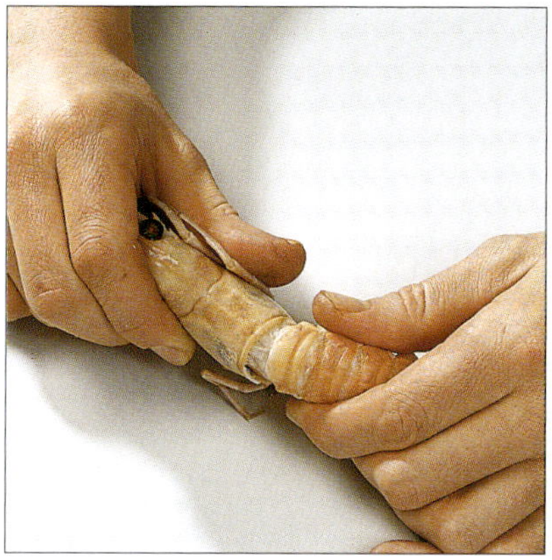

SCAMPI AUSBRECHEN: *Am Kopf- und Schwanzteil fassen, das Schwanzteil abdrehen.*

Die Schale andrücken, bis sie knackt, und dann von unten aufbrechen und ablösen.

Das Schwanzfleisch auf der Rückenseite einschneiden, den Darm entfernen.

Krustentiere

(HUMMER, LANGUSTE, GARNELEN, KREBSE)

Die Krebs- oder Krustentiere sind eine formen- und artenreiche Gruppe. Sie werden unterschieden in *langschwänzige Krebse* (Hummer, Languste, Kaisergranat, Garnele) und *kurzschwänzige Krebse* (Taschenkrebs). Der Körper ist von einem Panzer umschlossen. Während der Wachstumsperiode müssen sich die Tiere mehrmals häuten, um einen größeren Panzer bilden zu können. Das eßbare Fleisch befindet sich hauptsächlich im Schwanz und in den Scheren.

Qualitätsmerkmale

Lebende Krebstiere werden in Körben, in nasse Holzwolle verpackt, versandt. Sie müssen gegen Kälte und Hitze geschützt sein. Der Schwanz lebender Krebstiere muß eingezogen und elastisch sein, bei Berührung zieht das Tier den Schwanz sofort ein. Werden bereits abgestorbene Tiere gekocht, so ist der Schwanz nach dem Kochen nicht nach unten eingezogen; er hängt vielmehr locker am Körper und läßt sich leicht bewegen. Gestorbene Krebstiere entwickeln ein gefährliches Fischgift und dürfen nicht gegessen werden.

Das Fleisch roher Ware ist glasigweiß, elastisch und von angenehm frischem Geruch. Die Schale von gekochten Garnelen ist hart und fest, das Fleisch kernig, die Farbe weiß bis rötlich, von angenehmem Geruch nach Seewasser. Unangenehmer Geruch, weiches und verfärbtes Fleisch weisen auf verdorbene Ware hin.

KREBSFOND: *Die angebratenen Karkassen mit dem Gemüse vermischen, das Wasser zugießen.*

Köcheln lassen, zwischendurch mehrmals abschäumen, durch ein Sieb gießen.

KREBSRAHMSAUCE: *Mit dem Stabmixer schaumig aufschlagen.*

Krebsfond

Fotos Seite 139

Für Saucen und Suppen.

Für etwa 400 ml

200 g Krebskarkassen
2 EL Öl zum Anbraten
2 cl Cognac
1/8 l trockener Weißwein
20 g Butter
2 Schalotten, gehackt
100 g Suppengemüse, geschnitten
1 EL Tomatenmark
1 Knoblauchzehe
1 Tomate, geviertelt
1 Lorbeerblatt
1 Zweig Estragon
1 Zweig Thymian
etwa 600 ml kaltes Wasser
Salz, 1 Prise Cayennepfeffer

Die Krebskarkassen gründlich reinigen und waschen, abtropfen lassen. In einem Topf das Öl erhitzen und die Karkassen darin bei starker Hitze anbraten, dabei ständig umrühren, sie sollen nicht zu dunkel werden. Mit Cognac und Wein ablöschen, aufkochen lassen, beiseite stellen.

In einem zweiten Topf die Butter erhitzen, Schalotten und Suppengemüse andünsten, Tomatenmark und Knoblauch zugeben und unter Rühren anziehen lassen. Die Tomate zugeben und kurz mitdünsten. Das Lorbeerblatt, Estragon und Thymian einlegen. Das Gemüse unter die Krebskarkassen mischen, mit kaltem Wasser bedecken und zum Kochen bringen, 40 Minuten köcheln lassen, zwischendurch mehrmals abschäumen. Den Fond durch ein sehr feines Drahtsieb ablaufen lassen, besser noch durch ein mit einem Tuch ausgelegtes Spitzsieb abgießen und die festen Bestandteile mit dem Tuch ausdrücken. Mit Salz und Cayennepfeffer milde abschmecken.

Krebsrahmsauce

Foto Seite 139

Zu gekochtem, gedünstetem und pochiertem Fisch, zu Fisch in Blätterteig.

1 Rezept Krebsfond (links)
1 Becher Crème fraîche
Salz
1 Prise Cayennepfeffer

Den Krebsfond zubereiten und um ein Drittel oder bis zur Hälfte einkochen. Crème fraîche mit dem Stabmixer einrühren und schaumig aufschlagen. Mit Salz und Cayennepfeffer milde abschmecken.

Hinweis

Wer es eilig hat, verwendet Krebsfond aus dem Glas; oder man rührt Krebs-Suppen-Paste mit Fischsud oder Hühnerbrühe oder Wasser an und bereitet daraus eine Krebsrahmsauce, wie oben beschrieben.

Hummer- oder Langustenfond

Die Zubereitung ist die gleiche wie bei Krebsfond (links). Man verwendet gereinigte, stark zerkleinerte Karkassen von gekochtem Hummer oder gekochter Languste.

Hummer- oder Langustenrahmsauce

Sie wird zubereitet wie Krebsrahmsauce (links). Man verwendet dafür Hummer- oder Langustenfond (oben).

Hinweis

Für die schnelle Küche bietet sich die Verwendung eines Fertigproduktes an: Hummer- oder Langusten-Suppen-Paste, mit Fischsud oder Hühnerbrühe oder Wasser angerührt, beziehungsweise Hummer- oder Langustenfond aus dem Glas, kurz eingekocht. Einen Becher Crème fraîche oder Sahne mit dem Stabmixer einrühren und schaumig aufschlagen.

Hummer kochen

Hummer kann man auf Wunsch gekocht kaufen. Kauft man lebende Hummer, so müssen sie frisch sein und lebhafte Abwehrreaktionen zeigen. Die Gummiringe, mit denen die Scheren zusammengebunden sind, entfernt man erst nach dem Kochen.

- Pro Person 300–350 g Hummer
- Salz
- Zitronenscheiben ohne Schale
- Zitronenspalten und
- Dillspitzen zum Garnieren

Zum Kochen des Hummers verwendet man reichlich Salzwasser mit Zitronenscheiben. Die Flüssigkeitsmenge muß ausreichend bemessen sein, damit der oder die Hummer gut bedeckt sind.

Den Hummer am Rücken fassen und mit dem Kopf voran in das sprudelnd kochende Wasser einwerfen, wodurch er sofort getötet wird. Den Topf mit dem Deckel verschließen. Soll der Hummer nur getötet und dann anderweitig verwendet werden, nimmt man ihn, je nach Größe, nach 1–2 Minuten wieder heraus und bereitet ihn nach Rezept zu.

Soll der Hummer im Sud gegart werden, läßt man ihn 2 Minuten sprudelnd kochen und dann bei verminderter Hitzezufuhr garziehen. Man rechnet im Durchschnitt 12 Minuten für einen Hummer von 500 g, 20–25 Minuten für einen Hummer von 1000 g.

Für kalte Gerichte läßt man den Hummer im Sud erkalten.

HUMMER ZERLEGEN UND ANRICHTEN (FOTOS SEITE 142): Den Hummer, der sich beim Kochen rot gefärbt hat, aus dem Sud nehmen, abtropfen lassen. Die Scheren nahe am Körper fassen und abdrehen. Den Körper mit einem kräftigen Messer der Länge nach halbieren. Dazu legt man den Hummer mit der Bauchseite auf ein Holzbrett, setzt das Messer zwischen Kopf- und Schwanzteil an und spaltet zuerst den Schwanz und dann den Brustpanzer in zwei Hälften. Man entfernt den Darm, der sich als schwarzer Strang durch den Körper zieht, und richtet den Hummer mit der Schale nach unten auf einer Platte an. Die mit der Hummerschere aufgebrochenen Scheren setzt man vor den Körper und garniert die Platte mit Dillspitzen und Zitronenspalten.

Zum Essen benötigt man eine Hummergabel mit zwei Haken an der Spitze, um aus den Beinen das Fleisch herauszuholen. Zu jedem Gedeck wird außerdem ein kleines Eßbesteck aufgelegt, eine saugfähige Serviette sowie ein Schälchen mit warmem Wasser und Zitronenscheiben zum Reinigen der Finger.

Beilagen: Toastbrot mit Butter, zerlassene Butter oder Mayonnaise.

Eine andere Art, den Hummer zu zerlegen und anzurichten, ist, alle eßbaren Teile vor dem Servieren auszulösen. Das ist zwar weniger dekorativ, doch angenehmer beim Essen:

Den Hummer auf den Rücken legen. Die acht Beine abtrennen, auseinanderbrechen und das Fleisch mit der Hummergabel herausholen. Die beiden Scheren dicht am Körper abtrennen, mit der Hummerschere aufbrechen und das Fleisch möglichst unzerteilt herausholen. Den Schwanz vom Rumpf trennen. Die Unterseite des Schwanzes rechts und links aufschneiden und die Schale von der Unterseite des Schwanzes abheben. Das Fleisch in einem Stück aus der Schale lösen. Das Schwanzfleisch so weit der Länge nach aufschneiden, daß man den Darm auslösen kann. Das Fleisch in Scheiben schneiden und zum Servieren wieder in die Schale zurücklegen. Den Brustpanzer an der Unterseite öffnen. Die eßbaren cremigen Teile, das grünliche Hummermark, die Leber und den orangefarbenen Corail, die Eier, herausnehmen. Der Magen – ein kleines Täschchen mit dem für die Verdauung wichtigen Kies –, der zwischen den Augen liegt, ist ungenießbar und wird weggeworfen.

Das ausgelöste Hummerfleisch richtet man auf einer Platte an und garniert es mit Zitronenspalten.

VARIATION

KALTER HUMMER: Den Hummer im Sud erkalten lassen und erst unmittelbar vor der Verwendung herausnehmen und auslösen, wie oben beschrieben. Die Garzeit kann um 15 Prozent verkürzt werden, da der Hummer im nur allmählich abkühlenden Sud nachgart. Das Hummerfleisch nach Bedarf, zum Beispiel für ein kaltes Büfett oder einen Salat/Cocktail, zerteilen und nach Rezept verwenden.

HUMMERGABEL: *Wer die Hummerbeine nicht aussaugen möchte, braucht zum Auslösen des schmackhaften Fleisches eine Hummergabel. Mit ihren beiden Hakenzinken kann das Fleisch auch aus ganz schmalen Stellen herausgezogen werden.*

Langsuste kochen

Eine Languste wird genauso in reichlich Salzwasser mit Zitronenscheiben gekocht und zubereitet wie Hummer. Damit man sie später dekorativ anrichten kann, wird empfohlen, die Languste vor dem Kochen auf ein Brett zu binden, damit der Schwanz gestreckt bleibt.

Da die Languste meist größer und schwerer ist als ein Hummer, ist die Garzeit entsprechend länger zu berechnen. Im Durchschnitt rechnet man 12 Minuten für die ersten 500 g, 10 Minuten für weitere 500 g und je 5 Minuten für alle weiteren 500 g. Aus dem großen Schwanz wird das Fleisch meist im ganzen ausgelöst und in Scheiben geschnitten. Dafür das Schwanz- vom Kopfteil abdrehen, das Schwanzteil durch Druck anknacken und von der Unterseite aufbrechen oder mit einer Küchenschere aufschneiden. Alle Rezepte für Hummer passen auch für Languste.

VARIATIONEN

KALTE LANGUSTE: Für kalte Gerichte läßt man die Languste im Sud erkalten. Die Garzeit kann dafür um 15 Prozent verkürzt werden, da die Languste im nur allmählich abkühlenden Sud nachgart.

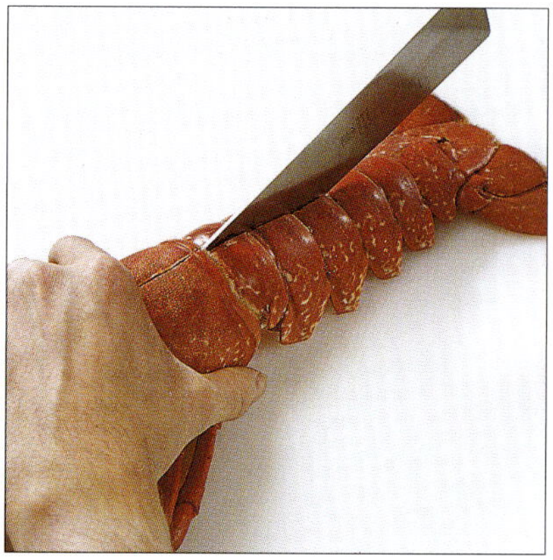

HUMMER HALBIEREN: *Von der Mitte aus mit Druck nach unten das Schwanzteil spalten.*

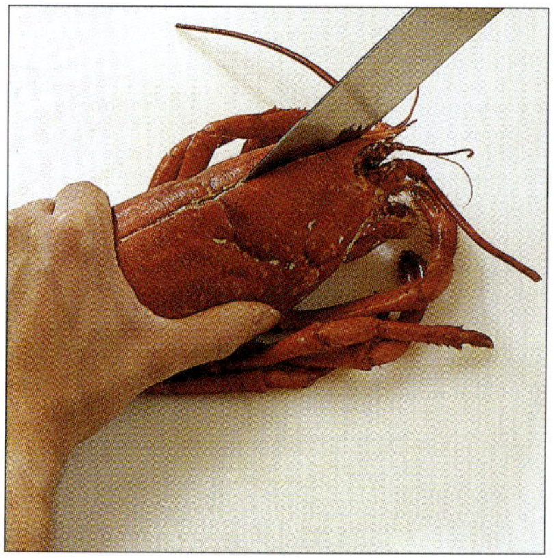

Den Körper drehen und ebenso das Kopfteil spalten (zwischen den Augen hindurch).

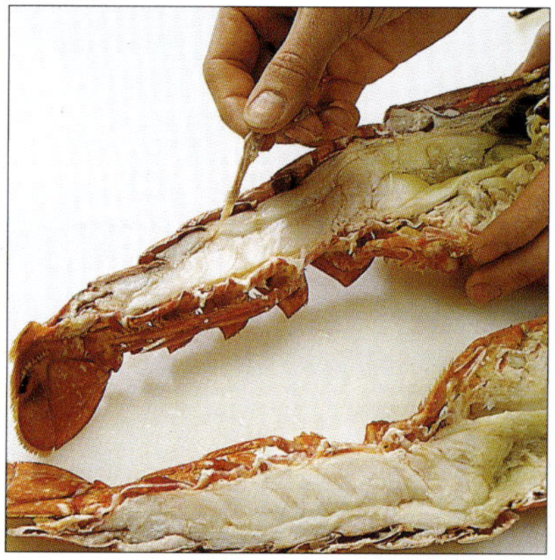

Vorsichtig den Darm entfernen, er darf nicht abreißen.

Gebratener Hummer

Foto

2 lebende Hummer, je 600 g
6 EL Olivenöl
Salz, 1 Prise Cayennepfeffer

Zum Garnieren

Glasierte Zwiebelchen (Seite 185)
Grilltomaten (Seite 186)

Die Hummer in reichlich kochendes Salzwasser werfen und 1–2 Minuten kochen, um sie zu töten. Herausheben und abtropfen lassen. Die Scheren mit drehenden Bewegungen vom Rumpf abtrennen und anklopfen. Die Hummer der Länge nach spalten, Darm und Magensack entfernen.

Zum Braten benötigt man eine große Pfanne, in der die vier Hummerhälften Platz haben; oder man brät in zwei Pfannen oder je zwei Hummerhälften nacheinander.

Das Olivenöl in der Pfanne erhitzen und die Hummerhälften auf der Schalenseite kurz anbraten, bis sie sich rot färben. Wenden und auf der Fleischseite braten, dabei die Schalenseite immer wieder mit dem heißen Öl beschöpfen. Gleichzeitig die angeklopften Hummerscheren mitbraten. Garzeit etwa 15 Minuten.

Die Hummerhälften mit der Schnittfläche nach oben anrichten. Salz, mit Cayennepfeffer vermischt, darüberstreuen. Mit glasierten Zwiebelchen oder Grilltomaten garnieren.

Beilage: Aufgebackenes Baguette.

Gegrillter Hummer

4 lebende Hummer, je 600 g, oder
2 Hummer, je 1 kg
Salz, 1 Prise Cayennepfeffer
6 EL Öl oder flüssige Butter
Zitronenspalten, krause Petersilie

Die Hummer in reichlich kochendes Salzwasser werfen und 1–2 Minuten kochen, bis die Tiere tot und etwas steif geworden sind. Die Hummer aus dem Sud nehmen, abtropfen lassen, der Länge nach spalten, Darm und Magensack entfernen. Die Scheren anschlagen, damit die Grillhitze später besser eindringen kann. Salz mit einer Prise Cayennepfeffer mischen und das Hummerfleisch damit würzen und mit Öl oder Butter bestreichen. Die Hummer zuerst auf der Fleischseite 6–8 Minuten grillen, dabei wiederholt mit Öl oder Butter bestreichen, dann wenden und auf der Panzerseite grillen. Vor dem Servieren die Scheren aufbrechen, damit man das Fleisch herausholen kann. Die Hummer auf einer Serviette anrichten, mit Zitronenspalten und Petersilie garnieren.

Beilagen: Toastbrot mit Butter, zerlassene Butter, Sauce Choron oder Mayonnaise.

Gegrillte Languste

Die Zubereitung ist die gleiche wie bei Hummer: Die Languste im kochenden Wasser töten, längs halbieren. Zuerst auf der Fleischseite, dann auf der Panzerseite grillen.

Überbackener Taschenkrebs

Lebende Taschenkrebse werden gesäubert und in Salzwasser gekocht; man kauft sie jedoch meistens schon gekocht ein. Sie enthalten nur wenig eßbares Fleisch, das meiste befindet sich in den beiden Scheren.

2 große, gekochte Taschenkrebse
1 Rezept Krebsrahmsauce (Seite 140)
3 EL Semmelbrösel
2 EL geriebener Parmesan
3 EL zerlassene Butter

Das Fleisch aus den Scheren und den Beinen auslösen. Aus den Körperschalen alles Fleisch sowie die cremigen Teile lösen und mit dem zerkleinerten Scheren- und Beinfleisch vermischen. Das Krebsfleisch mit Krebsrahmsauce binden.

Die leeren Krebsschalen säubern und auswaschen, mit der Masse füllen. Mit Semmelbröseln und Parmesan bestreuen und zerlassene Butter darüberträufeln. Bei 220 °C im vorgeheizten Ofen etwa 10 Minuten überbacken.

Beilage: Aufgebackenes Weißbrot und Butter.

Variation

Das ausgelöste Krebsfleisch mit Zitronensaft und zerdrücktem Knoblauch marinieren, bevor es mit der Sauce vermischt wird. Man kann auch gekochte, ausgelöste Muscheln daruntermischen.

Krebse kochen im Dillsud

Pro Person 6 lebende Flußkrebse
etwa 3 l Salzwasser
1 Zitrone in Scheiben, 1 Bund Dill
Kümmel nach Belieben

Die Krebse gründlich waschen und bürsten. Das Kochwasser so reichlich bemessen, daß die Krebse gut bedeckt sind. Wasser mit allen Zutaten zum Kochen bringen. Die Krebse nacheinander mit dem Kopf voran in den sprudelnd kochenden Sud werfen, zugedeckt 2 Minuten lebhaft kochen, weitere 8 Minuten ziehen lassen. Die Krebse aus dem Sud nehmen, abtropfen lassen und in einer Terrine anrichten. Den Sud durchseihen, bei starker Hitze kurz einkochen, über die Krebse gießen. Man serviert sie warm oder kalt.

KREBSE ESSEN: Die Scheren ausbrechen, aufknacken und das Fleisch herauslösen. Das Schwanzteil vom Körper abdrehen, an der Unterseite aufbrechen, das Schwanzfleisch auslösen und den Darm entfernen. Zum Reinigen der Finger stellt man Schälchen mit warmem Wasser und Zitronenscheiben auf den Tisch.

Beilage: Weißbrot mit Butter.

Variationen

- Für warm servierte Krebse den heißen Sud mit einem Stückchen frischer Butter aufschlagen.
- KREBSE IN WEINSUD: Den Sud für Krustentiere (Seite 29) verwenden. Den eingekochten Sud mit Cayennepfeffer würzen.

Garnelen in Sherrysahne

Für 2 Personen als Hauptspeise oder für 4 Personen als Vorspeise.

- 250 g rohe Tiefseegarnelen (Shrimps), ohne Schale
- Zitronensaft
- 40 g Butter
- 1–2 Schalotten, gehackt
- Salz, 1 Prise Cayennepfeffer
- 3 EL Sherry
- 125 g Sahne
- 30 g kalte Butter
- 1 TL Dill, fein gewiegt

Die Garnelen mit kaltem Wasser überbrausen, abtropfen lassen und mit Zitronensaft marinieren.
In einem Topf die Butter erhitzen und die Schalotten darin leicht anschwitzen. Die Garnelen dazugeben, mit Salz und Cayennepfeffer würzen und 5 Minuten dünsten. Die Garnelen herausnehmen und beiseite stellen. Den Sherry angießen, aufkochen, die Sahne dazugießen und gut durchkochen. An der Herdseite nach und nach die kalte Butter einrühren. Den Dill daruntermischen. Die Garnelen in der Sauce erwärmen und sofort servieren.
Beilagen: Reis, Blätterteig-Halbmonde, Blattsalat.

Garnelen in Holländischer Sauce

- 375 g gekochte Garnelen, ohne Schale

Holländische Sauce

- 30 g Speisestärke
- 375 ml klare Fleischbrühe
- 3 EL trockener Weißwein
- 3 Eigelb
- 75 g kalte Butter
- Salz, Pfeffer
- 1 Prise Zucker
- 3 EL Sahne

Garnelen kalt überbrausen, abtropfen lassen.
Für die Sauce im Wasserbadtopf die Speisestärke mit Brühe, Wein und Eigelbe mit dem Schneebesen glattrühren. Im Wasserbad bei langsam zunehmender Hitze abschlagen, bis die Masse dicklich wird (das Wasser darf nicht kochen!). Die Butter flöckchenweise darunterschlagen. Sauce mit Salz, Pfeffer und Zucker abschmecken, die Sahne unterrühren.
Garnelen in der Sauce erwärmen und darauf achten, daß sie nicht zum Kochen kommt.
Beilagen: Reis, mit Petersilie bestreut, grüner Salat.

Variationen

- Garnelen in Dillsauce: Die Sauce mit feingewiegtem Dill abschmecken.
- Garnelen in Currysauce: Die Sauce mit Curry abschmecken.

Scampi oder Shrimps in Tomatensauce

- $^3/_4$–1 kg rohe Scampi oder Shrimps, in der Schale
- 3 Knoblauchzehen
- Salz, 6 Pfefferkörner
- 3 Mandeln
- 1 Bund glatte Petersilie
- 2 Eiertomaten, gehäutet
- 5 EL Olivenöl
- 1 Zwiebel, gehackt
- 4 EL trockener Weißwein

Die Krebsschwänzchen kalt überbrausen, abtropfen lassen, trockentupfen. Im Mörser die Knoblauchzehen mit Salz, Pfefferkörnern, Mandeln und Petersilienblättchen sehr fein zerstoßen, die Tomaten dazugeben und alles zu einer glatten, dicklichen Sauce verreiben.
In einer großen Bratpfanne das Öl erhitzen und die Zwiebel darin glasig schwitzen. Die Krebsschwänzchen dazugeben und bei starker Hitze rundum anbraten, bis die Schalen rot werden. Die Sauce aus dem Mörser dazugeben, den Wein angießen, leicht salzen. Zugedeckt bei milder Hitze in etwa 5 Minuten garen. Man kann sie warm oder kalt servieren.
Beilage: Weißbrot.

Scampi vom Grill

Foto

12 rohe Riesenscampi, in der Schale (600 g)

Für die Marinade

- 4 EL Zitronensaft
- Salz
- Pfeffer
- 2 Knoblauchzehen, durchgepreßt
- 1 EL Petersilie, fein gewiegt
- 4 EL Öl

Die Scampi kalt überbrausen und mit Küchenpapier trockentupfen.

Für die Marinade alle Zutaten verrühren. Die Scampi an der Unterseite aufschneiden, mit der Marinade bestreichen, 1 Stunde im Kühlschrank marinieren.

Je 3 Scampi auf Spießchen stecken. Im vorgeheizten Grill auf jeder Seite etwa 5 Minuten grillen; zwischendurch mehrmals mit Marinade bestreichen. Sie sind gar, wenn sie schön rot gefärbt sind und sich gut aus den Schalen lösen lassen.

Beilagen: Brot, Aïoli, Zitronenspalten zum Garnieren.

Variationen

- Scampi-Muschel-Spiesschen: Abwechelnd Scampi (oder Shrimps) und ausgelöste Muscheln auf Spießchen stecken. Marinieren und grillen wie oben.
- Gemischte Scampispiesschen: Scampi (oder Shrimps) abwechselnd mit Auberginen- und/oder Zucchinistücken auf Spießchen stecken. Marinieren und grillen wie oben.
- Scampi-Fisch-Spiesschen: Festes Fischfleisch in Würfel schneiden. Abwechselnd mit rohen Scampi ohne Schale auf Spießchen stecken. Marinieren und grillen wie oben.

Scampi oder Shrimps in Madeira-Rahmsauce

- 12 rohe Riesenscampi oder Shrimps, in der Schale (600 g)
- 4 EL Öl

Für die Sauce

- 20 g Butter, 1 Trüffel (Glas)
- 100 ml Madeira, 200 g Sahne
- Salz, 1 Prise Cayennepfeffer
- 1 Eigelb, 2 EL Sahne
- 20 g Butterflöckchen

Die Krebsschwänze kalt überbrausen, trockentupfen. In einem Schmortopf das Öl erhitzen und die Krebsschwänze unter ständigem Bewegen bei guter Hitze etwa 6 Minuten anbraten, herausnehmen und beiseite stellen.

Im gleichen Topf die Butter erhitzen. Die Trüffel in Scheiben schneiden und in der Butter andünsten, mit dem Trüffelsaft aus dem Glas ablöschen. Nach und nach löffelweise Madeira und Sahne zugeben und zu einer sämig-gebundenen Sauce einkochen. Mit Salz und Cayennepfeffer würzen. Eigelb und Sahne verquirlen und in die Sauce einrühren, dann nicht mehr kochen. Kalte Butterflöckchen unterrühren.

Die Krebsschwänze aus den Schalen lösen, am Rücken einschneiden und den Darm entfernen. In der Sauce erwärmen und anrichten.

Beilagen: Butternudeln oder Reis, Blattsalat.

Scampi oder Shrimps in Knoblauchsauce

750 g rohe Scampi oder Shrimps, in der Schale

Für den Sud

- 1/2 l Salzwasser
- 1/4 l trockener Weißwein
- 4 Zitronenscheiben, ohne Schale
- 6 Pfefferkörner, gestoßen
- 1 TL Dill, fein gewiegt

Für die Sauce

- 6 EL Olivenöl
- 6 Knoblauchzehen, durchgepreßt
- 1/8 l trockener Weißwein
- Salz, Pfeffer

Die Krebsschwänze kalt überbrausen. Das Salzwasser mit allen Zutaten zum Kochen bringen, die Krebsschwänze hineingeben und zugedeckt etwa 6 Minuten leise kochen; sie sind gar, wenn man sie gut aus den Schalen lösen kann. Abgießen, kalt überbrausen und aus den Schalen lösen, den Darm entfernen.

Für die Sauce das Olivenöl erhitzen und den Knoblauch darin schwenken, ohne daß er Farbe nimmt. Den Wein angießen, mit Salz und Pfeffer würzen, kurz aufkochen. Die Krebsschwänze in der Sauce erwärmen und in einer vorgewärmten Terrine anrichten.

Beilage: Aufgebackenes Baguette.

Scampi oder Shrimps in Rahmsauce

12 rohe Riesenscampi oder
Shrimps, in der Schale (600 g)
Zitronensaft, 4 EL Olivenöl

Für die Sauce

2 Schalotten, gehackt
1 Knoblauchzehe, zerdrückt
1 EL Petersilie, gehackt
1 Tomate, gehäutet, gewürfelt
100 ml Fleischbrühe
100 ml trockener Weißwein
Salz, 1 Prise Cayennepfeffer
1 EL Cognac
150 g Crème fraîche
50 kalte Butter

Die Krebsschwänze kalt überbrausen, abtropfen lassen, mit Zitronensaft marinieren. In einem flachen Topf das Öl erhitzen und die Krebsschwänze unter ständigem Bewegen bei guter Hitze etwa 6 Minuten braten, herausnehmen und beiseite stellen.
In dem verbliebenen Öl die Schalotten mit dem Knoblauch, der Petersilie und Tomate 5 Minuten dünsten. Mit Brühe und Wein aufgießen, mit Salz, Cayennepfeffer und Cognac abschmecken und auf zwei Drittel einkochen. Crème fraîche einrühren, nochmal durchkochen. Von der Kochstelle nehmen und die kalte Butter flöckchenweise darunterschlagen. Die Krebsschwänze aus den Schalen lösen, am Rücken einschneiden und den Darm entfernen. In der Sauce erwärmen, sofort servieren.
Beilagen: Butterreis, Blattsalat.

HINWEIS

SHRIMPS AUS DER MIKROWELLE: In einem Fischlokal am Golf von Mexiko konnte ich einmal beobachten, wie meine Shrimps zubereitet wurden. Der Wirt füllte die gefrorenen Shrimps (roh, mit Schale) in einen Bratbeutel, verschloß ihn mit einer Schnur, stach ein paar Löcher hinein und gab ihn für ein paar Minuten in die Mikrowelle. Fertig. Serviert wurden die Shrimps mit pikanten Saucen.

Gebratene Gambas

1 kg ganze rohe Gambas,
in der Schale
4 EL Öl
Salz

Die Gambas waschen, abtropfen lassen und mit Küchenpapier trockentupfen. Eine schwere, gußeiserne Pfanne trocken erhitzen und die Gambas hineingeben. Bei starker Hitze unter ständigem Wenden so lange braten, bis sich die Schalen rot färben. Erst dann das Öl in die Pfanne geben und die Gambas unter häufigem Wenden bei verminderter Hitze noch einige Minuten garen. Mit feinem Salz bestreuen und sofort servieren.
Verzehrt werden nur die Schwänzchen, die man vom Körper abdreht und aus den Schalen löst.
Beilagen: Aufgebackenes Baguette, Aïoli.

HINWEIS

So werden Gambas an der Costa Brava zubereitet und dort als gegrillte Gambas angeboten. Auch rohe Shrimps und Scampi in der Schale eignen sich dafür.

Gebackene Scampi mit Kräuterbutter

Pro Person 2–3 rohe Riesenscampi,
in der Schale
Salz, Pfeffer, Zitronensaft
Mehl zum Wenden
1 Ei, verquirlt, gesalzen
Semmelbrösel
reichlich Öl zum Ausbacken
8 Zitronenspalten, krause Petersilie
Kräuterbutter (Seite 181)

Die Scampi aus den Schalen lösen, den Schwanzfächer jedoch daranlassen. Am Rücken entlang so tief einschneiden, daß die beiden Teile noch zusammenhängen. Den Darm entfernen, die Scampi plattdrücken. Mit Salz, Pfeffer und Zitronensaft würzen, in Mehl wenden, überschüssiges Mehl abschütteln, durch das verquirlte Ei ziehen und in Semmelbröseln panieren. In einer tiefen Pfanne reichlich Öl erhitzen (oder volle Friteuse einsetzen) und die Scampi auf beiden Seiten goldbraun ausbacken. Auf Küchenpapier abtropfen lassen und anrichten. Mit Zitronenspalten und Petersilie, die man einige Sekunden im heißen Fett fritieren kann, garnieren. Jedes Krebsschwänzchen mit einer Scheibe Kräuterbutter belegen.
Beilage: Baguette.

Fritierte Scampi

Pro Person 4 rohe Riesenscampi,
in der Schale
Salz, Zitronensaft
Backteig (Seite 35)
reichlich Öl zum Ausbacken
8 Zitronenspalten

Die Krebsschwänzchen aus den Schalen lösen, den Schwanzfächer jedoch daranlassen. Der Länge nach oben einschneiden und den Darm herausziehen. Mit Salz und Zitronensaft kurz marinieren. Backteig anrühren.

In einem schweren Topf so viel Öl erhitzen, daß die Scampi darin schwimmen können (oder volle Friteuse einsetzen). Die Krebsschwänzchen trockentupfen (bei Bedarf leicht mehlen), am Schwanz anfassen und in den Backteig tauchen, so daß sie ganz von Teig umhüllt sind. In das heiße Öl geben und goldbraun fritieren. Herausnehmen, auf Küchenpapier abtropfen lassen und warm halten, bis alle Portionen ausgebacken sind. Auf einer Serviette mit Zitronenspalten anrichten.

Beilagen: Weißbrot, Remouladensauce, Salat.

Variationen

- FRITIERTE SCAMPI, IN MEHL PANIERT: Die marinierten Krebsschwänzchen in Mehl wenden, überschüssiges Mehl abschütteln. Fritieren.
- FRITIERTE SCAMPI, IN EI PANIERT: 2 Eier verquirlen, mit Salz und Pfeffer würzen. Die Krebsschwänzchen in Mehl wenden, überschüssiges Mehl abschütteln, durch die Eimasse ziehen, abtropfen lassen. Fritieren.

Flambierte Scampi in Kräutersahne

600 g rohe Scampi, in der Schale
40 g Butter
2 Schalotten, fein gewürfelt
1 Bund Petersilie oder gemischte
Kräuter, fein geschnitten
Salz, Pfeffer
2 cl Cognac zum Flambieren
100 ml trockener Weißwein
200 g Sahne
30 g kalte Butter
1 Prise Cayennepfeffer

Die Scampi aus den Schalen lösen, am Rücken einschneiden und den Darm entfernen, mit kaltem Wasser überbrausen, trockentupfen.

In einer Bratpfanne mit hohem Rand die Butter erhitzen, die Scampi mit Schalotten und Petersilie oder gemischten Küchenkäutern darin anbraten und mit Salz und Pfeffer würzen. Den Cognac zugießen und flambieren, die Flammen mit dem Wein löschen und einmal kurz aufkochen. Die Scampi herausnehmen und warm stellen. Die Sahne zugießen, den Bratfond lösen und die Sauce um die Hälfte einkochen. Die Butter flöckchenweise mit dem Schneebesen einrühren. Mit Salz und Cayennepfeffer abschmecken. Die Scampi in der Sauce wieder erwärmen.

Beilagen: Reis oder Nudeln, gemischter Salat.

Garnelen in Öl mit Knoblauch (Gambas al ajillo)

Die Krebsschwänzchen werden portionsweise in kleinen Tonschalen zubereitet, wie man es von Urlaubsreisen in Spanien kennt. Dort gart man die Gambas in den Schälchen auf dem Holzkohlengrill. Auf dem Herd oder im Ofen (in die Grillpfanne gestellt) kann man sie jedoch auch zubereiten. Damit die Schälchen nicht Schaden nehmen, sollte die Hitzezufuhr nur langsam erfolgen, die Schälchen also nicht plötzlich starker Hitze ausgesetzt werden.

Für 6 Personen

1,5 kg große, rohe Garnelen-
schwänze, in der Schale
12 EL Olivenöl
1 kleine Chilischote
6 Knoblauchzehen, sehr klein
geschnitten
Salz

Die rohen Garnelen schälen, die Schwanzfächer jedoch daranlassen, und den Darm entfernen. In jedes Tonschälchen 2 EL Olivenöl und ein Stückchen Chilischote geben (ein Ring, mit der Schere geschnitten). Die Gambas und den kleingeschnittenen Knoblauch dazugeben, salzen. Unter allmählicher Hitzezufuhr bei starker Hitze 8 Minuten garen und die Schälchen hin und wieder bewegen. Sofort servieren.

Beilage: Weißbrot.

Gebratene Garnelen mit Knoblauch

Foto

500 g rohe kleinere Garnelen,
ohne Schale, Zitronensaft
100 ml trockener Sherry
5 EL Olivenöl
4 Knoblauchzehen, in Scheiben
geschnitten
1 Bund Petersilie, gehackt
Salz, Pfeffer, 1/2 TL Chilipulver

Die Garnelen kalt überbrausen und abtropfen lassen. Mit Zitronensaft und Sherry 15 Minuten marinieren.
In einer Stielpfanne das Öl erhitzen. Die Garnelen trockentupfen, in die Pfanne geben und unter ständigem Wenden rundum anbraten. Knoblauch, Petersilie und die Gewürze zugeben, bei reduzierter Hitze noch etwa 4 Minuten braten. In Keramikförmchen servieren.
Beilage: Weißbrot.

Tintenfische

Von der Familie der Kopffüßler (Tintenfische) werden bei uns hauptsächlich Krake, Kalmar und Sepia angeboten. Sie kommen immer küchenfertig gesäubert zum Verkauf, meist tiefgefroren. Handgroße Kalmare haben besonders schmackhaftes Fleisch. Sepia (Durchschnittsgewicht 1/2–1 kg) kauft man meist schon in Ringe geschnitten.

Gekochter Krake (Octopus)

750 g Krake, küchenfertig
gesäubert und abgezogen
Salzwasser zum Kochen

In einem großen Topf Salzwasser zum Kochen bringen, den Kraken hineingeben und bei milder Hitze zugedeckt garen. Kleine Kraken haben zartes Fleisch und sind schon nach 20 Minuten gar. Das Fleisch größerer Tiere jedoch ist zäh und kann 1 Stunde Garzeit benötigen; bei solch großen Exemplaren empfiehlt es sich, das Fleisch vor der Zubereitung weichzuklopfen. Man muß während der Garzeit mit der Gabel einstechen und prüfen, ob der Krake gar ist.
Den Kraken aus dem Sud nehmen, abtropfen lassen, in kleine Stücke schneiden und anrichten.
Beilagen: Zitronensaft oder Zitronen-Ölsauce und Weißbrot.

Gebratener Kalmar

750 g kleine Kalmare,
küchenfertig gesäubert
Salz
4 EL Mehl
6 EL Olivenöl
4 Zitronenspalten

Die Kalmare salzen, in Mehl wenden, überschüssiges Mehl abschütteln. Das Öl in der Stielpfanne erhitzen und die Kalmare auf beiden Seiten goldbraun braten, dabei immer wieder mit dem Bratfett begießen. Mit Zitronenspalten anrichten.
Beilage: Weißbrot.

Hinweis

Kleine Kalamare können unzerteilt gebraten werden, bei großen dagegen werden die Arme vom Körperbeutel abgetrennt und der Körper in Ringe geschnitten. Nach dem Abtrennen drückt man den Ring, der die Arme verbindet, mit dem Finger heraus und entfernt die Kauwerkzeuge. Aus dem Körperbeutel wird das transparente Fischbein entfernt. (Er eignet sich bestens zum Füllen und wird dann im Ofen gegart.)

Variation

Kalmar in Backteig: Den Backteig (Seite 35, mit Bier zubereitet) fertigstellen. Die Kalmare durch den Teig ziehen, abtropfen lassen und schwimmend in heißem Fett knusprig backen, das dauert etwa 5 Minuten. Auf Küchenkrepp abtropfen lassen.

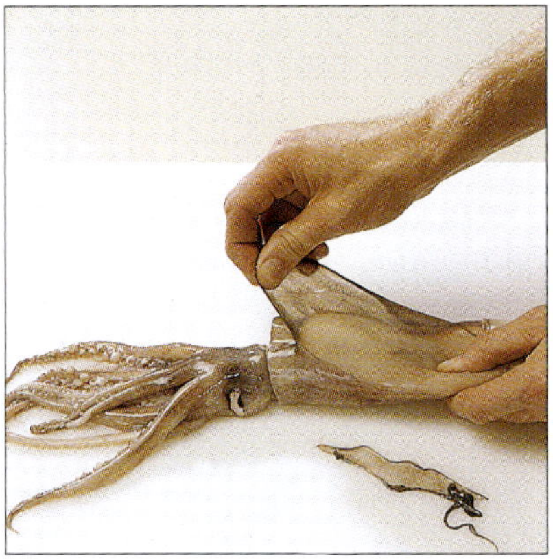

Arme abtrennen: *Den Kalmar fest packen und die Haut zu den Armen hin abziehen.*

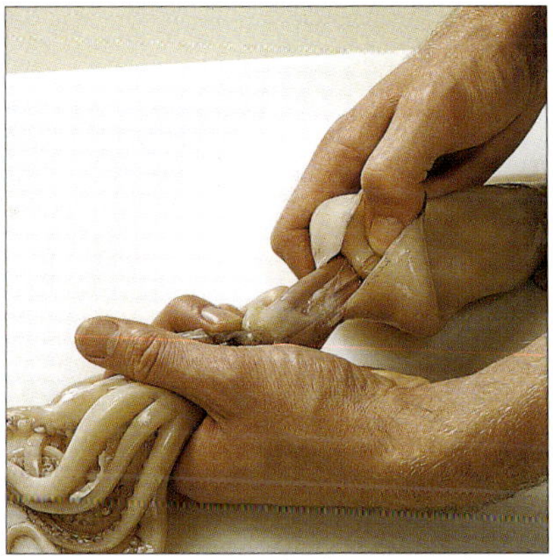

Die Arme mit der linken Hand fassen und aus dem Körperbeutel herausziehen.

Knapp über den Augen mit einem scharfen Messer abtrennen.

Sepia in Tomatensauce

750 g Sepia, gesäubert, in Ringe
geschnitten
Zitronensaft
4 EL Öl
3 Knoblauchzehen, gehackt
1 kleine Zwiebel, gehackt
4 Tomaten, gehäutet, gewürfelt
Salz
1 EL Petersilie, gehackt

Die Sepiaringe mit Zitronensaft säuern. Das Öl in einem flachen Topf erhitzen, Knoblauch und Zwiebel darin anschwitzen, ohne daß sie Farbe nehmen. Die Sepiaringe dazugeben und 5 Minuten dünsten. Die Tomaten zufügen, salzen. Zugedeckt in etwa 30 Minuten weich dünsten. Mit Petersilie bestreuen.
Beilage: Weißbrot oder gedünsteter Reis.

Kalte Fischküche

Sülzen, Terrinen, Mousse

Auskleiden der Form (Chemisieren)

Damit die festen Einlagen einer Sülze nicht an die Formwand gedrückt werden, sollte man die Form vor dem Füllen mit Gelee auskleiden; der Fachmann nennt das chemisieren. Dazu muß die Form trocken und völlig fettfrei sein. Das Fischgelee soll kurz vor dem Erstarren, aber noch flüssig sein. Man stellt die Form in Eiswasser und füllt sie mit noch flüssigem Gelee. Sobald sich an der Formwand eine 2–3 mm dicke, feste Geleeschicht gebildet hat, gießt man den noch flüssigen Rest aus, stellt die Form sofort wieder in das Eiswasser zurück und füllt sie nach Rezept mit festen Zutaten und Gelee.

Fischsülze

500 g pochierter Fisch (Reste), ohne Haut und Gräten
100–150 g gekochte Garnelen
Zitronensaft, Salz, Pfeffer
1 Rezept Fischgelee (Seite 32)
2 Essiggurken, in Würfel geschnitten
1 EL Kapern
1 EL Tomatenpaprika (Glas), klein gewürfelt

Zum Garnieren

2 Tomaten, geviertelt
krause Petersilie
2 hartgekochte Eier, in Scheiben geschnitten

Den Fisch in gleich große Stückchen teilen, mit den Garnelen in Zitronensaft, Salz und Pfeffer marinieren.
Den Fischsud, in dem der Fisch gegart wurde, stark einkochen, ½ l davon abmessen und daraus das Fischgelee nach Rezept zubereiten. Es soll kalt sein, aber noch nicht stocken.
Eine kalt ausgespülte Kuppel- oder Kastenform mit ¾ l Inhalt chemisieren. Die Form abwechselnd mit Fischstückchen, Garnelen, Gurkenwürfeln, Kapern und Tomatenpaprika sowie Geleeschichten füllen, dazwischen im Kühlschrank immer wieder anziehen lassen. Einige Stunden in den Kühlschrank stellen, bis die Sülze steif ist.
Zum Anrichten die Sülze auf eine Platte stürzen, mit Tomatenvierteln, Petersilie und Eierscheiben garnieren.
Beilagen: Brot, Tatarensauce.

Hinweis

Die Sülze löst sich problemlos aus der Form, wenn man sie vor dem Stürzen einen Augenblick in heißes Wasser taucht. Das muß jedoch sehr rasch geschehen, damit die Geleeschicht nicht zerfließt.

Forelle in Gelee

ODER SAIBLING, ÄSCHE, RENKE.

Für dieses Rezept der kalten Küche werden die Fische durch den Bauch entgrätet. Wie man das macht, ist auf Seite 16 erklärt.

4 lebendfrische Bachforellen, küchenfertig vorgerichtet und entgrätet
4 EL Essig
Blausud (Seite 28)
1 Eiweiß und die zerkleinerte Eierschale zum Klären
9 Blatt Gelatine

Zum Garnieren

Petersiliensträußchen oder Kresse
Zitronenschnitzchen
Tomatenviertel

Die entgräteten Forellen wieder in Form bringen und mit Essig übergießen. Die Fischgräten 1/2 Stunde wässern. Den Blausud zum Kochen ansetzen, die Fischgräten dazugeben und mit allen Zutaten 30 Minuten leise kochen lassen, abseihen. Den Sud wieder zum Siedepunkt bringen, die Forellen hineingeben, abschäumen, bei reduzierter Hitze je nach Größe der Fische 8–12 Minuten garziehen lassen. Die Forellen herausnehmen, abtropfen und nebeneinander auf eine Porzellanplatte legen. Den Fischsud bei starker Hitze auf etwa zwei Drittel einkochen. Ein Sieb mit einem Nesseltuch auslegen und den Sud durchseihen. Falls ein besonders klares Gelee gewünscht wird, muß man den *Sud klären:* Den Fischsud leicht erwärmen. Das Eiweiß halbsteif schlagen, mit der gewaschenen, zerkleinerten Eierschale in den Sud geben und unter ständigem Hochziehen mit dem Schneebesen zum Kochen bringen. Den Topf vom Herd nehmen und 10 Minuten stehen lassen, bis die Eiweißhaut aufreißt. Den Sud durch ein feines Sieb gießen, das mit mehrlagigem Nesseltuch ausgelegt wurde.
Die Gelatine 10 Minuten in kaltem Wasser einweichen. 3/4 Liter Fischsud erhitzen, säuerlich abschmecken, die gut ausgedrückte Gelatine darin auflösen und durchschlagen, über die Forellen gießen. Einige Stunden kalt stellen, bis das Gelee steif ist.
Vor dem Anrichten die Platte mit Petersiliensträußchen oder Kresse, Zitronenschnitzchen und Tomatenvierteln garnieren.
Beilagen: Brot, Tatarensauce.

Aal in Gelee

1 kg Aal, enthäutet
1 l Einfacher Fischsud (Seite 28)

Zum Garnieren

2 Essiggurken, in Scheiben geschnitten
2 hartgekochte Eier, in Scheiben geschnitten

Für das Gelee

1/8 l trockener Weißwein
Salz, Pfeffer
Essig
Zucker
6 Blatt weiße Gelatine

Den Aal in 5 cm lange Stücke schneiden. Im Fischsud etwa 15 Minuten pochieren und im Sud erkalten lassen. Die Aalstücke aus dem Sud nehmen, abtropfen lassen und in einer flachen Schüssel anrichten. Mit Essiggurken und Eierscheiben garnieren. Das abgetropfte Gemüse aus dem Sud kann man ebenfalls zum Garnieren verwenden.
400 ml des Fischsudes durch ein mit Nesseltuch ausgelegtes Sieb gießen, mit dem Weißwein auffüllen und erhitzen, jedoch nicht kochen. Den Sud mit Salz, Pfeffer, Essig und etwas Zucker pikant-säuerlich abschmekken. Die Gelatine 10 Minuten in kaltem Wasser einweichen, ausdrücken, mit dem Schneebesen in den heißen Sud rühren und auflösen. Über die Aalstücke gießen. Kalt stellen, bis das Gelee steif geworden ist.
Beilagen: Brot, Remouladensauce, Senfmayonnaise.

Fischterrine

Die Terrine kann aus Fleisch von allen mageren Fischen zubereitet werden, auch aus Meeresfischfilet.

1 Rezept Fischpüree (Seite 33) oder
Fischpüree mit Panade (Seite 34)
Butter für die Form

Das Fischpüree nach Rezept zubereiten und im Kühlschrank, auf Eis gestellt, quellen lassen.
Eine Terrinenform gut mit Butter ausstreichen, das Fischpüree einfüllen, glattstreichen. Die Form auf ein feuchtes Tuch aufstoßen, damit keine Hohlräume bleiben. Die Form mit dem Deckel verschließen oder mit Alufolie abdecken. Die Terrine in ein mit heißem Wasser gefülltes Gefäß stellen und bei 150 °C im vorgeheizten Ofen etwa 45 Minuten pochieren. (Man kann die Masse auch in eine gebutterte Kochpuddingform füllen und auf dem Herd im Wasserbad garen.) Nach beendeter Garzeit die Terrine kurz abdämpfen lassen, stürzen. Die Fischterrine warm oder kalt servieren.

Beilagen und Garnierung:
Für die warme Fischterrine Krebsschwänzchen, gedünstete Champignonköpfe, Kräutersauce, Nantua-Sauce, Champignonsauce, Trüffelsauce, tournierte Kartoffeln, Blätterteighalbmonde. Für die kalte Fischterrine Remouladensauce, Senfmayonnaise, Toastbrot.

Hechtterrine mit Champignons

1 Rezept Fischpüree (Seite 33) oder
Fischpüree mit Panade (Seite 34),
aus Hechtfleisch zubereitet
Butter für die Form

Für die Einlage

30 g Butter
150 g Champignons, gehackt
Zitronensaft
Salz
weißer Pfeffer

Das Fischpüree aus Hechtfleisch nach Rezept zubereiten und in den Kühlschrank stellen. Eine Pastetenform gut ausbuttern.
In einem kleinen Topf die Butter zerlassen. Die Champignons darin mit Zitronensaft, Salz und Pfeffer dünsten, bis alle Flüssigkeit verdampft ist, erkalten lassen. Die Champignons unter das Fischpüree mischen, im Kühlschrank, auf Eis gestellt, quellen lassen. Das Hechtpüree in die gebutterte Form füllen, mit Alufolie abdecken. Die Terrine in ein mit heißem Wasser gefülltes Gefäß stellen und bei 200 °C im vorgeheizten Ofen etwa 40 Minuten pochieren. Kurz abdämpfen lassen, stürzen. Warm oder kalt servieren.

Beilagen und Garnierung: Wie Fischterrine (links).

Lachsterrine

Foto

1 Rezept Fischpüree (Seite 33) oder
Fischpüree mit Panade (Seite 34),
aus Lachsfleisch zubereitet
Butter für die Form

Für die Einlage

etwa 200 g Lachsfilet
Zitronensaft, Salz, Pfeffer
1 EL Dill, gehackt

Das Fischpüree aus Lachsfleisch nach Rezept zubereiten und im Kühlschrank, auf Eis gestellt, quellen lassen. Eine Pastetenform gut ausbuttern.
Das Lachsfilet (am besten ist ein flaches, nicht zu dickes Stück) mit Zitronensaft, Salz, Pfeffer und Dill marinieren. Die Hälfte des Lachspürees in die gebutterte Pastetenform füllen. Das Lachsfilet darauflegen. Das restliche Lachspüree darüberfüllen und glattstreichen. Mit Alufolie abdecken. Die Terrine in ein mit heißem Wasser gefülltes Gefäß stellen und bei 200 °C im vorgeheizten Ofen etwa 40 Minuten pochieren. Kurz abdämpfen lassen, stürzen. Warm oder kalt servieren.

Beilagen und Garnierung: Wie Fischterrine (links).

Die Lachsterrine kann auch ohne Einlage zubereitet werden. Dann läßt sie sich bestens in flachen Spezialformen pochieren. ▷

Krebsmousse

- 250 g gegartes Krebsfleisch oder gekochte Garnelen, ohne Schale
- 1/4 l Krebsfond (Seite 140)
- 2 EL Zitronensaft
- Salz, 1 Prise Cayennepfeffer
- 2 Blatt weiße Gelatine
- 2 EL Weißwein zum Auflösen
- 250 g Sahne

Zum Garnieren

- Dillspitzen
- 6 Garnelenschwänze

Krebsfleisch oder Garnelen mit dem Krebsfond und Zitronensaft im Mixer pürieren. Mit Salz und Cayennepfeffer, nach Belieben mit weiterem Zitronensaft abschmecken; das Püree darf würzig abgeschmeckt werden, da es noch mit Schlagsahne vermischt wird.

Die Gelatine 10 Minuten in kaltem Wasser einweichen, ausdrücken, in dem heißen Wein auflösen, langsam mit dem Schneebesen unter die Krebsmasse rühren, durch ein feines Sieb streichen. Etwa 15 Minuten im Kühlschrank anziehen lassen. Inzwischen die Sahne steif schlagen. Das Krebspüree mit dem Schneebesen durchschlagen, über die Sahne füllen und vorsichtig vermischen. Einige Stunden kalt stellen.

Mit dem Eßlöffel Nocken abstechen, portionsweise auf Tellern anrichten und mit Dillspitzen und Krebsschwänzchen garnieren. Als Vorspeise servieren.

Beilagen: Weißbrot oder Toast und Butter.

Forellenmousse

ODER RÄUCHERLACHS, STREMELLACHS, SAIBLING, RENKE UND ANDERE GERÄUCHERTE FISCHE.

- 220 g geräuchertes Forellenfilet
- 100 ml trockener Weißwein
- 100 g saure Sahne
- 2 EL Zitronensaft
- Salz
- weißer Pfeffer
- 2 EL Dill, gehackt
- 2 Blatt weiße Gelatine
- 2 EL Weißwein zum Auflösen
- 150 g Sahne
- 50–100 g Crème fraîche
- Dillspitzen zum Garnieren

Das Forellenfilet in Stücke schneiden, mit Wein und saurer Sahne im Mixer pürieren. Die Masse durch ein feines Sieb streichen, mit Zitronensaft, Salz und Pfeffer würzen und den Dill untermengen.

Die Gelatine 10 Minuten in kaltem Wasser einweichen, gut ausdrücken, in dem heißen Wein auflösen und langsam mit dem Schneebesen unter die Forellenmasse rühren. 10 Minuten in den Kühlschrank stellen, bis die Masse zu stocken beginnt. Die Masse mit dem Schneebesen durchschlagen, die Sahne steif schlagen und vorsichtig unterziehen. Die Forellenmousse in Portionsschälchen oder in Sektschalen anrichten und 1–2 Stunden kalt stellen. Vor dem Anrichten mit Crème fraîche und Dillspitzen garnieren. Als Vorspeise servieren.

Auch so können Sie die Forellenmousse anrichten: Mit einem Eßlöffel Nocken abstechen, portionsweise auf Tellern mit Feldsalat, Friséesalat oder Gartenkresse anrichten. Mit Keta-Kaviar (auf Zitronenscheiben) garnieren.

Beilage: Toastbrot mit Butter.

Mousse von Räucherlachs und Garnelen

- 150 g Räucherlachs, gewürfelt
- 80 g gekochte Garnelen, geschält
- 100 ml Fischfond (Seite 30) oder Fleischbrühe
- 50 ml trockener Weißwein
- 50 g saure Sahne
- 2 EL Zitronensaft
- Salz, 1 Prise Cayennepfeffer
- 2 Blatt weiße Gelatine
- 2 EL trockener Sherry
- 200 g Sahne, steif geschlagen
- 4 TL Schmand, Dillspitzen und
- 8 Garnelen zum Garnieren

Lachs und Garnelen mit dem Fischfond, Wein und saurer Sahne im Mixer pürieren. Mit Zitronensaft, Salz und Cayennepfeffer abschmecken. Die Gelatine 10 Minuten in kaltem Wasser einweichen, ausdrücken, in erhitztem Sherry auflösen und unter die pürierte Masse rühren, durch ein Haarsieb streichen. 15 Minuten im Kühlschrank anziehen lassen. Die Masse mit dem Schneebesen durchziehen und unter die Schlagsahne mischen. In Gläser oder Schälchen füllen, kalt stellen. Mit Schmand, Dillspitzen und Garnelen garnieren.

Beilagen: Toast mit Butter.

Lachs, Hering, Aal und Makrele

Pochierte Lachsschnitten mit Mayonnaise

600 g Lachsfilet, ohne Haut
Zitronensaft

Zum Pochieren

Etwa 1/4 l Flüssigkeit (halb trockener Weißwein, halb Wasser)
1 Schalotte, grob gewürfelt, Salz
1 Prise Zucker, 1 Prise Thymian

Zum Anrichten

Salatblätter
200 g Mayonnaise, mit Senf oder frischem Dill abgeschmeckt
1 Tomate, in Scheiben geschnitten
Kapern

Das Lachsfilet in 4 Portionen teilen und mit Zitronensaft säuern. Zum Pochieren in einem flachen Topf alle angegebenen Zutaten zum Kochen bringen, die Lachsschnitten einlegen (sie sollen gerade mit Flüssigkeit bedeckt sein) und zugedeckt knapp unter dem Siedepunkt 5–8 Minuten garen. Die Lachsschnitten herausnehmen, abtropfen und erkalten lassen. Glasschälchen oder Teller mit Salatblättern auslegen. Das Lachsfleisch portionsweise darauflegen, mit Mayonnaise überziehen, mit Tomatenscheiben und Kapern garnieren.
Beilagen: Toastbrot oder aufgebackenes Baguette, Butter.

Garnierter Stremellachs

Stremellachs ist ein auf besondere Art geräucherter Lachs. Er wird in Portionsstücken angeboten.

500 g Stremellachs

Zum Anrichten

Salatblätter
1 Glas Champignons
2 Eier, hart gekocht
4 Sardellenfilets
1 EL Kapern
Dillspitzen

Für die Sauce

100 g Mayonnaise
100 g saure Sahne
1 EL Senf
1 Prise Cayennepfeffer
1 Prise Zucker

Den Stremellachs in 4 Portionen teilen oder in Stückchen zerpflücken und portionsweise (oder auf einer Platte) auf Salatblättern anrichten. Die Champignons abtropfen lassen, die Eier vierteln, Sardellenfilets kalt abspülen und trockentupfen.
Für die Sauce die angegebenen Zutaten mit dem Schneebesen verrühren, abschmecken. Den angerichteten Stremellachs mit der Sauce überziehen. Mit Champignons, Eiern, Kapern, Sardellenfilets und Dillspitzen garnieren.
Beilage: Weißbrot und Butter.

Lachstatar

Lachstatar wird aus rohem Lachsfleisch zubereitet. Ebenso geeignet sind Forelle, Lachsforelle, Saibling und andere Fische mit zartem Fleisch. Der Fisch muß absolut frisch, also fangfrisch sein!

320 g fangfrisches Lachsfilet, ohne Haut
Zitronensaft, 2 Frühlingszwiebeln
2 EL Schnittlauchröllchen, Salz
1 TL rosa oder weiße Pfefferkörner, gestoßen
3 EL Traubenkernöl oder Olivenöl

Zum Anrichten

4 TL Kaviar
Gartenkresse oder Dillspitzen

Das Lachsfleisch von allen feinen Gräten befreien, dunkle Stellen wegschneiden. Mit einem scharfen Küchenmesser das Fischfleisch in sehr feine Würfel schneiden und mit Zitronensaft beträufeln. Von den Frühlingszwiebeln das Weiße in kleine Würfel und das zarte Grün in feine Ringe schneiden. Zusammen mit allen anderen Zutaten unter das Lachstatar mischen und abschmecken.
Das Tatar auf Tellern anrichten und in die Mitte je ein Häufchen Kaviar setzen. (Lachstatar garniert man mit schwarzem Kaviar, Tatar aus weißem Fischfleisch mit rotem Keta-Kaviar.) Mit Gartenkresse umranden oder mit Dillspitzen garnieren.
Beilagen: Vollkornbrot oder Weißbrot; gern werden auch Kartoffelpuffer oder Röstkartoffeln dazu gereicht.

GEBEIZTE LACHSFORELLE: *Das Filet, Hautseite nach unten, würzen.*

Mit Dill bestreuen und mit Cognac (6 cl) beträufeln.

Das zweite Filet auflegen, Hautseite nach oben.

Abdecken, beschweren, 2 Tage marinieren, zwischendurch wenden.

Gravlax, Hausgebeizter Lachs

Foto

Gebeizter Lachs ist eine skandinavische Spezialität. Nach dieser Art wird auch eine große Lachsforelle ab 1 kg Gewicht gebeizt (siehe links). Der Fisch muß absolut frisch sein!

- 2 Lachsseiten, je 500 g, nicht gehäutet
- 6 EL Salz
- 2 EL Zucker
- 1 EL weiße Pfefferkörner, gestoßen
- 4 Bund frischer Dill, gehackt

Die Lachsseiten sorgfältig entgräten. Fettige (braune) Partien an der Bauchseite wegschneiden. Den Fisch kurz waschen und mit Küchenpapier trockentupfen. Mit der Hautseite nach unten auf eine Platte legen. Salz, Zucker und Pfeffer vermischen, das Fischfleisch damit einreiben und den Dill darüberstreuen. Die beiden Lachshälften aufeinanderlegen, Hautseiten nach außen. Mit Klarsichtfolie abdecken, ein Brett darüberlegen und leicht beschweren. Im Kühlschrank 2 Tage beizen; täglich mehrmals mit der sich bildenden Beizflüssigkeit begießen, gelegentlich umdrehen.

Den Lachs trockentupfen, jede Seite mit der Hautseite nach unten auf ein Brett legen und den Dill abschaben. Mit einem langen, dünnen Messer (Lachsmesser) schräg in sehr dünne Scheiben schneiden. Auf einer Platte anrichten.

Beilagen: In Skandinavien bevorzugt man zu Gravlax eine spezielle Senfsauce und Kartoffeln. Aber auch Brot und Butter passen dazu.

SENFSAUCE ZU GRAVLAX
Je 1 1/2 EL Senf, Zucker und Essig mit 1/2 TL Salz, weißem Pfeffer und 1 TL Wasser mit dem elektrischen Handrührgerät sämig rühren.
6 EL Öl in dünnem Strahl darunterrühren. Mit feingewiegtem Dill abschmecken.

Carpaccio vom Lachs

300 g Lachsfilet am Stück

Für die Marinade

- 1 cl Akvavit
- 2 EL Sherryessig
- 1 EL Sojasauce
- 2 EL feinstes Speiseöl (Walnuß- oder Traubenkernöl)
- 1 EL grüne Pfefferkörner, leicht zerdrückt

Zum Garnieren

- 1 Fleischtomate
- 1 EL Dillspitzen

Den Lachs für etwa 30 Minuten ins Gefrierfach legen, damit er sich besser schneiden läßt. Mit einem sehr dünnen, langen, scharfen Messer (am besten einem Lachsmesser) den Fisch schräg zur Fleischfaser in hauchdünne Scheiben schneiden. Sollten die Scheiben etwas dick geraten sein, legt man sie zwischen zwei Blätter Klarsichtfolie und streicht sie mit einem kräftigen Messer so glatt, daß sie fast durchsichtig sind. Die Lachsscheiben blütenblattartig, sich aber kaum überlappend, auf einer Platte oder portionsweise auf Tellern anrichten.

Für die Marinade Akvavit, Sherryessig, Sojasauce und Öl mit dem Schneebesen verrühren und gleichmäßig über den Lachs träufeln. Die Pfefferkörner darüberstreuen, den Fisch mit Folie bedecken und 30 Minuten im Kühlschrank marinieren.
Die Tomate blanchieren, häuten, vierteln, die Samen entfernen und das Fruchtfleisch in Streifen schneiden. Mit Tomatenstreifen und Dill den angerichteten Lachs garnieren.
Beilagen: Toastbrot mit Salzbutter und ein eisgekühlter Akvavit.

Glasbläserhering

- 4 Filets von Salzheringen
- je 1 gelbe und rote Zwiebel, in feine Ringe geschnitten
- 1 Möhre, in Scheiben geschnitten
- 1 Stück (2 cm) Meerrettich
- 1 1/2 TL Gewürzkörner (Piment)
- 1 Stückchen (1 cm) Ingwer
- 2 EL Senfkörner
- 3 Lorbeerblätter

Für den Sud

- 375 ml Weinessig
- 1/8 l Wasser
- 150 g Zucker

Die Heringsfilets abspülen und in 2–3 cm große Stückchen schneiden. Im Wechsel mit den festen Zutaten und den Gewürzen in ein gut verschließbares Glas oder einen Heringstopf füllen.
Aus Essig, Wasser und Zucker einen Sud kochen, erkalten lassen. Über den Fisch gießen. Kalt gestellt 2–3 Tage durchziehen lassen.
Beilagen: Schwarzbrot und Butter oder Pellkartoffeln.

Matjestatar

- 4 Matjesfilets
- 1/2 säuerlicher Apfel, geschält
- 1 Gewürzgurke
- 1 kleine Zwiebel, gehackt
- Pfeffer
- 2 EL Öl
- Zwiebelringe zum Garnieren

Die Matjesfilets kalt abspülen und sehr klein würfeln oder hacken. Apfel und Gewürzgurke feinwürfelig schneiden und die Zwiebel zugeben. Alle Zutaten vermischen, mit Pfeffer würzen und das Öl unterrühren. Das Matjestatar portionsweise anrichten und mit Zwiebelringen garnieren.
Beilage: Vollkornbrot oder Graubrot, das man vorher im Ofen rösten kann. Oder kleine Vollkornbrötchen mit Matjestatar belegen, mit Zwiebelringen garnieren und als Vorspeise reichen.

Matjesfilet in Pfeffersahne

8 Matjesfilets
1 Zwiebel, in Scheiben geschnitten
1 Apfel, klein gewürfelt

Für die Pfeffersahne

100 g Sahne
100 g saure Sahne
100 g Crème fraîche
3 EL Joghurt
Salz
1 Prise Zucker
1 EL Zitronensaft
2 EL grüne Pfefferkörner

Die Matjesfilets kalt abspülen. Die Zwiebelringe in kochendem Wasser 2 Minuten blanchieren, abtropfen lassen. Matjesfilets, Zwiebelringe und Apfelwürfel lagenweise in einen irdenen Topf füllen.
Die Sahne mit allen Zutaten mit dem Schneebesen verrühren und über die vorbereiteten Matjesfilets füllen. Einige Stunden im Kühlschrank durchziehen lassen.
Beilage: Brot oder Kartoffeln.

Dillhappen

6 Matjesfilets
1 Gewürzgurke
100 g Sahne
100 g saure Sahne
100 g Joghurt
Salz, 1 TL Zucker
Pfeffer
1 Bund Dill, fein gewiegt

Die Matjesfilets kalt abspülen und in 2 cm große Stücke schneiden. Die Gewürzgurke sehr klein würfeln. Süße und saure Sahne mit dem Joghurt verrühren, mit Salz, Zucker und Pfeffer abschmecken und den Dill daruntermischen. Die Matjeshappen in der Dillsahne einige Stunden marinieren.
Beilage: Brot oder Pellkartoffeln.

Matjeshappen in Sahnesauce

6 Matjesfilets, in 2 cm kleine Stücke geschnitten
3 Gewürzgurken, klein gewürfelt
4 hartgekochte Eier, grob gehackt
1/2 weiße Zwiebel, gehackt
300 g saure Sahne
Salz, Pfeffer
1 Bund Kräuter, fein gewiegt

Matjes, Gewürzgurken, Eier und Zwiebel in eine Schüssel geben und die saure Sahne darüberfüllen. Mit Salz und Pfeffer würzen und die Kräuter darüberstreuen. Alles gut vermischen, im Kühlschrank einige Stunden marinieren.
Beilage: Brot.

Salzhering oder Matjes Hausfrauenart

8 Salzhering- oder Matjesfilets
2 Essiggurken, klein gewürfelt
1–2 Äpfel, klein gewürfelt
1 Zwiebel, in Halbringe geschnitten
1 Lorbeerblatt

Für die Rahmsauce

400 g Sahne (süße oder saure Sahne oder eine Mischung aus beiden)
je 1 Prise Salz und Zucker
Pfeffer
1–2 EL Essig

Nur stark gesalzene Heringsfilets müssen vor der Zubereitung gewässert werden (etwa 1 Stunde). Die Filets kalt abspülen, nach Belieben ganz lassen oder in mundgerechte Stücke schneiden und mit den übrigen Zutaten in einen Heringstopf füllen.
Für die Sauce die Sahne mit Salz, Zucker, Pfeffer und Essig abschmecken und über den Hering gießen. Zugedeckt einige Stunden im Kühlschrank marinieren.
Beilage: Pellkartoffeln.

Matjes auf grünen Bohnen

4 Matjesfilets, je 80 g
1/2 l Buttermilch
750 g grüne Bohnen, geputzt
1 Zweig Bohnenkraut
Salzwasser zum Kochen
30 g Butter
150 g durchwachsener Speck, gewürfelt
2 Zwiebeln, gewürfelt
1/2 Bund Petersilie, gewiegt
1/2 Bund Dill, gewiegt

Die Matjesfilets 30 Minuten in Buttermilch marinieren. Die Bohnen mit Bohnenkraut in kochendes Salzwasser geben und in etwa 15 Minuten weich kochen. Abgießen, abtropfen lassen und auf einer Platte anrichten. Die Matjesfilets trockentupfen und auf den Bohnen anrichten. In einer Pfanne die Butter erhitzen, Speck- und Zwiebelwürfel darin goldbraun braten und über die Matjesfilets gießen. Mit den Kräutern bestreuen.
Beilage: Pellkartoffeln.

Marinierte Heringe

4 grüne Heringe

Für die Marinade

400 ml trockener Weißwein
200 ml Essig
2 TL Salz
1 TL Zucker
2 Zwiebeln, in Scheiben geschnitten
1 Möhre, in Scheiben geschnitten
8 Pfefferkörner, zerdrückt
1 Lorbeerblatt
je 1 Zweig Thymian, Estragon und Petersilie

Die Heringe schuppen, Flossen abschneiden, ausnehmen, Köpfe entfernen, gründlich waschen. Die Fische entgräten, wieder zusammenklappen und in eine feuerfeste Form legen. Aus Wein, Essig und allen übrigen Zutaten eine Marinade bereiten und 20 Minuten kochen. Die Heringe mit der kochenden Marinade übergießen und zugedeckt bei 180 °C im vorgeheizten Ofen etwa 8 Minuten pochieren. Man läßt sie in der Marinade erkalten; sie sollen ganz mit Marinade bedeckt sein. Es ist gut, sie schon 2 Tage vor Gebrauch zuzubereiten und im Kühlschrank aufzubewahren, damit sie gut durchziehen können.
Beilage: Pellkartoffeln.

Variation

Marinierte Makrelen: Das Rezept kann genauso mit 4 kleinen Makrelen zubereitet werden.

Marinierter Aal

3/4–1 kg Aal, enthäutet

Für die Marinade

400 ml trockener Weißwein
200 ml Essig
2 TL Salz
1 TL Zucker
1 kleine Zwiebel und 1 Möhre, in Scheiben geschnitten
6 Pfefferkörner, zerdrückt
1 Lorbeerblatt
je 1 Zweig Thymian und Petersilie

Den Aal in 6 cm lange Stücke schneiden und diese in eine feuerfeste Form legen. Wein und Essig mit allen anderen Zutaten 20 Minuten kochen. Die kochende Marinade über die Aalstücke gießen. Die Form mit Alufolie abdecken, in den auf 180 °C vorgeheizten Ofen schieben und etwa 15 Minuten pochieren. Die Aalstücke in der Marinade erkalten lassen. Man kann sie schon 1–2 Tage vor Gebrauch zubereiten und im Kühlschrank aufbewahren.
Beilage: Pellkartoffeln oder Brot.

Marinierter Dorsch Foto

- 4 kleine Dorsche
- Zitronensaft
- Marinade wie im Rezept Marinierte Heringe (Seite 161), mit 4 großen Zwiebeln zubereitet

Die Dorsche vom Fischhändler vorbereiten lassen: schuppen, Flossen abschneiden, ausnehmen, Köpfe entfernen, entgräten. Die Fische gründlich waschen, mit Zitronensaft säuern und in eine feuerfeste Form legen.

Die Marinade mit allen Zutaten (reichlich Zwiebelscheiben!) 20 Minuten kochen und über die Dorsche gießen; die Fische sollen ganz mit der Marinade bedeckt sein. Zugedeckt bei 180 °C im vorgeheizten Ofen 8–10 Minuten pochieren. In der Marinade erkalten lassen. Die Fische zugedeckt im Kühlschrank 1–2 Tage durchziehen lassen.

Die erkalteten Dorsche anrichten und mit den Zwiebelscheiben aus der Marinade bedecken.

Beilagen: Bratkartoffeln oder Brot, Remouladen- oder Tatarensauce, Salat.

Makrelenfilet mit Pfeffersahne

Als Vorspeise genügt die halbe Rezeptmenge.

4 geräucherte Makrelenfilets
Gartenkresse zum Anrichten

Für die Pfeffersahne

100 g saure Sahne
100 g Crème fraîche
Saft von ½ Zitrone
Salz, 2 EL grüne Pfefferkörner

Von den Makrelenfilets die Haut abziehen und die Filets portionsweise auf Gartenkresse anrichten.

Für die Pfeffersahne saure Sahne mit Crème fraîche vermischen, Zitronensaft, Salz und Pfefferkörner untermischen, abschmecken. Die Sauce über die Makrelenfilets gießen. Mit Gartenkresse garnieren.
Beilage: Graubrot.

Salate

Roter Heringssalat Foto

4 Salzherings- oder Matjesfilets, kalt abgespült, in Streifen geschnitten
250 g Rote Bete, gekocht, klein gewürfelt
250 g Äpfel, geschält, gewürfelt
1 Zwiebel, gehackt
1 Kartoffel, gekocht, gewürfelt

Für das Dressing

125 g Mayonnaise (Seite 178)
2 EL Joghurt
weißer Pfeffer
1 EL Senf

Alle Salatzutaten von Heringsfilet bis Kartoffel in eine Schüssel geben.
Für das Dressing Mayonnaise und Joghurt glattrühren, mit Pfeffer und Senf abschmecken. Den Salat damit anmachen, mindestens 1 Stunde kalt stellen.

Matjessalat

6 Matjesfilets, kalt abgespült, in kleine Stücke geschnitten
3 hartgekochte Eier, gewürfelt
1 Schalotte, gehackt
2 Essiggurken, gewürfelt
1 Apfel, geschält, gewürfelt
Petersilie, fein gewiegt

Für das Dressing

100 g Mayonnaise (Seite 178)
3 EL Joghurt
Pfeffer
1 TL Senf

Alle Salatzutaten von Matjesfilet bis Petersilie in eine Schüssel geben.
Für das Dressing Mayonnaise und Joghurt glattrühren, mit Pfeffer und Senf abschmecken. Den Salat damit anmachen, kalt stellen.

Heringssalat mit Kartoffeln

500 g festkochende Kartoffeln
2 Möhren
½ Sellerieknolle
8 Matjesfilets (oder Filets von Salzheringen), kalt abgespült, in Streifen geschnitten
1–2 Äpfel, geschält, gewürfelt
1–2 Essiggurken, gewürfelt

Für die Marinade

½ Tasse Fleischbrühe
1 Zwiebel, gehackt
3 EL Essig
1 TL Salz, ½ TL Pfeffer
1 TL Zucker
1–2 TL Senf, 5 EL Öl

Kartoffeln, Möhren und Sellerie in einem Topf mit Siebeinsatz weich dämpfen. Kartoffeln und Gemüse schälen und in feine Würfel schneiden. Heringsstreifen, Apfel- und Gurkenwürfel dazugeben.
Für die Marinade die Fleischbrühe mit der Zwiebel aufkochen. Alle weiteren Zutaten unterrühren und den Salat damit anmachen. Bei Bedarf noch etwas Fleischbrühe zugeben, der Salat soll schön saftig sein. Erkalten lassen. Vor dem Servieren abschmecken, eventuell nachwürzen.

Variationen

- Sahne oder Crème fraîche unter den Salat mischen.
- Den Salat mit einer leichten Senfmayonnaise anmachen.
- Den Salat mit gekochter, kleingewürfelter Roter Bete rot färben.

Fischsalat

400 g gekochter Fisch (Reste)
1 Essiggurke, gewürfelt
1 EL Zwiebel, gehackt
1 Tomate, geviertelt
1 EL Kapern

Für die Marinade

1 TL Senf
2 EL Essig
1 Prise Zucker
Salz
1 Prise Cayennepfeffer
2 EL Öl
2 EL saure Sahne
1 EL Kräuter, gehackt

Die Fischreste in kleine Stückchen zerpflücken. Essiggurke, Zwiebel, Tomate und Kapern dazugeben.
Für die Marinade alle Zutaten vermischen und über die Salatzutaten gießen. Zugedeckt im Kühlschrank durchziehen lassen.

Hinweis

Anstelle der Marinade den Fischsalat mit einer leichten Mayonnaise oder Remouladensauce anmachen.

Fischsalat mit Apfel und Sellerie

Etwa 300 g gekochter Fisch (Reste), ohne Haut und Gräten
2 EL Zitronensaft
Salz, Pfeffer
2 Schalotten, gehackt
1 EL Petersilie, gehackt
1 Apfel, klein gewürfelt
100 g gekochter Sellerie, klein gewürfelt
1 Essiggurke, klein gewürfelt
100 g Mayonnaise (Seite 178)
2 EL Joghurt
1 TL Senf
1 Tomate, geviertelt

Den Fisch in kleine Stückchen zerpflücken, mit Zitronensaft, Salz, Pfeffer, Schalotten und Petersilie marinieren. Apfel, Sellerie und Essiggurke zu den Fischstückchen geben. Die Mayonnaise mit dem Joghurt vermischen, mit Senf abschmecken und bei Bedarf mit Salz und Pfeffer nachwürzen. Den Fischsalat mit der Mayonnaise vermischen. Mit Tomatenvierteln garnieren.

Russischer Fischsalat

Etwa 300 g gekochter Fisch (Reste), ohne Haut und Gräten
2 EL Zitronensaft
Salz, Pfeffer
2 Schalotten, gehackt
1 Bund Petersilie, gehackt
300 g gekochte Rote Bete, klein gewürfelt
1–2 Essiggurken, in Streifen geschnitten
½ Apfel, geschält und klein gewürfelt
1 Prise Kümmel, fein gestoßen
100 g Mayonnaise (Seite 178)
4 EL saure Sahne
1 EL Tomatenketchup
2 hartgekochte Eier, halbiert

Den Fisch in kleine Stückchen zerpflücken, mit Zitronensaft, Salz, Pfeffer, Schalotten und Petersilie marinieren. Rote Bete, Essiggurken und Apfelwürfel zu den Fischstückchen geben und mit Kümmel würzen. Die Mayonnaise mit saurer Sahne und Tomatenketchup vermischen, bei Bedarf nachwürzen. Den Fischsalat mit der Mayonnaise anmachen und kalt gestellt durchziehen lassen. Mit den Eihälften, Dotter nach unten, garnieren.

Fischmayonnaise

500 g gekochter Fisch (Reste), ohne Haut und Gräten
Salatblätter zum Anrichten
100–125 g Mayonnaise oder Remouladensauce (Seite 178)
1 Tomate, geviertelt,
2 hartgekochte Eier, halbiert
frischer Dill

Den Fisch in kleine Stücke teilen und auf Salatblättern anrichten. Mit Mayonnaise oder Remouladensauce übergießen. Mit Tomatenvierteln, halbierten Eiern und frischem Dill garnieren.

Variation

Die Fischstücke kann man beliebig mit Garnelen, Gurkenwürfeln, gehackter Zwiebel, Kapern und gehackten Kräutern vermischen.

Portugiesischer Fischsalat

Etwa 400 g gekochter Fisch (Reste), ohne Haut und Gräten
Zitronensaft
Salz, Pfeffer
2 Senfgurken, gewürfelt
100 g schwarze Oliven
1 helle Orange
1 Blutorange
100 g Mayonnaise (Seite 178)
4 EL Sahne
½ TL Zucker

Den Fisch in kleine Stücke zerpflücken, mit 2 EL Zitronensaft, Salz und Pfeffer marinieren. Die Gurkenwürfel und die Oliven dazugeben (4 Oliven zurückbehalten zum Garnieren). Die Orangen schälen, auch die weiße Innenhaut vollständig entfernen; 2 helle und 2 Blutorangenschnitze beiseite legen zum Verzieren, den Rest der Orangen in Würfel schneiden und zum Fisch geben.

Die Mayonnaise mit Sahne vermischen, mit Zucker abschmecken, eventuell mit Salz, Pfeffer und Zitronensaft nachwürzen. Den Salat mit der Mayonnaise vermischen, kalt stellen und gut durchziehen lassen. Mit den zurückbehaltenen Oliven und Orangenschnitzen garnieren.

Karpfenrogen-mayonnaise

Karpfenrogen kann man vor der Laichzeit in Fischgeschäften kaufen. Für dieses und das nachfolgende Rezept wird der rohe Karpfenrogen verwendet. Die Rezepte stammen aus Rumänien.

- 50–60 g Karpfenrogen
- Salz
- Pfeffer
- 1 Schalotte, gehackt
- 100 g Mayonnaise (Seite 178)
- frisch gehackte Kräuter (nach Belieben)

Den Karpfenrogen kalt überbrausen und abtropfen lassen. Mit Salz bestreuen und durch ein feines Sieb streichen, um die Häutchen zu entfernen. Mit Salz und Pfeffer leicht würzen und mit dem Schneebesen kräftig verrühren. Schalotte und Mayonnaise mit dem Karpfenrogen vermischen. Nach Belieben frische Kräuter daruntermischen.

Karpfenrogensalat

- 50–60 g Karpfenrogen
- Salz
- 1 Prise Zucker
- Pfeffer
- 5 EL Zitronensaft
- 2 Schalotten, gehackt
- ½ Semmel, eingeweicht und ausgedrückt
- ⅛ l Öl

Zum Garnieren

- Salatblätter
- schwarze Oliven

Den Karpfenrogen kalt überbrausen und abtropfen. Mit Salz bestreuen und durch ein Sieb streichen, um die Häutchen zu entfernen. Den Rogen in eine Rührschüssel geben, Salz, Zucker, Pfeffer und Zitronensaft zufügen und die Masse mit dem Schneebesen kräftig schlagen. Die Schalotten daruntermischen. Die eingeweichte Semmel durchpassieren und mit der Rogenmasse vermischen. Das Öl in dünnem Strahl mit dem Schneebesen darunterrühren. Den Karpfenrogensalat ½ Stunde in den Kühlschrank stellen und quellen lassen. Auf Salatblättern bergartig anrichten und mit Oliven garnieren. Als Vorspeise servieren.

Beilage: Weißbrot.

Thunfischsalat mit roten Bohnen

Foto

- 1 Dose rote Kidneybohnen (510 g)
- 1 Dose Thunfisch (150 g)
- 1 Zwiebel, gehackt

Für die Marinade

- 5 EL Essig
- Salz, Pfeffer
- 1 EL Chilisauce
- 8 EL Öl

Die Bohnen abtropfen lassen. Mit dem mit einer Gabel zerpflückten Thunfisch und der Zwiebel vermischen.

Für die Marinade Essig, Salz, Pfeffer, Chilisauce und Öl verquirlen. Den Salat damit anmachen, kalt stellen und gut durchziehen lassen.

Dieser Thunfischsalat ist denkbar einfach herzustellen. Er wird in den Mittelmeerregionen gern gegessen – als kleiner Mittagsimbiß an heißen Tagen. Man kennt ihn in zahlreichen Abwandlungen, vor allem mit Oliven und viel frischen Salatblättern der Saison. ▷

Fischersalat

Schillerlocken sind mehr oder weniger lange Streifen der Bauchlappen vom Dornhai, enthäutet und geräuchert.

300 g Schillerlocken
1 grüne Paprikaschote, Samen und Scheidewände entfernt, klein gewürfelt
½ Dose Maiskörner
½ Dose Champignons
1 Schalotte, gehackt
80 g schwarze Oliven, entsteint

Für die Marinade

Salz, Pfeffer
1 Prise Zucker
2 EL Essig oder Zitronensaft
4 EL Öl

Die Schillerlocken in 2 cm große Stücke schneiden. Schillerlocken und Paprikawürfel mit den Maiskörnern, Champignons, Schalotte und Oliven vermischen.
Aus Salz, Pfeffer, Zucker, Essig oder Zitronensaft und Öl eine Marinade anrühren und den Salat damit anmachen. Kalt stellen und gut durchziehen lassen.

Krebs- oder Garnelencocktail

Man verwendet nach Belieben Krebsfleisch aus der Dose oder Garnelen oder eine Mischung aus beiden. Wer mag, kann die Hälfte der Mayonnaise durch saure Sahne ersetzen oder eine gestreckte Mayonnaise (Seite 178) verwenden.

1 Dose Krebsfleisch oder
150 g gekochte Garnelen, ohne Schale
1 kleine Dose Spargelspitzen
1 kleine Dose Champignons
frischer Dill

Für die Sauce

125 g Mayonnaise (Seite 178)
2 EL Tomatenketchup
1 Spritzer Worcestersauce
Salz
2 TL Zitronensaft
1 EL Whisky
1 kleiner Spritzer Tabascosauce
125 g Sahne, geschlagen

Das Krebsfleisch oder die Garnelen mit kaltem Wasser überbrausen, abtropfen lassen. Vom Krebsfleisch müssen die Chitinstreifen entfernt werden. Spargelspitzen und Champignons abgießen und abtropfen lassen. Glasschälchen oder Sektschalen mit diesen Zutaten füllen.
Für die Sauce Mayonnaise, Tomatenketchup, Worcestersauce, Salz, Zitronensaft, Whisky und Tabascosauce verrühren und würzig abschmecken, die geschlagene Sahne daruntermischen. Die Sauce über die angerichteten Zutaten gießen. Beliebig garnieren mit zurückbehaltenem Krebsfleisch oder Garnelenschwänzchen, Spargelköpfen und grünem Dill.

Variation

Ananasstückchen, Mandarinenschnitze, Palmitios (aus der Dose), gewürfelte Honigmelone daruntermischen.

Scampi in Cocktailsauce

Oder Garnelen (Nordseekrabben, Shrimps).

350 gekochte Scampi, ausgelöst

Für die Sauce

100 g Mayonnaise (Seite 178)
100 g Crème fraîche
3 EL Joghurt
2 EL Tomatenketchup
1 EL Zitronensaft
Salz
1 Prise Cayennepfeffer
1 EL Cognac

Die Scampi kalt überbrausen, abtropfen lassen.
Die Mayonnaise mit den angegebenen Zutaten mit dem Schneebesen verrühren und abschmecken. Die Scampi damit übergießen.

Variation

Scampi mit gekochtem Hühnerfleisch und Spargelspitzen vermischen.

Scampi in Kräuter-Vinaigrette

ODER GARNELEN (NORDSEE-KRABBEN, SHRIMPS).

250 g gekochte Scampi, ausgelöst

Für die Vinaigrette

2 EL Essig
Salz, Pfeffer
6 EL Öl
1 EL Zwiebel, gehackt
2 EL frische Kräuter, gehackt

Die Scampi mit kaltem Wasser überbrausen, abtropfen lassen. Alle angegebenen Zutaten für die Vinaigrette verrühren und die Scampi damit vermischen. Im Kühlschrank durchziehen lassen.

VARIATION

Gleich viel Scampi und Champignons verwenden und die Vinaigrette darübergießen.

Garnierter Muschelsalat

250 g Muschelfleisch
100 g Mayonnaise oder Remouladensauce (Seite 178)
3 EL Joghurt
1 EL Chilisauce
1 EL Cognac
Salz, Pfeffer
einige Salatblätter
8 Sardellenfilets
2 hartgekochte Eier, in Scheiben geschnitten
Petersilie, gehackt

Das Muschelfleisch kalt überbrausen und abtropfen lassen. Die Mayonnaise oder Remouladensauce mit Joghurt, Chilisauce und Cognac vermischen, bei Bedarf mit Salz und Pfeffer nachwürzen. Die Muscheln auf Salatblättern anrichten und mit der Mayonnaise übergießen. Mit Sardellenfilets und Eischeiben garnieren, mit der Petersilie bestreuen.

VARIATION

MEERESFRÜCHTESALAT: Man verwendet 300 g verschiedene gekochte Meeresfrüchte, z. B. Nordseekrabben oder Garnelen, Muschelfleisch, sehr kleine Tintenfischringe. Den Salat mit pikanter Mayonnaise oder Remouladensauce vermischen, anrichten und garnieren wie im Hauptrezept. Wahlweise kann man anstelle der Mayonnaise auch eine Kräuter-Vinaigrette (links) verwenden.

Muschelsalat mit Zwiebel und Knoblauch

250 g Muschelfleisch
3 EL Öl
1 Zwiebel, in Ringe geschnitten
1 Knoblauchzehe, gehackt
2 EL Petersilie, gehackt
Salz, Paprika edelsüß
100 g Mayonnaise (Seite 178)
Salatblätter zum Anrichten

Das Muschelfleisch kalt überbrausen und abtropfen lassen.
Das Öl in einer kleinen Pfanne erhitzen und die Zwiebel darin anschwitzen, ohne daß sie Farbe nimmt. Knoblauch, Petersilie, Salz und Paprika dazugeben und noch einige Minuten bei schwacher Hitze mitschwitzen. Erkalten lassen und unter die Mayonnaise rühren. Die Muscheln auf Salatblättern anrichten und mit der Mayonnaise überziehen.

Fisch-Snacks

Fotos

Matjesröllchen auf Selleriemedaillons

Für die Selleriemedaillons

1 Sellerieknolle (500 g)
1/2 l Salzwasser mit 2 EL Essig
Mehl zum Wenden
1 Ei, mit 1 EL Milch verquirlt
50 g feingeriebener alter Gouda, mit 2 geriebenen Zwiebäcken vermischt
50 g Butter

Für die Matjesröllchen

4 Matjesfilets, je 80 g
8 TL Preiselbeeren (Glas)
2 EL Crème fraîche
Dillspitzen

Den Sellerie schälen, in 1 cm dicke Scheiben schneiden, in Salz-Essig-Wasser halbgar kochen. Den Sellerie aus dem Sud nehmen, abtropfen und abkühlen lassen. Acht Medaillons von etwa 5 cm Durchmesser ausstechen, in Mehl wenden, durch die Eiermilch ziehen und mit der Käse-Zwieback-Mischung panieren. In einer Stielpfanne die Butter erhitzen und die Selleriemedaillons darin von beiden Seiten goldgelb backen.

Die Matjesfilets der Länge nach einmal durchschneiden, jeden Streifen aufrollen, auf ein Selleriemedaillon setzen und feststecken. Mit je 1 TL Preiselbeeren füllen und mit einem Tupfer Crème fraîche und Dillspitzen garnieren. Als Vorspeise servieren.

Variationen

- Statt mit Preiselbeeren folgendermaßen füllen: Die beim Ausstechen verbliebenen Sellerieabschnitte und 1 kleine rote Zwiebel sehr fein würfeln. Mit 25 g gehackten Mandeln und 3 EL Crème fraîche vermischen. Mit je 1 TL Keta-Kaviar und Dillspitzen garnieren.
- Matjes-Snack: Statt der Selleriemedaillons Pumpernickeltaler mit Butter bestreichen und mit ausgestochenem Maasdamer und Salat belegen. Die aufgerollten Matjesstreifen darauflegen und mit Radieschenfächern, Schnittlauch und Petersilie garnieren.

Saucen & Beilagen

Saucen und Buttermischungen

Grundlage einer feinen, warmen Sauce ist und bleibt eine gepflegte Grundbrühe. In der Fischküche ist das in der Regel ein gehaltvoller Sud, in dem der Fisch gegart wurde, oder eine eigens zubereitete Fischbrühe (Fischfond). Sie wird aus den beim Filetieren von Fisch anfallenden Abgängen sowie Gemüse, Wasser und Wein zubereitet. Für warme Saucen kann auch klare Fleisch- oder Hühnerbrühe anstelle von Fischbrühe verwendet werden.

Zerlassene Butter oder eine feine Holländische Sauce werden gern zu gekochtem und pochiertem Fisch gereicht; pikante Mayonnaise ergänzt knusprige, fritierte Fische; würzige Buttermischungen krönen den aromatischen gegrillten Fisch. Der Wein, der zum Aufgießen eines Fischgerichts oder einer Sauce verwendet wurde, sollte auch zum Trinken serviert werden.

Weiße Grundsauce Velouté

Weiße Grundsauce ist die Basis für die nachfolgenden Rezepte. Als Begleitung zu Fischgerichten verwendet man zum Aufgießen nach Möglichkeit eine gehaltvolle Fischbrühe. Die Menge des Bindemittels (Mehl) und der Flüssigkeit müssen mit Fingerspitzengefühl dosiert werden. Die Sauce soll so dick sein, daß man kurz vor dem Servieren nach Belieben noch die eingekochte Garflüssigkeit eines Fischgerichts unterrühren kann, ohne daß sie dadurch zu dünn wird.

Bei Fischgerichten mit kurzer Garzeit empfiehlt es sich, mit dem Kochen der Sauce zu beginnen, bevor der Fisch zubereitet wird. Man läßt sie an der Herdseite simmern, bis der Fisch gar ist, und stellt sie kurz vor dem Servieren fertig.

30 g Butter, 30–40 g Mehl
etwa 1/2 l Flüssigkeit (Fischbrühe, Seite 30, Hühner- oder Fleischbrühe)
Salz, weißer Pfeffer

Aus Butter und Mehl eine helle Einbrenne zubereiten, nach und nach mit der Flüssigkeit aufgießen und mit dem Schneebesen glattrühren. Bei schwacher Hitze 20–30 Minuten simmern lassen, dabei häufig umrühren. Salzen, pfeffern. Die Haut abschöpfen oder die Sauce durch ein feines Sieb passieren.

Die Grundsauce kann mit Sahne und Wein abgeschmeckt und mit Eigelb legiert werden. Je nach Verwendungszweck gibt man Gewürze, Kräuter, Pilze usw. dazu.

Samtsauce Frikasseesauce

Für Fischfrikassee, zu gedünstetem Fisch und Fischklösschen.

- 1 Rezept Weiße Grundsauce (Seite 172)
- 2 EL Weißwein oder Zitronensaft
- 2 Eigelb
- 4 EL Sahne

Die Weiße Grundsauce nach Rezept zubereiten, mit Wein oder Zitronensaft abschmecken, von der Kochstelle nehmen. Eigelbe und Sahne verquirlen und mit dem Schneebesen in die Sauce einrühren, dann jedoch nicht mehr kochen lassen.

Currysauce

Zu gekochtem Fisch, Garnelen, Scampi.

- 1 Rezept Weiße Grundsauce (Seite 172)
- 3 TL Curry
- 2 TL Zitronensaft
- 1 Prise Zucker
- 6 EL Sahne

Nach Belieben

- 1 EL Apfelwürfel oder
- ½ Banane, zerdrückt

Die Grundsauce mit Curry, Zitronensaft und Zucker abschmecken, die Sahne unterrühren. Man kann Apfelwürfel in der Sauce weich dünsten oder eine halbe Banane in die Sauce einrühren.

Kräutersauce

Zu gedünstetem und pochiertem Fisch.

- 1 Rezept Weiße Grundsauce (Seite 172)
- reichlich frische Kräuter, fein gewiegt, 6 EL Sahne

Die Weiße Grundsauce zubereiten. Die feingewiegten Kräuter dazugeben und einige Minuten ziehen lassen. Sahne darunterrühren.

Variationen

- Schnittlauch-, Estragon-, Petersilien-, Dillsauce kann man genauso zubereiten.
- Kerbel-, Sauerampfersauce mit reichlich Kerbel oder Sauerampfer zubereiten, mit etwa 125 g Sahne cremig-mild abschmecken.

Kapernsauce

Zu Fischgerichten aller Art.

- 1 Rezept Weiße Grundsauce (Seite 172)
- 2 EL Kapern, fein gewiegt
- 1 TL Zitronensaft, 2 EL Weißwein
- 1 Prise Zucker
- 1 Eigelb, 4 EL Sahne

Die Weiße Grundsauce zubereiten und mit Kapern, Zitronensaft, Weißwein und Zucker abschmecken. Eigelb und Sahne verquirlen und die Sauce damit legieren, dann nicht mehr kochen lassen.

Senfsauce

Zu pochiertem und gedünstetem Fisch.

- 1 Rezept Weiße Grundsauce (Seite 172)
- ½ Zwiebel, fein gewiegt
- 1–2 EL Senf
- 1 TL Zucker
- 3 EL Sahne
- 2 EL Weißwein
- 1 Essiggurke (nach Belieben)

Die Weiße Grundsauce zubereiten, dabei die Zwiebel in der Einbrenne mitdünsten. Die Sauce mit Senf, Zucker, Sahne und Wein pikant abschmecken, durchpassieren. Nach Belieben die kleingewürfelte Essiggurke daruntermischen.

Sardellensauce

Zu pochiertem und gedünstetem Fisch.

- 1 Rezept Weiße Grundsauce (Seite 172)
- 50 g Sardellenfilets
- 3 EL Weißwein
- je 1 Prise Zucker und Pfeffer

Die Weiße Grundsauce zubereiten. Die Sardellenfilets inzwischen wässern und fein wiegen. In die Sauce geben und noch 5 Minuten ziehen lassen (nicht mehr kochen!). Die Sauce durchpassieren. Mit Weißwein, Zucker und Pfeffer abschmecken.

Weiße Zwiebelsauce

Zu pochiertem Fisch.

300 g weiße Zwiebeln
50 g Butter
1 Rezept Weiße Grundsauce (Seite 172)
3 EL Sahne
Salz, Pfeffer

Die Zwiebeln in Halbringe schneiden. Die Butter in einem kleinen Topf zerlassen und die Zwiebeln darin langsam weich dünsten. Die Weiße Grundsauce zubereiten, die Zwiebeln dazugeben und kurz darin ziehen lassen. Je nach Verwendungszweck serviert man die Sauce mit den Zwiebeln oder passiert sie durch ein Sieb. Die Sahne unterrühren, mit Salz und Pfeffer abschmecken.

Béchamelsauce

Zum Überbacken von Fischgerichten.

1 Rezept Weiße Grundsauce (Seite 172), mit Milch oder halb Milch und halb Fischbrühe aufgegossen
1 Prise Muskatnuß

Die Weiße Grundsauce zubereiten. Mit Muskatnuß abschmecken.

Nantuasauce

Zu pochiertem und gedünstetem Fisch.

1 Rezept Béchamelsauce (links)
100 g Sahne
30 g kalte Krebsbutter (Seite 181)
100 g Krebsschwänzchen

Die Béchamelsauce zubereiten, mit Sahne aufgießen und kurz einkochen. Von der Kochstelle nehmen, nach und nach die eiskalte Krebsbutter unterrühren. Die Krebsschwänzchen in der Sauce erwärmen. Oder ein Fischgericht mit der Sauce überziehen und mit den Krebsschwänzchen garnieren.

Käsesauce

Zum Überbacken von Fischgerichten.

1 Rezept Béchamelsauce (links)
1 Prise Cayennepfeffer
3 EL Sahne
20 g Butterflöckchen
50 g geriebener Käse

Die Béchamelsauce zubereiten und mit Cayennepfeffer abschmecken. Die Sahne zugeben, Butterflöckchen und den geriebenen Käse daruntermischen, die Sauce darf dann nicht mehr kochen.

Weißweinsauce

Zu pochiertem, gedünstetem und geschmortem Fisch, zum Gratinieren von Fischspeisen.

Weißweinsauce ist eine klassische und vielseitig verwendbare Fischsauce. Zum Aufgießen nimmt man eine gehaltvolle Fischbrühe und Wein. Ausnahmsweise, wenn Fischbrühe nicht zur Verfügung steht, kann man helle Fleischbrühe verwenden.

40 g Butter, 40 g Mehl
375 ml Fischbrühe (Seite 30), ersatzweise Fleischbrühe
125–200 ml trockener Weißwein
Salz, Pfeffer
100 g Sahne
2 Eigelb, 2 EL Sahne
30 g kalte Butter

Aus Butter und Mehl eine helle Einbrenne zubereiten, nach und nach mit Fischbrühe oder Fleischbrühe aufgießen, durchkochen. Den Wein dazugießen, mit Salz und Pfeffer würzen, die Sauce auf zwei Drittel einkochen. Die Sahne dazugießen, nochmal gut durchkochen. Die Sauce vom Herd nehmen. Eigelbe und Sahne verquirlen und die Sauce damit legieren, dann nicht mehr kochen lassen. Stückchenweise die kalte Butter mit dem Schneebesen unterrühren.

Meerrettichsauce

Zu gekochtem und pochiertem Fisch.

1 mittelgroße Stange Meerrettich	
75 g Butter	
40 g Mehl	
½ l helle Fleischbrühe	
Salz, 1 Prise Zucker	
1 Eigelb	
3 EL Sahne	
1 Eiweiß, geschlagen	

Den Meerrettich erst kurz vor der Zubereitung putzen, waschen, am offenen Fenster fein reiben (oder mit etwas Milch oder Brühe im Mixer zerkleinern).
Aus Butter und Mehl eine helle Einbrenne zubereiten, den Meerrettich 5 Minuten mitschwitzen und langsam die Brühe aufgießen. Mit Salz und Zucker würzen, 10–20 Minuten kochen lassen. Durch längeres Kochen verliert der Meerrettich an Schärfe. Wer eine scharfe, würzige Sauce wünscht, läßt ihn nur kurz mitkochen; für eine milde Sauce kocht man den Meerrettich so lange, bis die Sauce die gewünschte Schärfe hat. Die Sauce mit verquirltem Eigelb und Sahne legieren. Kurz vor dem Anrichten den Eischnee unterheben.

Champignonsauce

Zu pochiertem und gedünstetem Fisch.

40 g Butter	
1 Zwiebel, gehackt	
250 g Champignons (oder andere frische Pilze), gehackt	
1 EL Mehl	
¼ l Fleischbrühe	
Salz, Pfeffer	
1 EL Zitronensaft	
100 g Crème fraîche	
20 g Butterflöckchen	
Petersilie, gehackt	

Die Butter in einem Topf zerlassen und die Zwiebel darin anschwitzen. Die Champignons zugeben und dünsten, bis die Flüssigkeit verdampft ist. Mit Mehl bestäuben, kurz angehen lassen, nach und nach die Brühe aufgießen. Mit Salz und Pfeffer würzen und 10 Minuten köcheln lassen. Mit Zitronensaft abschmecken. Crème fraîche einrühren und die Butterflöckchen unterziehen, mit Petersilie bestreuen.

Holländische Sauce (Sauce hollandaise)

Zu gedünstetem und pochiertem Fisch.

3 Eigelb	
1 EL Fleisch- oder Fischbrühe	
1 EL Weißwein	
1 EL Zitronensaft	
je 1 Prise Salz, Pfeffer und Zucker	
125 g zerlassene Butter	

Holländische Sauce: *Auf dem nicht zu heißen Wasserbad dickcremig aufschlagen.*

Die warme Butter in kleinen Portionen mit dem Schneebesen unterrühren.

Die Eigelbe mit der Fleisch- oder Fischbrühe, Wein, Zitronensaft, Salz, Pfeffer und Zucker in eine Wasserbad-Rührschüssel geben und mit dem Schneebesen schaumig schlagen. Die Rührschüssel ins heiße (nicht kochende!) Wasserbad hängen und die Mischung so lange schlagen, bis sie sahnig-dick ist. Unter beständigem Rühren die lauwarme Butter löffelweise darunterschlagen. Die Sauce darf nicht kochen, sonst gerinnt sie.

Variation

Schaumsauce: 100 g Sahne steif schlagen und untermischen, sofort servieren.

Einfache Holländische Sauce

ZU POCHIERTEM UND GEDÜNSTETEM FISCH, ZU GARNELEN.

Diese feine Sauce ist weniger üppig als die aufgeschlagene Buttersauce gleichen Namens.

- 20 g Speisestärke
- 1/4 l Fleisch- oder Fischbrühe (Seite 30)
- 2 EL Weißwein, 2 Eigelb
- 50 g kalte Butter
- Salz, Pfeffer
- 1 Prise Zucker
- 2 EL Sahne

Speisestärke, Brühe, Wein und die Eigelbe in eine Wasserbad-Rührschüssel geben und mit dem Schneebesen glattrühren. Den Topf in das warme Wasserbad hängen, die Mischung bei zunehmender Hitze abschlagen und erhitzen, bis sie dick wird (nicht kochen!). Die kalte Butter flöckchenweise darunterschlagen. Mit Salz, Pfeffer und Zucker abschmecken, die Sahne unterrühren.

VARIATIONEN

- AUFGESCHLAGENE DILLSAUCE: Feingewiegten Dill zufügen.
- AUFGESCHLAGENE CURRYSAUCE: Mit 1–2 TL Curry abschmecken.
- AUFGESCHLAGENE GARNELENSAUCE: In der heißen Sauce 100 g gekochte Garnelen erwärmen, mit einer Prise Cayennepfeffer abschmecken.

Weiße Buttersauce

ZU POCHIERTEM, GEDÄMPFTEM, GEDÜNSTETEM UND GEGRILLTEM FISCH.

- 2 Schalotten, fein gewürfelt
- 100 ml Fischfond (Seite 30) oder Hühnerbrühe
- 150 ml trockener Weißwein
- 2 EL Essig
- Salz, Pfeffer
- 120–150 g kalte Butter, in Scheiben

Schalotten, Fischfond oder Hühnerbrühe, Wein und Essig in eine Kasserolle geben und zum Kochen bringen. Bei guter Hitze im offenen Topf so stark einkochen (reduzieren), daß nur noch etwa 50 ml sirupartige Flüssigkeit zurückbleiben. Durch ein Sieb in eine Wasserbadschüssel abseihen und ins heiße (nicht kochende) Wasserbad hängen. Wieder erhitzen, mit Salz und Pfeffer würzen und nach und nach die Butterscheiben mit dem Schneebesen einrühren; erst wenn eine Scheibe geschmolzen ist, die nächste dazugeben; die Sauce darf dabei nicht kochen. Sofort verwenden.

Aufgeschlagene Estragonsauce Sauce béarnaise

ZU POCHIERTEM UND GEGRILLTEM FISCH.

- 1 EL Estragonessig
- 5 EL trockener Weißwein
- 1 EL Schalotten, klein gewürfelt
- 1 TL Estragon, fein gewiegt
- 3 Pfefferkörner, gestoßen
- 1/4 Lorbeerblatt
- 3 Eigelb
- je 1 Prise Salz und Zucker
- 3 EL Wein oder Fleischbrühe
- 1 TL Zitronensaft
- 125 Butter, zerlassen

Essig, Weißwein, Schalotten, Estragon, Pfefferkörner und Lorbeerblatt in einer Kasserolle zum Kochen bringen, etwa um die Hälfte einkochen. Den Sud abseihen und erkalten lassen. In einer Wasserbadschüssel die Eigelbe, Salz und Zucker mit dem Schneebesen verrühren, den Gewürzsud, Wein oder Fleischbrühe und Zitronensaft dazugeben. Die Schüssel ins heiße (nicht kochende) Wasserbad hängen und die Mischung mit dem Schneebesen dicksahnig schlagen. Unter beständigem Rühren die zerlassene Butter teelöffelweise darunterschlagen; die Sauce darf dabei nicht zum Kochen kommen, sonst gerinnt sie.

VARIATION

SAUCE CHORON: Die Sauce mit 1 TL angewärmtem Tomatenmark verrühren.

Weißwein-Sahnesauce

Zu pochiertem Fisch, Muscheln und Scampi.

- 30 g Butter
- 3 Schalotten, fein gewürfelt
- 4 cl Noilly Prat oder trockener Sherry
- 100 ml trockener Weißwein
- 400 ml Fischfond (Seite 30) oder Fleischbrühe
- 1 Becher Crème fraîche (125 g)
- Salz, 1 Prise Zucker
- 1 Prise Cayennepfeffer
- 2 EL Sahne, geschlagen

Im Saucentopf die Butter zerlassen und die Schalotten hell anschwitzen. Mit Noilly Prat oder Sherry ablöschen und einkochen, bis die Schalotten noch gut feucht sind. Weißwein und Fischfond oder Fleischbrühe angießen, im offenen Topf auf ein Drittel einkochen. Crème fraîche einrühren und einige Minuten köcheln lassen. Die Sauce durch ein Spitzsieb passieren und mit Salz, Zucker und Cayennepfeffer milde abschmecken. Vor dem Anrichten die geschlagene Sahne unterziehen. Sofort verwenden.

Zitronensauce

Zu pochiertem und gedünstetem Fisch.

- 1 Schalotte, fein gewürfelt
- 100 ml trockener Weißwein
- 100 ml Fischfond (Seite 30) oder Hühnerbrühe
- 2 EL Zitronensaft
- Salz, 1 Prise Pfeffer
- 2 EL Crème fraîche
- 30 g kalte Butter

Die Schalottenwürfelchen mit Wein, Fischfond oder Hühnerbrühe und Zitronensaft im Saucentopf aufkochen und im offenen Topf bei guter Hitze auf die Hälfte bis ein Drittel einkochen. Durch ein Sieb gießen und wieder erhitzen, mit Salz und Pfeffer würzen. Zuerst Crème fraîche löffelweise einrühren, dann die kalte Butter flöckchenweise mit dem Schneebesen einschwingen; die Sauce darf dabei nicht kochen. Sofort verwenden.

Rotweinbutter

Zu gedünstetem und überbackenem Fisch.

- 1 Schalotte, fein gewürfelt
- 200 ml kräftiger Rotwein
- 2 cl Portwein
- 120 g kalte Butter
- Salz
- 1 Prise Cayennepfeffer

Im Saucentopf die Schalotte mit Rotwein und Portwein zum Kochen bringen und bei guter Hitze im offenen Topf auf die Hälfte einkochen. Die eiskalte Butter nach und nach stückchenweise mit dem Schneebesen einschwingen und mit Salz und Cayennepfeffer abschmecken. Die Rotweinbutter darf nicht kochen und kann auch nicht lange warm gehalten werden.

Morchelrahmsauce

Zu Fisch in Blätterteig, zu pochiertem Fisch.

- 20 g getrocknete Morcheln
- 150 ml lauwarmes Wasser
- 20 g Butter
- Salz, Pfeffer
- 1 EL Zitronensaft
- 1 EL Cognac
- 250 g Sahne
- 5 EL Fisch- oder Kalbsfond (aus dem Glas)
- 1 EL Madeira

Die Morcheln in dem lauwarmen Wasser zugedeckt 1–2 Stunden einweichen. Das Einweichwasser durch Filterpapier in ein Gefäß abgießen und beiseite stellen. Die Morcheln mit der Hand ausdrücken, jede einzeln unter fließendem Wasser gründlich waschen, um sie von Sandkörnern zu befreien, in Streifen schneiden und fein hacken oder wiegen.

In einem Saucentopf die Butter zerlassen und die Morcheln andünsten, salzen, pfeffern, Zitronensaft und Cognac zugeben. Nach und nach die Sahne und immer wieder löffelweise Morchelwasser und Kalbs- oder Fischfond zugießen, bis alles verbraucht ist. Unter öfterem Umrühren etwa 30 Minuten köcheln lassen. Die dicklich eingekochte Sauce mit Madeira abschmecken.

Trüffelsauce

ZU POCHIERTEM FISCH,
ZU FISCH IN BLÄTTERTEIG.

1 schwarze Trüffel, frisch oder
aus dem Glas
20 g Butter
Salz, Pfeffer
2 EL Sekt oder trockener Weißwein
1 EL Cognac
1 TL Zitronensaft
100 ml Kalbsfond (aus dem Glas)
100 g Sahne
20 g kalte Butterflöckchen

Die Trüffel in dünne Scheiben schneiden (frische Trüffel vorher säubern). Im Saucentopf die Butter hellbraun aufschäumen lassen, die Trüffelscheiben kurz darin schwenken, salzen und pfeffern. Mit Sekt oder Wein sowie Cognac und Zitronensaft ablöschen. Je einige Eßlöffel Kalbsfond und Sahne (und den Saft aus dem Trüffelgläschen) zugeben. Die Sauce unter häufigem Umrühren köcheln lassen, dabei immer wieder löffelweise Kalbsfond und Sahne zugeben, bis alles aufgebraucht ist und die Sauce eine dickflüssige Konsistenz hat. Kurz vor dem Anrichten nach und nach die Butterflöckchen einrühren, die Sauce dann nicht mehr kochen lassen.

Mayonnaise

ZU GEKOCHTEM, GEGRILLTEM UND GEBACKENEM (FRITIERTEM) FISCH, FÜR FISCHSALATE.

Alle Zutaten müssen Zimmertemperatur haben, damit die Mayonnaise nicht gerinnt.

Für 125 g

1 Eigelb
je 1 Prise Salz, Zucker und Pfeffer
1 EL Essig oder Zitronensaft
1 TL Senf, 1/8 l Öl

Das Eigelb mit Salz, Zucker, Pfeffer, Essig oder Zitronensaft und Senf zu einer sämigen Masse rühren. Das Öl zuerst tropfenweise (sehr wichtig, damit die Mayonnaise nicht gerinnt!), dann in dünnem Strahl unterrühren, bis die Masse steifcremig geworden ist.

MAYONNAISE-VARIATIONEN

Als Ausgangsbasis kann man reine oder gestreckte Mayonnaise verwenden, auch gekaufte Mayonnaise. Feste Zutaten wie Essiggurke, hartgekochtes Ei, Kapern, Kräuter usw. werden fein gewiegt zugegeben.

- GESTRECKTE MAYONNAISE: Die Mayonnaise mit 1/2–1 Becher Joghurt oder saurer Sahne vermischen; nachwürzen und abschmecken. Oder die Mayonnaise mit einem Stärkemehlbrei, aus 1/8 l Brühe und 1 EL Speisestärke gekocht, vermischen.
- KRÄUTERMAYONNAISE: 100–125 g Mayonnaise und 1 durchgepreßte Knoblauchzehe, reichlich frische Kräuter.
- REMOULADENSAUCE: 100–125 g Mayonnaise und 1 hartgekochtes Ei, 1 TL Zwiebel, 1 TL Kapern, 1 Sardelle, 1 Gewürzgurke, 1 EL Kräuter (Kerbel und Estragon), 1 TL Senf, 1 Prise Zucker, 1 EL Sahne oder Schlagsahne.
- TATARENSAUCE: 100–125 g Mayonnaise und 1 hartgekochtes Eigelb, 1 TL Püree von grünen Zwiebeln oder Schnittlauch. (Oder: 100–125 g Mayonnaise und 1 TL Kapern, 1 hartgekochtes Ei, 1 Gewürzgurke, 1 TL Zwiebel, 1 EL Petersilie, alles fein gewiegt).
- SENFMAYONNAISE: 100–125 g Mayonnaise und 2–4 TL Senf, etwas Joghurt oder Sahne
- MEERRETTICHMAYONNAISE: 100–125 g Mayonnaise und 2–3 EL frisch geriebener Meerrettich, 1 Prise Zucker, 1 EL Orangensaft, 3 EL Sahne oder Schlagsahne.
- TOMATENMAYONNAISE: 100–125 g Mayonnaise und 2 EL Tomatenketchup, 1 TL Paprikapulver, 2 EL Sahne oder Joghurt.
- TIROLER SAUCE: 100–125 g Mayonnaise und 1–2 TL Tomatenketchup oder Püree von dick eingekochten frischen Tomaten.
- KNOBLAUCHMAYONNAISE: 100–125 g Mayonnaise und 2–3 durchgepreßte Knoblauchzehen, 1 Prise Pfeffer.
- CHILIMAYONNAISE: 100 g Mayonnaise (oder 50 g Mayonnaise und 50 g Joghurt) und 6 EL Tomaten-Chili-Sauce (Flasche).

Rouille

KLASSISCHE SCHARFE WÜRZPASTE ZUR BOUILLABAISSE, ABER AUCH ZU ANDEREN FISCHSUPPEN.

Für 8 Personen

- 2 frische, kleine rote Chilischoten
- 4 Knoblauchzehen
- Salz
- einige Safranfäden
- 1 mehligkochende Kartoffel (100 g), gekocht
- 1 Eigelb
- 100 ml Olivenöl

Die Chilischoten sorgfältig von Samen und Scheidewänden befreien. Die Knoblauchzehen schälen, die grünen Keime entfernen. Alles mit Salz und Safranfäden im Mörser fein zerstoßen. Die erkaltete, geschälte Kartoffel zugeben und mit dem Stößel zu einer homogenen Masse verreiben. Das Eigelb untermischen. Die Masse in eine Rührschüssel füllen und mit dem Schneebesen oder Handrührgerät das Öl zuerst tropfenweise, dann in dünnem Strahl unterrühren; die Masse soll eine pastenartige Konsistenz haben.

Chillies, Knoblauch, Salz und Safran im Mörser zerstoßen.

Mit der gekochten Kartoffel zu einem Brei verreiben.

Das Eigelb einarbeiten, die Masse in eine Schüssel füllen.

Das Öl ganz langsam unterrühren – wie bei Mayonnaise.

Knoblauchöl

ZU GEGRILLTEM FISCH UND SCAMPI.

- 6 EL Olivenöl
- 4 Knoblauchzehen, in dünne Scheiben geschnitten
- 1 TL Petersilie, fein gewiegt

Das Olivenöl in einem kleinen Topf erhitzen und den Knoblauch darin bei schwacher Hitze 2 Minuten dünsten, ohne daß er Farbe nimmt. Die Petersilie untermischen.

Zerlassene Butter

Zu vielen Fischgerichten, vor allem aber zu pochiertem Fisch, wird zerlassene Butter serviert. Dafür Süßrahmbutter in einem kleinen Topf schmelzen und gerade einmal aufschäumen, jedoch nicht bräunen. Es ist Geschmackssache, ob man sie in ihrem natürlichen Buttergeschmack genießt oder ob man sie salzt und nach Belieben noch mit etwas Zitronensaft würzt. Man rechnet pro Person 30 g Butter als Begleitung zu gekochtem Fisch.

VARIATION

BRAUNE BUTTER: Die Butter bei starker Hitze goldbraun werden lassen.

Aïoli

Zu gegrilltem Fisch und Scampi.

Für 8 Personen

- 4–6 Knoblauchzehen
- 1 Eigelb
- 1 EL Zitronensaft
- Salz, Pfeffer
- 1/4 l Olivenöl

Den Knoblauch schälen, die grünen Keime entfernen, durch die Knoblauchpresse drücken. Mit Eigelb, Zitronensaft, Salz und Pfeffer mit dem Handrührgerät glattrühren. Das Öl zuerst tropfenweise zugeben, dann in dünnem Strahl langsam darunterschlagen.

Hinweis

Falls die Sauce gerinnt, kann man sie mit 1 EL heißem Wasser retten. Oder man verquirlt ein frisches Eigelb und rührt die geronnene Sauce nach und nach darunter.

Kräuter-Vinaigrette

Zu pochiertem und gebratenem Fisch, für Fischsalate.

- 2 EL Essig
- Salz, Pfeffer
- 1 EL Zwiebel, gehackt
- 1 EL frische Kräuter, gehackt
- 6 EL Öl

Essig, Salz, Pfeffer, Zwiebel und Kräuter verrühren. Das Öl dazugeben und sämig rühren.

Öl-Kräutersauce

Zu gekochtem und pochiertem Fisch, für kalte Fischgerichte.

- 1 Knoblauchzehe, zerdrückt
- Saft von 1 Zitrone
- 1 TL Salz
- schwarzer Pfeffer
- 200 ml Olivenöl
- 1 Handvoll frische Kräuter (Petersilie, Basilikum, Estragon, Kerbel, Zitronenmelisse, Schnittlauch), fein gewiegt

Knoblauch, Zitronensaft, Salz und Pfeffer vermischen. Das Olivenöl in dünnem Strahl darunterrühren. Zuletzt die Kräuter untermischen.

Variation

Basilikumsauce: Überwiegend gehackte Basilikumblättchen verwenden, ihre Menge sollte die Hälfte aller verwendeten Kräuter ausmachen.

Zitronen-Ölsauce

Zu pochiertem Fisch.

- Saft von 1 Zitrone
- 1 Prise Salz
- 1 EL Petersilie, fein gewiegt
- 6 EL Olivenöl

Zitronensaft, Salz und Petersilie verrühren. Das Öl nach und nach zugeben und zu einer sämigen Sauce rühren.

Cocktailsauce

Für Garnelen, Krebs- oder Hummercocktail.

- 100 g Mayonnaise
- 100 g Crème fraîche
- 3 EL Joghurt
- 2 EL Tomatenketchup
- 1 TL Meerrettich, frisch gerieben
- 1 EL Zitronensaft
- Salz
- 1 Spritzer Worcestersauce
- 1 Prise Cayennepfeffer
- 1 EL Cognac

Die Mayonnaise mit den angegebenen Zutaten mit dem Schneebesen verrühren und abschmecken.

Meerrettichsahne

Zu pochiertem und gebratenem Fisch.

- 3 EL Meerrettich, frisch gerieben
- 1 Prise Salz
- 1 Prise Zucker
- 1 TL Zitronensaft
- 250 g Sahne, geschlagen

Den Meerrettich mit Salz, Zucker und Zitronensaft verrühren. Unter die geschlagene Sahne mischen. Sofort verwenden, damit sich der Meerrettich nicht verfärbt.

Variation

Apfel-Meerrettichsahne: Kurz vor Gebrauch 2 EL geriebenen Apfel, mit Zitronensaft verrührt, unter die Meerrettichsahne mischen.

Buttermischungen

Buttermischungen dienen in der Fischküche vor allem als Beilage für auf dem Rost gebratene oder gegrillte Fischgerichte. Man verwendet sie auch zur geschmacklichen Ergänzung von Saucen oder zum Aufschlagen von Fischfond.
Die Butter wird schaumig gerührt, die Geschmackszutaten werden fein gewiegt, passiert oder im Mörser gestoßen und untergemischt. Man formt die Butter mit nassem Pergamentpapier zu einer Rolle, stellt sie kalt und schneidet Scheiben davon ab.

Butter-Variationen

- Dillbutter: 100 g Butter und 2 EL frischer Dill, 1 TL Zitronensaft, 1 Prise Salz.
- Knoblauchbutter: 100 g Butter und 2–4 Knoblauchzehen, 1 EL Schalotten, 2 EL Petersilie, Salz, weißer Pfeffer, Zitronensaft.
- Kräuterbutter: 100 g Butter und 2 EL gemischte frische Kräuter, 1 TL Zitronensaft, 1 Prise Salz. Man kann auch mit Knoblauch und Zwiebel würzen.
- Sardellenbutter: 100 g Butter und 4 leicht gewässerte Sardellenfilets, im Mörser zerstoßen (oder Sardellenpaste verwenden), durch ein Haarsieb passieren.
- Hummerbutter: Hummerschalen und Hummerfleischabfälle im Mörser so fein wie möglich stoßen, mit der gleichen Menge Butter vermischen. Durch ein Haarsieb streichen.
- Senfbutter: 100 g Butter und 2–3 EL Senf.
- Garnelenbutter, Krebsbutter: Einige gekochte Krebsschalen (wegen der roten Farbe) im Mörser so fein wie möglich zerstoßen. 1 TL Zitronensaft, 50 g püriertes Krebsfleisch oder Garnelen, je 1 Prise Salz und weißen Pfeffer dazugeben. Alles mit 100 g schaumig gerührter Butter vermischen, durch ein Haarsieb streichen. Krebsbutter kann man auch in Dosen kaufen. *Oder:* Gekochte Nordseekrabben und Butter zu gleichen Teilen im Mörser zerstoßen, durch ein Haarsieb streichen.
- Lachsbutter: 100 g Butter und 40 g geräucherter Lachs (im Mörser zerstoßen oder fein gewiegt), 2 EL Zitronensaft, weißer Pfeffer sowie eine Spur Cayennepfeffer, 2 EL frischer Estragon oder Dill.

Mehlbutter

Butter und Mehl zu gleichen Teilen verwenden. Die Butter mit einer Gabel zerdrücken, das Mehl darunterkneten.
Mehlbutter dient zum Binden von Saucen. Auf 1/2 l Sauce rechnet man, je nach gewünschter Konsistenz, 20–40 g Mehlbutter, das sind 10–20 g Butter und 10–20 g Mehl. Die Mehlbutter wird mit dem Schneebesen unter die heiße Sauce gerührt und kurz aufgekocht. Zum Binden von Fischsud rechnet man 10–12 g Mehlbutter auf 100 ml Sud.

Beilagen

Zu einem Fischgericht gehört die passende Begleitung. Neben den separat zubereiteten Saucen sind dies vor allem die sättigenden Beilagen. Einige besonders beliebte werden hier als Rezept vorgestellt.

Fischkartoffeln Tournierte Kartoffeln

Zum Garnieren und als Beilage zu Fischspeisen.

Die Kartoffeln schälen, olivenförmig in gleich große Stücke zurechtschneiden. Sie werden auf dem Siebeinsatz gedämpft wie Salzkartoffeln und nach dem Abdämpfen in zerlassener Butter geschwenkt oder goldgelb angebraten.

Nußkartoffeln

Zum Garnieren von Fischspeisen.

Aus geschälten rohen Kartoffeln mit einem runden Gemüsebohrer kirschgroße Kugeln ausstechen. In Salzwasser 2 Minuten blanchieren, abtropfen lassen. In heißer Butter bei milder Hitze goldgelb braten, bis sie weich sind. Mit feinem Salz und gehackter Petersilie bestreuen.

Gratinierte Kartoffeln

Fotos

Zu gedünstetem, gedämpftem und geschmortem Fisch.

½ Knoblauchzehe
20 g Butter, zerlassen
750 g festkochende Kartoffeln, geschält und in sehr dünne Scheiben gehobelt
Salz
Pfeffer
1 Prise Muskatnuß
50 g Emmentaler, gerieben
250 g Sahne
¼ l Milch

Eine Auflaufform mit Knoblauch ausreiben und mit der zerlassenen Butter ausstreichen. Die Kartoffelscheiben lagenweise in die Form schichten, jede Lage mit Salz, Pfeffer und einer Spur Muskatnuß würzen und mit geriebenem Käse bestreuen; 2 EL Käse zurückbehalten. Die Sahne mit Milch und dem restlichen Käse verquirlen und über die Kartoffelscheiben gießen, sie sollen vollständig mit Flüssigkeit bedeckt sein. Im vorgeheizten Ofen bei 220 °C in 50–60 Minuten goldbraun gratinieren.

Die Kartoffelscheiben einschichten, würzen, mit Käse bestreuen, mit der Sahnemischung bedecken.

Folienkartoffeln

Zu gegrilltem Fisch.

Pro Person 1 große, mehligkochende Kartoffel

Die Kartoffeln waschen und einzeln in Alufolie einschlagen (glänzende Seite nach innen). Auf dem Rost im vorgeheizten Ofen bei 200 °C etwa 1 Stunde garen; *Garprobe:* Kartoffel mit einer Nadel durch die Folie anstechen. Vor dem Servieren die Folie oben öffnen, die Kartoffel kreuzweise einschneiden und so zusammendrücken, daß sie aufspringt. In der Folie servieren.

Man ißt die Kartoffeln mit dem Löffel aus der Schale und reicht dazu gesalzene saure Sahne mit Kräutern, Crème fraîche, ausgelassenen durchwachsenen Speck oder zerlassene Butter.

Bäckerin-Kartoffeln

Zu gedünstetem und geschmortem Fisch.

800 g Kartoffeln
400 g Zwiebeln
50 g Butter
½ Knoblauchzehe
Salz, Pfeffer
½ l Fleisch- oder Geflügelbrühe
20 g Butterflöckchen

Die Kartoffeln schälen und in ½ cm dicke Scheiben schneiden oder hobeln. Die Zwiebeln in Halbringe schneiden. 30 g Butter zerlassen und die Zwiebeln darin glasig schwitzen. Eine Gratinform mit Knoblauch ausreiben und mit der restlichen Butter ausstreichen. Die Hälfte der Kartoffelscheiben hineinlegen. Die Zwiebeln darauf verteilen und mit Salz und Pfeffer würzen. Mit den restlichen Kartoffeln bedecken. Die Brühe aufgießen; die Kartoffeln sollen gerade bedeckt sein. Butterflöckchen darauf verteilen. Bei 220 °C im vorgeheizten Ofen 50–60 Minuten garen.

Kümmelkartoffeln

Foto

Zu gebratenem Fisch aus der Pfanne.

750 g neue Kartoffeln, 2 EL Öl
Salz, mit Kümmel vermischt

Die Kartoffeln waschen, abtrocknen, halbieren, die Schnittflächen mit Öl bestreichen, mit der Salz-Kümmel-Mischung bestreuen. Mit den Schnittflächen nach oben auf ein Backblech legen. Bei 200 °C im vorgeheizten Ofen etwa 30 Minuten garen.

Quellreis

Zu Fischfrikassee oder Fischragout.

250 g Langkornreis
knapp ¾ l Salzwasser
Butter für die Form

Den Reis mit Salzwasser zum Kochen bringen und zugedeckt bei kleinster Hitzezufuhr in etwa 20–25 Minuten ausquellen lassen, ohne umzurühren. Die Flüssigkeit soll vom Reis völlig aufgesogen sein. Den Reis mit einer Gabel auflockern, offen kurz abdämpfen lassen, anrichten.

Variationen

- Safranreis: Sobald der Reis kocht, einige Safranfäden zugeben. Vor dem Servieren 20 g Butterflöckchen untermischen.
- Reisrand: Eine glatte Ringform mit Butter ausstreichen, mit dem Reis füllen und andrücken. Im Wasserbad oder über Dampf 5 Minuten anziehen lassen. Auf eine vorgewärmte Platte stürzen. Man füllt den Reisrand mit dem Fischfrikassee oder -ragout oder einem Ragout aus Meeresfrüchten.

Gedünstete Champignonköpfe

ZUM GARNIEREN VON FISCHSPEISEN, FÜR RAGOUT, FRIKASSEE ODER ÜBERBACKENE FISCHGERICHTE.

250 g kleine, gleichmäßige Champignons
1/8 l Wasser
1 Messerspitze Salz
Saft von 1/2 Zitrone
30 g Butter

Die Champignons von allen erdigen Teilen befreien, waschen und die Stiele unterhalb des Kopfes glatt abschneiden. Das Wasser mit Salz, Zitronensaft und Butter zum Kochen bringen, die Champignons hineingeben und zugedeckt 5 Minuten kochen. (Die Champignonabschnitte kann man zum Pochieren von Fisch oder für eine Fischbrühe verwenden.)

Gedünstete Pilze

CHAMPIGNONS, EGERLINGE, AUSTERNPILZE, WALDPILZE. ZU GEBRATENEM FISCH AUS DER PFANNE.

500 g Pilze, geputzt
Saft von 1/2 Zitrone
40 g Butter
Salz, Pfeffer
Petersilie, gehackt

Die Pilze je nach Größe halbieren, vierteln oder in Scheiben schneiden und mit Zitronensaft beträufeln. Die Butter in einem weiten Topf zerlassen und die Pilze darin rasch weich dünsten. Mit Salz und Pfeffer würzen, die Petersilie darüberstreuen.

HINWEIS

CHAMPIGNONS AUS DER DOSE: Abtropfen lassen, in Scheiben schneiden, in heißer Butter erhitzen und würzen.

Blattspinat

1 kg Spinat
50 g Butter
1 Schalotte, gehackt
Salz
1 EL Zitronensaft

Den Spinat verlesen, dicke Blattstiele entfernen, waschen und im Sieb abtropfen lassen.
In einem weiten Topf die Butter zerlassen und die Schalotte darin anschwitzen. Den nassen Spinat zugeben und unter beständigem Wenden etwa 5 Minuten dünsten, bis die Blätter zusammengefallen sind. Mit Salz und Zitronensaft abschmecken.

VARIATION

BLANCHIERTER BLATTSPINAT: Den Spinat in kochendem Salzwasser etwa 2 Minuten blanchieren, abgießen und sofort mit kaltem Wasser übergießen (abschrecken), um den Garprozeß zu stoppen und die grüne Farbe zu erhalten, gut abtropfen lassen. Den Spinat in heißer Butter (nach italienischer Art in Olivenöl) schwenken.

Mangold

1 kg Mangold
50 g Butter
1–2 Schalotten, gehackt
300–400 g Hühnerbrühe
Salz, Pfeffer
1 Prise Muskatnuß
1–2 EL Crème fraîche

Den Mangold putzen, waschen, das Grüne abstreifen und in 3 cm breite Streifen, die Stiele in 1 cm breite Stücke schneiden.
In einem Topf die Butter zerlassen und die Schalotten darin glasig schwitzen. Die Mangoldstiele zugeben und kurz andünsten. So viel Brühe aufgießen, daß die Stiele gerade bedeckt sind, weich dünsten und dabei die Flüssigkeit fast vollständig einkochen. In der Zwischenzeit die Mangoldblätter in Salzwasser 3 Minuten blanchieren, abgießen und zu den Mangoldstielen geben. Mit Salz, Pfeffer und Muskatnuß würzen. Die Crème fraîche einrühren und kurz einkochen.

VARIATION

BLANCHIERTER MANGOLD: Jungen, zarten Mangold im ganzen blanchieren, abgießen und kalt abschrecken, in 50 g heißer Butter schwenken.

Zuckerschoten

750 g Zuckerschoten
40 g Butter
1 Schalotte, gehackt
Salz, Pfeffer
etwa 100 ml Fleischbrühe
2 EL Petersilie, gehackt

Die Zuckerschoten abfädeln. In einem flachen Topf (oder im Wok) die Butter zerlassen, Schalotten und Schoten unter beständigem Rühren andünsten, mit Salz und Pfeffer würzen. Etwas Fleischbrühe aufgießen und die Schoten zugedeckt bei schwacher Hitze in etwa 15 Minuten weich dünsten. Mit Petersilie bestreuen.

Pfannengerührtes Gemüse

500 g Gemüse (Möhren, Lauch, Zucchini, Paprikaschoten, Weißkohl, grüne Erbsen)
4 EL Öl
Salz, Pfeffer
1 Knoblauchzehe, durchgepreßt (nach Belieben)
4 EL Fleischbrühe oder Sahne
1 EL frische Kräuter, gehackt

Das Gemüse je nach Art putzen und sehr fein zerkleinern (Stifte, Streifen, dünne Scheiben, Rauten). In einer Stielpfanne mit hohem Rand (oder im Wok) das Öl erhitzen, das Gemüse unter ständigem Wenden bei starker Hitze garen, dabei nacheinander zunächst das festere Gemüse mit längerer Garzeit, dann die anderen Gemüsesorten zufügen. Mit Salz und Pfeffer, nach Geschmack auch mit Knoblauch würzen. Das Gemüse soll knapp gar, also gerade noch »knackig« sein. Etwas Fleischbrühe oder Sahne einrühren, kurz aufkochen und das Gemüse darin wenden. Mit Kräutern bestreuen und sofort servieren.

Gebackene Zwiebelringe

ZUM GARNIEREN VON FRITIERTEM FISCH.

Große Zwiebeln schälen, in nicht zu dünne Scheiben schneiden und diese auseinanderdrücken, so daß Ringe entstehen. Die Zwiebelringe mit etwas Kondensmilch anfeuchten, in Mehl wälzen, in einem Sieb durchschütteln, um überschüssiges Mehl zu entfernen. Die bemehlten Zwiebelringe in reichlich heißem Öl goldgelb backen, auf Küchenpapier abtropfen lassen.

Oder: Die Zwiebelringe in Backteig (Seite 35) tauchen und in heißem Öl ausbacken.

Glasierte Zwiebelchen

ZUM GARNIEREN VON FISCHSPEISEN.

250 g kleine Zwiebelchen (Perlzwiebeln, Schalotten)
30 g Butter
2 TL Zucker
etwa 100 ml Fleischbrühe

Die Zwiebelchen schälen. Die Butter mit dem Zucker in einer Kasserolle erhitzen. Die Zwiebelchen dazugeben und unter beständigem Wenden hellbraun karamelisieren. Nur so viel Fleischbrühe angießen, daß die Zwiebelchen nicht ganz bedeckt sind. Bei mäßiger Hitze zugedeckt etwa 15 Minuten weich dünsten, bis die Flüssigkeit sirupartig eingekocht und die Zwiebelchen vom dunklen Glanz des Sudes überzogen sind.

VARIATIONEN

- WEISSE ZWIEBELCHEN: Die Zwiebelchen ohne Zucker in Butter anbraten, mit Fleischbrühe aufgießen und fertigstellen wie oben. Man verwendet weiße Zwiebelchen für Fischragout, Fischfrikassee, gratinierte Fischgerichte und zum Garnieren.
- ZWIEBELCHEN IN ROTWEINSIRUP: Karamelisierte Zwiebelchen mit Rotwein aufgießen, auf dem Herd oder im Ofen bei schwacher Hitze langsam sirupartig einkochen. Sie passen zu geschmorten Fischgerichten.

Zwiebelpüree

ZU POCHIERTEM FISCH.

- 500 g weiße Zwiebeln
- 1/4 l Fleischbrühe
- 125 g Sahne
- Salz, Pfeffer
- 25 g kalte Butterflöckchen

Die Zwiebeln in Scheiben oder Halbringe schneiden und in der Fleischbrühe zugedeckt 15 Minuten dünsten. Mit dem Stabmixer pürieren. Die Sahne dazugießen und aufkochen, mit Salz und Pfeffer würzen. Die Butterflöckchen mit dem Stabmixer unterziehen.

Grilltomaten

ZUM GARNIEREN VON GEGRILLTEM UND GEBRATENEM FISCH.

Feste, reife Tomaten halbieren oder oben kreuzweise einschneiden und die Haut leicht zurückziehen. An der Schnittfläche mit Salz, Pfeffer, Oregano und Knoblauchsaft würzen. Mit geriebenem Parmesan bestreuen und Butterflöckchen darauflegen. Unter dem vorgeheizten Grill 8–10 Minuten grillen.

Gebackene Petersilie

ZUM GARNIEREN VON FRITIERTEM FISCH.

Da das Fritierfett ohnehin schon erhitzt ist, macht es keine Mühe, die Petersilie zum Schluß noch ins Fettbad zu geben.

Krause Petersilie waschen, in einem Küchentuch ausschwingen, so daß sie gut trocken ist. Das ist wichtig, damit das Öl nicht spritzt. Die Petersilie in das heiße Öl geben und nur einige Sekunden backen. Mit dem Schaumlöffel herausnehmen. Zu lange gebackene Petersilie verkohlt sehr schnell und schmeckt dann verbrannt.

Knoblauchtoast

ZU GRILLFISCH UND FISCHSUPPEN.

- 1 kleines Baguette oder
- 2 längliche Semmeln (Schrippen)
- oder 4 Weißbrotscheiben
- Knoblauchbutter
- (Seite 181)

Baguette in 10 cm lange Stücke schneiden und diese längs halbieren oder die Semmeln längs halbieren; oder man verwendet einfach Weißbrotscheiben.

Wichtig: Die Scheiben nicht durchschneiden, damit die Füllung beim Backen nicht herausläuft.

Die Brote mit der Knoblauchbutter bestreichen und bei 180 °C im vorgeheizten Ofen etwa 15 Minuten backen.

VARIATIONEN

- Knoblauchzehen durchpressen, auf die Brote streichen, Olivenöl darüberträufeln und im Ofen backen.
- KNOBLAUCHBROT (FOTO): Das Baguette in Abständen von 4 cm schräg einschneiden, aber nicht ganz durchschneiden. Die Einschnitte mit Knoblauchbutter, vermischt mit feingewiegter Petersilie, ausstreichen. Das Brot wieder zusammendrücken, in Alufolie einschlagen und etwa 20 Minuten im vorgeheizten Ofen backen. In der Folie servieren.

Blätterteighalbmonde, Fleurons

ZUM GARNIEREN VON FISCHSPEISEN.

- TK-Blätterteig
- 1 Eigelb zum Bestreichen

Die Blätterteigplatten nebeneinander auftauen, mit Wasser einspinseln, aufeinanderlegen und nicht zu dünn ausrollen. Halbmonde (oder kleine Fische) ausstechen, auf ein mit kaltem Wasser abgespültes Backblech legen und mit verquirltem Eigelb bestreichen. Bei 210–220 °C im vorgeheizten Ofen 15–20 Minuten backen.

Lexikon

Süßwasserfische

Aal oder Flußaal

(engl. Eel, franz. Anguille, ital. Anguilla, span. Anguila)

Der Aal bewohnt die Flüsse und Seen mit Zugang zum Meer. Heute wird er vielerorts, wo er ursprünglich nicht heimisch war, durch künstliche Besatzmaßnahmen verbreitet.

Der langgestreckte, schlangenförmige Körper mit schleimiger Haut ist mit einem Flossensaum umgeben. Männliche Aale können bis zu 50 cm, weibliche bis zu 1 m lang werden. Man unterscheidet zwischen dem *Breitkopfaal,* der als Raubfisch nach Krebsen, Fröschen und Kleinfischen jagt und einen Fettgehalt von etwa 12 Prozent aufweist, und dem *Spitzkopfaal,* der sich von Kleintieren ernährt und dessen Fleisch wesentlich fettreicher ist.

Der Aal ist ein Wanderfisch, dessen Biologie noch nicht genau erforscht ist. Nach 4 bis 10 Jahren Aufenthalt im Süßwasser ist der Aal geschlechtsreif, er wandelt sich zum »Blankaal« mit dunklem Rücken und silbrigem Bauch und wandert, einem Naturtrieb folgend, zum Laichen in den Atlantischen Ozean. Die Laichplätze liegen im Gebiet der Sargassosee vor dem amerikanischen Kontinent zwischen den Bermudas und den Westindischen Inseln. Die Aale kehren nicht wieder in die Flüsse zurück; sie gehen nach dem Ablaichen im Atlantik zugrunde. Während ihrer Wanderung vom Atlantik an die europäischen Küsten entwickeln die Jungaale ihre typische Aalgestalt. Wenn sie in die Süßwasserzuflüsse einwandern und die Flüsse hinaufsteigen, sind sie etwa fingerlang und bleistiftdick, noch fast durchsichtig (»Glasaal«). Während der Wachstumsperiode im Süßwasser nennt man sie »Gelbaal«.

Der Aal ist ein hochwertiger Speisefisch mit allerdings ziemlich fettem Fleisch. Am besten schmecken Jungaale mit einem Gewicht von 500 bis 750 g.

Der frische Aal wird gern »blau« gekocht oder »grün« in Dillsauce zubereitet. Man kann ihn fritieren, grillen und vorzüglich zu Ragouts (Matrosengerichten) verwenden. Sehr geschätzt ist der geräucherte Aal, dessen Anteil am Handel etwa 80 Prozent erreicht.

Äsche

(engl. Grayling, franz. Ombre, ital. Temolo)

Die Äsche kommt in kühlen, klaren, schnell fließenden Gewässern in fast ganz Europa vor. Leider sind die Bestände durch die Verschmutzung der

Flüsse teilweise sehr stark zurückgegangen.
Man erkennt die Äsche an ihrer ungewöhnlich hohen und langen, violettrot und schwarz marmorierten Rückenflosse (Fahne). Der Kopf ist klein, keilförmig, mit spitzer Schnauze und kurzer Mundspalte. Zwischen Rücken- und Schwanzflosse hat sie die kleine Fettflosse ohne Flossenstrahlen. Die Schuppen sind klein, hart und mitunter schwer zu entfernen. Die Äsche erreicht eine mittlere Länge von 25 bis 50 cm. Laichzeit ist von März bis Juni.
Die Äsche hat sehr feines, wohlschmeckendes Fleisch, das einen charakteristischen, an Thymian erinnernden Geruch aufweist; daher der wissenschaftliche Name *thymallus.* Den Thymiangeschmack unterstreicht man bei der Zubereitung noch durch Beigabe von frischem Thymian. Kleine Äschen bereitet man wie Forelle zu, die großen können wie Lachsforelle verwendet werden.

Barsch oder Flußbarsch

(engl. Perch, franz. Perche, ital. Pesce persico, span. Perca)

Der Flußbarsch ist auch unter dem Namen *Egli* bekannt, am Bodensee heißt er *Kretzer.* Bis in 1000 m Höhe ist er in fließenden und stehenden Gewässern Mitteleuropas verbreitet. Auffallend ist der hohe und ziemlich breite Rücken. Der Körper ist mit Kammschuppen bedeckt, die fest in der Haut sitzen. Der Barsch ist ein sehr farbenprächtiger Fisch, am Rücken dunkelgrau bis blau oder olivgrün, am Bauch hell bis weiß; breite, dunkle Querbinden am Oberkörper. Er erreicht eine mittlere Länge von 15 bis 30 cm, maximal bis 45 cm. Laichzeit ist je nach Wohngewässer von März bis Juni.
Kleine Barsche bereitet man wie Forelle zu, vor allem auch nach Müllerinart gebraten. Die sehr kleinen Exemplare schmecken am besten fritiert. Größere werden filetiert und gebraten oder pochiert und mit einer feinen Sauce serviert. Als Eglifilet kann man sie auf vielen Speisekarten finden.
Seit einiger Zeit wird im Handel *Viktoria(see)barsch* angeboten. Dabei handelt es sich um einen Fisch mit festem weißem Fleisch, der entsprechend seiner Herkunft, dem Viktoriasee in Afrika, den Namen bekam.

Brachsen oder Blei

(engl. Bream, franz. Brème)

Der Brachsen oder Blei zählt zu den sogenannten »Weißfischen«. Er lebt vor allem in größeren Seen und langsam fließenden Gewässern mit schlammigem Grund.
Auffallend ist der hochrückige, seitlich stark zusammengedrückte Körper. Die bleifarbene bis schwärzliche Rückenfärbung hat diesem Fisch den Namen eingebracht. Brachsen erreichen eine mittlere Länge von 30 bis 75 cm und ein Gewicht von 8 bis 9 kg. Laichzeit ist von Mai bis Juli.
Das Fleisch größerer Exemplare ist am schmackhaftesten. Ein Nachteil sind die zahlreichen feinen Gräten. Es ist daher zweckmäßig, den Fisch zu filetieren. Im übrigen kann man Brachsen zubereiten wie Karpfen. Sehr kleine Fische werden am besten fritiert.

Forelle

(engl. Trout, franz. Truite, ital. Trota, span. Trucha)

Die Forelle gilt neben dem Saibling als der edelste Süßwasserfisch. Sie gehört zur großen Gruppe der Salmoniden (Lachsfische) und kommt in verschiedenen Formen vor. Alle Forellenarten haben auf dem Schwanzstiel zwischen Rücken- und Schwanzflosse die für diese Gattung typische Fettflosse, eine kleine Hautfalte ohne Flossenstrahlen.

Bachforelle

(engl. Brook trout, franz. Truite, ital. Trota fario, span. Trucha)

Die Bachforelle lebt ständig in kalten, klaren, schnell fließenden und sauerstoffreichen Bächen und Flüssen sowie in Seen mit Kies- und Geröllgrund in ganz Europa. In den Alpen trifft man sie bis in über 2500 m Höhe an. Sie ist ein Standfisch, der sich nie längere Zeit von seinem Standort entfernt. Die Bestände können heute oft nur durch Besatz aufrechterhalten werden. Die Bachforelle ist eine besondere Rasse der Lachsforelle (siehe unten).
Der Körper der Bachforelle ist torpedoförmig, die Schwanzflosse bei jungen Tieren eingebuchtet, bei alten fast gerade. Sie erreicht eine mittlere

Süßwasserfische

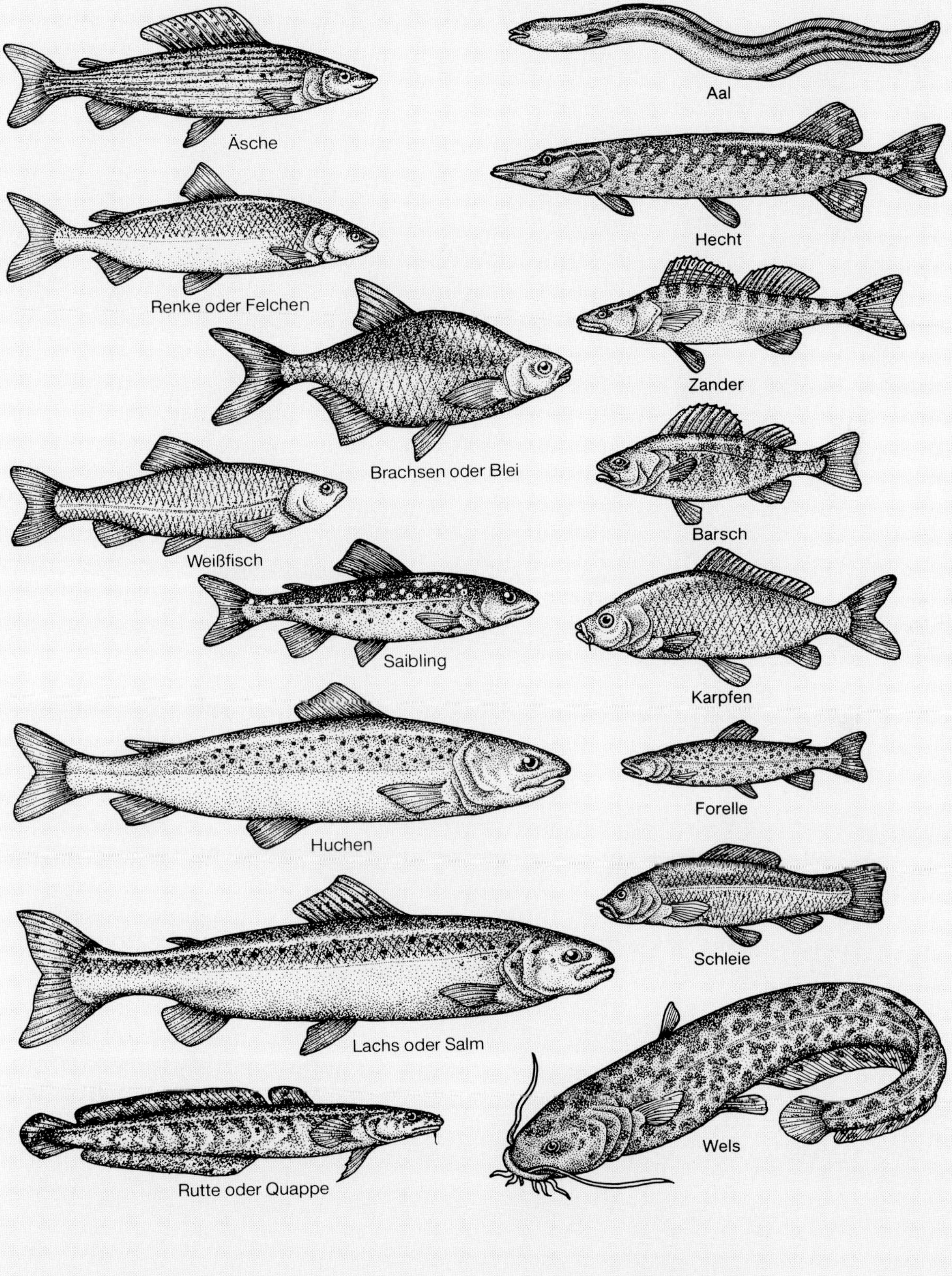

Länge von 25 bis 40 cm; in nahrungsarmen Gewässern oft nur 15 bis 20 cm (Steinforelle). Der Rücken ist je nach Wohngewässer olivgrün bis bräunlich, die Seiten sind heller mit dunklen Tupfen. Entlang und unterhalb der Seitenlinie befinden sich rote, hell umrandete Flecken. Die Schuppen sind sehr klein. Laichzeit ist von Oktober bis Januar.

Die Bachforelle paßt sich in der Farbe der jeweiligen Umgebung an und erhält dadurch wieder verschiedene Namen, die auch Rückschlüsse auf eine besondere Fleischqualität zulassen (Wald-, Gebirgs-, Steinforelle).

Weißes, besonders delikates Fleisch haben Bachforellen aus schnell fließenden Gewässern, also Stein- und Gebirgsforellen. Lebendfrische Bachforellen werden vorzugsweise blaugekocht. Gelagerte Fische sollte man besser braten (nach Müllerinart) oder panieren und in Fett ausbacken. Man kann sie außerdem im Ofen braten, in Flüssigkeit pochieren und mit einer delikaten Sauce servieren.

Seeforelle

Die Seeforelle bewohnt die großen, tiefen Seen der Alpen und des Voralpengebiets bis in 1800 m Höhe, zum Beispiel Chiemsee, Walchensee, Bodensee, auch Stauseen. Aber auch in Skandinavien und Schottland, Wales und Irland ist sie verbreitet.

Die Farbe des Rückens ist meist blaugrün oder braungrau. Die Flanken weisen unterschiedlich große, unregelmäßig geformte schwarze Flecken auf mit braunen bis rötlichen Punkten. Die Seeforelle erreicht eine mittlere Länge von 40 bis 80 cm. Laichzeit ist von Oktober bis Dezember.

Das Fleisch der Seeforelle ist sehr fein und wohlschmeckend. Kleine Fische bereitet man wie Bachforelle zu, große wie Lachs. Die Seeforelle eignet sich gut für kalte Gerichte.

Lachsforelle oder Meerforelle

(engl. Salmon trout, franz. Truite de mer, span. Trucha del mar)

Die Lachsforelle oder Meerforelle ist ein Wanderfisch. Nach 2 bis 4 Jahren Aufenthalt im Süßwasser wandern die Jungfische ins Meer ab, wo sie sich in Küstennähe aufhalten. Zwischen Juli und November steigen die geschlechtsreifen Tiere zum Ablaichen in die Flüsse auf.

Die Lachsforelle unterscheidet sich vom Lachs durch die stumpfe Schnauze und die gedrungenere Körperform. Sie erreicht ein durchschnittliches Gewicht von 1 bis 5 kg und eine durchschnittliche Länge von 80 bis 100 cm. Laichzeit ist von Dezember bis März.

Die Lachsforelle hat ein äußerst delikates, leicht rötliches Fleisch. Sie wird gern als ganzer Fisch pochiert, geschmort oder gebraten, häufig auch gefüllt. Ihr feines Fleisch eignet sich besonders gut für kalte Gerichte. Lachsforelle gibt es auch geräuchert im Handel.

Regenbogenforelle

(engl. Rainbow trout, franz. Truite arc en ciel, ital. Trota iridea, span. Trucha arco iris)

Die Regenbogenforelle stammt ursprünglich aus Amerika. Sie wurde Ende des 19. Jahrhunderts in Europa eingeführt. Dank ihrer Widerstandskraft gegen Krankheiten und ihres schnellen Wachstums bei intensiver Fütterung ist sie heute der bedeutendste Fisch in allen europäischen Forellenzuchtbetrieben. Meist wird sie bis zur Größe einer Portionsforelle herangezogen. In freien Gewässern kann sie eine Größe von bis zu 60 cm erreichen.

Charakteristisch sind der in den Regenbogenfarben schillernde Seitenstreifen vom Kopf bis zum Schwanz und die vielen kleinen schwarzen Flecken auf Kopf, Körper, Rücken-, Fett- und Schwanzflosse; die roten, hell umrandeten Flecken an der Seitenlinie wie bei der Bachforelle fehlen ihr. Laichzeit ist von Dezember bis Mai.

Die Regenbogenforelle ist ein sehr beliebter Speisefisch und von großer wirtschaftlicher Bedeutung. Das Fleisch kann durch sachgemäße Fütterung sehr wohlschmeckend und von guter Qualität sein. Man verwendet sie wie die Bachforelle.

Achtung: Im Handel werden Regenbogenforellen häufig als Lachsforellen angeboten. Wenngleich sie laut Lebensmittelrecht als »lachsfarbene Forelle« oder als »lachsfarbene Regenbogenforelle« angeboten werden müßten, kann der Laie sie durch das fehlende rote Band auf den Flanken von der echten Lachsforelle unterscheiden.

Hecht

(engl. Pike, Franz. Brochet, ital. Luccio, span. Lucio)

Der Hecht kommt in Mitteleuropa in allen Binnengewässern vor, die seinen Ansprüchen genügen. Er ernährt sich fast ausschließlich von Fischen und gehört zu den gefräßigsten Raubfischen. Junghechte setzt man auch in Karpfenabwachsteiche ein. Sie sorgen dafür, daß die Nahrungskonkurrenten der Karpfen, die sogenannten »Unkrautfische«, kurzgehalten werden.

Typisch ist der lange Kopf mit weiter Mundspalte und starker Bezahnung. Die Färbung des langgestreckten Körpers ist, je nach Wohngewässer und Alter, unterschiedlich; der Rücken bräunlich oder olivgrün, die Seiten heller mit dunklen Querstreifen. Ein alter Hecht kann 25 kg schwer werden und eine Länge von 1 m erreichen. Am schmackhaftesten ist jedoch das Fleisch bei einem Gewicht von 2 bis 3 kg. Laichzeit ist von Februar bis Mai.

Das Fleisch junger Hechte ist weiß, fest, sehr wohlschmeckend und hat nur wenige Gräten. Das Fleisch alter Tiere ist jedoch grobfaserig, trocken und von zahlreichen feinen Gräten durchzogen. Hecht wird gern im ganzen zubereitet und mit einer feinen Sauce serviert. Man kann ihn dünsten, in Scheiben schneiden und in Fett ausbacken, in Alufolie zubereiten oder pochieren. Da das Fleisch mager ist, wird der Hecht auch gern mit Speck gespickt. Das Fleisch älterer Tiere, das in der Küche sonst weniger geschätzt ist, eignet sich vorzüglich für feine Farcen (Hechtklößchen, Hechtterrine).

Huchen

(engl. Huchen, franz. Huchone)

Der Huchen, auch *Donaulachs* genannt, gehört zur Familie der Lachsfische. Man findet ihn nur im Stromgebiet der oberen und mittleren Donau, wo er in kühlen, schnell fließenden, sauerstoffreichen Gewässern mit kiesigem Untergrund lebt. Leider trifft man ihn heute nur noch selten an. Man führt dies, genauso wie den Rückgang der anderen Edelfischbestände, auf die zunehmende Verschmutzung der Gewässer zurück.

Der Huchen hat einen langgestreckten, runden Körper und einen langen, abgeflachten Kopf mit weiter Mundspalte. Die Farbe des Rückens ist bräunlich oder grünlichgrau. Typisch ist die Färbung der Seiten in rötlichem Kupferglanz und vielen dunklen Flecken; regional wird er daher auch *Rotfisch* genannt. Er erreicht eine mittlere Länge von 60 bis 120 cm, maximal 150 cm. Laichzeit ist von März bis April.

Der Huchen hat weißes, festes, wohlschmeckendes Fleisch. Es kann wie Lachs zubereitet werden. Filets werden gern wie Schnitzel in der Pfanne gebraten. Besonders gut geeignet ist das Fleisch auch für Gerichte aus durchgedrehtem Fischfleisch.

Karpfen

(englisch Carp, franz. Carpe, ital. Carpa, span. Carpa)

Der Karpfen lebt in stehenden oder langsam fließenden, warmen Gewässern mit Schlamm- oder Sandgrund und Pflanzenbewuchs. Als Teichfisch wurde er schon im frühen Mittelalter in Europa eingeführt. Er hat einen auffallend hohen Rücken und eine sehr lange Rückenflosse.

Durch Zucht und Auslese wurden aus der Stammform, dem Schuppenkarpfen, verschiedene Karpfenstämme gezüchtet, sowohl hochrückige als auch gestreckte, breitrückige Formen. Nach der Beschuppung unterscheidet man: *Schuppenkarpfen* – mit vollständigem Schuppenkleid; *Spiegelkarpfen* – mit nur wenigen großen, unregelmaßig verteilten »Spiegelschuppen«; *Zeilkarpfen* – mit einer Reihe gleich großer Schuppen entlang der Seitenlinie; *Nackt- oder Lederkarpfen* – schuppenlos oder mit nur wenigen Schuppen.

Der Karpfen hat als wichtiger Zuchtfisch der Teichwirtschaft große wirtschaftliche Bedeutung. Bei zusätzlicher Fütterung werden die Fische im dritten Sommer 1 bis 2 kg schwer und bis zu 40 cm lang. Die Laichzeit ist von Mai bis Juli.

Der Karpfen ist ein beliebter Speisefisch. Sein Fleisch ist sehr schmackhaft, doch etwas fett und ziemlich grätenreich. Im Herbst werden die Karpfenteiche abgelassen und die Fische regelrecht »geerntet«. Alle Teichkarpfen sollten vor dem Töten einige Zeit in fließendem Wasser gehalten werden, um den Schlammgeruch zu beseitigen; die Kiemen werden vor der Zubereitung aus dem gleichen Grund entfernt. Lebendfrische Karpfen von mittlerer Größe werden gern blaugekocht. Man kann sie auch in Rotwein dünsten, im Ofen braten, füllen oder in Folie garen. Sehr beliebt ist gebackener Karpfen. Die Karpfenmilch, das Samenpaket des männlichen Fisches, gilt als besondere Delikatesse. Man kann sie in Butter braten oder in wenig Flüssigkeit pochieren. Den Karpfenrogen verwendet man für Suppe oder roh, mit Mayonnaise vermischt.

Lachs oder Salm

(engl. Salmon, franz. Saumon,
ital. Salmone, span. Salmón)

Das Verbreitungsgebiet des Lachses umfaßt die Küstengewässer und die einmündenden Flüsse auf beiden Seiten des Nordatlantiks. Er ist ein typischer Wanderfisch, der mit 3 bis 6 Jahren zum Laichen vom Meer ins Süßwasser zieht. Die jungen Lachse wandern mit etwa 3 Jahren vom Süßwasser ins Meer (»Blanklachse« nennt man sie dann). Die Bestände sind teilweise stark zurückgegangen. Lachs wird heute überwiegend gezüchtet. Durch die starke Gewässerverschmutzung werden im Süßwasser praktisch keine Lachse mehr gefangen. Der überwiegende Teil der heute angebotenen Lachse kommt aus norwegischen Zuchten. Zuchtlachs ist preiswert und von großer wirtschaftlicher Bedeutung. Wildlachs – überwiegend aus Schottland, Irland, Skandinavien und Kanada importiert – ist entsprechend teuer.

Typisch ist der langgestreckte, seitlich etwas abgeflachte Körper mit dem relativ kleinen, spitzschnauzigen Kopf. Zwischen Rücken- und Schwanzflosse hat er die typische Fettflosse der Lachsfische. Die Färbung ausgewachsener Lachse ist am Rücken graugrün, die Flanken sind silberglänzend, der Bauch weißglänzend. Zur Laichzeit legt sich der Lachs ein prächtiges Hochzeitskleid zu mit bläulichem und rötlichem Schimmer sowie roten und schwarzen Flecken und Tupfen (»Buntlachse«).

Der Laichaufstieg in die Flüsse findet zu sehr unterschiedlichen Zeiten statt (Sommerlachs und Winterlachs). Laichzeit ist von September bis Februar. Gefischt werden sie im Meer entlang den Küsten oder in den Flüssen beim Laichaufstieg. Das durchschnittliche Gewicht europäischer Lachse beträgt 6 bis 8 kg bei einer Länge von etwa 60 cm.

Das hellrote, fettreiche Fleisch der die Flüsse aufsteigenden männlichen Lachse ist am schmackhaftesten. Männliche Lachse erkennt man am hakenförmigen Fortsatz des Unterkiefers (als Hakensalm oder -lachs bezeichnet).

Der Lachs gehört zu unseren feinsten Speisefischen. Von den europäischen Fängen sind die schottischen, irischen und norwegischen Lachse am meisten geschätzt. Lachs kommt frisch, gefroren, geräuchert und gebeizt (Gravlax) auf den Markt. Frischer Lachs schmeckt am besten pochiert mit einer feinen Sauce. Lachsscheiben werden gern gegrillt oder in wenig Flüssigkeit pochiert. Sehr delikat ist pochierter kalter Lachs (als Krönung eines kalten Buffets).

Renke oder Felchen

(engl. Whitefish oder Powan,
franz. Féra oder Lavaret,
ital. Alborella oder Coregone lavarello,
span. Corégono)

Renken leben in Mitteleuropa in fast allen größeren tiefen Seen mit klarem, sauerstoffreichem Wasser. Die Fische aus den Holsteiner und bayerischen Seen heißen *Renken,* aus dem Bodensee *Felchen.* Man kennt sie auch unter der Bezeichung Maräne, Reinanke, Blaufelchen. Renken werden auch künstlich gezüchtet.

Der langgestreckte, torpedoförmige, leicht zusammengedrückte Körper ist silberglänzend und mit großen Schuppen bedeckt. Es gibt zahlreiche, schwer unterscheidbare Arten. Alle haben die sogenannte Fettflosse ohne Flossenstrahlen zwischen Rücken- und Schwanzflosse. Die Laichzeit ist bei den meisten Renkenarten im Spätherbst und im Winter.

Die Renke hat weißes, sehr schmackhaftes, aber etwas trockenes Fleisch. Am besten schmecken Renken gebraten auf Müllerinart oder gebacken, mit viel Butter zubereitet. Renkenfilet kann man pochieren und in feiner Sauce servieren oder ebenfalls in Butter braten. Klein- und Zwergrenken werden am besten fritiert. Im übrigen können sie wie Forellen zubereitet werden. Sehr geschätzt ist auch die geräucherte Renke.

Rutte oder Quappe

(engl. Burbot, franz. Lotte de revière, ital. Bottatrice, span. Lota)

Die Rutte oder Quappe, auch *Aalquappe* oder *Trüsche* genannt, ist die einzige Art der Dorschfische, die im Süßwasser lebt. Sie ist in Seen und Fließgewässern verbreitet, in den Alpen kommt sie bis in 1200 m Höhe vor. Man trifft sie auch im Brackwasser der Flußmündungen an.

Die Grundfärbung des langgestreckten Körpers mit seinen langen hinteren Rücken- und Afterflossen ist braun, gelboliv oder grünlich mit dunkler Marmorierung. Auffallend ist der breite, flache Kopf mit breiter Mundspalte. Die Rutte hat sehr kleine, zarte Schuppen und muß nicht geschuppt werden. Sie erreicht eine mittlere Länge von 30 bis 60 cm, maximal 1 m. Laichzeit ist von November bis März.

Die Rutte ist ein wertvoller, sehr schmackhafter Speisefisch. Ihr Fleisch ist weiß, fest und zart, außer der Hauptgräte hat sie nur wenige Gräten. Die schleimige Haut reibt man vor dem Kochen mit Salz ab, sofern der Fisch nicht blaugekocht wird. Man kann die Rutte pochieren, braten, füllen, das Fleisch zu Schnitzeln schneiden und fritieren. Die Leber ist besonders groß, sehr zart und gilt als Delikatesse. Sie muß jedoch – wie Fischleber überhaupt – immer völlig durchgegart werden. Alle Rezepte für Forelle können auch für die Rutte angewendet werden. Ruttenfilets können nach den Rezepten für Barschfilets zubereitet werden.

Saibling

Bachsaiblng

(engl. Brook trout, franz. Salmon de fontaine, ital. Salmerino di fontana, span. Salvelino)

Der Bachsaibling oder *Bachrötel* wird auch als *Amerikanischer Saibling* bezeichnet. Der Name weist auf seine Heimat Nordamerika hin, wo er Ende des vorigen Jahrhunderts – wie die Regenbogenforelle – eingeführt und in geeignete Gewässer eingesetzt wurde. Er lebt in kalten, sauerstoffreichen Fließgewässern, aber auch in klaren Seen. Der Bachsaibling wird auch in Teichwirtschaften gezogen.

Die Körperform ist – ähnlich wie beim Seesaibling – forellenartig, am Anfang langgestreckt, später gedrungen; auffallend ist die sehr weite, bis weit hinter die Augen reichende Mundspalte. Rücken und Rückenflosse sind braun und oliv marmoriert, der Bauch ist rötlich. Typisch sind die gelben Punkte an den Flanken. Markant ist der weiß-schwarze Saum am Vorderrand der paarigen Flossen und der Afterflosse. Der in der Laichzeit besonders prächtig gefärbte Bachsaibling ist einer der schönsten Lachsfische. Die durchschnittliche Länge beträgt 30 bis 40 cm bei einem Gewicht von 500 bis 1000 g.

Der Bachsaibling hat sehr feines, äußerst schmackhaftes Fleisch. Bei der Zubereitung sollte man mit Gewürzen sparsam umgehen, um den feinen Eigengeschmack nicht zu überdecken. Man bereitet ihn wie Forelle zu.

Seesaibling

(engl. Char, franz. Omble chevalier, ital. Salmerino alpino)

Man kennt den Seesaibling auch unter den regionalen Bezeichnungen *Rötel, Rotforelle, Ritter, Schwarzreuter, Wildfangsaibling.* Er bewohnt – mit zahlreichen Lokalformen, darunter auch Zwergformen – kalte, sauerstoffreiche Seen im Alpengebiet nördlich des Zentralkamms bis in über 2000 m Höhe. Sein Verbreitungsgebiet erstreckt sich auf die gesamte nördliche Halbkugel.

Der Körper des Seesaiblings ist forellenartig, in der Jugend langgestreckt, im Alter gedrungener. Zwischen Rücken- und Schwanzflosse hat er die typische Fettflosse der Lachsfische. Die Schuppen sind sehr klein. Die Färbung ist ja nach Standort unterschiedlich, am Rücken graugrün, blaugrün oder braun, die Seiten heller, der Bauch weiß bis gelblich. An den Flanken befinden sich helle, runde Punkte. Markantes Zeichen sind der leuchtendweiße Saum am Vorderrand der Rückenflosse, die rötlich gefärbten paarigen Bauchflossen sowie die Brust- und Afterflosse.

Man unterscheidet den schnellwüchsigen *Wildfangsaibling,* der sich als Raubfisch von anderen Fischen ernährt und einige Kilogramm schwer werden kann, und den *Normalsaibling,* der nur ein Gewicht von einigen 100 Gramm erreicht. *Schwarzreuter* und andere Zwergformen werden höchstens 25 cm lang.

Hauptlaichzeit ist von September bis Januar.

Der Seesaibling hat feines, äußerst schmackhaftes Fleisch, das leicht rötlich ist. Kleine Fische bereitet man wie Forelle zu, größere wie Lachs oder Lachsforelle. Aus dem filetierten, enthäuteten Fleisch kann man eine feine Fischmousseline zubereiten, die man zum Füllen von Fisch, Fischröllchen, Fischklößchen oder Fischpasteten verwendet. Geräucherte Schwarzreuter gelten als besondere Delikatesse.

Schleie

(engl. Green tench, franz. Tanche, ital. Tinca, span. Tenca)

Die Schleie gehört zur Gattung der Karpfenfische. Sie ist in fast ganz Europa verbreitet. An ihre Wohngewässer stellt sie die gleichen Ansprüche wie der Karpfen. Man findet sie in langsam fließenden Gewässern, warmen, flachen Seen und Teichen mit schlammigem Boden und reichem Pflanzenbewuchs. Sie wird auch in der Teichwirtschaft gezogen. Besondere Bedeutung hat sie als Nebenfisch in Karpfenteichen.

Ihren Namen verdankt sie der sehr schleimigen Oberhaut, in welche die kleinen Schuppen tief eingebettet sind. Der gedrungene Körper ist am Rücken dunkelgrün oder dunkelbraun gefärbt, die Seiten sind messingglänzend. Im dritten Lebensjahr erreicht sie mit einer Länge von etwa 30 cm ein Gewicht von 200 bis 300 g. Laichzeit ist von Mai bis Juli, je nach Wassertemperatur.

Das Fleisch der Schleie ist wohlschmeckend, jedoch ziemlich grätenreich. Man sollte sie vor dem Töten einige Tage in klarem, fließendem Wasser halten, um den oft modrigen Geschmack zu beseitigen. Die Schleie wird meist im ganzen zubereitet und gern blaugekocht, die Filets auch pochiert. Ihr Fleisch ist beliebt zu Ragouts und gedünsteten Fischgerichten mit verschiedenen Fischsorten (Matrosengerichte).

Waller oder Wels

(engl. Wels catfish, franz. Silvre glane, ital. Silvro, span. Silvro)

Der Waller oder Wels, auch *Donauwels, Schaden* oder *Schaid* genannt, kommt in Mittel- und Osteuropa in Seen und größeren Flüssen mit weichem Boden vor. Die Bestände werden zum Teil durch künstliche Besatzmaßnahmen erhalten. Vor allem in Ungarn wird der Waller auch als Teichfisch gehalten und zusätzlich gefüttert. Im freien Wasser ernährt er sich als sehr gefräßiger Raubfisch überwiegend von Fischen und Fröschen.

Kennzeichnend ist der breite, abgeflachte Kopf mit zwei langen und vier kurzen Bartfäden. Die Haut des plumpen, runden Körpers ist schleimig und schuppenlos. Die Rückenfärbung ist schwärzlich-blau, braun oder grünlich. Die kurze Rückenflosse sitzt im vorderen Körperdrittel, die Afterflosse nimmt nahezu die gesamte hintere Körperhälfte ein. Der Waller kann eine maximale Länge von 3 m (150 kg Gewicht) erreichen. Neben dem Stör und dem Hausen ist er der größte Flußfisch in Europa. Laichzeit ist von Mai bis Juli, je nach Wassertemperatur.

Das fast grätenlose Fleisch – besonders des jungen Wallers mit einem Gewicht von 3 bis 4 kg – ist sehr wohlschmeckend, doch etwas fett. Es wird daher gern sauer zubereitet. Als »Waller im Wurzelsud« kommt der Waller mit dem essiggesäuerten Wurzelgemüse aus dem Sud auf den Tisch. Größere, abgelaichte Fische kann man in Wein dünsten oder schmoren, das Fleisch zu Schnitzeln schneiden, zu Ragouts verarbeiten oder panieren und in Fett ausbacken.

Zander oder Schill

(engl. Pike perch, franz. Sandre, ital. Sandra, span. Lucioperca)

Der Zander ist ein Raubfisch, der im freien Wasser jagt. Er lebt in Mittel- und Osteuropa, vorwiegend in größeren, ruhigen Gewässern mit guten Sauerstoffverhältnissen, auch in Stauseen. Durch Besatzmaßnahmen und künstliche Zucht ist der Zander heute weit verbreitet. Berühmt sind die Fische vom Plattensee, wo sie *Fogosch* heißen.

Die gestreckte Körperform ist dem Hecht ähnlich, der Kopf läuft spitz zu. Die Färbung ist am Rücken und an den Seiten grünlich bis grau, der Bauch weißlich. Jüngere Zander haben über der oberen Körperhälfte acht bis zehn dunkle Querbinden. Die erste Rückenflosse trägt in Reihen angeordnete, kleine, dunkle Punkte. Der Zander erreicht eine mittlere Länge von 40 bis 50 cm, doch kann er mehr als 1 m lang werden. Laichzeit ist von April bis Mai. Das Fleisch ist weiß, zart und sehr schmackhaft, wenn es ganz frisch verwendet wird. Im Geschmackswert ist der Zander dem Hecht ähnlich und kann auch wie dieser zubereitet werden. Das Fleisch eignet sich vorzüglich für Farcen.

Meeresfische

Dornhai

(engl. Spiny dogfisch, franz. Aiguillat commun, ital. Spinarolo, span. Mielga)

Der Gemeine Dornhai ist die am häufigsten vorkommende und wirtschaftlich wichtigste Haiart des Nordatlantiks. Er bewohnt sowohl die flachen Gewässer als auch Tiefen bis zu 400 m.

Die Färbung des Rückens ist blaugrau. Vor jeder der beiden Rückenflossen sitzt ein kräftiger, giftiger Stachel (Dorn). Der Dornhai wird etwa 1 m lang. Nach dem Fang werden die Tiere enthäutet (wegen des giftigen Stachels) und der Kopf entfernt. Das Fleisch des Dornhai wird auf dem Markt als *Seeaal* verkauft. Es kommt frisch auf Eis, vor allem auch in Gelee mariniert, in den Handel. Die dünnen Bauchlappen werden geräuchert und unter der Bezeichnung *Schillerlocken* verkauft. In Dänemark wird das frische Fleisch des Dornhai als *Königsaal* gehandelt. Das frische Fleisch kann man als Schnitzel braten, backen oder grillen.

Flunder

(engl. Flounder, franz. Flet, ital. Pianuzza, span. Platija)

Die Flunder bewohnt die flachen Küstengebiete des Nordatlantiks bis in die Nord- und Ostsee. Sie kommt mit einem geringeren Salzgehalt im Wasser aus und wandert in den einmündenden Flüssen auch flußaufwärts. Von den nordeuropäischen Plattfischen ist sie die einzige Art, die auch im Süßwasser leben kann. In der Ostsee hat die Flunder von allen Plattfischarten die größte Bedeutung. Die Flunder ist in der Körperform der Scholle sehr ähnlich, wenn auch etwas kleiner (bis zu 50 cm). Man kann sie jedoch von der glatten Scholle gut durch ihre rauhe Oberfläche unterscheiden; auch fehlen ihr die typischen roten Punkte der Scholle. Die Färbung der Oberseite ist bräunlich bis grau mit schmutziggelben bis orangenfarbenen Flecken, die Unterseite ist gelblich-weiß.

Das Fleisch der Flunder zählt mit seinem ausgezeichneten Geschmack zu den Fischdelikatessen. Die frische Flunder wird hauptsächlich gebraten. Filets werden nach den Rezepten für Seezunge zubereitet. Große Bedeutung hat die geräucherte Flunder.

Glattbutt

(engl. Brill, franz. Barbue, ital. Rombo liscio, span. Rémol)

Hauptfanggebiete sind die Nord- und Ostsee sowie der Nordatlantik.

Der Glattbutt hat eine glatte Haut. Die Oberseite ist gelblich-grau, die Unterseite glasig hell. Die durchschnittliche Länge beträgt um 40 cm. Das Fleisch des Glattbutt ist sehr geschätzt, es wird jedoch geringer bewertet als das von Steinbutt oder Seezunge. Die Verwendung in der Küche ist dieselbe wie bei Steinbutt.

Goldbrassen

(engl. Gilthead seabream, franz. Dorade royale, ital. Orata, span. Dorada)

Der Goldbrassen lebt im Altlantik an der eurpäischen und afrikanischen Küste und im Mittelmeer. Der spanische Name *Dorada* geht auf sein dortiges Vorkommen, die »Costa dorada«, zurück.

Man erkennt den Goldbrassen an dem seitlich zusammengedrückten Körper mit dem stumpfen Kopf und den großen Augen. Zwischen den Augen trägt er einen goldfarbenen Streifen. Der Rücken ist dunkelblau bis blaugrau, die Seiten zum Bauch hin sind silbergrau. Am Beginn der Seitenlinie sitzt ein dicker schwarzer Fleck. Die durchschnittliche Länge beträgt 30 bis 50 cm.

Das Fleisch des Goldbrassen ist sehr fein und schmackhaft (kulinarisch am feinsten von allen Brassenarten), am besten von Juli bis Oktober. Es ist auch gefroren im Handel. Kleine Fische werden im ganzen zubereitet. Man schneidet nur die Flossen ab und stutzt den Schwanz, die dicken, harten Schuppen müssen restlos entfernt werden. Kleine Goldbrassen kann man in der Pfanne braten, grillen oder fritieren. Große Fische wer-

Meeresfische

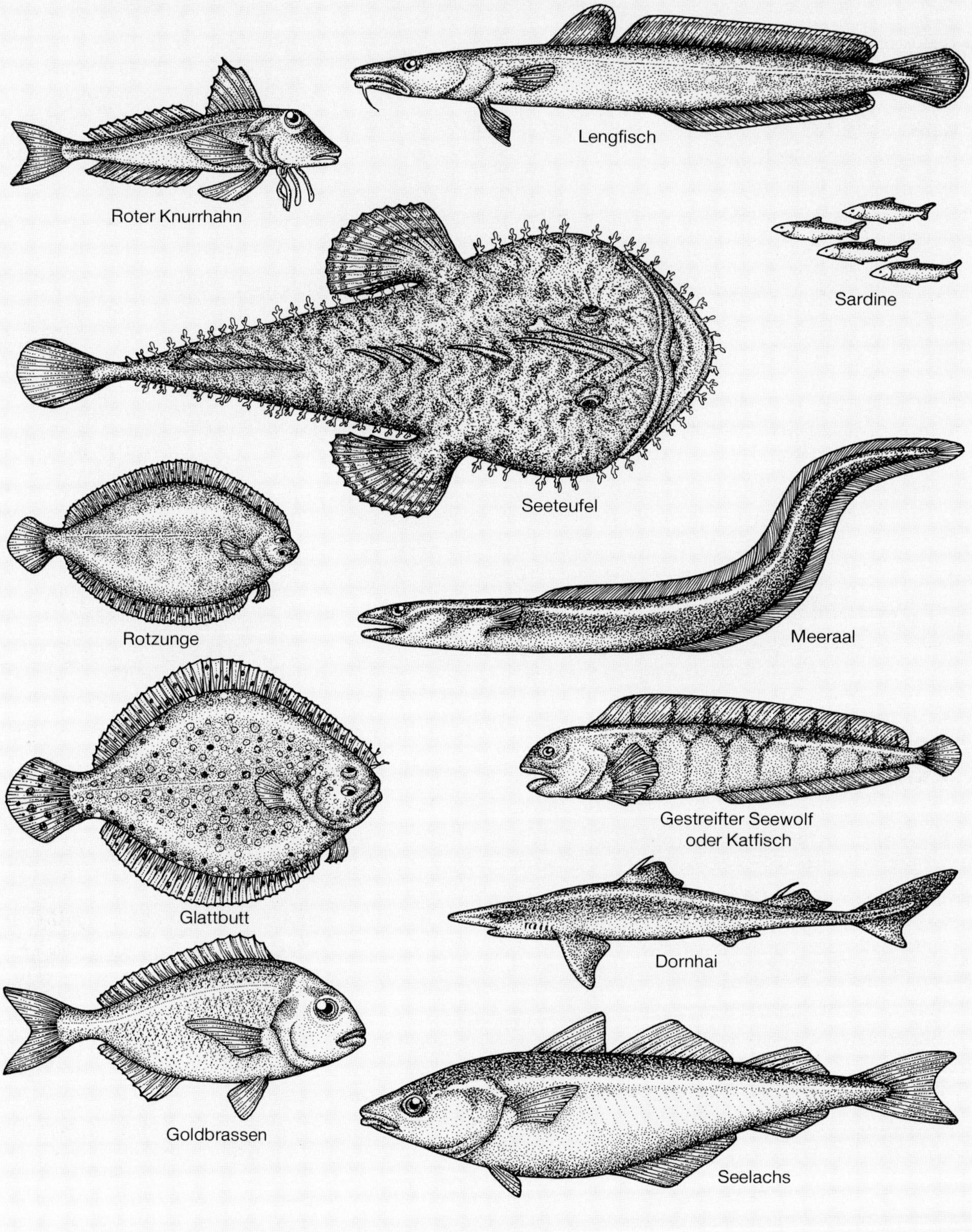

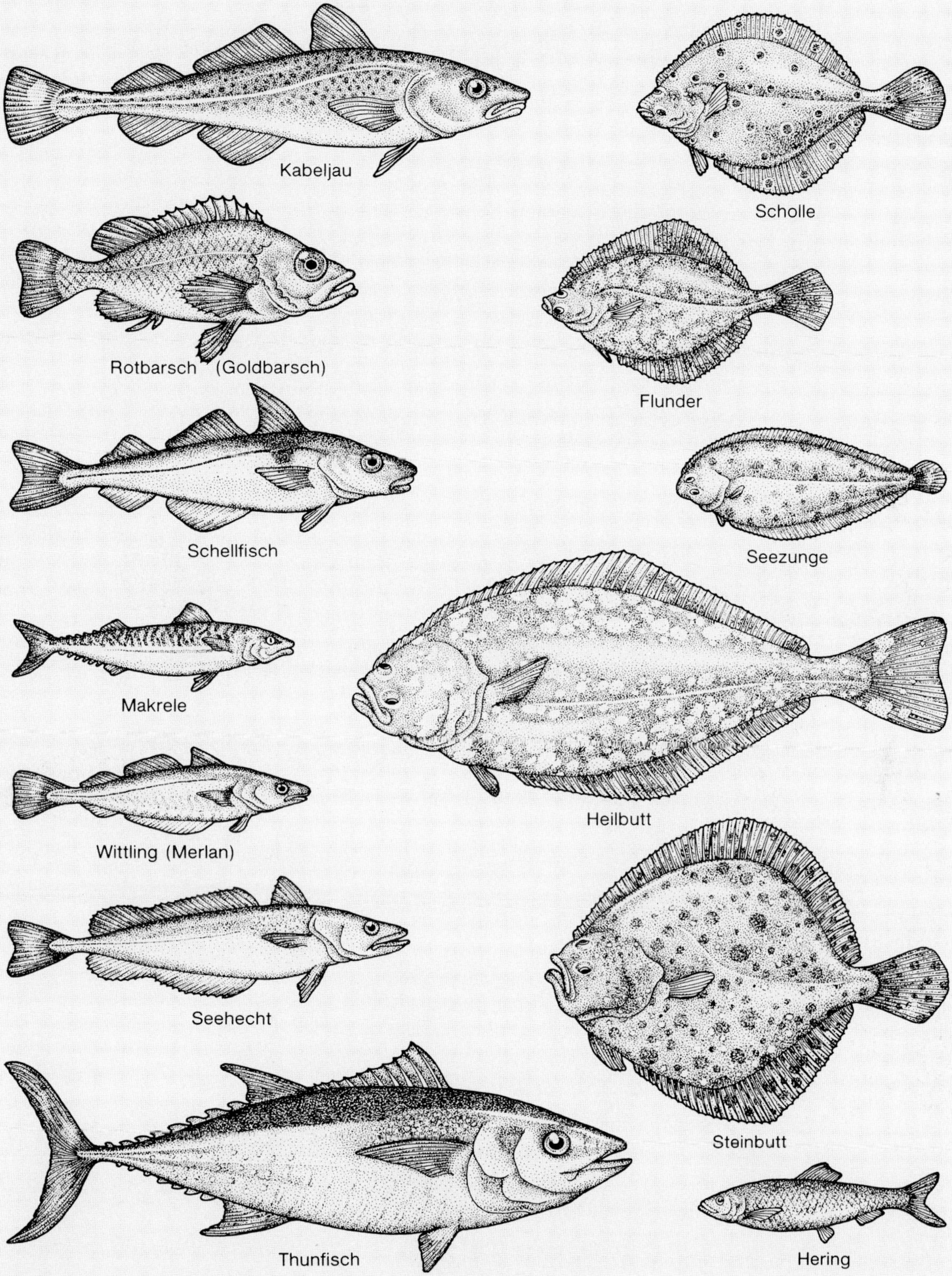
Kabeljau
Scholle
Rotbarsch (Goldbarsch)
Flunder
Schellfisch
Seezunge
Makrele
Heilbutt
Wittling (Merlan)
Seehecht
Steinbutt
Thunfisch
Hering

den pochiert, gedünstet, im Ofen gebraten oder in Folie gegart. In Spanien ist die Zubereitung in der Salzkruste sehr populär. Die Filets bereitet man nach den Rezepten für Seezungenfilets zu.

Heilbutt

(engl. Halibut, franz. Flétan, ital. Ippoglosso, span. Fletan)

Die Hauptfanggebiete in Europa sind die Gewässer vor Grönland, Island, Spitzbergen.

Der Heilbutt ist der größte Plattfisch; er kann eine Länge bis zu 4 m erreichen, Mindestmaß 50 cm. Der Körper ist langgestreckt, die Farbe der Oberseite ist graubraun, die Unterseite weiß.

Die wirtschaftliche Bedeutung dieses Fisches ist durch seine Größe und dank ergiebiger Fänge groß. Gehandelt wird er in Größen von 1,5 bis 50 kg und mehr.

Das Fleisch ist weiß, fettarm und schmackhaft, erreicht jedoch nicht die Qualität des Steinbutt. Am besten ist es im Spätherbst und Winter. Der Fisch wird in Scheiben oder Stücke geschnitten oder filetiert. Man kann ihn pochieren, braten, grillen und backen.

Beim *Schwarzen Heilbutt* ist die Unterseite des Körpers dunkel. Sein Fleisch ist fetter und daher zum Braten und sogar zum Grillen geeignet.

Hering

(engl. Herring, franz. Hareng, ital. Aringa, span. Arenque)

Der Hering wird in der Nordsee und im Atlantik, vor allem im Nordatlantik *(Atlantischer Hering)* gefangen.

Er hat einen schlanken, seitlich etwas zusammengedrückten Körper. Die Färbung des Rückens ist meergrün oder graublau, die Seiten sind silberschimmernd. Große, weiche Schuppen bedecken den ganzen Körper.

Größe, Qualität und Fettgehalt des Herings sind nach Rasse, Laichplatz, Laichzeit und biologischem Zustand (Reife) unterschiedlich. Nach Reife und Alter unterscheidet man:

Matjeshering: Das ist der noch nicht geschlechtsreife Hering, bei dem sich Rogen oder Milch noch nicht gebildet haben (Matje = Mädchen in der holländischen Sprache). Er wird von Mitte Mai bis Anfang Juni gefangen.

Vollhering: Das ist der Hering mit Rogen oder Milch, der vor dem Ablaichen gefangen wird. Der männliche Fisch heißt Milchner, der weibliche Rogener.

Leerhering oder Ihlen: Das ist der abgelaichte Hering ohne Milch oder Rogen.

Die wirtschaftliche Bedeutung des Herings ist groß. Ein großer Teil der Fänge wird schon an Bord der Fangschiffe verarbeitet und verpackt. Das Fleisch des Herings (Matjes) ist sehr schmackhaft, reich an Eiweiß und Fett. Der Vollhering ist fett, der Ihlen als Frischfisch keine Empfehlung.

Frisch wird der Hering als *Grüner Hering* bezeichnet; man kann ihn braten, sehr beliebt ist er auch zum Grillen auf dem Holzkohlengrill. Ein großer Teil der Fänge wird zu Halbkonserven verarbeitet, zum Beispiel Bismarckhering, Rollmops, Brathering, Salzhering. *Bückling* ist ein ausgenommener, gesalzener, kaltgeräucherter Hering. Frisch geräucherte Heringsfilets sind eine Delikatesse.

Kabeljau oder Dorsch

(engl. Cod, franz. Morue, ital. Merluzzo, span. Merluza)

Der Kabeljau wird in der Nord- und Ostsee sowie im ganzen Küstengebiet des Nordatlantiks gefangen. Kabeljau ist der geschlechtsreife Fisch, der Jungfisch heißt Dorsch.

Man erkennt den Kabejau an den drei Rückenflossen (Kennzeichen der dorschartigen Fische) und an seinem großen Kopf mit dem starken Bartfaden am zurückstehenden Unterkiefer. Typisch ist die weiße Seitenlinie. Die Färbung des Rückens ist olivgrün bis braun mit zahlreichen Flecken. Im Atlantik wird er bis zu 1,5 m lang, das mittlere Gewicht beträgt 10 bis 20 kg, der Nordsee-Kabeljau erreicht 5 bis 7 kg Gewicht. Kabeljau kommt auch getrocknet in den Handel. *Stockfisch* ist der geköpfte, ausgenommene und an der Luft getrocknete Fisch; er muß vor der Zubereitung gewässert werden. *Klippfisch* ist der aufgeschnittene, stark gesalzene und ebenfalls luftgetrocknete Fisch.

Der Kabeljau ist ein sehr begehrter Speisefisch und von großer wirtschaftlicher Bedeutung. Sein zartes, etwas brüchiges Fleisch ist sehr wohlschmeckend. Frisch wird er als ganzer Fisch, vorwiegend aber als Filet angeboten, auch tiefgefroren. Seine sehr fett- und vitaminreiche Leber wird zu Lebertran verarbeitet. Tranchen oder große Stücke kann man pochieren, größere Stücke sowie dicke Scheiben auch braten. Beliebt sind die Filetstücke, die man braten, backen, fritieren oder auch pochieren kann. Das durchgedrehte Fleisch eignet sich gut für Klößchen oder Frikadellen.

Lengfisch oder Leng

(engl. Ling, franz. Lingue, ital. Molva, span. Maruca)

Der Lengfisch oder Leng wird an den europäischen Küsten vom Ärmelkanal bis Norwegen gefangen. Die Fänge erreichen jedoch keinen nennenswerten Marktanteil.

Kennzeichnend für den Leng ist seine langgestreckte Körperform, die ihm auch seinen Namen eingebracht hat. An dem flachen Kopf trägt er einen Bartfaden. Die beiden Rückenflossen sind saumartig, die vordere ist sehr kurz, die hintere länger als der halbe Körper. Er erreicht nicht selten eine Länge von 1,50 m und ein Gewicht von 25 kg und mehr. Die Färbung des Rückens ist grau oder braun und zeigt Flecken, der Bauch ist heller.

Das Fleisch des Leng ist qualitativ nicht so hoch bewertet wie das des Kabeljau. Die Filets kann man braten, im Ofen mit Gemüse garen und zu gedünsteten Fischspeisen mit verschiedenen Fischarten verwenden.

Der weniger bekannte *Blauleng* ist etwas kleiner, mit metallisch blau glänzender Rückenfärbung. Sein Fleisch ist von besserer Qualität als das des Leng. Im Norden wird er großenteils zu Klippfisch (stark gesalzen und an der Luft getrocknet) verarbeitet.

Makrele

(engl. Mackerel, franz. Maquereau, ital. Scombro, span. Caballa)

Die Makrele lebt in großen Schwärmen – vom Nordkap entlang der europäischen Atlantikküste einschließlich der Nordsee und westlichen Ostsee bis ins Mittelmeer.

Dieser schnelle Fisch hat einen torpedoförmigen Körper mit wechselnder Färbung, meist grün und blau. Der Rücken ist bis zur Seitenlinie von gekrümmten schwarzen Querstreifen überzogen; perlmuttfarbener Schimmer an den Seiten, der Bauch ist fast weiß. Die ursprünglich leuchtenden Farben verblassen nach dem Töten. Die durchschnittliche Länge beträgt 30 bis 50 cm.

Die Makrele hat ein schmackhaftes, leicht rötliches, fettes Fleisch, das sehr empfindlich ist und daher ganz frisch verwendet werden muß. Man kann sie braten, grillen oder in Folie garen. Sie ist auch tiefgefroren im Handel. Die Fänge werden zum großen Teil geräuchert oder zu Dauerkonserven verarbeitet.

Meeraal

(engl. Conger, franz. Congre, ital. Grongo, span. Congrio)

Der Meeraal kommt im Mittelmeer, im Atlantik, in der Nordsee vor. Der auf dem Rücken graue, auf der Bauchseite hellere Fisch unterscheidet sich vom Flußaal u. a. durch die Ausdehnung der Rückenflosse, die bereits über den Spitzen der Brustflossen beginnt. Weibliche Tiere erreichen eine durchschnittliche Länge von 1,50 bis 2 m, männliche bis 1 m. Der Meeraal zieht, im Gegensatz zum Flußaal, nie ins Süßwasser.

Meeraal kann man wie Flußaal verwenden; das Fleisch ist jedoch etwas weich, derb und nicht so schmackhaft. Man nimmt es für Fischsuppen und Matrosengerichte sowie für gedünstete Gerichte mit verschiedenen Fischen.

Rotbarsch oder Goldbarsch

(engl. Golden redfish, franz. Grande sébaste, ital. Scorfano, span. Gallineta nordica)

Der Rotbarsch oder Goldbarsch lebt in den gemäßigten, tiefen Gebieten des Nordatlantiks. Gefischt wird er vor allem bei Grönland, Island und vor der norwegischen Küste.

Der seitlich zusammengedrückte Körper mit leuchtendroter Färbung ist in der oberen Körperhälfte dunkel marmoriert, der Bauch ist heller. Er hat große Stacheln an der Rückenflosse und harte, festsitzende Schuppen. Die durchschnittliche Länge be-

trägt 30 bis 50 cm bei einem Gewicht von 1 bis 2 kg.
Der Rotbarsch ist ein sehr beliebter und bedeutender Speisefisch. Er kommt frisch, die Filets auch tiefgefroren oder geräuchert in den Handel. Größere Stücke werden gern pochiert oder gebraten. Die Filets kann man pochieren, nach Müllerinart braten, panieren und in Fett ausbacken, fritieren und grillen. Aus der Leber wird vitaminreiches Öl gewonnen.

Roter Knurrhahn

(engl. Red gurnard, franz. Grondin perlon, ital. Cappone, span. Bejel)

Der Rote Knurrhahn wird von Norwegen bis zur Adria gefangen.
Auffallend sind der mit Hautknochen gepanzerte Kopf und der kegelförmige Körper. Die drei untersten Brustflossen sind fingerähnlich getrennt und dienen als Tastorgane. Die vordere der beiden Rückenflossen hat Stacheln. Durch eine Bewegung der Muskulatur der Schwimmblase kann er knurrende Laute erzeugen. Der Fisch ist am Rücken lebhaft graurot gefärbt (im Gegensatz zum *Grauen Knurrhahn* mit nur grauer Färbung), auch die Flossen zeigen Rottöne, am Bauch ist der Fisch hellrosa. Die durchschnittliche Länge beträgt 25 bis 50 cm.
Der Rote Knurrhahn ist ein sehr geschätzter Speisefisch mit festem weißem Fleisch. Der Abfall ist durch seinen großen Kopf überdurchschnittlich hoch. Er wird auch ohne Kopf und enthäutet angeboten. Der Fisch ist beliebt für Fischsuppen, Bouillabaisse, gedünstete Fischgerichte mit verschiedenen Fischen. Die Filets kann man nach Müllerinart braten oder panieren und in Fett ausbacken.

Rotzunge

(engl. Lemon sole, franz. Limande sole, ital. Limanda, span. Mendo limón)

An den europäischen Küsten wird die Rotzunge von Norwegen über den Ärmelkanal bis zur Biskaya gefangen, vorwiegend im Winter.
In der Form ist dieser fleischige Plattfisch der Seezunge ähnlich. Die Augenseite ist rot- bis gelbbraun, dunkel marmoriert, die Unterseite ist weiß. Die Haut ist glatt und schleimig. Kopf und Mund sind auffallend klein. Die durchschnittliche Länge beträgt 25 bis 30 cm, maximal 45 cm.
In der Küche ist ihr weißes, schmackhaftes Fleisch sehr geschätzt, obwohl es etwas brüchig ist. Man kann den Fisch pochieren, grillen und braten. Die Filets bereitet man nach den Rezepten für Seezungen- oder Schollenfiltes zu.

Sardine

(engl. Pilchard, franz. Sardine, ital. Sardina, span. Sardina)

Die verschiedenen Sardinenarten sind auf der ganzen Welt wichtige Nutzfische. In Europa kommen sie im Mittelmeer vor, im Atlantik, vor allem an der portugiesischen Küste. Die Sardine ist dem Hering ähnlich, aber bedeutend kleiner. Im Alter von drei Jahren ist sie 19 bis 20 cm lang, maximal 26 cm.
Frisch werden Sardinen hauptsächlich in Küstenländern gehandelt, da ihr Fleisch äußerst empfindlich ist. Bei uns kann man sie tiefgefroren kaufen. Man kann sie nach Müllerinart braten, fritieren oder grillen; die italienische Küche kennt auch gefüllte Sardinen. Der überwiegende Teil der Fänge wird in Öl eingelegt (Ölsardinen), eingesalzen oder mariniert und zu Konserven verarbeitet. Für die Konservenindustrie werden die Sardinen von 13 bis 15 cm Länge ausgeschieden. Ölsardinen mit Zitronensaft und gehackten Zwiebeln sind eine beliebte Vorspeise.

Schellfisch

(engl. Haddock, franz. Eglefin, ital. Asinello, span. Eglefino)

In Europa wird der Schellfisch im nördlichen Atlantik und in der Nordsee gefangen.
Charakteristisch für den Schellfisch ist der große schwarze Fleck über der Brustflosse. Rücken und Kopf sind dunkel gefärbt, die Seiten dunkel-silberglänzend, der Bauch weißlich. Typisch sind die tiefschwarzen Seitenlinien. Gehandelt wird der Schellfisch in einer Länge von 30 bis 50 cm und 2 bis 3 kg Gewicht; die maximale Länge beträgt 1 m.
Der Schellfisch gehört zu unseren beliebtesten und wichtigsten Speisefischen. Sein Fleisch ist weiß, zart und sehr schmackhaft. Schellfisch wird überwiegend als Frischfisch verkauft, die Filets auch tiefgefroren.

Der ganze Fisch wird wie Kabeljau zubereitet. Die Filets kann man pochieren, nach Müllerinart braten, grillen, panieren und in Fett ausbacken (fritieren). Der pochierte Schellfisch wird gern zu Fischsalat verwendet. Als Räucherfisch ist er vor allem in England beliebt und unter der Bezeichnung »smoked haddok« im Handel.

Scholle

(engl. Plaice, franz. Plie,
ital. Passera, span. Solla)

Die Scholle wird in den nordatlantischen Küstengewässern sowie in der Nord- und Ostsee gefischt. In der Ostsee nennt man sie *Goldbutt.* Sie zählt bei uns zu den bekanntesten Plattfischen. Die Körperform ist gleichmäßig breitoval, der Kopf klein mit kleiner Mundöffnung. Die Haut ist glatt und mit sehr kleinen Schuppen bedeckt. Die Farbe der Augenseite ist graubraun mit den für die Scholle typischen roten Punkten. Die durchschnittliche Länge beträgt 25 bis 40 cm.

Die Scholle hat von allen Plattfischen die wirtschaftlich größte Bedeutung. Ihr Fleisch ist weiß, schmackhaft, doch nicht so fest wie das der Seezunge. Die Haut läßt sich nicht abziehen, man kann jedoch enthäutete Schollenfilets kaufen. Die Scholle wird vor allem frisch verbraucht. Man kann sie pochieren, braten oder grillen und die Filets nach den Rezepten für Seezungenfilet zubereiten. Am schmackhaftesten ist das Fleisch der kleinen Schollen.

Schwertfisch

(engl. Swordfish, franz Espadon,
ital. Pesce spada, span. Pez espada)

Von Island bis Südafrika ist Schwertfisch verbreitet, der mäßig warme Gewässer sucht und auch im Mittelmeer zu Hause ist.

Der wie ein Schwert verlängerte Oberkiefer hat dem Fisch seinen Namen gegeben. Der dunkelbraune Körper trägt kräftige, kürzere Rükkenflossen. Der Schwertfisch weist eine durchschnittliche Länge von 3 bis 3,5 m auf, das Höchstgewicht kann 650 kg erreichen.

Das sehr feste Fleisch – es hat in der Tat mehr Ähnlichkeit mit Fleisch als mit Fisch – des Schwertfischs ist vor allem zum Grillen geeignet, doch es taugt auch für alle anderen Garmethoden. Es ist sehr schmackhaft, zart und zählt zu den größten Delikatessen der Fischküche.

Seehecht oder Meerhecht

(engl. Hake, franz. Merlu,
ital. Nasello, span. Merluza)

Die Hauptfanggebiete sind an der Atlantikküste in West- und Südwesteuropa. Er wird auch im Mittelmeer und an der westafrikanischen Küste gefischt.

Der Seehecht hat einen schlanken Körper mit spitzem Kopf und leicht vorspringendem Unterkiefer. Die Färbung des Rückens ist schwarzgrau bis bräunlich, die Seiten sind silbrigweiß. Die mittlere Handelslänge beträgt 50 cm, die Mindestlänge ist durch die Nordseekonvention auf 30 cm festgelegt.

Der Seehecht kommt frisch auf den Markt, Filets auch gefroren. Sein feines weißes Fleisch ist am schmackhaftesten im Sommer. Kleine, ganze Fische oder ein Mittelstück von einem großen Fisch kann man pochieren, Tranchen oder Filets werden pochiert, gebraten oder fritiert. Das durchgedrehte Fleisch eignet sich gut für Fischklößchen oder Pastete.

Seelachs oder Köhler

(engl. Saith, franz. Lieu noir,
ital. Merluzzo nero,
span. Carbonero)

Hauptfanggebiete sind die schottische, norwegische und isländische Küste sowie die nördliche Nordsee.

Der Seelachs, der zu den dorschartigen Fischen (erkennbar an den drei Rückenflossen) zählt, hat einen vorstehenden Unterkiefer und helle Seitenlinien, der Rücken ist oliv- bis schwarzgrün, der Bauch hell-silbrig. Der Mund ist schwarz, daher der Name Köhler. Die mittlere Länge liegt bei 50 cm.

Der Seelachs hat festes, etwas graues Fleisch von mittlerer Qualität, das frisch zu jeder Jahreszeit auf den Markt kommt. Die Filets werden auch gefroren und geräuchert gehandelt.

Beträchtliche Mengen der Anlandungen werden zu Klippfisch (gesalzen und luftgetrocknet) verarbeitet. Das geräucherte und leicht gefärbte Fleisch wird in Deutschland als »Seelachs in Öl«, die Abschnitte davon als »Lachsschnitzel« – Ersatz für echten Räucherlachs – verarbeitet. Diese Produkte der Fischindustrie haben ihm auch die Handelsbezeichnung Seelachs eingebracht, obwohl er mit dem echten Lachs nichts zu tun hat. Seelachs kann man zubereiten wie Kabeljau. Das durchgedrehte Fleisch wird gern für Fischfrikadellen verwendet.

Seeteufel

(engl. Angler, franz. Lotte,
ital. Rana pescatrice, span. Rape)

Man kennt ihn auch unter den Namen *Anglerfisch, Forellenstör* oder *Lotte.* Der Seeteufel ist ein auf dem Meeresgrund wohnender Raubfisch, der im Mittelmeer, im Atlantik und in der Nordsee gefangen wird.
Er ist unverwechselbar zu erkennen an dem großen Kopf und der merkwürdigen, beinahe kreisrunden Kopfform und dem riesigen Maul mit den zahlreichen, nach hinten gerichteten Fangzähnen. Die Ränder der Stirnfurchen sind mit Stacheln besetzt und unterstreichen den mit den kleinen Augen abschreckenden Eindruck dieses als häßlich geltenden Fisches. Die Farbe des Rückens ist dunkelbraun, mit einem Netz von schwarzen Linien überzogen, der Bauch weißlich. Die durchschnittliche Länge beträgt 40 bis 60 cm, maximal wird er fast 2 m lang.
Der Seeteufel kommt – ohne den furchterregenden Kopf und meist auch schon enthäutet – auch bei uns auf den Markt. Er gehört zu den feinsten Speisefischen und ist entsprechend teuer. Sein festes schneeweißes Fleisch ist sehr geschätzt, es enthält nur das Rückgrat und keine Gräten. Man findet es regelmäßig auf den Speisekarten, häufig unter seinem französischen Namen »Lotte«. Das Fleisch des Seeteufels eignet sich vor allem für gedünstete Fischspeisen und für Fischsuppen. In der Bouillabaisse darf es nicht fehlen. In Scheiben geschnitten, wird es pochiert, gebraten, gegrillt.

Seewolf oder Katfisch

(engl. Atlantic catfish, franz. Loup Atlantique, ital. Lupo di mare,
span. Perro del norte)

Im Handel kennt man ihn auch als *Austernfisch* oder *Steinbeißer,* in Stücke oder Filets geschnitten (und geräuchert) als *Karbonadenfisch.* Der Seewolf wird auf beiden Seiten des Atlantiks gefangen, in der Nordsee, im Ärmelkanal.
Auffallend sind der langgestreckte, vom Hinterkopf ab gleichmäßig sich verjüngende Körper sowie der große Kopf mit breitem Maul und raubtierartigem Gebiß. Die Grundfärbung ist grau, bäunlich-rot oder grünlich mit dunklen Querbinden, die sich über Rücken und Rückenflossen erstrecken. Die Haut ist glatt und ohne Schuppen. Die durchschnittliche Länge beträgt 50 bis 60 cm, die maximale Länge 120 cm.
Der Seewolf kommt ohne den abschreckend häßlichen Kopf und enthäutet auf den Markt. Das weiße, sehr schmackhafte Fleisch wird frisch, gefroren oder geräuchert gehandelt. Man verwendet es gern für Fischsuppen. In Scheiben geschnitten, wird es fritiert, gegrillt, vor allem aber gebraten.

Seezunge

(engl. Sole, franz. Sole,
ital. Sogliola, span. Lenguado)

Die Seezunge wird in allen Küstengewässern Europas gefangen.
Die Seezunge ist ein Plattfisch mit länglich-ovalem Körper und abgerundetem Kopf. Die Oberseite ist meist braun oder graubraun gefärbt mit großen, dunklen, unregelmäßigen Flecken. Die Unterseite ist weißlich. Die durchschnittliche Länge beträgt 25 bis 30 cm bei 500 g Gewicht.
Seezungen haben das feinste Fleisch aller Meeresfische. Sie sind das ganze Jahr über frisch auf dem Markt; auch tiefgefroren sind sie im Handel – als ganzer Fisch oder filetiert. Die Haut (sie trägt viele feine Schuppen) läßt sich von dem festen Fleisch leicht abziehen. Man kann die Seezunge pochieren, grillen, braten, die Filets zu Röllchen verarbeiten und füllen. Die klassische Zubereitung ist »Seezunge Müllerinart«.

Steinbutt

(engl. Turbot, franz. Turbot,
ital. Rombo, span. Rodaballo)

Den Steinbutt findet man im Nordatlantik sowie in der Nord- und Ostsee. Er bevorzugt flaches Wasser mit Sand-, Schlamm- und Geröllgrund.
Der Steinbutt – ein Plattfisch – hat

einen fast kreisrunden Körper. Auf der Augenseite ist er graubraun bis dunkelbraun mit großen, unregelmäßig verteilten Knochenhöckern, den »Steinen«, daher der Name. Die Unterseite sollte weiß sein. Die durchschnittliche Länge in der Nord- und Ostsee beträgt um 40 cm, im Atlantik wird der Fisch länger.

Neben der Seezunge ist der Steinbutt einer der feinsten Meeresfische mit weißem, festem Fleisch. Die ganz kleinen Fische, *Turbotin* oder *Babysteinbutt* genannt, werden im ganzen pochiert, gebraten oder gegrillt. Große Fische werden in Stücke geschnitten oder filetiert.

Thunfisch

(engl. Tuna, franz. Thon,
ital. Tonna, span. Atún)

Der Thunfisch ist der größte Fisch in der Familie der Makrelen und wie diese ein Raubfisch. Der *Rote Thunfisch* kommt im Atlantik, der Biskaya und der Nordsee vor; seine Laichgebiete liegen aber im Mittelmeer. Der *Weiße Thunfisch* ist weltweit verbreitet.

Die durchschnittliche Länge beträgt 2 m, selten über 2,60 m, das Gewicht 300 kg. Der Rücken ist dunkelblau, die Seiten grau, der Bauch weiß. Roter und Weißer Thunfisch unterscheiden sich nur wenig, beim Weißen Thunfisch reichen die Brustflossen allerdings weit über die Körperhälfte hinaus. Der außerordentlich kräftige Fisch ist schwer zu fangen.

Das Fleich des Thunfischs ist sehr schmackhaft und begehrt – das weiße Fleisch des Weißen Thunfischs noch mehr als das rote Fleisch des Roten Thunfischs. Im Geschmack ähnelt es dem Kalbfleisch. Frisches Thunfischfleisch wird bei uns nur selten angeboten. Überwiegend kommt es gefroren, geräuchert sowie in Öl eingelegt und konserviert in den Handel. Das frische Thunfischfleisch wird in Scheiben geschnitten. Man kann es braten oder grillen. Größere Stücke kann man dünsten und wie Kalbfleisch schmoren. Konservierter Thunfisch in Öl wird gern zu Salatgerichten und als Vorspeise verwendet.

Wittling oder Weißling

(engl. Whiting, franz. Merlan,
ital. Merlano, span. Merlan)

International ist der Wittling oder Weißling unter dem französischen Namen »Merlan« bekannt. Die Fanggebiete erstrecken sich vom nördlichen Eismeer bis zum Schwarzen Meer. Der auf dem deutschen Markt immer noch seltene Wittling ist erst seit einiger Zeit in den Anlandungen unserer Seefischerei von Bedeutung.

Der Wittling oder Weißling gehört zur Familie der kabeljauartigen Fische. Er hat einen schwarzen Fleck am Ansatz der Brustflosse. Sein schlanker Körper ist dem Schellfisch ähnlich, doch ist er wesentlich kleiner. Die Färbung ist am Rücken grau- bis olivgrün, die Seiten sind silbrig mit goldfarbenen Flecken oder Streifen, der Bauch ist weißlich. Er ist meist weniger als 30 cm, selten über 40 cm lang.

Der Wittling hat sehr zartes, feines und wohlschmeckendes Fleisch. Der Fisch muß vorsichtig behandelt werden, er verträgt keinen Eisdruck. Wegen seiner geringen Größe kommt er meist als ganzer Fisch zum Verkauf. Man kann ihn pochieren, in Butter braten, fritieren und vor allem für Fischsuppen und Fischfarcen verwenden.

Wolfsbarsch oder Seebarsch

(engl. Seabass, franz. Loup de mer,
ital. Spigola, span. Lubina)

Der Wolfsbarsch lebt an den ostatlantischen Küsten von Norwegen bis zum Senegal. Er ist ganzjährig im Handel und wird meist unter seinem französischen Namen »Loup de mer« auf den Speisekarten geführt.

Der langgestreckte Körper ist auf dem Rücken dunkelgrau, an den Seiten silbrig grau und wird zum Bauch hin fast silbrig-weiß. Charakteristisch sind die Stacheln in den ersten der beiden Rückenflossen. Er wird mit einer durchschnittlichen Größe von 50 cm angeboten und einem Gewicht von bis zu 1,5 kg.

Das magere, feste Fleisch des Wolfsbarsch ist grätenarm und wird von den Gourmets am höchsten geschätzt – entsprechend hoch ist der Preis. Es ist für alle Zubereitungsarten geeignet, doch sollte sein feiner Eigengeschmack nicht überdeckt werden und damit verloren gehen.

Kaviar

Kaviar sind die gereinigten und gesalzenen Eier (Rogen) verschiedener Störarten, die überwiegend im Schwarzen und Kaspischen Meer sowie in den Zuflüssen dieser Meere vorkommen. Der Rogen wird in einem Sieb von Gewebeteilen befreit, anschließend sorgfältig eingesalzen und mit dem Konservierungsmittel Benzoe- oder Sorbinsäure haltbar gemacht. Hauptlieferanten für echten Kaviar sind Rußland und Persien.

Nach der Behandlung unterscheidet man:

Malossol-Kaviar: Das ist ein wenig gesalzener russischer Kaviar von grober Körnung. Er gilt als besonders delikat, da der Salzgeschmack bei einem Salzgehalt von nur 2 bis 4 Prozent nicht vorherrschend ist. Die Haltbarkeit ist durch den geringen Salzgehalt natürlich eingeschränkt.

Faß- oder Salzkaviar, Preßkaviar: Das ist stark gesalzener Kaviar mit einem Salzgehalt von 7 bis 10 Prozent. Die Haltbarkeit dieses Kaviars ist höher, doch ist die Qualität durch den hohen Salzanteil herabgesetzt.

Nach der Herkunft unterscheidet man u. a.:

Beluga-Kaviar: Er wird aus dem Rogen des Hausen, der größten Störart, gewonnen. Der grobkörnige silbergraue Kaviar ist im Qualitätsvergleich die absolute Spitze.

Forellen-Kaviar: Der bearbeitete Rogen großer Forellen ist auf dem Vormarsch und ein guter Ersatz für den Keta-Kaviar.

Keta- oder Lachs-Kaviar: Er wird aus dem Rogen von Lachsarten hergestellt, stammt aber vornehmlich vom Keta-Lachs. Das empfindliche Korn ist in mittlerer Preislage zu haben. Der rötliche, sehr grobkörnige Keta-Kaviar wird gern für Garnituren verwendet.

Sevruga-Kaviar: Das ist der Rogen von der kleinsten und am häufigsten vorkommenden Störart. Er ist besonders kleinkörnig, aber von guter Qualität und kräftigem Aroma.

Amerikanischer Kaviar: Er wird aus Störarten in Gewässern von Oregon und Alaska gewonnen.

Deutscher Kaviar, Kaviar-Ersatz: Er wird vorwiegend aus dem Rogen von Seehasen, aber auch von Dorsch und Hering unter Zugabe von Bindemittel, Konservierungs- und Farbstoffen (schwarz oder rot) hergestellt. Der zwar feinkörnige, aber stark gesalzene Kaviar wird vorwiegend als Garnitur für kalte Gerichte verwendet.

Die Qualität des Kaviars wird neben dem Salzgehalt von der Größe des einzelnen Korns und der Farbe bestimmt. Er ist um so wertvoller, je größer und silbergrau-hell das Korn ist. Die Körner sollen in Größe und Farbe gleichmäßig, prall, trocken und glasig sein.

Echter Kaviar ist eine Delikatesse, die ihren Preis hat. Serviert wird er in der Orginaldose oder in einer Kristallschale, auf Eis gebettet, mit Zitrone, Toastbrot und Butter. Man verwendet ihn zu Garnituren, als Bestandteil einer Vorspeisenplatte, für Appetitbrötchen. Zum roten Lachskaviar harmoniert auch Crème fraîche, die man in einem Schälchen serviert. Kaviar muß immer sehr kühl gelagert werden, angebrochene Dosen sind rasch zu verbrauchen.

Schal- und Krustentiere, Tintenfische

Auster

(engl. Oyster, franz. Huître, ital. Ostrica, span. Ostra)

Austern sind die bekanntesten und edelsten unter den kulinarischen Muschelarten. Sie bewohnen Küstengewässer mit festem Meeresboden bis zu 20 m Tiefe, wo sie auf festem Grund oder Gestein die sogenannten Austernbänke bilden. Sie benötigen Wasser mit einem Salzgehalt von 2 bis 3 Prozent.

Man erkennt die Auster an der ungleichmäßigen Schale. Die obere, blättrige Schale ist flach, die untere, mit der sie sich auf dem festen Meeresboden oder Gestein festsetzt, ist gewölbt.

Die bei uns angebotenen Austern stammen aus künstlichen Kulturen. Die größten Austernzuchten in Europa sind an der französischen Atlantikküste zu finden. Frische Austern werden per Luft-Eilfracht, in Eis verpackt, versandt. Die geschlossenen Muschelschalen enthalten genügend Meerwasser, so daß die Tiere für einige Zeit Nahrung haben.

Schal- und Krustentiere

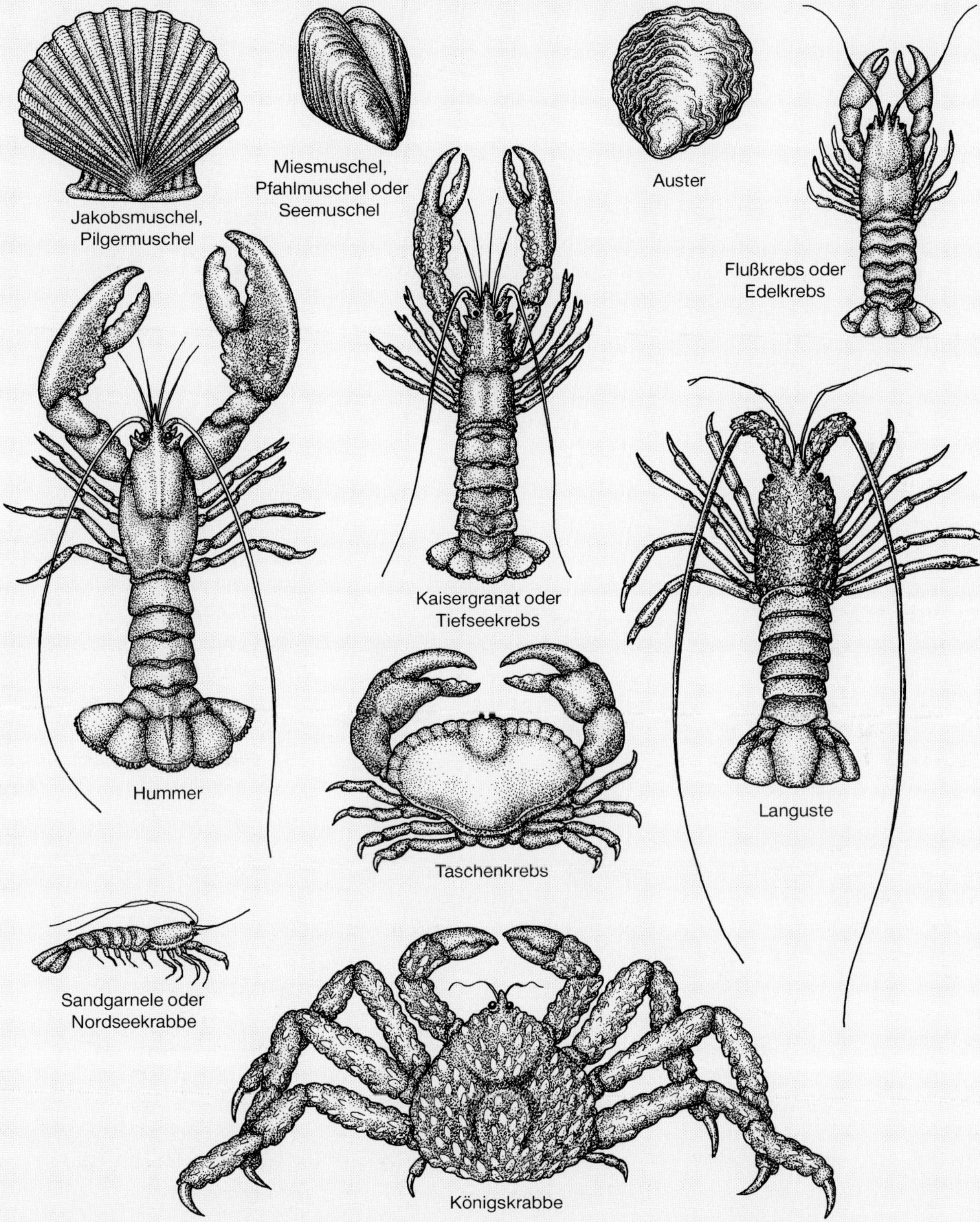

Saison für frische Austern – es gibt eine große Anzahl verschiedener Sorten – ist von September bis April, also alle Monate mit »r«. Die fest geschlossenen Schalen frischer Austern werden kurz vor dem Anrichten mit einem Messer, dem »Austernbrecher«, geöffnet und in der halben Schale, auf Eis gebettet, in der Flüssigkeit serviert und roh verzehrt. Man reicht halbierte Zitronen und Grahambrot mit Butter dazu. Geräucherte Austern in Öl werden als Konserve angeboten.

Jakobsmuschel, Pilgermuschel

(engl. Scallop, franz. Coquille Saint-Jacques, ital. Capesante, span. Pelegrina)

Die Jakobsmuschel findet man in Europa im Atlantik, in der Nordsee und vor allem im Mittelmeer.
Mit einem Durchmesser von bis zu 15 cm zählt sie zu den großen Muscheln. Von den ungleichen Schalen ist eine gewölbt, die andere abgerundet und mit strahlenförmigen, regelmäßig gekanteten (Jakobsmuschel) oder abgerundeten (Pilgermuschel) Falten versehen.
Jakobsmuscheln sind am schmackhaftesten in den Monaten von Oktober bis März, wenn der Rogen (Corail) eine intensiv orangerote Farbe hat. Sie werden geöffnet, nach dem Entfernen des Bartes und der dunklen Teile ausgelöst und in Weißwein gedünstet, in Sauce zubereitet oder in ihrer dekorativen Schale gratiniert. Die schöne, gewölbte Schale der Jakobsmuschel kann man in Haushaltsgeschäften kaufen und für alle Gerichte verwenden, die »in der Muschel« zubereitet werden (wie Ragout fin). Bei uns werden Jakobsmuscheln fast ausschließlich tiefgefroren verkauft. Das ausgelöste, sehr delikate Muschelfleich ist bereits eßfertig vorgerichtet und muß nur aufgetaut werden. Am besten schmeckt es in einer feinen Sauce.

Miesmuschel, Pfahlmuschel oder Seemuschel

(engl. Mussel, franz. Moule, ital. Mitilo comune, span. Mejillón)

Die Miesmuschel stellt geringere Ansprüche an die Beschaffenheit des Meeresbodens als die Auster. Von allen eßbaren Muscheln hat sie die größte wirtschaftliche Bedeutung. Sie kommt an allen europäischen Küsten vor, an Sandbänken, Felsen oder Pfählen; deshalb nennt man sie auch Pfahlmuschel. In den Wattenmeeren der Nordsee findet man große, natürliche Muschelbänke. An der Nordseeküste und an der Ostküste Schleswig-Holsteins wird sie auch gezüchtet. Die Miesmuschel wird in einer Größe von 5 bis 6 cm gehandelt. Die Form ist länglich rund, die Farbe blauschwarz bis blauviolett. Frische Muscheln gibt es von Oktober bis März, im Sommer ist Schonzeit. Miesmuscheln sind insbesondere im Rheinland sehr geschätzt; dort werden sie in den »Muschelhäusern« als Spezialität in verschiedenen Zubereitungen angeboten.
Vor der Zubereitung müssen die Muscheln sortiert werden, das heißt, man entfernt alle offenen, also abgestorbenen Exemplare. Anschließend werden sie in mehrmals gewechseltem Wasser gründlich gewaschen und mit einer harten Bürste abgeschrubbt. Das anhängende Bartbüschel, mit dem sich die lebende Muschel am Meeresboden festsetzt, wird entfernt. Dann legt man sie einige Stunden in eine Schüssel mit frischem Salzwasser, damit sie Sand und Unreinheiten ausscheiden können.
Miesmuscheln werden meist in einer würzigen Brühe gekocht oder gedünstet. Der Sud muß nur wenig oder überhaupt nicht gesalzen werden, da die Muscheln selbst voll von salzigem Meerwasser sind. Nach einigen Minuten Kochzeit öffnen sich die vorher verschlossenen Muscheln; nicht geöffnete Exemplare werden entfernt, sie könnten verdorben sein. Das gekochte, ausgelöste Muschelfleisch kann man offen, tiefgefroren oder konserviert kaufen. Miesmuscheln kommen auch geräuchert in den Handel.

Garnelen

(engl. Shrimps, Prawns, franz. Crevette, span. Gambas)

Garnelen sind Zehnfußkrebse, die an ihrem langen Hinterleib zu erkennen sind, den sie ausgestreckt oder eingekrümmt tragen. Ein markantes Kennzeichen ist das Stirnhorn, das eine eindeutige Zuordnung zu den Garnelen und damit eine Abgrenzung zu den Krebsen zuläßt.

Garnelen kommen in allen Weltmeeren vor und treten in zahlreichen Arten auf. Im Handel werden die Schwänze – sortiert, abgekocht, mit oder ohne Schale – nach Größen angeboten und in Stück pro Pfund mit den entsprechenden Nummern gekennzeichnet. So sind zum Beispiel *Shrimps* kleiner als *Prawns*. Garnelenschwänze kommen auch gefroren in den Handel. Am besten ist die rohe, ungekochte und mit Schale eingefrorene Ware. Schüttelpackungen, aus denen man die Shrimps einzeln entnehmen kann, sind »Eisblöcken« vorzuziehen. Die großen Exemplare eignen sich vorzüglich zum Grillen.

Sandgarnele, Granat oder Nordseekrabbe

(engl. Brown shrimp,
franz. Crevette grise,
ital. Gambretto grigio,
span. Quisquilla)

Die Sandgarnele ist an den europäischen Küsten zu finden und ist in der Nord- und Ostsee von besonderer fischereilicher Bedeutung.

Sie wird bis zu 9 cm groß. Gleich nach dem Fang werden die Garnelen noch auf dem Schiff gekocht und an Land frisch verkauft. Geschälte Exemplare verderben schnell und werden deshalb eingefroren oder in Dosen konserviert. Frisch »ausgepult«, schmecken die Nordseekrabben am besten, sie werden aber auch gern mit einer Knoblauch-Mayonnaise oder einer Vinaigrette angemacht oder im Rührei mitgebraten.

Kaisergranat oder Tiefseekrebs

(engl. Norway lobster,
franz. Langoustine, ital. Scampo,
span. Cigala langostina)

Der Kaisergranat oder Tiefseekrebs ist unter verschiedenen Namen im Handel. Populär ist er bei uns unter seinem italienischen Namen *Scampi* (Einzahl Scampo). Man kann ihn auch als *Tiefseehummer, Hummerkrabbe, Norwegerkrebs* oder *Norwegischer Hummer* finden.

Der Kaisergranat wird an der norwegischen Küste, im Kattegat, im Skagerak, an den europäischen Atlantikküsten und im Mittelmeer gefangen. Er lebt auf weichem Meeresgrund in Tiefen von 40 bis zu 250 m.

Der Kaisergranat ist kleiner als der Hummer, und die Scheren sind wesentlich schlanker, er wird deshalb auch als »schlanker Hummer« bezeichnet. Seine maximale Größe beträgt etwa 25 cm. Die Farbe des Panzers wechselt beim lebenden Tier je nach Wohngewässer von hell-lachsrot bis ziegelrot, sie verändert sich beim Kochen nicht.

Die schmalen Scheren enthalten nur wenig Fleisch; das meiste Fleisch liefern die Schwänze. Frisch abgekochten oder frischen, rohen Kaisergranat kann man nur an der Küste kaufen. Kaisergranat-Schwänze werden fast ausschließlich tiefgefroren gehandelt, mit oder ohne Schale.

Das frische, ungekochte Fleisch ist glasig, durchscheinend, elastisch; das Fleisch der gekochten Kaisergranat-Schwänze ist bißfest und rosa gefärbt. Es ist ähnlich wohlschmeckend wie das des Hummers. Kaisergranat-Schwänze werden hauptsächlich warm zubereitet – gegrillt, fritiert oder in einer feinen Sauce.

Hummer

(engl. Lobster, franz. Homard,
ital. Astice, span. Bogavante)

Der Hummer lebt in den europäischen Küstengewässern, vor allem im Nordostatlantik, auf steinigem, felsigem Grund. Der auf unserem Markt angebotene Hummer stammt jedoch meist aus Importen aus den nordischen Ländern und den USA.

Der Hummer ist mit zwei kräftigen, breiten Scheren ausgestattet, die beim Transport immer zusammengebunden sind, damit sich die Tiere nicht verletzen, und besitzt einen breiten Schwanzfächer. Die durchschnittliche Handelsgröße beträgt 30 bis 50 cm Körperlänge bei einem Gewicht von 1 bis 4 kg. Die blauschwarze Farbe des Panzers wird erst beim Kochen leuchtend rot.

Um an das begehrte Schwanzfleisch sowie das Fleisch in den Scheren heranzukommen, wird der Hummer, wie alle lebenden Krebse, durch Einwerfen in kochendes Wasser getötet. Man kann ihn auf Bestellung auch bereits gekocht kaufen. Hummer serviert man warm (gekocht, gegrillt oder gebraten) oder kalt mit einer Sauce. Hummerfleisch wird auch als Vollkonserve angeboten. Geöffnete Konserven und gekochtes Hummerfleisch sind leicht verderblich und müssen rasch verbraucht werden.

Languste

(engl. Spiny lobster, franz. Langouste, ital. Aragosta, span. Langosta)

Die Languste ist in den gleichen Gewässern anzutreffen wie der Hummer. Die bei uns angebotenen Langusten stammen jedoch alle aus Einfuhren.

Typisch sind die beiden sehr langen Fühler oder Antennen. Im Gegensatz zum Hummer hat die Languste keine Scheren. Das Kopfbruststück ist mit groben Stacheln besetzt, die Farbe schwarzbraun bis rötlich-violett mit gelblichen Flecken, vor allem auf den Panzersegmenten des Schwanzteils. Die Languste erreicht eine durchschnittliche Körperlänge von 30 cm, größere Exemplare können bis zu 6 kg schwer werden. In der Küche bevorzugt man jedoch die kleineren Exemplare.

Die Languste kommt lebend oder als gefrorene Schwänze in den Handel. Sie wird wie der Hummer durch Einwerfen in kochendes Wasser getötet und auch wie dieser zubereitet.

Flußkrebs oder Edelkrebs

(engl. Crayfish, franz. Ecrevisse, ital. Gambaro di fiume, span. Congrejo)

Der Name deutet an, daß er in Flüssen lebt, doch ist er auch in sauberen und sauerstoffreichen Binnenseen anzutreffen. Der Edelkrebs wird maximal 18 cm groß. Der dunkle Panzer trägt für die Körpergröße gewaltige Scheren. Bis etwa 1930 war der Flußkrebs noch in vielen Binnengewässern anzutreffen. Durch die Krebspest wurden fast alle Bestände Europas nahezu vernichtet. Die bei uns angebotenen Speisekrebse werden fast ausschließlich aus südosteuropäischen Ländern und der Türkei importiert. Einzelne Versuche, den Flußkrebs in Teichwirtschaften zu züchten (vor allem in Bayern), haben bisher zu keinem nennenswerten Ergebnis geführt.

Es gibt andere Flußkrebsarten, zum Beispiel *Signalkrebs* (aus Amerika eingeführt, wird bei uns ausschließlich gezüchtet) und die an Bedeutung gewinnenden Großen und Kleinen *Australkrebse* (Marron und Yabbie, Importe aus Australien).

Lebende Flußkrebse werden nach Größen sortiert gehandelt: Kleinkrebse, die man für Suppen und Saucen verwendet (ca. 40 g schwer), mittelgroße Krebse, die hauptsächlich für Garnituren verwendet werden (ca. 60 g schwer), und Groß- oder Solokrebse (80 bis 100 g schwer). Sie werden, wie der Hummer, durch Einwerfen in kochendes Wasser getötet. In den Fachgeschäften kann man sie auf Wunsch auch gekocht kaufen. Beliebt ist vor allem die Zubereitung in einem würzigen Sud. Aus Flußkrebsen kann man sehr delikate Suppen und Saucen zubereiten sowie warme und kalte Vorspeisen.

Taschenkrebs

(engl. Edible crab, franz. Tourteau, span. Buey)

Der Taschenkrebs gehört zu den kurzschwänzigen Arten der zehnfüßigen Krebse. Er kommt an allen europäischen Küsten vor in Felsspalten bis zum 100 m Tiefe.

Kennzeichnend ist der große, ovale Rückenpanzer mit einer durchschnittlichen Breite von 20 cm; größere Exemplare mit bis zu 30 cm Breite können ein Gewicht von 6 kg erreichen. Von den zehn Füßen ist das erste Paar zu kräftigen Scheren ausgebildet, die auch das meiste Fleisch liefern. Der kurze Schwanz ist unter den breiten Panzer zurückgeklappt.

Der Taschenkrebs kommt lebend oder tiefgefroren in den Handel. Das lebende Tier wird, wie alle Krebsarten, durch Einwerfen in kochendes Wasser getötet. Obwohl der Körper verhältnismäßig groß ist, liefert er nur wenig Fleisch. Vom 10 cm breiten Taschenkrebs bleiben etwa 100 g eßbares Fleisch, hauptsächlich aus den kräftigen Scheren. Sehr schmackhaft sind die Leber und die cremig-weiche Substanz, in die die Leber eingebettet ist. Das Fleisch der Scheren – es läßt sich mit einem Nußknacker auslösen – serviert man mit Mayonnaise in den breiten, gereinigten Körperschalen als Cocktail; man kann es auch mit einer feinen Sauce vermischen und in den Schalen gratinieren.

Königskrabbe

(engl. King crab)

Die Königskrabbe lebt in halbarktischen Gewässern in Tiefen bis zu 150 m im Nordpazifik, Beringmeer, Kamtschatka, Neufundland und an der Südküste Argentiniens. Die männlichen Tiere können bis zu 8 kg schwer werden, die weiblichen sind wesentlich kleiner.

Das Körperfleisch der Königskrabbe kommt vorwiegend in Dosen als »crab meat« oder »salad meat« oder als russisches »Chatka« in den Handel. Die Beine werden in der Schale, in Stücke geteilt, tiefgefroren gehandelt.

Das sehr schmackhafte Fleisch der Königskrabbe wird vorwiegend in der kalten Küche verwendet.

Tintenfische

Tintenfische sind sogenannte Kopffüßler und Meeresbewohner. Ihr Körper ist sackartig geformt und trägt mit Saugnäpfen besetzte Arme, die zur Orientierung, zur Fortbewegung und zum Beutefang eingesetzt werden. Im sogenannten Tintenbeutel ist eine schwarzdunkle Flüssigkeit – die Tinte – enthalten, die die Tiere ausstoßen, um sich gegenüber herannahenden Feinden unsichtbar zu machen.

Die namhaftesten Vertreter sind der *Gemeine Tintenfisch* oder *Sepia* und der *Kalmar,* die zu den zehnarmigen Tintenfischen zählen, sowie der achtarmige *Krake* oder *Octopus.* Diese drei Arten unterscheiden sich deutlich in ihrer Körperform und -größe. Während der rundliche Körper des Gemeinen Tintenfischs eine durchschnittliche Länge von 25 bis 30 cm und der des schlanken Gemeinen Kalmar 30 bis 50 cm erreicht, kann der ebenfalls eher rundliche Gemeine Krake in warmen Gewässern bis zu 3 m lang werden, in kalten Gewässern, zum Beispiel in der Nordsee, schafft er jedoch durchschnittlich nur 70 cm.

Alle drei sind wesentliche Vertreter der Mittelmeerküche. Dank der Tiefkühltechnik sind sie auch bei uns zu haben und kommen meist küchenfertig zum Verkauf. Kleine Exemplare werden im ganzen zubereitet, größere werden klein geschnitten und häufig in Ringen verwendet. Als Tiefkühlprodukt kann man sie auch klein geschnitten kaufen. Sie werden gekocht, in Teig ausgebacken, in Suppen und Salaten verwendet, und vor allem wird der Körper größerer Exemplare gern als Hülle für Füllungen genutzt. Die Tinte dient zum Färben von Speisen, zum Beispiel für Sepia-Nudeln oder schwarzen Reis.

Register

Lexikon

Aal 187
Aalquappe 193
Amerikanischer Kaviar 204
Amerikanischer Saibling 193
Anglerfisch 202
Äsche 187
Atlantischer Hering 198
Auster 204
Austernfisch 202
Australkrebs 208

Bachforelle 188
Bachrötel 193
Bachsaibling 193
Barsch 188
Beluga-Kaviar 204
Bismarckhering 198
Blankaal 187
Blanklachse 192
Blauleng 199
Blei 188
Brachsen 188
Breitkopfaal 187
Bückling 198
Buntlachse 192

Chatka 209
Cod 198
Conger 199
Crab meat 209
Crayfish 208
Crevette 206

Deutscher Kaviar 204
Donaulachs 191
Donauwels 194
Dorada 195
Dorade royale 195
Dornhai 195
Dorsch 198

Edelkrebs 208
Egli 188

Faßkaviar 204
Felchen 192
Flunder 195
Flußaal 187
Flußbarsch 188
Flußkrebs 208
Fogosch 194
Forelle 188
Forellen-Kaviar 204
Forellenstör 202

Gambas 206
Garnelen 206
Gelbaal 187
Gemeiner Tintenfisch 209
Glasaal 187
Glattbutt 195
Goldbarsch 199
Goldbrassen 195
Goldbutt 201
Granat 207
Grauer Knurrhahn 200
Grüner Hering 198

Hecht 191
Heilbutt 198
Hering 198
Huchen 191
Hummer 207
Hummerkrabbe 207

Ihlen 198

Jakobsmuschel 206

Kabeljau 198
Kaisergranat 207
Kalmar 209
Karbonadenfisch 202
Karpfen 191
Katfisch 202
Kaviar 204
Kaviar-Ersatz 204
Keta-Kaviar 204
Klippfisch 198, 199, 201
Knurrhahn 200
Köhler 201
Königsaal 195
Königskrabbe 209
Krake 209
Kretzer 188

Lachs 192
Lachs-Kaviar 204
Lachsfarbene Forelle 190
Lachsfarbene Regenbogenforelle 190
Lachsforelle 190
Lachsschnitzel 202
Langoustine 207
Languste 208
Lederkarpfen 191
Leerhering 198
Leng 199
Lengfisch 199
Lobster 207
Lotte 202
Loup de mer 203

Makrele 199
Malossol-Kaviar 204
Marron 208
Matjeshering 198
Meeraal 199
Meeresfische 195
Meerforelle 190
Meerhecht 201
Merlan 203
Merluzzo 198
Miesmuschel 206

Nacktkarpfen 191
Nordseekrabbe 207
Norwegerkrebs 207
Norwegischer Hummer 207

Octopus 209
Ölsardine 200

Pfahlmuschel 206
Pilgermuschel 206
Prawns 206
Preßkaviar 204

Quappe 193

Regenbogenforelle 190
Renke 192
Ritter 193
Rotbarsch 199
Rötel 193
Roter Knurrhahn 200
Roter Thunfisch 203
Rotfisch 191
Rotforelle 193
Rotzunge 200
Rutte 193

Saibling 193
Salad meat 209
Salm 192
Salzhering 198
Salzkaviar 204
Sandgarnele 207
Sardine 200
Scampi 207
Schaden 194
Schaid 194
Schellfisch 200
Schill 194
Schillerlocken 195
Schleie 194
Scholle 201
Schuppenkarpfen 191
Schwarzer Heilbutt 198
Schwarzreuter 193
Schwertfisch 201
Seeaal 195
Seebarsch 203
Seeforelle 190
Seehecht 201
Seelachs 201
Seemuschel 206
Seesaibling 193
Seeteufel 202
Seewolf 202
Seezunge 202
Sepia 209
Sevruga-Kaviar 204
Shrimps 206
Signalkrebs 208
Sole 202
Sommerlachs 192
Spiegelkarpfen 191
Spitzkopfaal 187
Steinbeißer 202
Steinbutt 202
Stockfisch 198
Süßwasserfische 187

Taschenkrebs 208
Thunfisch 203
Tiefseehummer 207
Tiefseekrebs 207
Tintenfisch 209
Trüsche 193
Turbot 202

Viktoria(see)barsch 188
Vollhering 198

Waller 194
Weißer Thunfisch 203
Weißling 203
Wels 194
Wildfangsaibling 193
Winterlachs 192
Wittling 203
Wolfsbarsch 203

Yabbie 208

Zander 194
Zeilkarpfen 191

Küchenpraxis

Alufolie 22
Aufbewahren 13
Ausnehmen 13, 15, 17

Braten im Ofen 23
Braten in der Pfanne 23

Chemisieren 152

Dämpfen 21, 22
Drei-S-Regel 19
Dünsten 22
Durchschnittsbedarf pro Person 12

Einfrieren 13
Einkauf 12, 13
Eiweißgehalt 9
Energiegehalt 9
Entgräten 16, 17

Fettfische 9
Fettgehalt 9
Filetieren 16, 18
Filets enthäuten 16
Fisch essen 26
Fisch in der Ernährung 9
Fisch vorbereiten 13
– Plattfische 17
– Rundfische 13
Fischabgänge 19
Fischkochkessel 20
Fischleber 19
Fischmilch 19
Fischöle 12
Fischsud 21
Folie, Garen in 22
Folien in der Fischküche 14
Frischemerkmale 12
Fritieren 24

Garmethoden 19
Garziehen im Sud 20
Grillen 22

Jodgehalt 9

Karkassen 19
Kehlschnitt 15

Lagerung 12

Magerfische 9
Milchner 19
Mineralstoffe 9

Nährwerttabelle 11

Pochieren im Sud 20
Pochieren in wenig Flüssigkeit 21
Portionsfisch essen 26

Qualitätsmerkmale 12

Rogen 19, 204
Rogener 19

Schmoren 22
Schuppen 13
Servieren 25
Stehend garen 20

Tranchieren 25

Vitamine 12

Wenderost 22

Ziselieren 19

Rezepte

Aal
– auf flandrische Art 72
– blau 52
– Gebratener 103
– grün 52
– in Gelee 153
– in Spinat-Sauerampfer-Sauce 72
– Marinierter 161
– vom Grill 92
Aalragout auf provenzalische Art 72
Aalsuppe, Hamburger 40
Aalsuppe, Holländische 38
Aïoli 180
Aischgründer Karpfen 129
Apfel-Meerrettichsahne 180
Äsche
→ Flußfisch blau 46
→ Flußfisch, auf Gemüse gedämpft 55
→ Forelle in Gelee 153
→ Forelle, mit Pilzen gefüllt 115
→ Gebratene Forelle mit Spinatfüllung 96
Ausgebackene Blaulengstreifen 130
Austern
– Rohe 133
– Überbackene 134

Bacalao a la llauna 87
Bäckerin-Kartoffeln 183
Backteig 35
Barsch
→ Fisch Müllerinart 113
→ Fischfilet Müllerinart 114
→ Fischfilet oder Fischkotelett, auf dem Herd pochiert 58
→ Fischfilet oder Fischkotelett, im Ofen pochiert 60
→ Fischsuppe von Flußfisch 37
→ Flußfisch blau 46
→ Flußfisch, auf Gemüse gedämpft 55
→ Forelle, mit Pilzen gefüllt 115
→ Gebratenes Seezungenfilet 117
→ Panierter Fisch 126
→ Zanderfilet mit Buttersauce 61
Barsch, Fritierter 129
Béchamelsauce 174
Blanchierter Blattspinat 184
Blanchierter Mangold 184
Blätterteighalbmonde 186
Blattspinat 184
Blaulengstreifen, Ausgebackene 130
Blausud 28
Bouillabaisse 41
Braune Butter 179
Buttermischungen 181

Caldereta de langosta 45
Carpaccio vom Lachs 159
Champignonköpfe, Gedünstete 184
Champignonsauce 175
Chilimayonnaise 178
Chinesische Fischpfanne süßsauer 124
Cocktailsauce 180
Curryfisch 121
Currysauce 173, 176

Dillbutter 181
Dillhappen 160
Dillsauce 173, 176
Dorade aus dem Ofen 106
Dorsch, Marinierter 162
Dorschfilet auf Gemüse 84

Egli s. Barsch
Einfache Holländische Sauce 176
Einfacher Fischsud 28
Essigsud 28
Estragonsauce 173, 176

Feine Muschelsuppe 43
Feine Seezungenfilets 74
Felchen s. Renke
Fideus rossos 125
Fisch
– auf italienische Art 69
– auf spanische Art 69
– aus dem Wok 124
– aus der Bratfolie 91
– in Alufolie 88
– in der Salzkruste 98
– in Käusesauce 84
– mit Gemüse 85
– mit Reis oder Nudeln 85
– Müllerinart 113
Fisch-Gemüse-Topf mit Knoblauchpaste 42
Fisch-Weißkohl-Pfanne 121
Fischaspik 32
Fischbrühe 30
Fischcremesuppe 36
Fischersalat 166
Fischfarce 33
Fischfarce mit Panade 34
Fischfilet
– auf dem Herd pochiert 58
– auf Gemüse 77
– auf Lauch und Sojasprossen 76
– auf provenzalische Art 68
– auf Wurzelgemüse 77
– Gebackenes 126
– im Ofen pochiert 60
– im Pergamentpapier 90
– in Alufolie 90
– in Backteig 128
– in Safransauce 60
– mit Champignons 108
– mit Gemüse und Speck 77
– mit Pilzen und Tomaten 83
– mit Tomaten 83
– Müllerinart 114
– vom Grill 93
Fischfond 30
Fischfrikadellen 128
Fischfrikassee 71
Fischfumet 30
Fischgelee 32
Fischgulasch 70
Fischkartoffeln 181
Fischklößchen 54
Fischkotelett
auf dem Herd pochiert 58
– im Ofen pochiert 60
– im Pergamentpapier 90
– in Alufolie 90
– vom Grill 93
Fischkoteletts
– auf Letscho 81
– auf Ratatouille 80
– in Tomatensauce 81
Fischmayonnaise 165
Fischmousseline 33
Fischnudeln, Gebratene 125
Fischpfanne mit Gemüse 120
Fischpüree 33
Fischpüree mit Champignons 35
Fischrisotto 70
Fischsalat 164
– mit Apfel und Sellerie 164
– Portugiesischer 165
– Russischer 165
Fischsoufflé 110
Fischsülze 152
Fischsuppe von Flußfisch 37
Fischsuppe, Russische 41
Fischterrine 154
Flambierte Scampi in Kräutersahne 149
Fleischbrätfüllung 33
Fleurons 186
Florentiner Fisch 87
– auf Safranreis 87
Flunder
→ Geräucherte Lachsforelle im Dampf 57
→ Schollenfilet in Safranbutter 117
Flußfisch
– auf Gemüse gedämpft 55
– blau 46
– im Ofen gebraten 95
Folienkartoffeln 182
Forelle
→ Fisch in Alufolie 88
→ Fisch Müllerinart 113
→ Fischfilet Müllerinart 114
→ Fischsuppe von Flußfisch 37
→ Flußfisch blau 46
→ Flußfisch, auf Gemüse gedämpft 55
→ Flußfisch, im Ofen gebraten 95
→ Gebratenes Seezungenfilet 117
→ Geräucherte Lachsforelle im Dampf 57
→ Hechtklößchen gratiniert 54
→ Panierter Fisch 126
→ Zanderfilet mit Buttersauce 61
Forelle
– blau in Alufolie 89
– Gebeizte 158
– Gebratene, mit Mandeln 114
– Gebratene, mit Spinatfüllung 96
– Grenobler Art 113
– in Gelee 153
– in Weinsauce 48
– mit Pilzen gefüllt 115
– vom Grill 92
Forellenfilet, Gebratenes, in Champignonsauce 119
Forellenmousse 156
Fränkischer Karpfen 131
Frikasseesauce 173
Fritierte Sardinen 132
Fritierte Scampi 149
Fritierter Barsch 129
Fritto misto 132

Gambas al ajillo 149
Gambas, Gebratene 148
Garnelen
– in Currysauce 145
– in Dillsauce 145
– in Holländischer Sauce 145
– in Öl mit Knoblauch 149
– in Sherrysahne 145
– mit Knoblauch, Gebratene 150
Garnelenbutter 181
Garnelencocktail 168
Garnelensauce, Aufgeschlagene 176
Garnelensuppe 43, 44
Garnierter Muschelsalat 169
Garnierter Stremellachs 157
Gebackene Mainfischchen 128
Gebackene Scampi mit Kräuterbutter 148
Gebackene Zwiebelringe 185
Gebackener Karpfen 129
Gebackenes Fischfilet 126
Gebeizte Forelle 158
Gebratene Fischnudeln 125
Gebratene Forelle Grenobler Art 114
Gebratene Forelle mit Spinatfüllung 96
Gebratene Gambas 148
Gebratene Garnelen mit Knoblauch 150
Gebratene Karpfenmilch 120
Gebratene Makrele 107, 118
Gebratene Renke nach Tessiner Art 116
Gebratene Sardinen 116
Gebratene Seezunge 115
Gebratener Aal 103
Gebratener Goldbarsch mit Pilzen und Tomaten 104
Gebratener Hering 116
Gebratener Hering im Speckmantel 116
Gebratener Hummer 143
Gebratener Kabeljau mit Zwiebeln und Kartoffeln 105
Gebratener Kalmar 151

Gebratener Karpfen 101
Gebratener Kräuterfisch 106
Gebratener Seewolf mit Tomaten und Käsesauce 108
Gebratener Wittling 105
Gebratenes Forellenfilet in Champignonsauce 119
Gebratenes Seezungenfilet 117
Gedämpfte Schleie 56
Gedämpfter Meeresfisch 56
Gedünstete Champignonköpfe 184
Gedünstete Muscheln 136
Gedünstete Pilze 184
Gefüllte Lachsforelle 97
Gefüllte Schollenfilets 76
Gefüllte Seezunge 102
Gefüllte Seezungenröllchen 75
Gefüllter Hecht 100
Gefüllter Steinbutt 104
Gegrillte Languste 144
Gegrillte Seezunge 92
Gegrillter Hummer 144
Gekochter Krake 150
Gekochter Octopus 150
Gemischte Meeresfrüchte, »natur« fritiert 132
Gemischte Scampispießchen 146
Gemischter spanischer Fischtopf 69
Geräucherte Lachsforelle im Dampf 57
Geräucherter Fisch, in Milch pochiert 53
Gespickter Hecht, auf Gemüse gebraten 100
Gespickter Hecht, gebraten 98
Gespickter Kabeljau 106
Gestreckte Mayonnaise 178
Glasbläserhering 159
Glasierte Zwiebelchen 185
Glattbutt
→ Gebratene Seezunge 115
→ Gebratenes Seezungenfilet 117
→ Gefüllte Seezunge 102
→ Gefüllter Steinbutt 104
→ Gegrillte Seezunge 92
→ Schollenfilet in Safranbutter 117
→ Schollenfilets, auf Gemüse gedämpft 56
→ Seezunge, im Ofen gebraten 102
Goldbarsch
→ Fisch aus der Bratfolie 91
→ Fischfilet mit Champignons 108
→ Fischfilet oder Fischkotelett in Alufolie 90
→ Fischfilet oder Fischkotelett vom Grill 93
→ Fischfilet oder Fischkotelett, auf dem Herd pochiert 58
→ Fischfilet oder Fischkotelett, im Ofen pochiert 60
→ Gebratener Kabeljau mit Zwiebeln und Kartoffeln 105
→ Gebratener Kräuterfisch 106
→ Gedämpfter Meeresfisch 56
→ Geräucherte Lachsforelle im Dampf 57
→ Geräucherter Fisch, in Milch pochiert 53
→ Geschmorter Meeresfisch aus dem Ofen 109
→ Kabeljau, mit Gemüse gebraten 105
→ Meeresfisch, im Ofen gebraten 96
→ Pochierter Meeresfisch 52
→ Schellfisch in Dillsauce 53
Goldbarsch, Gebratener, mit Pilzen und Tomaten 104
Gratinierte Jakobsmuscheln 138
Gratinierte Kartoffeln 182
Gravlax 158
Grilltomaten 186
Grüner Hering vom Grill 93

Hamburger Aalsuppe 40
Hamburger Scholle 115
Hausgebeizter Lachs 158
Hecht
→ Lachsforelle mit Tomaten- und Käsesauce 97
Hecht
– auf schlesische Art 49
– blau 48
– Gefüllter 100
– Gespickter, auf Gemüse gebraten 100
– Gespickter, gebraten 98
– in Alufolie, Pikanter 89
– mit Sardellenbutter 48
– Pochierter 48
Hechtklößchen gratiniert 54
Hechtschnitten auf badische Art 101
Hechtterrine mit Champignons 154
Heilbutt
– in Senfsauce 64
– in Tomatensauce 62
– in Weinsauce 64
– Pochierter 53
Heilbutt
→ Fischfilet Müllerinart 114
→ Fischfilet oder Fischkotelett vom Grill 93
→ Fischfilet oder Fischkotelett, auf dem Herd pochiert 58
→ Fischfilet oder Fischkotelett, im Ofen pochiert 60
→ Gegrillte Seezunge 92
→ Geräucherte Lachsforelle im Dampf 57
→ Schollenfilets, auf Gemüse gedämpft 56
→ Seezunge, im Ofen gebraten 102
Hering
→ Geräucherte Lachsforelle im Dampf 57
Hering, Gebratener 116
– im Speckmantel 116
Heringe, Marinierte 161
Heringssalat
– mit Kartoffeln 164
– Roter 163
Holländische Aalsuppe 38
Holländische Sauce 175
Holländische Sauce, Einfache 176
Huchen
→ Lachsforelle mit Tomaten- und Käsesauce 97
Hummer
– Gebratener 143
– Gegrillter 144
– Kalter 141
– kochen 141
Hummerbutter 181
Hummerfond 140
Hummerrahmsauce 140
Hummersuppe 43, 44

Jakobsmuscheln
– Gratinierte 138
– in Champignonsauce 137
– in Safransauce 138

Kabeljau
→ Fisch aus der Bratfolie 91
→ Fischfilet mit Champignons 108
→ Fischfilet oder Fischkotelett in Alufolie 90
→ Fischfilet oder Fischkotelett, auf dem Herd pochiert 58
→ Fischfilet oder Fischkotelett, im Ofen pochiert 60
→ Gebratener Goldbarsch mit Pilzen und Tomaten 104
→ Gebratener Kräuterfisch 106
→ Gebratener Seewolf mit Tomaten und Käsesauce 108
→ Gedämpfter Meeresfisch 56
→ Geräucherter Fisch, in Milch pochiert 53
→ Geschmorter Meeresfisch aus dem Ofen 109
→ Meeresfisch, im Ofen gebraten 96
→ Pochierter Meeresfisch 52
→ Schellfisch in Dillsauce 53
Kabeljau
– Gebratener, mit Zwiebeln und Kartoffeln 105
– mit Gemüse gebraten 105
– mit Kalbsbrätfüllung 33
Kalmar
– Gebratener 151
– in Backteig 151
Kapernsauce 173
Karpfen
→ Fisch in Alufolie 88
→ Waller im Wurzelsud 51
Karpfen
– blau 49
– Fränkischer 131
– Gebackener 129
– Gebratener 101
– im Zwiebelsud 37
– in Bierteig 131
– polnisch 49
Karpfenmilch, Gebratene 120
Karpfenragout mit Aal 71
Karpfenrogenmayonnaise 168
Karpfenrogensalat 166
Karpfensuppe 37
Käse-Schinken-Füllung 33
Käsesauce 174
Kerbelsacue 173
Klippfisch 57
Knoblauchbrot 186
Knoblauchbutter 181
Knoblauchmayonnaise 17
Knoblauchöl 179
Knoblauchtoast 186
Kohlrollen mit Fischfüllung 78
Krake, Gekochter 150
Kräuter-Vinaigrette 180
Kräuterbutter 181
Kräuterfisch, Gebratener 106
Kräutermayonnaise 178
Kräutersauce 173
Krebscocktail 168
Krebse kochen in Dillsud 144
Krebsfond 140
Krebsmousse 156
Krebsrahmsauce 140
Krebsrahmsuppe 45
Krebssuppe 43, 44
Kretzer s. Barsch
Kümmelkartoffeln 183

Lachs
→ Fischfilet Müllerinart 114
→ Fischfilet oder Fischkotelett in Alufolie 90
→ Fischfilet oder Fischkotelett vom Grill 93
→ Fischfilet oder Fischkotelett, auf dem Herd pochiert 58
→ Fischfilet oder Fischkotelett, im Ofen pochiert 60
Lachs
– Hausgebeizter 158
– im Weinsud 50
– norwegische Art (im ganzen) 50
Lachsbutter 181
Lachscremesuppe mit Kartoffeln 36
Lachsfilet in Blätterteig 111
Lachsforelle
→ Fischfilet Müllerinart 114
→ Fischfilet oder Fischkotelett in Alufolie 90
→ Fischfilet oder Fischkotelett vom Grill 93

→ Hechtklößchen gratiniert 54
→ Wallerschnitten mit Pilzen 120
Lachsforelle
– Gefüllte 97
– Geräucherte, im Dampf 57
– im Weinsud 50
– mit Tomaten- und Käsesauce 97
Lachsschnitten
– in Estragon- oder Dillsauce 79
– in Safransauce 79
– in Sauerampfersauce 65
– Pochierte, mit Mayonnaise 157
Lachsstreifen in Rahmsauce 67
Lachstaschen 112
Lachstaschen mit Hechtfarce 112
Lachstatar 157
Lachsterrine 154
Languste kochen 142
Languste, Gegrillte 144
Langustenfond 140
Langustenrahmsauce 140
Langustensuppe 43
Langustentopf 45
Legierte Fischsuppe 36
Lengfisch
→ Fischfilet oder Fischkotelett in Alufolie 90
→ Fischfilet oder Fischkotelett, auf dem Herd pochiert 58
→ Fischfilet oder Fischkotelett, im Ofen pochiert 60
→ Gebratener Kabeljau mit Zwiebeln und Kartoffeln 105
→ Gebratener Kräuterfisch 106
→ Schellfisch in Dillsauce 53
Lotte s. Seeteufel
Lottebäckchen
– in Rieslingsauce 64
– Müllerinart 64

Mainfischchen, Gebackene 128
Makrele
→ Geräucherte Lachsforelle im Dampf 57
Makrele
– Gebratene 107, 118
– Marinierte 161
– vom Grill 93
Makrelenfilet mit Pfeffersahne 163
Mangold 184
Marinierte Heringe 161
Marinierte Makrelen 161
Marinierter Aal 161
Marinierter Dorsch 162
Matjes
– auf grünen Bohnen 161
– Hausfrauenart 160
Matjes-Snack 170
Matjesfilet in Pfeffersahne 160
Matjeshappen in Sahnesauce 160
Matjesröllchen auf Selleriemedaillons 170
Matjessalat 164
Matjestatar 159
Mayonnaise 178
Mayonnaise, Gestreckte 178
Meeresfisch
– aus dem Ofen 109
– im Ofen gebraten 96
– mit Tomatenüberzug 96
Meeresfrüchte, Gemischte, »natur« fritiert 132
Meeresfrüchtesalat 169
Meerhecht
→ Gedämpfter Meeresfisch 56
→ Hechtklößchen gratiniert 54
Meerrettichmayonnaise 178
Meerrettichsahne 180
Meerrettichsauce 175
Mehlbutter 181
Milchsud 29
Mit Räucherfisch gefüllte Paprikaschoten 85
Morchelrahmsauce 177
Mousse von Räucherlachs und Garnelen 156
Muscheln
– à la Provence 136
– Gedünstete 37
– im Reisrand 137
– in Knoblauchsud 136
– kochen 134
– mit Suppengemüse 135
Muschelsalat
– Garnierter 169
– mit Zwiebel und Knoblauch 169
Muschelsuppe, Feine 43

Nantuasauce 174
Nordseekrabben
→ Scampi in Cocktailsauce 168
→ Scampi in Vinaigrette 169
Nürnberger Karpfen 129
Nußkartoffeln 181

Octopus, Gekochter 150
Öl-Kräutersauce 180
Ostsee-Pannfisch 123

Paella Anita 124
Panierter Fisch 126
Petersiliensauce 173
Pfannengerührtes Gemüse 185
Pikanter Hecht in Alufolie 89
Pilze, Gedünstete 184
Pilzfüllung 32
Pochierte Lachsschnitten mit Mayonnaise 157
Pochierter Hecht 48
Pochierter Heilbutt 53
Pochierter Meeresfisch 52
Pochierter Saibling 51
Pochiertes Fischfilet in Currysauce 60
Pochiertes Fischfilet mit Champignons 60
Portugiesischer Fischsalat 165

Quellreis 183

Räucherfisch
– auf Sauerkraut 112
– mit Champignonsauce 112
– Omelett 121
– Überbackener 109
Räucherlachs
→ Forellenmousse 156
Mousse von Räucherlachs und Garnelen 156
Reisrand 183
Remouladensauce 178
Renke
→ Fisch in Alufolie 88
→ Fisch Müllerinart 113
→ Fischfilet Müllerinart 114
→ Fischsuppe von Flußfisch 37
→ Flußfisch blau 46
→ Flußfisch, auf Gemüse gedämpft 55
→ Flußfisch, im Ofen gebraten 95
→ Forelle in Gelee 153
→ Forelle, mit Pilzen gefüllt 115
→ Forellenmousse 156
→ Gebratene Forelle mit Spinatfüllung 96
→ Geräucherte Lachsforelle im Dampf 57
→ Panierter Fisch 126
→ Wallerschnitten mit Pilzen 120
Renke
– Gebratene, nach Tessiner Art 116
– in Butter gebraten 101
Renkenfilet
– in Kräutersauce 67
– mit Pilzen und Tomaten 84
Rohe Austern 133
Rotbarsch
→ Gebratener Seewolf mit Tomaten und Käsesauce 108
→ Lachsforelle mit Tomaten- und Käsesauce 97
Roter Heringssalat 162
Rotweinbutter 177
Rotzunge
→ Feine Seezungenfilets 74
→ Gebratene Seezunge 115
→ Gebratenes Seezungenfilet 117
→ Gefüllte Seezunge 103
→ Gefüllter Steinbutt 104
→ Gegrillte Seezunge 92
→ Renkenfilet in Kräutersauce 67
→ Renkenfilet mit Pilzen und Tomaten 84
→ Schleienfilet in Safransauce 73
→ Schollenfilet in Safranbutter 117
→ Schollenfilets, auf Gemüse gedämpft 56
→ Seezunge, im Ofen gebraten 102
→ Seezungenröllchen 74
→ Wallerschnitten mit Pilzen 120
→ Zanderfilet in Sauerampfersauce 61
→ Zanderfilet mit Buttersauce 61
Rouille 179
Russische Fischsuppe 41
Russischer Fischsalat 165
Rutte
→ Flußfisch blau 46
→ Flußfisch, auf Gemüse gedämpft 55
→ Forelle, mit Pilzen gefüllt 115

Safranreis 183
Saibling
→ Fisch in Alufolie 88
→ Fisch Müllerinart 113
→ Flußfisch blau 46
→ Flußfisch, auf Gemüse gedämpft 55
→ Flußfisch, im Ofen gebraten 95
→ Forelle in Gelee 153
→ Forelle, mit Pilzen gefüllt 115
→ Forellenmousse 156
→ Gebratene Forelle mit Spinatfüllung 96
→ Hechtklößchen gratiniert 54
→ Panierter Fisch 126
→ Zanderfilet mit Buttersauce 61
Saibling
– mit Zitronen-Ölsauce 51
– Pochierter 51
Salzhering Hausfrauenart 160
Samtsauce 173
Sardellenbutter 181
Sardellensauce 173
Sardinen
– Fritierte 132
– Gebratene 116
Sauce béarnaise 176
Sauce Choron 176
Sauce hollandaise 175
Sauerampferfüllung 33
Sauerampfersauce 173
Scampi
– Flambierte, in Kräutersahne 149
– Fritierte 149
– Gebackene, mit Kräuterbutter 148
– in Cocktailsauce 168
– in Knoblauchsauce 147
– in Kräuter-Vinaigrette 169
– in Madeira-Rahmsauce 147
– in Rahmsauce 148
– in Tomatensauce 145
– vom Grill 147
Scampi-Muschel-Spießchen 147

Scampispießchen, Gemischte 147
Schaumsauce 175
Schellfisch
→ Fisch aus der Bratfolie 91
→ Fischfilet mit Champignons 108
→ Fischfilet oder Fischkotelett in Alufolie 90
→ Fischfilet oder Fischkotelett vom Grill 93
→ Fischfilet oder Fischkotelett, auf dem Herd pochiert 58
→ Fischfilet oder Fischkotelett, im Ofen pochiert 60
→ Gebratener Goldbarsch mit Pilzen und Tomaten 104
→ Gebratener Kabeljau mit Zwiebeln und Kartoffeln 105
→ Gebratener Kräuterfisch 106
→ Gebratener Seewolf mit Tomaten und Käsesauce 108
→ Gedämpfter Meeresfisch 56
→ Geräucherter Fisch, in Milch pochiert 53
→ Geschmorter Meeresfisch aus dem Ofen 109
→ Kabeljau, mit Gemüse gebraten 105
→ Lachsforelle mit Tomaten- und Käsesauce 97
→ Meeresfisch, im Ofen gebraten 96
→ Pochierter Meeresfisch 52
Schellfisch in Dillsauce 53
Schellfischkoteletts, mit Sahne überbacken 82
Schillerlocken-Eier-Pfanne 123
Schleie
→ Fisch in Alufolie 88
→ Fisch Müllerinart 113
→ Flußfisch blau 46
→ Flußfisch, auf Gemüse gedämpft 55
→ Flußfisch, im Ofen gebraten 95
→ Forelle, mit Pilzen gefüllt 115
→ Panierter Fisch 126
Schleie, Gedämpfte 56
Schleienfilet
– in Kapernsauce 65
– in Kerbelsauce 65
– in Safransauce 73
Schleiensuppe 37
Schnittlauchsauce 173
Scholle
→ Feine Seezungenfilets 74
→ Fischfilet Müllerinart 114
→ Fischfilet oder Fischkotelett, auf dem Herd pochiert 58
→ Fischfilet oder Fischkotelett, im Ofen pochiert 60
→ Gebratene Seezunge 115
→ Gebratenes Seezungenfilet 117
→ Gefüllte Seezunge 102
→ Gefüllter Steinbutt 104
→ Gegrillte Seezunge 92
→ Renkenfilet in Kräutersauce 67
→ Renkenfilet mit Pilzen und Tomaten 84
→ Schleienfilet in Safransauce 73
→ Seezunge, im Ofen gebraten 102
→ Seezungenröllchen 74
→ Wallerschnitten mit Pilzen 120
→ Zanderfilet in Sauerampfersauce 61
→ Zanderfilet mit Buttersauce 61
Scholle, Hamburger 115
Schollenfilet
– auf Gemüse gedämpft 56
– auf Möhrenstiften 62
– Gefüllte 76
– in Safranbutter 117
Schwemmklößchen 40
Seehecht
→ Fischfilet mit Champignons 108
→ Fischfilet oder Fischkotelett in Alufolie 90
→ Fischfilet oder Fischkotelett vom Grill 93
→ Fischfilet oder Fischkotelett, auf dem Herd pochiert 58
→ Fischfilet oder Fischkotelett, im Ofen pochiert 60
→ Gebratener Goldbarsch mit Pilzen und Tomaten 104
→ Gebratener Kabeljau mit Zwiebeln und Kartoffeln 105
→ Gebratener Kräuterfisch 106
→ Gebratener Seewolf mit Tomaten und Käsesauce 108
→ Gedämpfter Meeresfisch 56
→ Geschmorter Meeresfisch aus dem Ofen 109
→ Kabeljau, mit Gemüse gebraten 105
→ Lachsforelle mit Tomaten- und Käsesauce 97
→ Meeresfisch, im Ofen gebraten 96
→ Pochierter Meeresfisch 52
Seelachs
→ Fischfilet oder Fischkotelett in Alufolie 90
→ Gebratener Goldbarsch mit Pilzen und Tomaten 104
→ Gebratener Kabeljau mit Zwiebeln und Kartoffeln 105
→ Gebratener Kräuterfisch 106
→ Gedämpfter Meeresfisch 56
→ Geräucherter Fisch, in Milch pochiert 53
→ Geschmorter Meeresfisch aus dem Ofen 109
→ Meeresfisch, im Ofen gebraten 96
→ Pochierter Meeresfisch 52
→ Schellfisch in Dillsauce 53
Seeteufel
→ Fischfilet oder Fischkotelett in Alufolie 90
→ Fischfilet oder Fischkotelett vom Grill 93
→ Fischfilet oder Fischkotelett, auf dem Herd pochiert 58
→ Fischfilet oder Fischkotelett, im Ofen pochiert 60
→ Gebratener Goldbarsch mit Pilzen und Tomaten 104
→ Gebratener Seewolf mit Tomaten und Käsesauce 108
→ Gedämpfter Meeresfisch 56
→ Lachsforelle mit Tomaten- und Käsesauce 97
→ Meeresfisch, im Ofen gebraten 96
→ Schellfisch in Dillsauce 53
Seeteufel
– im Ofen gebraten 102
– in Morchelrahmsauce 68
– Medaillons mit Pfeffersauce 119
Seewolf
→ Fischfilet oder Fischkotelett in Alufolie 90
→ Fischfilet oder Fischkotelett vom Grill 93
→ Fischfilet oder Fischkotelett, auf dem Herd pochiert 58
→ Fischfilet oder Fischkotelett, im Ofen pochiert 60
→ Gebratener Goldbarsch mit Pilzen und Tomaten 104
→ Gedämpfter Meeresfisch 56
→ Kabeljau, mit Gemüse gebraten 105
→ Lachsforelle mit Tomaten- und Käsesauce 97
→ Meeresfisch, im Ofen gebraten 96
→ Schellfisch in Dillsauce 53
Seewolf, Gebratener, mit Tomaten und Käsesauce 108
Seezunge
→ Fischfilet Müllerinart 114
→ Fischfilet oder Fischkotelett, auf dem Herd pochiert 58
→ Fischfilet oder Fischkotelett, im Ofen pochiert 60
→ Gefüllter Steinbutt 104
→ Schollenfilet in Safranbutter 117
→ Schollenfilets, auf Gemüse gedämpft 56
→ Zanderfilet mit Buttersauce 61
Seezunge
– Gebratene 115
– Gefüllte 102
– Gegrillte 92
– im Ofen gebraten 102
Seezungenfilet, Gebratenes 117
Seezungenfilets, Feine 74
Seezungenröllchen 74
– Gefüllte 75
– Mazarin 75
Senfbutter 181
Senfmayonnaise 178
Senfsauce 173
– zu Gravlax 158
Sepia in Tomatensauce 151
Shrimps
→ Scampi in Cocktailsauce 168
→ Scampi in Vinaigrette 169
Shrimps
– aus der Mikrowelle 148
– in Knoblauchsauce 147
– in Madeira-Rahmsauce 147
– in Rahmsauce 148
– in Tomatensauce 145
Spinatfüllung 32
Steckerlfisch 93
Steinbutt
→ Fischfilet Müllerinart 114
→ Fischfilet oder Fischkotelett, auf dem Herd pochiert 58
→ Fischfilet oder Fischkotelett, im Ofen pochiert 60
→ Gebratene Seezunge 115
→ Gebratenes Seezungenfilet 117
→ Gefüllte Seezunge 102
→ Gegrillte Seezunge 92
→ Pochierter Heilbutt 53
→ Schollenfilets, auf Gemüse gedämpft 56
→ Seezunge, im Ofen gebraten 102
Steinbutt, Gefüllter 104
Stockfisch 57
– nach katalanischer Art 87
Stör
→ Fischfilet oder Fischkotelett vom Grill 93
→ Fischfilet oder Fischkotelett, auf dem Herd pochiert 58

→ Fischfilet oder Fischkotelett, im Ofen pochiert 60
Stremellachs
→ Forellenmousse 156
Stremellachs, Garnierter 157
Sud für Krustentiere 29

Taschenkrebs, Überbackener 144
Tatarensauce 178
Thunfisch auf Schmorgemüse 80
Thunfischsalat mit roten Bohnen 166
Tiroler Sauce 178
Tomatenmayonnaise 178
Tournierte Kartoffeln 181
Trüffelsauce 178

Überbackene Austern 134
Überbackener Räucherfisch 109
Überbackener Taschenkrebs 144

Velouté 172

Waller
→ Fischfilet Müllerinart 114
→ Fischfilet oder Fischkotelett in Alufolie 90
→ Fischfilet oder Fischkotelett, auf dem Herd pochiert 58
→ Fischfilet oder Fischkotelett, im Ofen pochiert 60
Waller
– auf Balkanart 69
– im Wurzelsud 51
Wallerschnitten mit Pilzen 120
Wallersuppe 37
Weinsud 29
Weiße Buttersauce 176
Weiße Grundsauce 172
Weiße Zwiebelchen 185
Weiße Zwiebelsauce 174
Weißer Sud 29
Weißwein-Sahnesauce 177
Weißweinsauce 174
Wiener Fischbeuschelsuppe 38
Wirsingrollen mit Fischfüllung 78
Wittling
→ Fischfilet oder Fischkotelett in Alufolie 90
→ Gebratener Goldbarsch mit Pilzen und Tomaten 104
→ Gebratener Kräuterfisch 106
→ Gebratener Seewolf mit Tomaten und Käsesauce 108
→ Gedämpfter Meeresfisch 56
→ Hechtklößchen gratiniert 54
→ Meeresfisch, im Ofen gebraten 96
→ Schellfisch in Dillsauce 53
Wittling
– Gebratener 105
– in Alufolie 89
Wurzelsud 29

Zander
→ Fischfilet Müllerinart 114
→ Fischfilet oder Fischkotelett in Alufolie 90
→ Fischfilet oder Fischkotelett vom Grill 93
→ Fischfilet oder Fischkotelett, auf dem Herd pochiert 58
→ Fischfilet oder Fischkotelett, im Ofen pochiert 60
→ Flußfisch blau 46
→ Flußfisch, auf Gemüse gedämpft 55
→ Gebratenes Seezungenfilet 117
→ Hechtklößchen gratiniert 54
→ Lachsforelle mit Tomaten- und Käsesauce 97
→ Wallerschnitten mit Pilzen 120
Zanderfilet
– in Sauerampfersauce 61
– mit Buttersauce 61
– mit Zitronenbutter 117
Zerlassene Butter 179
Zitronen-Ölsauce 180
Zitronensauce 177
Zuckerschoten 185
Zwiebelchen
– Glasierte 185
– in Rotweinsirup 185
– Weiße 185
Zwiebelfisch 83
Zwiebelpüree 186
Zwiebelringe, Gebackene 185
Zwiebelsauce, Weiße 174

Genehmigte Lizenzausgabe für
Verlagsgruppe Weltbild GmbH,
Steinerne Furt, 86167 Augsburg

Umschlaggestaltung: Büro 18,
Anna Jansen, Friedberg (Bay.)
Umschlagmotiv: Stockfood/Lehmann
Gesamtherstellung: aprinta Druck
GmbH & Co. KG, Wemding
Printed in the EU
ISBN 978-3-8289-1309-7

2010 2009 2008
Die letzte Jahreszahl gibt
die aktuelle Lizenzausgabe an.

Einkaufen im Internet:
www.weltbild.de

Danksagung
Wir danken dem niederländischen Büro für Milcherzeugnisse für die Zusammenarbeit. Bei den in den Rezepten genannten Käsesorten handelt es sich um Holland-Erzeugnisse, zum Beispiel Gouda aus Holland, der 48 % Fett i. Tr. aufweist und den es in den Reifestufen von 4 Wochen bis zu 3 Jahren gibt.

Bildquellen
Butterschmalz/CMA: Seiten 90, 131
Deutscher Brauer-Bund: Seite 155
FIMA, Fischwirtschaftliches Marketing-Institut: Seiten 14, 50, 59, 63, 66, 70, 82, 118, 123, 127, 130, 135, 162
Informationsbüro Sherry: Seite 150
Knorr/Maizena Koch- und Back-Centrum: Seiten 62, 71, 86
Koopmans: Seite 111
Niederländisches Büro für Milcherzeugnisse (Frau Antjes Feinschmecker-Studio): Seiten 6/7, 27, 34, 39, 42, 78, 110, 122, 134, 170, 171, 182, 183, 186
Rama balance, Union Deutsche Lebensmittelwerke GmbH: Seite 74
Sattelberger (Fotostudio): Seite 158 (großes Bild)
Studio Teubner: Seiten 30, 31, 43, 46, 47, 54, 55, 91, 94, 99, 103, 106/107, 114, 138, 139, 142, 143, 151, 158 (4), 163, 167, 175, 179
Suzi-Wan: Seite 2
Uncle Ben's: Seite 79
Union Deutsche Lebensmittelwerke GmbH: Seite 146

Zeichnungen
Waltraud Berger, Icking